Mein Heimatland

, die Vereinigten Staaten: seine Wunder, seine Schönheiten und seine Menschen; mit beschreibenden Anmerkungen, Charakterskizzen, Volkskunde, Traditionen, Legenden und Geschichte, zur Unterhaltung der Alten und zur Belehrung der Jungen

James Cox

Writat

Diese Ausgabe erschien im Jahr 2024

ISBN: 9789359948775

Herausgegeben von
Writat
E-Mail: info@writat.com

Inhalt

KAPITEL I.

DIE GEBURT UNSERER NATION.

Die Geschichte der Liberty Bell – Unparteiische Meinungen zum Unabhängigkeitskrieg – Der Schuss, der um die Welt ging – Das erste Sicherheitskomitee – Eine Niederlage, die einem Sieg gleichkam – Washingtons Ernsthaftigkeit – Zum Kongress zu Pferd – Die erste Feier zum 4. Juli.

Erst am 19. April 1775 fiel der Schuss, der „auf der ganzen Welt gehört wurde". Doch der Kampf um die amerikanische Unabhängigkeit begann eigentlich schon fast ein Vierteljahrhundert früher, als am Nachmittag des 27. August 1753 die Liberty Bell geläutet wurde, um die Versammlung der Provinz Pennsylvania zusammenzurufen.

In den alten Zeiten der Stadtversammlungen, Schulungstage, Stadtschulen und Puritaner spielten Glocken eine wichtigere Rolle bei öffentlichen Angelegenheiten als heute. Es war üblich, die Menschen zu Beratungszwecken mithilfe einer Dorf- oder Stadtglocke zusammenzurufen, und von diesen Glocken war die, auf die wir uns beziehen, die wichtigste und interessanteste. Der Name Liberty Bell ist treffend. Sie wurde im Jahr 1751 bestellt und ein Jahr später geliefert. Kurz darauf bekam sie einen Riss und musste neu gegossen werden, aber im Juni 1753 wurde sie schließlich im Pennsylvania State House in Philadelphia aufgehängt. Sie wurde bis auf zwei Gelegenheiten nie aus dem Gebäude entfernt. Das erste Mal war 1777, als sie zur Sicherheit nach Allentown gebracht wurde, und das zweite Mal 1885, als sie in New Orleans ausgestellt wurde.

Diese Glocke, die der Tyrannei und Unterdrückung den Todesstoß versetzte, wurde zum ersten Mal geläutet, um die Versammlung zusammenzurufen, die sofort beschloss, auf bestimmten Rechten zu bestehen, die den Kolonisten von der britischen Krone verweigert worden waren. Achtzehn Monate später wurde sie erneut geläutet, um die Versammlung anzukündigen, bei der die Rechte der Kolonisten streng definiert und darauf bestanden wurden. 1765 berief sie die Versammlung ein, bei der beschlossen wurde, auf dem Kongress der Kolonien in New York vertreten zu sein, und einen Monat später läutete sie gedämpft und läutete, als die „Royal Charlotte" mit den verhassten Briefmarken an Bord ankam, deren Landung nicht gestattet wurde. Wieder läutete sie gedämpft, als das Stempelgesetz in Kraft trat und die Menschen öffentlich Briefmarkenpapier verbrannten. 1768 rief die

Liberty Bell eine Versammlung der Männer von Philadelphia ein, die erneut gegen die Unterdrückung durch eine Regierung ohne Vertretung protestierten. Im Jahr 1771 rief sie die Versammlung zusammen, um den König von England um die Aufhebung der Teesteuer zu ersuchen, und zwei Jahre später versammelte sie die bis dahin größte Menschenmenge in Philadelphia. Bei diesem Treffen wurde beschlossen, dass das mit Tee beladene Schiff „Polly" nicht an Land gehen dürfe.

1774 wurde die Glocke gedämpft und geläutet, als der Hafen von Boston geschlossen wurde, und im folgenden Jahr wurde sie zur denkwürdigen Versammlung nach der Schlacht von Lexington einberufen. Bei dieser Gelegenheit versammelten sich 8.000 Menschen im Hof des State House und beschlossen einstimmig, sich zusammenzuschließen, um ihr Leben, ihre Freiheit und ihr Eigentum mit Waffen gegen alle Versuche zu verteidigen, sie davon zu berauben. Im Juni 1776 verkündete die Liberty Bell die Vorlage des Entwurfs der Unabhängigkeitserklärung beim Kongress, und am 4. Juli desselben Jahres verkündete dieselbe Glocke die Unterzeichnung der Erklärung. Am 8. Juli desselben Jahres wurde die Glocke kräftig zur großen Proklamation der amerikanischen Unabhängigkeit geläutet. Das Läuten wurde unterbrochen, während die Erklärung verlesen wurde, und wurde erneut geläutet, als dieses unsterbliche Dokument so offiziell verkündet worden war.

Im April 1783 läutete die Liberty Bell die Friedensproklamation ein und am 4. Juli 1826 läutete sie das Jubeljahr ein.

Das letzte Mal läutete die Glocke im Juli 1835, als die Glocke, die im Unabhängigkeitskrieg und bei der Sicherung der Freiheit für die Menschen dieses großen Landes eine so wichtige Rolle gespielt hatte, während sie langsam und ohne ersichtlichen Grund läutete, durch die Seite brach und einen großen Riss hinterließ, der noch heute deutlich zu sehen ist. Es war, als ob die Glocke erkannte, dass ihre große Aufgabe erfüllt war und dass sie die kleineren Aufgaben, die noch zu erfüllen waren, anderen und jüngeren Glocken überlassen konnte.

Dies ist keine Geschichte der Vereinigten Staaten, sondern vielmehr eine Beschreibung einiger der interessantesten und bemerkenswertesten Merkmale, die in verschiedenen Teilen der USA zu finden sind. Es ist jedoch schwierig, Szenen und Gebäude ohne zumindest kurze historische Bezüge zu beschreiben, und da wir eine hervorragende Abbildung des Raums präsentieren, in dem die Unabhängigkeitserklärung unterzeichnet wurde, sind wir gezwungen, kurz auf die Umstände und Ereignisse einzugehen, die diesem wichtigsten Ereignis der Weltgeschichte vorausgingen.

Wie wir gesehen haben, begann der Konflikt zwischen dem Heimatland und den Kolonien lange bevor es zu einem tatsächlichen Ausbruch kam. Wie es

Thomas Wentworth Higginson so anschaulich ausdrückt, öffnete die Übergabe Kanadas an England durch Frankreich im Jahr 1763 den Menschen plötzlich die Augen für die Tatsache, dass Britisch-Amerika ein so großes Land geworden war, dass England lächerlich klein erschien. Sogar der besonnene Dr. Franklin, der im selben Jahr an Mary Stevenson in London schrieb, sprach von England als „diesem Stein in einem Bach, der kaum genug über dem Wasser steht, um die Schuhe trocken zu halten". Ein weitsichtiger französischer Staatsmann dieser Zeit sah die Sache auf die gleiche Weise. Choiseul, der Premierminister, der Kanada abtrat, behauptete später, er habe dies getan, um die britische Nation zu zerstören, indem er ihr einen Rivalen schuf. Diese Behauptung wurde erst zehn Jahre später aufgestellt und war wahrscheinlich ein nachträglicher Einfall, aber sie sollte durch die Fakten bestätigt werden.

Wir müssen uns jetzt mit dem Ausbruch eines Konflikts befassen, der nach Aussage des größten englischen Staatsmannes jener Zeit „ein höchst verfluchter, böser, barbarischer, grausamer, unnatürlicher, ungerechter und teuflischer Krieg" war. Kein amerikanischer Schriftsteller hat je eine so kraftvolle Kombination von Adjektiven verwendet, um diesen Krieg zu beschreiben, wie sie der ältere Pitt, später Lord Chatham, zusammenbrachte. Die Rechte, für die die Amerikaner kämpften, schienen ihm die allgemeinen Rechte der Engländer zu sein, und viele Engländer dachten das Gleiche.

Andererseits können wir jetzt jenen amerikanischen Loyalisten Gerechtigkeit widerfahren lassen, die ehrlich glaubten, dass der Unabhängigkeitsversuch ein Wahnsinnsversuch war, und die alles opferten, was sie besaßen, anstatt gegen ihren König zu rebellieren. Massachusettensis , der bekannte Tory-Pamphletist, schrieb, dass die Annalen der Welt noch nie durch einen einzigen Fall einer so unnatürlichen, so grundlosen, so mutwilligen, so bösartigen Rebellion entstellt worden seien.

Diese starken Beinamen, die von beiden Seiten verwendet wurden, zeigen, wie seltsam die Meinungen über den Aufstand und seine Ursachen auseinander gingen. Einige der ersten Staatsmänner Englands verteidigten die Kolonisten, und einige der bekanntesten Männer der Kolonien verteidigten England.

Die Stadt Boston hatte zu dieser Zeit eine Bevölkerung von etwa siebzehntausend, verglichen mit etwa einer halben Million heute. In ihrer Garnison befanden sich dreitausend britische Soldaten, und die Gesetze des Parlaments wurden strikt durchgesetzt. Die Stadt erlitt infolgedessen vorübergehend einen kommerziellen Tod, und es wurden energische Anstrengungen unternommen, um einen offenen Ausbruch von Feindseligkeiten zu verhindern. Im Januar 1775 konnte in Marshfield ein Konflikt nur knapp abgewendet werden, und im folgenden Monat war die

Situation in Salem so angespannt, dass nur große Nachsicht und Geistesgegenwart der Kolonisten ein Blutvergießen verhinderten. Das Massaker von Boston vor weniger als fünf Jahren war noch immer in den Gedanken der Menschen, und es wurde beschlossen, dass die Verantwortung für den ersten Schuss im Krieg, falls es Krieg geben musste, bei den königlichen Truppen liegen sollte.

Dementsprechend akzeptierten die Kolonisten Beleidigungen und Beschimpfungen, bis die britischen Truppen sie der Feigheit verdächtigten. Ein Offizier schrieb nach Hause und teilte seinen Freunden mit, dass keine Kriegsgefahr bestehe, da die Kolonisten zwar Tyrannen, aber keine Kämpfer seien. Er fügte hinzu, dass jedes Regiment, das die gegen sie aufgestellte Streitmacht nicht besiegen könne, dezimiert werden müsse. Doch der Konflikt ließ nicht lange auf sich warten. Am 18. April 1775 unternahm Paul Revere seinen berühmten Ritt. Er hatte die beiden Lichter in einem Kirchturm in Boston gesehen, die als Zeichen dafür vereinbart worden waren, dass die britischen Truppen im Begriff waren, die Vorräte der Patrioten in Concord zu beschlagnahmen. Sergeant Monroes Warnung, keinen unnötigen Lärm zu machen, wurde mit der Erwiderung beantwortet: „Sie werden hier bald genug Lärm haben – die regulären Truppen kommen heraus."

Dann begann er seinen Ritt um sein Leben, oder besser gesagt, um das Leben anderer. Wir alle kennen das Ergebnis seines Ritts und wissen, wie Kirchenglocken geläutet und Signalschüsse abgefeuert wurden, um die Menschen vor dem Kommen der Soldaten zu warnen. Es war eine Nacht des Tumults und des Schreckens, und niemand wusste, welche Brutalität sie von den nun wütenden britischen Soldaten zu erwarten hatten. Die Frauen der Städte, gewarnt durch die vorher vereinbarten Signale, trieben ihre Kinder aus ihren Häusern und flohen in Bauernhäuser und sogar in Scheunen in der Nähe. Vor Tagesanbruch hatten die britischen Truppen Lexington Green erreicht. Hier fanden sie Captain Parker und 38 Männer vor der zwanzigfachen Zahl bewaffneter Truppen, gleichgültig gegenüber ihrem Schicksal, aber entschlossen, ihre Sache und ihre Freunde zu schützen. Die Worte des Captains sind in die Geschichte eingegangen. Sie hatten die Form eines Befehls an die Männer:

„Schießen Sie nicht, es sei denn, Sie werden beschossen. Aber wenn sie einen Krieg wollen, soll er hier beginnen."

Die Geschichte kennt nur wenige so ungleiche Kämpfe wie diesen. Die Truppen schossen auf die tapfere kleine Truppe, und sieben von ihnen wurden getötet. Es folgte der Kampf bei Concord, bei dem 450 Amerikaner die britischen Truppen an der North Bridge trafen, wo

„Einst erhoben sich die kämpfenden Bauern
und feuerten den Schuss ab, der um die ganze Welt gehört wurde."

Die britische Abteilung wurde in Unordnung zurückgeschlagen, aber der Großteil war zu stark, um angegriffen zu werden. Die Minutemen jedoch leisteten einen großartigen Kampf und hatten am Ende des Tages 273 britische Soldaten getötet, wobei nur 93 ihrer eigenen Leute unter den Toten oder Vermissten waren.

Damit begann der Unabhängigkeitskrieg. Dr. Joseph Warren beschrieb das Ereignis in einem Dokument, das so interessant ist, dass es hier in voller Länge wiedergegeben werden kann.

„Die barbarischen Morde an unseren unschuldigen Brüdern", schrieb der Doktor, „haben es absolut notwendig gemacht, dass wir sofort eine Armee aufstellen, um unsere Frauen und Kinder vor den mörderischen Händen einer unmenschlichen Soldatenschaft zu schützen, die, erzürnt über die Hindernisse, die ihnen auf ihrem blutigen Vormarsch in den Weg liefen, und wütend, weil sie vom Schlachtfeld vertrieben wurden, ohne den geringsten Zweifel die erste Gelegenheit ergreifen wird, die sich ihnen bietet, um dieses ergebene Land mit Feuer und Schwert zu verwüsten. Wir beschwören Sie daher bei allem, was uns lieb und teuer ist, bei allem, was uns heilig ist, dass Sie uns bei der Aufstellung einer Armee jede erdenkliche Hilfe leisten. Unser Alles steht auf dem Spiel. Tod und Verwüstung sind die unmittelbaren Folgen einer Verzögerung. Jeder Augenblick ist unendlich kostbar. Eine verlorene Stunde kann unser Land in Blut tauchen und für die wenigen Ihrer Nachkommen, die das Blutbad überleben, ewige Sklaverei bedeuten. Wir bitten und flehen Sie an, da Sie Ihrem Land, Ihrem eigenen Gewissen und vor allem Gott selbst Rechenschaft schulden, dass Sie sich beeilen werden, und ermutigen Sie mit allen möglichen Mitteln die Anwerbung von Männern zur Bildung einer Armee, und schicken Sie sie mit der Eile, die die enorme Bedeutung und unmittelbare Dringlichkeit der Angelegenheit erfordern, zum Hauptquartier in Cambridge."

Zwei Tage nach dem Kampf beschloss das Massachusetts Committee of Safety, 8.000 Mann zu rekrutieren, ein Ereignis, das unsere alte Freundin Liberty Bell mit einem kräftigen Läuten feierte. In allen Kolonien verbreitete sich ein Geist der Widerstandsbereitschaft wie ein Blitz, und der Schuss, der um die ganze Welt zu hören war, war sicherlich in jedem Winkel Neuenglands und der alten Atlantikstaaten sehr deutlich zu hören. Natürlich fehlte es zunächst an Konzentration und sogar Disziplin; aber was daran fehlte, wurde durch Tapferkeit und Entschlossenheit mehr als wettgemacht. Wie John Adams 1818 schrieb, war die Armee in Cambridge zu dieser Zeit keine Nationalarmee, denn es gab keine Nation. Es war nicht einmal eine Armee der Vereinigten Kolonien, denn der Kongress in Philadelphia hatte die Armee in Cambridge weder angenommen noch anerkannt. Es war nicht einmal die Armee Neuenglands, denn jeder Staat hatte seine eigenen Armeen, die sich zusammengeschlossen hatten, um die britische Armee in Boston einzusperren. Es gab nicht einmal den Oberbefehlshaber der alliierten Armeen.

Diese Anomalien korrigierten sich natürlich schnell. Gages Ausrufung des Kriegsrechts beschleunigte die Schlacht bei Bunker Hill, die durch die Ungeduld der britischen Truppen und das gestiegene Vertrauen der Kolonisten infolge der Kämpfe bei Lexington und Concord herbeigeführt wurde. Natürlich gelang es den untrainierten amerikanischen Truppen nicht, die britische Armee bei Bunker Hill zu besiegen, aber das Denkmal an dieser Stelle würdigt die Tatsache, dass sie den Angriffen der regulären Truppen zwei Stunden lang standhielten. Eine bekannte englische Zeitung beschrieb die Schlacht als eine Schlacht mit unzähligen Fehlern seitens der Briten. William Tudor schrieb so anschaulich: „Die Ministertruppen eroberten den Hügel, waren aber siegreiche Verlierer. Noch ein paar solcher Siege und sie sind verloren." Viele Autoren haben eine ähnliche Meinung vertreten, die aus amerikanischer Sicht geschrieben wurde. „Es ist wahr, dass wir geschlagen wurden, aber es werden nicht viele solcher Niederlagen nötig sein, um einen großartigen Sieg zu erringen."

Die sogenannte Große Amerikanische Armee wurde immer stärker. Sie wurde vom Kongress angenommen und George Washington wurde zum Oberbefehlshaber ernannt. Unter der historischen Ulme in Cambridge, Massachusetts, die in den ersten Stunden des Bestehens der Vereinigten Staaten Schauplatz so vieler wichtiger Beratungen war, übernahm er die ihm mit diesem Amt verliehene Autorität und hielt eine Woche später eine Beratung mit seinen Offizieren ab. Er fand etwa 17.000 Mann unter seinem Kommando vor, die er als eine gemischte Menge von Menschen mit sehr geringer Disziplin beschrieb.

William Emerson, der Großvater des großen Dichters, sagte in einem Monolog über die seltsame Wendung, die die Ereignisse genommen hatten: „Wer hätte vor zwölf Monaten gedacht, dass ganz Cambridge und Charleston mit amerikanischen Lagern bedeckt und in Forts und Verschanzungen aufgeteilt sein würden, und dass alle Ländereien, Felder und Obstgärten zur Allmende erklärt würden, wo Pferde und Rinder auf dem besten Mähland grasen und große Parks mit gut kontrollierten Heuschrecken als Brennholz abgeholzt würden. Das sieht, muss ich sagen, ein wenig melancholisch aus. Es ist sehr unterhaltsam, zwischen den Lagern umherzugehen. Sie sehen so unterschiedlich aus wie die Besitzer in ihrer Kleidung, und jedes Zelt ist ein Abbild der Stimmung und des Geschmacks der Personen, die darin lagern. Einige sind aus Brettern und einige aus Segeltuch gebaut; einige teilweise aus dem einen und einige teilweise aus dem anderen; wieder andere sind aus Stein und Torf, Ziegel oder Gestrüpp gebaut. Einige sind in Eile hochgezogen, andere sind seltsam mit Türen und Fenstern versehen, mit Kränzen und Weidenruten verziert, in der Art eines Korbes. Einige sind richtige Zelte, die wie das reguläre Lager des Feindes aussehen. Darin befinden sich die Rhode Islander, die mit Zeltausrüstung und allem im genauesten englischen Stil ausgestattet sind. Ich denke jedoch, dass diese große Vielfalt eher eine Schönheit als ein Makel in der Armee ist.

Wie zu erwarten war, herrschte mehr oder weniger ein Mangel an Harmonie und Einigkeit unter den Truppen, die sich zu einer Armee zusammengeschlossen hatten, um für die Freiheit zu kämpfen. Die Geschichte lehrt uns, dass es sogar ein wenig Eifersucht zwischen den vier Kolonien Neuenglands gab. Es herrschte auch großes Misstrauen gegenüber Washington. Es wurde argumentiert, dass mindestens ein Drittel der Klasse, aus der er stammte, konservative und royalistische Neigungen hatte, und welche Garantie hatten sie, dass Washington nicht einer von ihnen war? Washington selbst musste feststellen, dass diejenigen, die sich im alten Landjargon „The Gentry" nannten, König George gegenüber loyaler waren als gegenüber den Kolonien, und während seine eigenen Männer manchmal geneigt waren, an der Aufrichtigkeit des Vaters seines Landes zu zweifeln, verurteilten ihn genau die Männer, mit denen er verdächtigt wurde, auf Sympathie zu stehen, mit aller Kraft.

Washington, das muss man ihm zugutehalten, war Lob und Tadel gegenüber gleichgültig. Da er erkannte, dass Disziplin das einzig Notwendige war, begann er, sie mit eiserner Hand durchzusetzen. Er lehnte jede Vergütung ab und stellte seine Dienste der Sache freiwillig zur Verfügung. Er hatte Munitionsmangel und verlor mehrere Male mehrere seiner Männer. Im Frühjahr 1776 ging Washington mit seiner Kontinentalarmee nach New York. Hier stieß er auf neue Schwierigkeiten und erlebte eine Reihe von Missgeschicken. Der gescheiterte Vormarsch nach Kanada im Winter hatte ihm großen Schaden zugefügt, aber die Tapferkeit der Truppen in den Carolinas war eine große Ermutigung.

Wir müssen den Verlauf des Krieges nicht weiter verfolgen oder darauf hinweisen, wie trotz vieler Entmutigungen und Schwierigkeiten die Sache des Rechts über die Sache der Macht triumphierte. Wir werden nun einige interessante Fakten im Zusammenhang mit der Unterzeichnung der Unabhängigkeitserklärung anführen . Heute reisen unsere Senatoren und Kongressabgeordneten in Pullman-Wagen in die Hauptstadt, umgeben von jedem Luxus, den Reichtum und Einfluss ihnen bieten können.

In den Tagen des Kontinentalkongresses erforderte es wesentlich mehr Mut, seine Pflicht zu erfüllen. Der Delegierte musste zu Pferd zum Kongress reisen. Manchmal fand er ein kleines Landgasthaus, in dem er nachts schlafen konnte, aber manchmal musste er, so gut es ging, im Freien kampieren. Häufig zwang ihn eine freundliche Warnung, einen Umweg von mehreren Meilen zu machen, um einer drohenden Gefahr zu entgehen, und insgesamt war sein Marsch in die Hauptstadt alles andere als triumphal.

Zu diesem Zeitpunkt waren die Schwierigkeiten größer als sonst. Die Delegierten kamen erschöpft und müde in Philadelphia an. Sie fanden Stallplätze für ihre Pferde, machten sich so gut es ging gemütlich und machten sich sofort auf den Weg zur Independence Hall, wo Meinungen ausgetauscht wurden. Am 7. Juni legte Richard Henry Lee aus Virginia auf Anweisung der Virginia Assembly eine Reihe von Resolutionen vor – Resolutionen, die, so kann man sagen, die Kolonien verpflichteten, den Krieg so lange fortzusetzen, bis die Engländer vollständig aus dem Land vertrieben wären. Der Kongress erklärte bewusst, dass die Vereinigten Staaten von jeglicher Loyalität gegenüber der britischen Krone entbunden seien, und brach dann seine Brücken ab, indem er die Zweckmäßigkeit wirksamer Maßnahmen zur Bildung ausländischer Allianzen erklärte. John Adams unterstützte die Resolutionen, die nicht ohne Debatte angenommen wurden.

Delegierte aus New York, Pennsylvania und South Carolina widersetzten sich dem Vorschlag sehr energisch. Ein Mitglied erklärte, es erfordere die Unverschämtheit eines Neuenglanders, in ihrem zerrütteten Zustand einem Land, das jetzt im Frieden herrsche, einen Vertrag vorzuschlagen; es gebe keinen anderen Grund, diese Maßnahme durchzusetzen, als die Vernunft eines jeden Verrückten – eine Demonstration von Mut. John Adams verteidigte die Resolutionen und behauptete, sie verkündeten Ziele von ungeheuerlicher Tragweite, bei denen das Leben und die Freiheit von Millionen noch ungeborener Menschen von größter Bedeutung seien. Schließlich wurde die Beratung vertagt und am 2. Juli fast einstimmig angenommen. John Adams war von diesem Ergebnis äußerst begeistert und schrieb seiner Frau zu diesem Thema:

„Der 2. Juli 1776 wird die denkwürdigste Epoche in der Geschichte Amerikas sein. Ich bin geneigt zu glauben, dass er von den nachfolgenden Generationen als großes Jubiläumsfest gefeiert wird. Er sollte von einem Ende des Kontinents zum anderen, von nun an und für immer, als Tag der Erlösung gefeiert werden, durch feierliche Akte der Hingabe an Gott den Allmächtigen, von diesem Zeitpunkt an.“

Aber obwohl an dem von John Adams erwähnten Tag die dreizehn Kolonien zu unabhängigen Staaten wurden, feiert das Land am 4. Juli. An diesem Tag wurde die Unabhängigkeitserklärung verkündet. Dieses wunderbare Dokument wurde von Jefferson in einem kleinen Backsteinhaus verfasst, das damals auf den Feldern stand, heute aber als südwestliche Ecke von Market Street und Seventh Street in Philadelphia bekannt ist. Es liegt etwa 400 Meter vom Independence Square entfernt. In seinem kleinen Zimmer in diesem Haus verfasste Jefferson auf einem sehr kleinen Schreibtisch, der noch immer existiert, die Eigentumsurkunde unserer Freiheiten. Er schrieb ohne jegliche Referenzen, sondern brachte lediglich die Gedanken zu Papier, die ihm seit Jahren im Kopf herumschwirrten. Im Originaldokument, wie es Jefferson vorlegte, erschien eine strenge Verurteilung des „piratischen Krieges gegen die menschliche Natur selbst", wie die Sklaverei beschrieben wurde. Diese wurde vom Kongress gestrichen und schließlich wurde das geänderte Dokument durch die Stimmen von zwölf Kolonien angenommen, wobei New York sich weigerte, abzustimmen.

Wir geben ein Beispiel aus dem Inneren der Independence Hall. Hier wurde die Unabhängigkeitserklärung unterzeichnet. Nach Ansicht einiger Behörden fand die Unterzeichnung nicht am 4. Juli statt, nach Ansicht anderer Behörden jedoch schon. Einige Aufzeichnungen scheinen zu zeigen, dass 54 der 56 Namen am 2. August auf dem Pergament vermerkt waren. Jefferson erklärte häufig, dass die Unterzeichnung der Unabhängigkeitserklärung durch einen sehr trivialen Umstand beschleunigt wurde. In der Nähe der Halle befand sich ein großer Stall, in dem es von Fliegen wimmelte. Alle Delegierten trugen Seidenstrümpfe und waren daher in einer Verfassung, in der sie leicht von Fliegen geplagt wurden. Die Hitze war unerträglich und eine gewaltige Invasion der kleinen Plagegeister, die sich nicht durch Fliegengitter oder Moskitonetze aufhalten ließ, trieb die Gesetzgeber fast in den Wahnsinn und veranlasste sie, ihre Unterschriften mit fast unanständiger Eile unter das Dokument zu setzen.

Innenansicht der Independence Hall, Philadelphia

Wie dem auch sei, die Unabhängigkeitserklärung wurde schließlich unterzeichnet und Liberty Bell verkündete dies allen, die es hören konnten. John Hancock, so wird uns erzählt, bezog sich mit einem Lächeln auf seine fast schuljungenhafte Unterschrift und meinte, John Bull könne seinen Namen auch ohne Brille lesen. Franklin soll bemerkt haben, sie müssten alle zusammen hängen, sonst würden sie ganz sicher alle einzeln hängen – ein Wortspiel, das zeigt, dass der Sinn für Humor des Patrioten zu bewundernswert entwickelt war, als dass er selbst durch ein Ereignis dieser Größenordnung getrübt werden konnte.

Überall herrschte Jubel, dass diese große Tat vollbracht worden war. Eine sehr nette Geschichte erzählt, wie ein alter Glöckner atemlos wartete, um Tausenden von Menschen die Abstimmung des Kongresses zu verkünden. Diese Geschichte wurde inzwischen dementiert, und es scheint offensichtlich, dass die Abstimmung erst am nächsten Tag bekannt gegeben wurde, als Rundschreiben an die Bevölkerung verschickt wurden. Am 6. Juli wurde die Unabhängigkeitserklärung in einer Zeitung in Philadelphia abgedruckt, und am 8. Juli las John Nixon sie im Hof der Independence Hall vor. Am selben Tag wurde das königliche Wappen über der Tür des Saals des Obersten Gerichtshofs abgerissen und die so gesicherten Trophäen verbrannt.

Die erste 4.-Juli-Feier, von der wir Aufzeichnungen haben, fand zwei Jahre nach der Unterzeichnung statt. General Howe hatte die Stadt kurz zuvor verlassen, und alle waren fröhlich und glücklich. Im Tagebuch eines der alten Patrioten, die an dieser einzigartigen Feier teilnahmen, findet sich die folgende kuriosen und sogar malerischen Beschreibung der Ereignisse des Tages:

„Am glorreichen 4. Juli (1778) feierte ich in der City Tavern mit meinen Kongressdelegierten und einer Anzahl anderer Herren, insgesamt etwa 80, den Jahrestag der Unabhängigkeit. Die Unterhaltung war elegant und gut organisiert. Es standen vier Tische verteilt; zwei davon erstreckten sich über die gesamte Länge des Raumes, die anderen beiden kreuzten sie im rechten Winkel. Am Ende des Raumes, gegenüber dem oberen Tisch, war ein Orchester aufgebaut. Am Kopfende des oberen Tisches und zur Rechten des Präsidenten stand ein großer gebackener Pudding, in dessen Mitte ein Stab steckte, auf dem eine purpurrote Flagge ausgestellt war, in deren Mitte sich dieses symbolische Zeichen befand: Ein Auge, das die Vorsehung symbolisierte; ein Etikett, auf dem stand: ‚Ein Appell an den Himmel‘; ein Mann mit einem gezogenen Schwert in der Hand und in der anderen die Unabhängigkeitserklärung und zu seinen Füßen eine Schriftrolle mit der Aufschrift ‚Die Erklärungsakte‘. Sobald das Abendessen begann, begann die Musik, bestehend aus Klarinetten , Oboen, Waldhörnern, Violinen und Bassgamben, und wurde fortgesetzt, wobei es angemessene Pausen gab, bis es zu Ende war. Dann wurden die Toasts ausgebracht, gefolgt von einer Feldgeschützabfeuerung, und so endete der Nachmittag. Am Abend gab es ein kaltes Getränk und ein großartiges Feuerwerk. Die Straße war während des Feuerwerks voller Menschen.

"Was für ein seltsamer Wechsel in den menschlichen Angelegenheiten! Diese, vor wenigen Jahren noch Kolonien Großbritanniens, sind jetzt freie, souveräne und unabhängige Staaten und feiern nun den Jahrestag ihrer Unabhängigkeit in derselben Stadt, in der nur ein oder zwei Tage zuvor General Howe sein lächerliches Champhaitre zur Schau stellte ."

Independence Hall ist heute noch in einem wunderbaren Erhaltungszustand. Auf der großen Centennial Exposition, die zur Feier des hundertsten Jahrestages der Ereignisse abgehalten wurde, auf die wir in diesem Kapitel angespielt haben, gingen Zehntausende von Menschen durch den Raum, in dem die Unabhängigkeitserklärung unterzeichnet wurde, und betrachteten mit gemischten Gefühlen die historische Glocke, die, obwohl sie ihren Nutzen längst überlebt hatte, in vergangenen Tagen so großartige Verkündigung edler Wahrheit, Gefühle und Taten war. Bis vor kurzem wurde Rechtsprechung in dem alten Gebäude durchgeführt, aber die meisten Gerichtshöfe sind inzwischen in das stattliche Gebäude umgezogen, das das moderne Philadelphia derzeit für etwa 16.000.000 Dollar errichtet.

Independence Hall und Independence Square werden liebevoll gepflegt und Besucher aus allen Ländern achten darauf, beide in ihre Besichtigungstouren in diesem Land einzubeziehen. In der Halle finden sie fast zahllose alte Pergamente und Kuriositäten aus dem 18. Jahrhundert und Antiquare finden genug, um sich mehrere Tage lang zu interessieren und zu unterhalten. Jeder Liebhaber seines Heimatlandes, ganz gleich, welches Land es sein mag, zieht in diesem alten und erinnerungswürdigen Gebäude ehrfürchtig den Hut und es muss wahrlich gedankenlos sein, wenn man es durchquert, ohne zumindest in Gedanken den Erinnerungen an die Männer Tribut zu zollen, die bei der Geburt der größten Nation, die die Welt je gesehen hat, dabei waren und die dem Volk der Vereinigten Staaten absolute Freiheit sicherten.

Die Abbildung des Inneren der Independence Hall auf Seite 17 wurde für die Verwendung in diesem Werk von der National Company of St. Louis zur Verfügung gestellt, dem Herausgeber von „Our Own Country", einem umfangreichen Werk, das eine Reise durch die malerischsten Gegenden der Vereinigten Staaten beschreibt. Der Buchdruck in „Our Own Country" wurde vom Autor dieses Werks geschrieben und es ist eine der schönsten Hommagen an die malerische Schönheit Amerikas, die jemals veröffentlicht wurde. Andere Abbildungen in diesem Werk wurden ebenfalls freundlicherweise vom selben Verlag zur Verfügung gestellt.

KAPITEL II.

DIE HEXEN VON SALEM.

Ein Relikt religiöser Bigotterie – Pfarrer Lawsons Tirade gegen Hexerei – Außergewöhnliche Gerichtsakten aus der Zeit der alten Puritaner – Angebliche übernatürliche Beschwörung – Ein Mann und seine Frau wurden hingerichtet – Zermalmt, weil sie sich weigerten, zu plädieren – Eine Romanze aus der Zeit der Hexenverfolgung.

Zu den Kuriositäten Neuenglands, die Touristen und Besuchern gezeigt werden, gehört der ursprüngliche Ort einiger der außergewöhnlichen Prozesse und Hinrichtungen wegen Hexerei in der Stadt Salem, heute bekannt als Danvers, Mass. Wenn wir auf die Ereignisse vor zweihundert Jahren zurückblicken, erscheint uns die Verfolgung der angeblichen Hexen als Verfolgung der berüchtigtsten Art. Die einzige Rechtfertigung für die strengen Puritaner ist die Tatsache, dass sie ihre Vorstellungen von Hexerei und ihren Übeln von ihren Vorfahren und von dem Land, aus dem die meisten von ihnen stammten, geerbt haben.

Eine der frühesten Regeln religiöser Bigotterie war: „Du sollst eine Hexe nicht am Leben lassen", und seit jeher scheint Hexerei ein Kapitalverbrechen gewesen zu sein. Es ist belegt, dass von Zeit zu Zeit Tausende von Menschen wegen angeblichen Geschlechtsverkehrs und angeblicher Verbindung mit dem Teufel legal ermordet wurden. Der Aberglaube scheint durch die Verbreitung des frühen Christentums eher an Kraft gewonnen als verloren zu haben. In der Regel waren die Opfer des Wahns Frauen, und der Prozentsatz alter und gebrechlicher Frauen war immer sehr hoch. Einer der größten Juristen Englands verurteilte im 17. Jahrhundert zwei junge Mädchen zum Galgen, und zwar aus keinem anderen Grund als dem angeblichen Verbrechen, einen schädlichen Einfluss auf bestimmte Opfer ausgeübt und sie, wie man es in bestimmten Gegenden nennen würde, „verflucht" zu haben.

In Schottland wurde der Wahn noch weiter getrieben. Wer der Hexerei angeklagt wurde, wurde automatisch verurteilt und der schreckliche Tod auf dem Scheiterhaufen war das ausnahmslose Urteil. Die meisten Opfer legten erfundene Geständnisse ab und zogen es vor, sofort zu sterben, anstatt auf unbestimmte Zeit gefoltert zu werden. Im Jahr 1716 wurden eine reiche Dame und ihre neunjährige Tochter wegen Hexerei gehängt, und selbst dreißig oder vierzig Jahre später sind die Aufzeichnungen Großbritanniens durch einen weiteren ähnlichen Fall von Verfolgung besudelt.

Diese unappetitlichen Berichte werden gegeben, um ein Missverständnis hinsichtlich der Rolle der alten Puritaner bei den Verfolgungen zu korrigieren. Viele Menschen glaubten ernsthaft, dass die Idee der Hexerei als Kapitalverbrechen ihren Ursprung in Salem hatte, und schrieben dem ursprünglichen Hexenhaus den Ruf zu, tatsächlich einen neuen Aberglauben und eine neue Verfolgung hervorgebracht zu haben. Wie wir gesehen haben, ist dies völlig falsch. Die Tatsache, dass die Puritaner ein schlechtes Beispiel kopierten, anstatt ein neues zu setzen, sollte zumindest in Erinnerung gerufen werden, um den bedauerlichen Makel auf ihrem sonst sauberen Wappen zu mildern.

Im Jahr 1704 veröffentlichte ein gewisser Deodat Lawson, Pfarrer in Salem während der letzten sechzehn oder siebzehn Jahre des siebzehnten Jahrhunderts, ein bemerkenswertes Werk mit dem Titel „Christi Treue, der einzige Schutzschild gegen Satans Boshaftigkeit“. In diesem Werk erscheint ein Bericht über die sogenannte Katastrophe in Salem, die laut dem Autor etwa im Jahr 1692 „von einer sehr schmerzhaften und schmerzlichen Heimsuchung heimgesucht wurde, bei der man Grund zu der Annahme hatte, dass es dem allmächtigen und heiligen Gott gefiel, Satan und seinen Werkzeugen zu erlauben, diese armen Sterblichen auf solch erstaunliche und ungewöhnliche Weise zu ängstigen und zu quälen.“

Die Aufzeichnungen von Pfarrer Lawson sind so realistisch und repräsentativ für die Zeit, in der er lebte, dass wir einige seiner eigenen Äußerungen wiedergeben. So sagt er: „Da ich schon seit einiger Zeit die Arbeit des Ministeriums in Salem Village begleitet hatte, wurde mir der Bericht über diese großen Leiden schnell bekannt, umso mehr, als die erste betroffene Person aus der Familie des Pfarrers stammte, der mir nachfolgte, nachdem ich von ihnen entfernt worden war. Aus Mitleid mit meinen christlichen Freunden und früheren Bekannten dort machte ich mir daher große Sorgen um sie, beriet mich häufig mit ihnen und betete (mit göttlicher Hilfe) für sie; aber meine Sorge wurde besonders verstärkt, als bei der Untersuchung einer Person, die der Hexerei verdächtigt wurde, berichtet wurde, dass meine Frau und meine Tochter, die drei Jahre zuvor gestorben waren, durch die bösartigen Handlungen der höllischen Mächte aus der Welt geschickt wurden, wie in den folgenden Bemerkungen ausführlicher dargestellt wird. Ich wünschte damals, und wurde auch von einigen Beteiligten im Gericht gebeten, dort anwesend zu sein, um zu hören, was in dieser Hinsicht behauptet wurde, und bemerkte daher, als ich unter ihnen war, dass der Fall der Betroffenen sehr erstaunlich und bedauerlich war und die gegen den Angeklagten erhobenen Anklagen Gründe für Verdacht, aber sehr kompliziert und schwierig, richtige Schlüsse über sie zu ziehen. Sie bestätigten, dass sie die Geister mehrerer Verstorbener gesehen hätten, die sie bei ihrem Erscheinen dazu angestiftet hätten, solche zu entdecken, die (wie sie sagten) Instrumente waren, um ihren Tod zu beschleunigen, und ihnen mit schwerer Pein drohten, wenn sie es den Richtern nicht meldeten.

„Sie bestätigten bei der Vernehmung und erneut bei der Verhandlung eines Angeklagten, dass sie die Geister seiner beiden Frauen gesehen hätten (zu denen er sich in ihrem Leben sehr schlecht verhalten hatte, wie mehrere Zeugenaussagen bewiesen), und auch, dass sie die Geister meiner Frau und meiner Tochter gesehen hätten (die vor über drei Jahren gestorben waren), und sie bestätigten, dass diese Geister rot aussahen, als sie den Angeklagten vor Gericht ansahen, als würde ihnen vor Empörung über ihn das Blut aus dem Gesicht spritzen. Das Ganze lief folgendermaßen ab: Mehrere Betroffene standen vor dem Angeklagten vor Gericht und plötzlich richteten sie alle ihre Augen gemeinsam auf eine bestimmte Stelle auf dem Boden vor dem Angeklagten, ohne ihre Augen oder Körper für einige Minuten zu bewegen und auch keine Fragen zu beantworten, die ihnen gestellt wurden. Sobald diese Trance vorüber war und einige außer Sicht und Hörweite waren, wurden sie alle nacheinander gefragt, was sie gesehen hätten, und sie stimmten alle darin überein, dass sie die oben erwähnten Geister gesehen hätten. Ich war anwesend und hörte und sah alles, was während der Verhandlung gegen die Person, die beschuldigt wurde, das Instrument zu sein, in diesem Zusammenhang geschah. von Satans Bosheit darin.

„Verschiedene Nadeln wurden aus den Handgelenken und Armen der Betroffenen gezogen, und bei einer Vernehmung einer verdächtigen Person wurde eine Nadel durch Ober- und Unterlippe gestoßen, als sie zum Sprechen aufgefordert wurde, doch traten nach dem Herausziehen keine sichtbaren Eiterungen auf. Einigen Betroffenen wurden, als sie in ihren Anfällen vor Gericht kämpften, (auf unsichtbare Weise) die Handgelenke mit einer echten Kordel zusammengebunden, so dass sie kaum ohne Schnitte entfernt werden konnten. Einige Betroffene wurden mit gefesselten Armen gefunden und an einen Haken gehängt, von wo aus andere gezwungen wurden, sie herunterzuziehen, damit sie in dieser Haltung nicht starben. Einige Betroffene wurden mit unerkannter Gewalt unter Tische und Betten gezogen, so dass sie kaum herausgezogen werden konnten. Und eine wurde halb über den Rand eines Brunnens gezogen und konnte nur mit großer Mühe wieder zurückgeholt werden. Wenn sie am schwersten heimgesucht wurden, wurden sie sofort von ihren Qualen erlöst, wenn man sie zum Angeklagten brachte und die Hand der verdächtigen Person nur auf sie legte; aber wenn der Angeklagte sie nur ansah, wurden sie sofort wieder niedergeschlagen. Deshalb bedeckten sie das Gesicht des Angeklagten, während sie ihre Hände auf den Betroffenen legten, und dann kam es zum gewünschten Ergebnis. Denn es hat sich gezeigt (sowohl bei Vernehmungen als auch bei Prozessen), dass die Betroffenen sofort in Wut gerieten, sobald sie den Angeklagten sahen. Ja, obwohl die Angeklagten sich in der

Menschenmenge befanden und den Leidenden unbekannt waren, wurden sie dennoch auf den ersten Blick niedergeschlagen; dies wurde bei einem Kind im Alter von vier oder fünf Jahren beobachtet, als man befürchtete, dass so viele, wie es ansah, entweder direkt oder indem es den Kopf drehte, sofort in Wut gerieten.

„Eine Eisenspindel eines Wollrades wurde auf sehr seltsame Weise aus einem Haus in Salem Village entwendet und von einem Gespenst als Folterinstrument für einen Leidenden verwendet. Die Umstehenden bemerkten sie erst, als der Leidende sie aus der Hand des Gespenstes riss . Dann erschien es den Anwesenden sofort, als handele es sich tatsächlich um dieselbe Eisenspindel.

„Manchmal wurde ihnen während ihrer Anfälle die Zunge auf eine furchterregende Länge aus dem Mund gezogen, der Kopf sehr weit über die Schultern gedreht, und während sie während ihrer Anfälle so verkrampft waren und ihre Arme und Beine usw. verrenkt waren, als wären sie völlig verrenkt, strömte das Blut eine beträchtliche Zeit lang in Strömen aus ihren Mündern; einige nahmen es auf ihren Finger und rieben es an ihrer anderen Hand, um sich zu vergewissern, dass es echtes Blut war. Ich sah mehrere zusammen, die während ihrer Anfälle so heftig verkrampft waren und bluteten, zu meinem großen Erstaunen, dass meine Mitsterblichen von den unsichtbaren Mächten der Dunkelheit so schwer gequält wurden. Denn sicherlich müssen alle rücksichtsvollen Personen, die diese Dinge sahen, davon überzeugt sein, dass ihre Bewegungen während ihrer Anfälle übernatürlich und unwillkürlich waren, sowohl hinsichtlich der Art und Weise, die so seltsam war, dass ein gesunder Mensch seinen Körper nicht (zumindest nicht ohne große Schmerzen) verdrehen könnte; als auch hinsichtlich der Heftigkeit waren es übernatürliche Bewegungen, die weit über die normale Kraft derselben hinausgingen. Personen, wenn sie bei klarem Verstand sind. Da sie so schwer leiden, erscheint es sehr hart und ungerecht, sie dafür zu tadeln, dass sie einem freiwilligen Gespräch oder einer Vertrautheit mit dem Teufel zugestimmt oder sich mit ihm unterhalten haben.

„Einige von ihnen wurden gefragt, wie es dazu kam, dass sie keine Angst hatten, als sie den schwarzen Mann sahen. Sie sagten, dass sie zuerst Angst hatten, aber später nicht mehr so sehr. Einige von ihnen bestätigten, dass sie den schwarzen Mann auf dem Galgen sitzen sahen und dass er einigen der Verurteilten etwas ins Ohr flüsterte, als sie gerade hingerichtet werden wollten – sogar während sie ihre letzte Rede hielten.

„Einige von ihnen haben mehrmals einen Weißen Mann unter den Gespenstern erscheinen sehen , und sobald er erschien, verschwanden die Schwarzen Hexen; sie sagten, dieser Weiße Mann habe ihnen oft vorhergesagt, wie lange sie von ihren Anfällen verschont bleiben würden; manchmal ein oder zwei Tage oder mehr, was sich dann auch so ergab. Eine der Betroffenen sagte, sie habe ihn während ihres Anfalls gesehen und sei mit ihm an einem herrlichen Ort gewesen, an dem es weder Kerzen noch Sonne gab, der aber voller Licht und Helligkeit war, wo eine Menge in ‚weißen, glitzernden Gewändern‘ war, und sie sangen das Lied in Rev. v, 9. Sie sollte diesen Ort verlassen und sagte: ‚Wie lange soll ich hier bleiben? Lass mich bei dir sein.‘ Sie war betrübt, dass sie nicht länger an diesem Ort und in dieser Gesellschaft bleiben konnte.

„Einer jungen Frau, die schrecklich krank war, erschien ein Gespenst, das in ein weißes Laken gewickelt war, das für die Umstehenden unsichtbar war, bis die Leidende (in ihrem Anfall heftig zappelnd) danach schnappte, die Ecke des Lakens festhielt und abriss. Ihr Vater, der bei ihr war, versuchte, es mit ihr festzuhalten, damit sie behalten konnte, was sie bekommen hatte; doch als das Gespenst vorüber war, zuckte seine Hand so heftig, als wäre sie abgerissen worden. Unmittelbar darauf erschien in der Hand der Leidenden die Ecke eines Lakens, eines echten Tuchs, das für die Zuschauer sichtbar war und (wie es heißt) noch immer zu sehen ist.“

Wie die damaligen Aufzeichnungen weiterführen, wurde durch stichhaltige Beweise gegen einen der Angeklagten bewiesen, dass er (obwohl er ein sehr kleiner Mann war) eine so ungewöhnliche Kraft besaß, dass er mit einer Hand ein Gewehr hinter dem Schloss halten konnte, das fast sieben Fuß tief im Lauf steckte, so dass ein kräftiger Mann mit beiden Händen schießen konnte, wie es üblich war. Es wurde auch bewiesen, dass er Metallfässer und Fässer mit Melasse allein aus einem Kanu hob; und dass er seine Finger nach der Sitte in ein Fass mit Melasse steckte, das nur einen Finger lang gefüllt war, und es mehrere Schritte weit trug. Und dass er seinen Finger in die Mündung eines Gewehrs steckte, das mehr als fünf Fuß tief im Lauf steckte, und das Ende mitsamt dem Schaft hochhob, ohne dass sichtbare Hilfe zum Hochheben vorhanden war. Es wurde auch bezeugt, dass er, wenn er mit seiner Frau und dem Bruder seiner Frau unterwegs war, gelegentlich zurückblieb und seine Frau und ihren Bruder vorgehen ließ; als er sie dann aber plötzlich einholte, war er wütend auf seine Frau wegen des Gesprächs, das zwischen ihr und ihrem Bruder stattgefunden hatte. Sie fragten sich, woher er das wissen könne, und er sagte: „Ich kenne deine Gedanken.“ Über diesen Ausdruck waren sie erstaunt und fragten ihn, wie er das tun könne, und er sagte: „Mein Gott, dem ich diene, teilt mir deine Gedanken mit.“

Einige behaupteten, dass es mehrere Hundert Mitglieder der Hexengesellschaft gab, von denen beträchtliche Gruppen sich mit Trommelschlägen zu den Waffen gesellten. Bei Verhören und Prozessen, so erklärten sie, pflegte ein solcher Mann sie aus allen Richtungen zu

Hexenversammlungen zusammenzurufen, wobei er eine teuflische Trompete erschallen ließ.

Als man sie vor Gericht führte, um die Gefangenen zu sehen, schworen sie vor Gericht, sie hätten sie oft bei Hexentreffen gesehen, „bei denen gefeiert, getanzt und gelacht wurde, und auch bei Teufelssakramenten, und insbesondere, dass sie einen solchen Mann unter der verfluchten Bande gesehen hätten und versicherten, er habe ihnen das Sakrament des Satans gespendet und sie ermutigt, ihren Weg fortzusetzen, und dass sie sicherlich siegen würden. Sie sagten auch, eine solche Frau sei Diakonin gewesen und habe dabei geholfen, das teuflische Element zu verteilen. Sie versicherten, dass es sehr viele Hexen gegeben habe.“

Angesichts solcher Gefühle ist es nicht verwunderlich, dass die angeblichen Hexen ständig und mit auffälliger Brutalität behandelt wurden. Eine sechzigjährige Dame namens Sarah Osburn wurde zu Tode gejagt, weil sie eine Hexe war. Die arme alte Dame, die in recht guten Verhältnissen lebte und einen guten Charakter gehabt zu haben schien, wurde wegen Hexerei vor Gericht gestellt. Drei Tage lang wurden mehr oder weniger lächerliche Zeugenaussagen gegen sie abgehalten, und mehrere kleine Kinder, die offensichtlich sorgfältig geschult worden waren, erklärten auf dem Zeugenstand, dass Mrs. Osburn sie verhext habe. Das Gericht forderte sie zu einem Geständnis auf, das sie jedoch ablehnte, da sie eher ein Opfer als eine Verbrecherin sei. Sie wurde ins Gefängnis gesteckt und so brutal behandelt, dass sie starb, bevor sie auf die vorgeschriebene Weise hingerichtet werden konnte.

Bridget Bishop war ein weiteres der zahlreichen Opfer. Gegen sie wurden die üblichen Anklagen erhoben und sie wurde umgehend zum Tode verurteilt. Vor der Vollstreckung des Urteils beriet man sich wie üblich mit den örtlichen Geistlichen. Diese guten Männer rieten zwar zur Vorsicht bei der Annahme von Zeugenaussagen, empfahlen der Regierung jedoch demütig, diejenigen rasch und energisch zu verfolgen, die „sich durch die Verletzung der heilsamen Gesetze der englischen Nation zur Aufdeckung von Hexerei in Verruf gebracht hatten“. Dieser Empfehlung folgend fanden zwei- und dreifache Hinrichtungen statt, und es wurde mit genügend Brutalität gearbeitet, um den Appetit der Rachsüchtigsten und Bösartigsten zu stillen.

Der vielleicht außergewöhnlichste Fall der Hexenverfolgung am Ende des 17. Jahrhunderts ist der von Giles Corey und seiner Frau Martha. Das Besondere an diesem Fall ist, dass der Ehemann einer der enthusiastischsten Verfechter des unheiligen Verbrechens der Hexerei war, während seine gute Frau eher geneigt war, die Idee zu verspotten und die Anklagen als Verfolgungen zu verurteilen. Sie tat ihr Bestes, um Giles von der Teilnahme an Gerichtsverhandlungen abzuhalten, und einer der schwerwiegendsten Vorwürfe gegen sie war, dass sie einmal den Familiensattel versteckte, um ihren Herrn und Meister daran zu hindern, zu einer der Vernehmungen zu reiten.

Dieser Versuch, die Rechte der Frau vor zweihundert Jahren durchzusetzen, stieß auf heftige Ablehnung, und zwei begeisterte Hexenjäger wurden zu ihrem Haus geschickt, um sie zu einem Geständnis zu verleiten. Unterwegs stellten sie Nachforschungen an, die dazu führten, dass sie eine Anklage gegen die Frau zusammenschustern konnten, weil sie nachts in Geisterkleidung herumgelaufen war. Als die Detektive bei ihr vorsprachen, sagte sie ihnen, sie wisse, was der Grund ihres Besuchs sei, aber sie sei keine Hexe und glaube nicht, dass es so etwas gebe. Die bloße Tatsache, dass sie den Grund ihres Besuchs kannte, wurde als schlüssiger Beweis gegen sie angesehen, obwohl eine unvoreingenommene Person natürlich annehmen würde, dass ihre Vermutung angesichts der örtlichen Stimmung sehr einfach war. Die arme Frau wurde sofort verhaftet und vor Gericht gestellt. Mehrere kleine Kinder wurden verhört, und diese riefen im Zeugenstand, dass sie, als die geplagte Frau sich in ihrem Kummer auf die Lippe biss, von körperlichen Schmerzen gepackt wurden, die so lange anhielten, bis ihr die Zähne locker wurden. Aus den Gerichtschroniken geht mit großer Feierlichkeit hervor, dass die Opfer der Frau nicht litten, als ihr die Hände gefesselt waren, dass sie jedoch Krämpfe erlitten, sobald ihnen die Fesseln entfernt wurden.

Sogar ihr Ehemann wurde als Zeuge gegen sie aufgerufen. Seine Aussage scheint nicht sehr wichtig oder relevant gewesen zu sein. Aber eine andere Zeugin, eine Frau Pope, die eine Expertin auf diesem Gebiet zu sein scheint und bei fast jedem Prozess aufgerufen wurde, zog vor Gericht ihren Schuh aus und warf ihn dem Angeklagten an den Kopf, ein Akt des Unanständigen, der aufgrund der offensichtlichen Aufrichtigkeit des Täters geduldet wurde. Die arme Frau wurde selbstverständlich verurteilt, und als sie ins Gefängnis gebracht wurde, suchte eine Abordnung der Kirche, der sie angehörte, sie auf und exkommunizierte sie. Sie stieg mit großer Würde die Leiter hinauf, die zum Galgen führte, und starb, ohne zu versuchen, ihr Leben durch ein Geständnis zu verlängern.

Das Schicksal ihres Mannes war noch schrecklicher. Trotz seines Eifers und der Tatsache , dass er gegen seine eigene Frau ausgesagt hatte, wurde er verhaftet und eines ähnlichen Vergehens angeklagt. Ob hypnotische Einflüsse ausgeübt wurden oder ob sich die Untersuchungsrichter lediglich Dinge gegen den Angeklagten einbildeten, kann derzeit nicht festgestellt werden. Aus den Gerichtsakten geht jedoch hervor, dass die Zeugen, während sie auf dem Zeugenstand waren, so schlimm von Anfällen und Schmerzen geplagt wurden, dass dem Angeklagten die Hände gefesselt werden mussten, bevor er seine Aussage fortsetzen konnte. Anders als seine

Frau leugnete der arme Mann die Existenz von Hexerei nicht und jammerte lediglich als Antwort auf die Rüge des Richters, dass er ein armes Geschöpf sei und nichts dafür könne. Die Beweise gegen ihn waren in der Tat sehr dürftig, und er wurde ins Gefängnis gesteckt, wo er fünf oder sechs Monate lang unbehelligt und anscheinend vergessen blieb.

Er wurde dann von seiner Kirche exkommuniziert und erneut vor Gericht gestellt. Der Aufenthalt im Gefängnis scheint den alten Mann stur gemacht zu haben, denn als er erneut seinen Verfolgern gegenüberstand, lehnte er es ab, zu plädieren, mit der Begründung, dass es keine Anklage gegen ihn gebe. Ein altes, überholtes englisches Gesetz wurde gegen ihn wieder in Kraft gesetzt und das schreckliche Urteil verkündet, dass er wegen seines Schweigens in das Gefängnis, aus dem er kam, zurückgeschickt und in eine niedrige, dunkle Kammer gesperrt werden sollte. Dort sollte er auf den Rücken auf den nackten Boden gelegt werden, ohne Kleidung. So viel Eisen wie möglich sollte auf seinen Körper gelegt werden, und er sollte dort bleiben. Am ersten Tag sollte er drei Bissen Brot zu sich nehmen und am zweiten Tag drei Schlucke Wasser, das aus dem nächsten Teich, der gefunden werden konnte, ausgewählt werden sollte. So sollte die Ernährung Tag für Tag geändert werden, bis er entweder seine Anklage beantwortete oder starb.

Am 19. September 1692 kam der Tod für den unglücklichen Mann, der den Sheriff gebeten hatte, größere Gewichte hinzuzufügen, um das Ende zu beschleunigen, als er eine willkommene Erleichterung erlebte. Dies ist der einzige Fall, in dem ein Mann in Neuengland „zu Tode gepreßt" wurde, weil er sich weigerte, zu plädieren, oder wegen eines anderen Vergehens. Es gibt einige Fälle, in denen dieses unmenschliche Gesetz zuvor in England angewandt wurde, aber es wurde immer als Relikt mittelalterlicher Barbarei angesehen, und die Tatsache, dass es in den Hexenverfolgungen wiederbelebt wurde, ist sehr bedeutsam. Nach seinem Tod versuchte man, die Tat mit der Aussage zu rechtfertigen, dass Corey selbst einen Mann zu Tode gepreßt hatte. Diese Rechtfertigung erscheint schwach und ohne jegliche bestätigende Zeugenaussage.

Eine andere sehr bemerkenswerte Hexengeschichte hat einen Hauch von Romantik, obwohl die wesentlichen Fakten tatsächlich so passiert sind, wie sie erzählt werden. Ein Seemann namens Orcutt ließ seine Liebste auf einer seiner regelmäßigen Reisen zurück und versprach, bald zurückzukehren, um seine Braut abzuholen. Das Mädchen, das er zurückließ, ihr Name war Margaret, scheint eine sehr attraktive, unschuldige junge Dame gewesen zu sein, die erheblich unter der Eifersucht eines Rivalen litt. Bald nach der Abreise ihres Geliebten traten die Schwierigkeiten mit der Hexe auf, und das junge Mädchen war sehr besorgt und betrübt über das, was geschehen war. Einmal sagte sie zufällig zu einer Freundin, dass ihr die unglücklichen Hexen leid täten , die am nächsten Tag gehängt werden sollten. Die Freundin schien ein verkleideter Feind gewesen zu sein und wandte sich an Margaret und sagte ihr, dass sie selbst als Hexe vor Gericht gestellt würde, wenn sie so rede. Als Beweis dafür, wie rachsüchtig die Justiz zu dieser Zeit war, wurde das arme Mädchen am folgenden Tag im Namen des Königs und der Königin vom Sheriff wegen Hexerei verhaftet. Das junge Mädchen wurde durch die Straßen geführt und von der Menge verhöhnt. Als sie am Gericht ankam, sagte ihr angeblicher Freund eine Reihe von Aussagen gegen sie aus. Natürlich wurden die üblichen Geschichten über Schmerzen und Wehwehchen erzählt. Einige weitere Einzelheiten wurden hinzugefügt. So hatte Margaret beispielsweise eine Reihe von Hühnern getötet, indem sie sie angeschaut hatte. Sie war auch nachts in geisterhafter Kleidung herumgelaufen. Das arme Mädchen fiel auf der Anklagebank in Ohnmacht, und dies wurde als Strafe von oben und als direkter Beweis ihrer Schuld angesehen. Sie wurde ins Gefängnis gebracht, wo sie sich auf eine harte Bank legen musste, nur um am nächsten Tag wieder in den Gerichtssaal gezerrt zu werden, wo ihr eine Reihe von haarsträubenden Fragen gestellt wurden.

Schluchzend beteuerte sie ihre Unschuld, doch als sie das tat, riefen die Zeugen gegen sie, sie würden gefoltert und schon die Bewegung der Lippen des Mädchens verursache ihnen schreckliche Schmerzen. Sie wurde zwei Tage später zusammen mit acht anderen angeblichen Hexen zum Tod durch den Strang verurteilt und ohnmächtig in ihre Zelle zurückgebracht. Nach wenigen Minuten war das Mädchen im Delirium und begann, über ihren Geliebten und ihre Zukunftsaussichten zu sprechen. Sogar ihrer Schwester war es nicht erlaubt, die Nacht bei ihr zu bleiben, und das gebrechliche junge Geschöpf war der Gnade herzloser Gefängniswärter ausgeliefert.

Wenige Stunden vor dem für die Hinrichtung angesetzten Zeitpunkt segelte der junge Orcutt in den Hafen und erreichte das Haus noch vor Tagesanbruch. Hier erfuhr er zum ersten Mal von dem schrecklichen Unglück, das seiner Liebsten in seiner Abwesenheit widerfahren war. Um sieben Uhr durfte er mit der Schwester des verurteilten Mädchens das Gefängnis betreten. An der Gefängnistür wurde ihnen mitgeteilt, dass das böse Mädchen in der Nacht gestorben war. Da sie wussten, dass es unter keinen Umständen Hoffnung auf eine Aufhebung des Urteils gab, betrachteten die Hinterbliebenen die Nachricht als gut, und obwohl sie vor Kummer über den Schiffbruch ihres Lebens zusammenbrachen, erkannten sie beide, dass, um die frommen Worte der Schwester des Opfers zu gebrauchen, „der Herr sie aus den Händen ihrer Feinde errettet hatte."

Die Liste der Brutalität im Zusammenhang mit der Hexenjagd ließe sich beinahe endlos fortsetzen, denn die Zahl der Opfer war sehr hoch. Besuchern von Danvers werden heute oft von lokalen Führern die Orte gezeigt, an denen einige der Tragödien der Verfolgung stattfanden. Der Aberglaube wurde schließlich durch Aufklärung vertrieben, und es scheint erstaunlich, dass er so lange anhielt. Fast zweihundert Jahre sind vergangen, seit der Wahn erlosch, und es ist nur wohlwollend zuzugeben, dass, obwohl viele der Zeugen korrupt und meineidig gewesen sein müssen, die Mehrheit der mit den Fällen in Verbindung stehenden Personen es durchaus ernst meinte und dass sie sich zwar über die Vernichtung der Gottlosen freuten, es aber sehr bedauerten, zu Werkzeugen dieser Vernichtung gemacht worden zu sein.

KAPITEL III.

IM MALERISCHEN NEW YORK.

Korrektur einiger lokaler Fehler – Eine Reise auf dem Hudson River – Der letzte Mohikaner – Das Zuhause von Rip Van Winkle – Die Damen von Vassar und ihr Zuhause – West Point und seine Geschichte – Das Sing- Sing-Gefängnis – Die Niagarafälle – Indianer im Staat New York.

Die Bewohner der älteren Staaten des Ostens werden häufig wegen ihrer Unwissenheit über die neueren Staaten des Westens und über die Sitten und Gebräuche derjenigen verspottet, die den Rat von Horace Greeley befolgten und ihr Gesicht der untergehenden Sonne zuwandten, entschlossen, die Fruchtbarkeit des Bodens auszunutzen und in dem Land aufzuwachsen, über das sie nur wenig wussten.

Ein Mann aus dem Westen braucht nur ein paar Tage in einer Stadt im Osten zu verbringen, um zu erkennen, wie erhaben unwissend der Neuenglander über mindestens drei Viertel seines Heimatlandes ist. Der Autor wurde kürzlich in einer Stadt im Osten gefragt, wie er es schaffe, ohne die Annehmlichkeiten der Zivilisation auszukommen, und ob er es nicht für notwendig halte, alle seine Kleidungsstücke und Annehmlichkeiten per Post aus dem Osten zu bestellen. Als er antwortete, dass es in den größeren Städten des Westens zumindest Einzelhandelsgeschäfte gebe, die in Sachen Mode und Verbesserung auf dem neuesten Stand seien, und Gastronomiebetriebe, die die neuesten Delikatessen der Saison zu vernünftigen Preisen anbieten könnten, folgte ein ungläubiges Lächeln und Bedauern darüber, dass lokale Vorurteile und Stolz einen Mann so blind für die tatsächliche Wahrheit machen.

Doch die Antwort war keineswegs übertrieben, wie der erfahrene Reisende weiß. Weder Chicago noch St. Louis liegen wirklich im Westen, was die Himmelsrichtungen betrifft, denn beide Städte liegen Hunderte von Meilen östlich des geografischen Mittelpunkts der Vereinigten Staaten. Aber beide werden als „im Westen" bezeichnet und gehören zu dem Gebiet, in dem der äußerste Ostler wahrscheinlich glaubt, dass die Menschen dort von der gröbsten Kost leben und sich so roh wie möglich kleiden. Doch der unparteiische und unvoreingenommene New Yorker oder Bostoner, der eine dieser Städte besucht, gibt schnell zu, dass es ihm oft schwerfällt zu glauben, dass er sich nicht in seiner eigenen, heißgeliebten Stadt befindet, so groß ist die Ähnlichkeit in vielerlei Hinsicht zwischen den Geschäftshäusern und der Art, Geschäfte zu machen. Denver wird vom durchschnittlichen Ostler fast wie eine Grenzstadt betrachtet, weit draußen in den Rocky Mountains, umgeben von zweifellos ehrfurchtgebietender Landschaft, aber auch von Grizzlybären und wilden Indianern. San Francisco ist zu weit weg, um es als besonders intelligent zu bezeichnen, aber sehr viele Menschen betrachten diese Heimat des Reichtums und der Eleganz als eine weitere extrem westliche, raue Stadt des Sterbens.

Diese Unwissenheit, denn es ist eher Unwissenheit als Vorurteil, ist das Ergebnis der Reiselust nach Europa, die früher ein Merkmal der Atlantikstaaten war, sich aber in den letzten Jahren, wie die Zivilisation, nach Westen ausgebreitet hat. Der wohlhabende Osteuropäer wird mit seiner Familie viel eher eine Europareise unternehmen als eine Reise durch sein Heimatland. Die Überquerung des Atlantiks verursacht für ihn höhere Kosten, und obwohl er durch das Reisen seinen Wissensschatz erweitert, lernt er nicht so wichtige Dinge, als wenn er den amerikanischen Kontinent durchquert und sich über die Menschen und Sitten in seinen verschiedenen Teilen und Staaten informiert hätte.

Diese regionale Unwissenheit ist keineswegs auf den Osten beschränkt. Die Menschen im Westen bilden sich von den östlichen Staaten leicht ein völlig falsches Bild. Das Wort „Osten" vermittelt ihnen den Eindruck von dichter Besiedlung, Überbevölkerung und Industrie. Dass es in einigen der bevölkerungsreichsten Staaten Tausende und Abertausende Hektar landschaftlicher Pracht sowie Ackerland gibt, ist ihnen nicht bewusst, und dass dies der Fall ist, wird für viele eine Neuigkeit sein. Letztes Jahr reiste eine Gruppe von Menschen aus dem Westen nach New York und lief auf ihrem Weg durch Pennsylvania, um die malerische Horse Shoe Curve in den Alleghenies herum und entlang der Ufer des romantischen und historischen Susquehanna. Ein Mitglied der Gruppe war offenbar lange in Gedanken versunken. Schließlich wurde er gefragt, was ihn beunruhige.

"Ich dachte", war seine Antwort, "wie merkwürdig es ist, dass die Republikanische Partei bei der Wahl eine Mehrheit von etwa hunderttausend Stimmen errang, und ich fragte mich, woher all die Leute kamen, die ihre Stimme abgegeben haben. Ich habe in der letzten Stunde nicht ein Dutzend Häuser gesehen."

Unser Freund brachte nur den Gedanken zum Ausdruck, dem sich die ganze Menge ziemlich allgemein hingab. Diejenigen, die die transkontinentale Reise zum ersten Mal machten, staunten über die Weite des offenen Landes und die herrliche Landschaft, durch die sie fuhren; und sie fragten sich, wie sie nur auf die Idee gekommen waren, dass der Lärm des Hammers und der Rauch des Fabrikschornsteins ein fester Bestandteil des Ostens seien, wo, wie sie wussten, das Geld und die „weisen Männer" herkamen. Da es das Ziel dieses Buches ist, einige der markanten Merkmale aller Teile der

Vereinigten Staaten darzustellen, ist es notwendig, diesen falschen Eindruck so weit wie möglich zu beseitigen; und um dies zu tun, schlagen wir vor, eine kurze Beschreibung des romantischen und historischen Hudson River zu geben. Dieser Fluss fließt durch den großen Staat New York, über den die größte Unwissenheit herrscht. Der Staat selbst wird von der Größe seiner Metropole allgemein in den Schatten gestellt . Wenn das Projekt „Greater New York" verwirklicht wird und die Grenzen von New York City so erweitert werden, dass sie Brooklyn und andere angrenzende Städte einschließen, wird sich dieses Gefühl eher noch verstärken als vertiefen.

Doch „oberhalb von Harlem", um einen Ausdruck zu verwenden, der bei politischen Auseinandersetzungen so häufig verwendet wird, liegen Tausende Quadratmeilen von dem, was man „Land" nennen könnte, darunter malerische Berge, Kiefernwälder, die nicht kultivierbar sind und für Erholungs- und Freizeitzwecke erhalten bleiben, und fruchtbare Täler, die in Gehöfte und Bauernhöfe aufgeteilt sind.

Durch solche Gegenden fließt der Hudson River. Er entspringt in den Adirondack Mountains, etwa 300 Meilen vom Meer entfernt und mehr als 4.000 Fuß über dem Meeresspiegel. Er dient als Zufluss und Abfluss für zahlreiche größere und kleinere Seen. Anfangs ist er ein hübscher kleiner Bach, der im Sommer fast trocken ist, in der Regenzeit jedoch laut und turbulent. Vom Schroon Lake in der Nähe von Saratoga erhält er so viel Wasser, dass er anfängt, sich aufzuspielen. Er hört auf, ein ländlicher Bach zu sein, und wird zu einem kleinen Fluss. Etwas weiter unten fällt das Flussbett plötzlich ab und erzeugt wunderschöne Wasserfälle, deren Intensität und Lautstärke je nach Jahreszeit variieren.

Bei Glens Falls fließt der obere Hudson durch eine lange Schlucht, die über einen mehrere hundert Fuß langen Abgrund führt. Hier erhielt Cooper einen Großteil seiner Inspiration, und einer der überraschendsten Vorfälle in seinem „Letzten Mohikaner" soll an den Wasserfällen stattgefunden haben. Wenn Troy erreicht ist, nimmt der Fluss ein ganz anderes Aussehen an und fließt mit merkwürdiger Geradlinigkeit fast direkt zum New Yorker Hafen. Touristen segeln gern den Hudson hinauf und finden eine riesige Menge an Landschaften der reizvollsten Art, mit neuen Entdeckungen bei jeder Fahrt. Millionäre betrachten die Ufer des Hudson als die geeignetsten Orte, um Landhäuser und ländliche Rückzugsorte zu bauen. Viele dieser Villen sind von exquisit gepflegten Anlagen und wunderschönen Parterres umgeben, die allein schon eine lange Reise wert sind.

Beacon Island, ein paar Meilen unterhalb von Albany, wird dem Reisenden als besonders interessant empfohlen, da gleich gegenüber vier Grafschaften an den Fluss grenzen. Die Insel hat eine Geschichte von mehr als gewöhnlichem Interesse. Früher wurde sie von einem Patroon bewacht, der auf alle vorbeifahrenden Schiffe Maut erhob. Direkt in der Nachbarschaft befinden sich ursprüngliche holländische Siedlungen, und die Nachkommen der ursprünglichen Einwanderer halten sich von der englischsprachigen Bevölkerung ziemlich fern. Sie haben die Sprache sowie die Sitten und Bräuche Hollands beibehalten, und der Tourist, der sich unter sie verirrt, fühlt sich für den Moment eindeutig als Fremder in einem fremden Land. Das Land ist voller Legenden und Romanzen und buchstäblich durchtränkt von historischen Erinnerungen.

Die Stadt Hudson, etwas weiter flussabwärts, ist interessant, weil Henry Hudson in ihrer Nähe im September 1609 an Land ging. Er wurde sofort von Indianern umringt, die ihm eine enorme Menge an Informationen gaben und seinen Erfahrungsschatz um eine ganze Reihe neuer Erfahrungen erweiterten. Hier befindet sich die Mündung des Catskill River mit den wunderbaren Catskill Mountains im Hintergrund. Für viele unserer Leser wird es tatsächlich eine Neuigkeit sein, dass es in diesen wilden (nur teilweise erforschten) Bergen Wälder gibt, in denen es in großer Zahl Bären, Wildkatzen und Schlangen gibt.

Viele relativ wohlhabende Menschen leben in den Bergen, wo es Hotels und Vergnügungsorte der kostspieligsten Art gibt. Während der Winterstürme sind diese Liebhaber des Malerischen mehrere Tage lang eingeschneit und haben wenig Erfahrung mit dem Leben an der Grenze und auf Entdeckungsreisen.

Die Sonnenaufgänge in den Catskills sind aufgrund der besonderen Bodenbeschaffenheit einzigartig schön, und aus demselben Grund sind die Gewitter oft aufregend und furchterregend in ihrer Pracht. Wasserfälle aller Größen und Arten, Bäche mit Landschaften aller Art entlang der Ufer, Wälder, Wiesen und hohe Gipfel machen Monotonie unmöglich und verleihen der Catskill-Region eine majestätische Atmosphäre, die sich auf dem Papier nur schwer beschreiben lässt.

Jeder Besucher bittet darum, die verewigte Brücke von Sleepy Hollow gezeigt zu bekommen, und während er sie betrachtet, denkt er an Washington Irvings unvergleichliche Beschreibung dieses Landes. Er stimmt sofort mit Irving überein, dass jeder Wetterwechsel und tatsächlich jede Stunde des Tages eine Veränderung der magischen Farben und Formen dieser Berge mit sich bringt, und sie werden von allen guten Ehefrauen weit und breit als perfekte Barometer angesehen. Wenn das Wetter schön und stabil ist, sind sie in Blau und Purpur gehüllt und zeichnen ihre markanten Umrisse in den klaren Abendhimmel, aber manchmal, wenn der hintere Teil der Landschaft klar und wolkenlos ist, bilden sie eine Haube aus grauen Dämpfen, die in den letzten Strahlen der untergehenden Sonne wie eine Krone der Herrlichkeit aufwachsen.

Hier soll Rip Van Winkle gelebt und geschlafen haben und seine alten Freunde, Nachbarn und deren Nachkommen in Erstaunen versetzt haben. Der Weg, den Rip Van Winkle vor seinem langen Schlaf den Berg hinaufschritt, wird dem Touristen gezeigt, der in seinem Hotel, in dem für den Tag gemieteten Transportmittel und in den Bergen selbst unzählige lokale Legenden über Rip Van Winkle erfährt und über den Anteil von Wahrheit und Fiktion in Washington Irvings meisterhafter Produktion.

Wenn er ein Altertumsforscher mit genügend Interesse ist, kann man ihm genau die Stelle zeigen, an der sich Rip Van Winkle zum Schlafen hingelegt hat. Die Meinungen der Einheimischen über die genaue Stelle gehen auseinander, aber die Menschen zeigen so viel Glauben, dass niemand daran zweifeln kann, dass sie in ihrem Glauben aufrichtig und in ihren Überzeugungen aufrichtig sind. Dem Touristen kann man auch die Stelle des alten Landgasthofs zeigen, auf der Bank, vor der Rip Van Winkle saß und die Einheimischen mit seiner außergewöhnlichen Konversation und seiner Weigerung zu glauben, dass seit seinem letzten Besuch in der Stadt eine Generation vergangen war, in Erstaunen versetzte.

Eine Erinnerung an Rip Van Winkle

Dem Besucher wird auch der Stuhl gezeigt, auf dem Dame Van Winkle gesessen haben soll, während sie ihren faulen und unverbesserlichen Herrn und Meister beschimpfte, und die Leichtgläubigeren blicken interessiert auf einen Krug , von dem sie überzeugt sind, dass es derselbe ist, aus dem Rip Van Winkle getrunken hat. Um die Illusion zu vervollständigen, fehlt nur noch das Erscheinen des alten Hundes, den der Mann, der so schwer verschlafen hatte, sicher erkannt hätte, wenn er aufgetaucht wäre.

Es ist fast unmöglich, den Aufenthalt in den Catskill Mountains zu überleben oder sich mit Besichtigungen zu verausgaben , so viele Neuerungen erwarten einen. Die Catskills sind voller Traditionen, die genauso interessant und außergewöhnlich sind wie die Geschichte von Rip Van Winkle. Ursprünglich waren sie als „Berge des Himmels" bekannt, ein Name, den ihnen die Indianer gaben, die sie über viele Generationen hinweg in unangefochtenem Besitz hielten. Hyde Peak, der höchste Punkt der Catskills, wurde von den

Indianern als Thron des Großen Geistes angesehen, und die niederländischen Siedler, die die Indianer verdrängten, scheinen in ihrem Aberglauben und ihren Legenden fast ebenso großzügig gewesen zu sein. Diese Siedler ließen den Namen „Berge des Himmels" fallen und nahmen den für sie wohlklingenderen Namen „ Katzberge" an , von dem der modernere Name abgeleitet wurde.

Das Dorf Catskill verdient mehr als nur eine flüchtige Erwähnung. Es ist die Heimat einer großen Zahl bekannter Persönlichkeiten, darunter die Witwen vieler Männer, deren Namen in der Geschichte berühmt sind. Das alte Livingston Manor befand sich in der Nähe des Dorfes, und etwas weiter flussabwärts liegt Barrytown , wo die wohlhabenden Astors einen palastartigen Sommerurlaubsort haben. Etwas weiter flussabwärts liegen zwei Städte mit einem ausgesprochen alten und holländischen Aussehen. Sie wurden vor über zweihundert Jahren von den Holländern besiedelt, und es stehen noch viele Häuser, die im letzten Jahrhundert gebaut wurden, so solide haben unsere Vorfahren ihre Häuser gebaut und sie zu wahren Burgen und uneinnehmbaren Festungen gemacht.

Eine weitere sehr alte Stadt am Hudson ist die berühmte Bildungsstätte Poughkeepsie. Von ihr wird gesagt, dass sie pro Quadratzentimeter mehr Studiengebühren bietet als jede andere Stadt der Welt. Die berühmteste Bildungseinrichtung an dieser Stelle ist das Vassar College, das erste Frauenseminar der Welt und Zielscheibe so vieler Witze und Sarkasmen. Poughkeepsie ist nicht ganz so alt wie die Hügel darüber, aber es ist außerordentlich alt. Hier fand die berühmte Staatsversammlung zur Ratifizierung der Bundesverfassung statt, an der Alexander Hamilton, Gouverneur Clinton und John Jay sowie andere Männer mit unsterblichen Namen teilnahmen.

Erst vor relativ kurzer Zeit wurde das erste Steingebäude dieser Stadt abgerissen, um Platz für Verbesserungen zu schaffen, nachdem es über eineinhalb Jahrhunderte hinweg Sturm und Zeit auf perfekte Weise überstanden hatte. In Newburgh, ein paar Meilen weiter südlich, wird dem Besucher während der Revolution mehrmals ein altes graues Herrenhaus als Washingtons Hauptquartier gezeigt. Glücklicherweise hat der Staat den Besitz des Hauses gesichert und schützt es vor Vandalen.

Dieses wunderbare alte Haus wurde erst vor anderthalb Jahrhunderten erbaut. Vor 112 Jahren zog Washingtons Armee endgültig von hier ab, und der Besucher kann innerhalb der gut erhaltenen Mauern dieses Hauses den historischen Raum mit seinen sieben Türen sehen, in dem Washington und seine Generäle ihre zahlreichen Konferenzen abhielten und in dem sich noch immer fast zahllose Relikte des Unabhängigkeitskrieges befinden.

Während der Fahrt auf dem Hudson erhascht man einen Blick auf West Point, die große Militärschule, aus der so viele berühmte amerikanische Generäle hervorgegangen sind. West Point verfügt über eine der schönsten Flusspassagen des Landes. Das Fort und die über den Fluss gespannte Kette wurden 1777 von den Briten eingenommen (zwei Jahre nachdem entschieden worden war, West Point zu einem Militärstützpunkt zu machen), aber nach Burgoynes Kapitulation aufgegeben. Die kontinentalen Streitkräfte errichteten dann stärkere Befestigungen. West Points Geschichte reicht somit bis in den Unabhängigkeitskrieg zurück, und die Ruinen der 1775 errichteten Forts Clinton und Montgomery liegen in unmittelbarer Nähe.

In der Kadettenbaracke gibt es 176 Zimmer. Es wird kein Versuch unternommen, sie zu verzieren, und die Quartiere sind in ihrer Einfachheit und ihrem Mangel an häuslichem Komfort fast starr. Den angehenden Kriegern werden nicht nur die Grundlagen des Drills und der Kriegsführung beigebracht, sondern sie erhalten auch strenge Lektionen im Lagerleben. Jeder junge Mann fungiert als sein eigenes Zimmermädchen und muss sein kleines Zimmer absolut sauber und frei von Unrat und Schmutz jeglicher Art halten.

Die West Point Chapel ist aufgrund der vielen darin enthaltenen Tafeln interessant, auf denen viele der Helden der Revolution verewigt sind. Eine gewundene Straße führt zum Friedhof, auf dem die Überreste vieler anderer berühmter Generäle, darunter Winfield Scott, ruhen. Das State Camp trifft sich jährlich in Peekskill, einer weiteren sehr alten Stadt voller Erinnerungen an den Unabhängigkeitskrieg. Sie wurde im Jahr 1764 von einem niederländischen Seefahrer besiedelt, von dem sie ihren Namen hat. Ein weiteres Haus, das General Washington als Hauptquartier nutzte, befindet sich in der Nähe der Stadt, ebenso wie die St. Peter's Church, in der der Vater seines Landes betete.

Tarrytown ist ein weiterer berühmter Ort am Hudson. In der Nähe lebte Washington Irving, und an der alten Straße nach Sleepy Hollow befindet sich das älteste religiöse Gebäude des Staates New York. Die Kirche wurde im Jahr 1699 von den niederländischen Siedlern erbaut, und in der Nähe befindet sich der Friedhof, auf dem Washington Irving begraben wurde. Sunnyside, Irvings Haus, ist ein äußerst interessantes Steingebäude, dessen zahlreiche Giebel mit Efeu bedeckt sind, dessen enorme Masse aus ein paar Stecklingen gewachsen ist, die Sir Walter Scott Irving geschenkt hatte.

Ein trauriger Anblick für Touristen am Hudson, der aber dennoch interessant ist, ist das Sing Sing Gefängnis, gleich unterhalb von Croton Point. In diesem großen Staatsgefängnis wird eine Armee von Sträflingen mit der Herstellung verschiedener Haushaltsgegenstände beschäftigt. Das

Gefängnis selbst hat seinen Namen von dem indianischen Wort „Ossining", das „Stein auf Stein" bedeutet. Das Dorf Sing Sing hat seltsamerweise viele reizende Wohnhäuser, und die Nähe des Staatsgefängnisses scheint keinen besonderen Einfluss auf die Stimmung und die Ideen der dort lebenden Menschen zu haben.

Noch weiter flussabwärts am Hudson liegt Riverside Park, New York, wo sich General Grants Grab befindet, das den unteren Teil des Flusses überblickt. Wir haben versucht, einige interessante Informationen zu vermitteln. Wir präsentieren eine sehr genaue Abbildung des Grabes.

Grab von General Grant, Riverside Park

Während seines Aufenthalts im Staat New York legt der Tourist, egal ob Amerikaner oder Europäer, Wert darauf, den Niagarafällen einen Besuch abzustatten, die von mehr Menschen besichtigt wurden als jede andere

Sehenswürdigkeit oder jedes andere Wunder auf dem amerikanischen Kontinent. Dies ist zum Teil auf die hervorragenden Eisenbahnverbindungen zurückzuführen, die die Niagarafälle mit dem Rad bequem von den großen Städten des Ostens aus erreichen lassen. Es liegt aber auch größtenteils an der außergewöhnlichen Natur der Wasserfälle selbst und an der Erhabenheit des Anblicks, der sich dem Betrachter bietet.

Der Niagara-Fluss ist etwas mehr als 33 Meilen lang. Auf seinem kurzen Lauf deckt er den Überlauf der Seen Superior , Michigan, Huron und Erie ab, und wenn er das Wasser dieser Seen in den Ontariosee ableitet, fällt er 334 Fuß, also mehr als zehn Fuß pro Meile.

Die Stromschnellen beginnen etwa 16 Meilen vom Eriesee entfernt. Da sich der Flusskanal plötzlich verengt, nimmt die Strömungsgeschwindigkeit sehr abrupt zu. Die Stromschnellen sind nur eine Drittelmeile lang und fallen auf dieser Strecke 52 Fuß in die Tiefe. Das Boot, das in diesen Stromschnellen gefangen ist, hat nur eine geringe Chance, da das Wasser am Ende des Sturzbachs einen über 150 Fuß tiefen Katarakt hinunterstürzt. Der Canadian Fall verläuft über einen Felsvorsprung von enormer Fläche und hinterlässt beim Abstieg einen Raum mit einer Wasserdecke, der als „Höhle der Winde" bekannt ist und einen Eingang von der kanadischen Seite hat. Der Canadian Fall hat eine Breite von 1.100 Fuß und ist erheblich tiefer als der andere.

Es ist kaum mehr als eine Verschwendung von Worten, einen Eindruck von der Erhabenheit und Großartigkeit des Niagara zu vermitteln. Menschen aus allen Teilen der Welt haben ihn besucht. Monarchen und Fürsten haben zugegeben, dass er ihre kühnsten Erwartungen übertroffen hat, und jeder , der ihn gesehen hat, stimmt zu, dass es fast unmöglich ist, seine Erhabenheit zu übertreiben oder zu viel über seine Größe zu sagen. Selbst nachdem das Wasser 150 Fuß wild nach unten gestürzt ist, geht der Abstieg weiter. Das Flussbett verengt sich allmählich, sieben Meilen unterhalb der Fälle, wo die Stromschnellen zu sehen sind. Nach dem zweiten Fall scheint der Fluss seine Heftigkeit verloren zu haben und fließt bedächtiger, gräbt sein Bett tiefer in das felsige Bett und verliert seine sensationellen Eigenschaften.

Einige Autoren wagen die Ansicht, dass, so wie die Zeit alles verändert, auch der Tag kommen könnte, an dem die Niagarafälle nicht mehr existieren. So unwahrscheinlich diese Vorstellung natürlich klingt, hat sie doch eine gewisse Grundlage, denn in den letzten Generationen haben sich die Wasserfälle auf wunderbare Weise verändert. Vor etwa zweihundertfünfzig Jahren wurde eine Skizze der Niagarafälle angefertigt, und hundert Jahre später fertigte ein anderer Künstler ein sorgfältiges und anscheinend genaues Bild an. Diese beiden unterscheiden sich wesentlich voneinander und auch stark vom heutigen Erscheinungsbild der Wasserfälle. Beide alten Bilder zeigen einen dritten Wasserfall auf der kanadischen Seite. Es ist bekannt, dass vor etwa hundert Jahren mehrere riesige Felsbrocken vom Felsvorsprung auf der amerikanischen Seite abgebrochen wurden, und vor kurzem hat ein Erdbeben das Erscheinungsbild der kanadischen Wasserfälle verändert. Sicher ist, dass die enorme korrosive Wirkung des Wassers und das allmähliche Abtragen des Gesteins sowohl auf dem Felsvorsprung als auch im Becken dazu geführt haben, dass sich die Lage der Wasserfälle geändert und der Fluss in Richtung des Eriesees getrieben wurde. Nur die Zeit kann die entscheidende Frage entscheiden, ob die Wasserfälle irgendwann so verändert sein werden, dass man sie nicht mehr wiedererkennen wird. Der Liebhaber des Schönen und Großartigen und insbesondere der Antiquar vertraut aufrichtig darauf, dass solch eine Katastrophe nie wieder passieren wird.

Die Geschichte der Indianer im Staat New York ist sehr interessant. Vor der Entdeckung Amerikas durch Kolumbus war dieser Teil des Landes, der einen Großteil des Staates New York und den nördlichen Teil Pennsylvanias umfasste, von Irokesen, Mohawks, Oneidas, Onondaga, Cayugas und Seneca bewohnt . Diese bildeten die historischen Fünf Nationen, von denen uns Schriftsteller des letzten Jahrhunderts so viel von bleibender Bedeutung erzählen. Diese Stämme regierten sich selbst, ihre Herrscher wurden nach dem Erbprinzip gewählt. Sie bildeten einen Bund für Angriff und Verteidigung, und sie nannten sich gemeinsam das „Volk des Langen Hauses". Dieses imaginäre Haus hatte eine östliche Tür an der Mündung des Mohawk River und eine westliche Tür an den Niagarafällen.

Schüchternheit war kein Merkmal dieser alten Rothäute, die einen besonderen Namen mit vielen Buchstaben für sich selbst hatten, der so viel bedeutet wie „Männer, die alle anderen übertreffen". Sie führen ihren Ursprung auf den schlangenhaarigen Gott Atotarhon zurück , und andere Überlieferungen führen ihre Fähigkeit zur Verbündung und Allianz auf den legendären Hiawatha zurück. Sie bauten Holzhütten und verteidigten ihre Häuser mit viel Geschick. Ihre Kleidung bestand hauptsächlich aus Hirsch- und Elchhaut, und noch existierende Relikte zeigen, dass sie gute Kenntnisse in Landwirtschaft, Gerben, Töpferei und sogar Schnitzerei hatten. Sie waren etwa 12.000 Mann stark und scheinen vor der Ankunft des weißen Mannes die mächtigste Indianervereinigung gewesen zu sein.

Sie waren im Krieg ebenso mächtig wie im Frieden vergleichsweise vernünftig. Ihre Religion war zumindest beständig und umfasste einen festen Glauben an die Unsterblichkeit. Sie pflegten, was man als zivilisierte Familienbeziehungen bezeichnen könnte, und behandelten ihre Frauen mit dem gebotenen Respekt. Ihr Verhalten gegenüber den Weißen war viel freundlicher als man hätte erwarten können, und fast von Anfang an zeigten sie eine versöhnliche Haltung und gingen Bündnisse mit den Neuankömmlingen ein. Sie kämpften Seite an Seite mit den Neuenglandern gegen die Franzosen und die feindlichen Indianer, die sich mit ihnen verbündeten, und im Jahr 1710 überquerten fünf ihrer Sachems oder Gesetzgeber den Atlantik und wurden von der Königin von England mit Ehren empfangen. In der Diplomatie erwiesen sie sich auf lange Sicht nicht als so geschickt wie die Neuankömmlinge, die ihnen nach und nach das Land abnahmen, über das sie zuvor Souveränitätsrechte ausgeübt hatten.

Die Überlebenden dieser Indianer sind nicht so weit gesunken wie viele andere Stämme. Im Westen ist nicht allgemein bekannt, dass sich derzeit in den Reservaten von New York mehr als 5.000 Indianer befinden, darunter etwa 2.700 Überlebende des einst großen Seneca-Stammes.

Der Staat New York ist etwa so groß wie das Königreich England. Er ist der flächenmäßig neunzehnte Staat der Union und besitzt eine Fläche von mehr als 49.000 Quadratmeilen, von denen 1.500 Quadratmeilen mit Wasser bedeckt sind und Teile der Seen bilden. Seine Seeküstenlinie erstreckt sich 200 Meilen am Ontariosee und 75 Meilen am Eriesee. Der Lake Champlain fließt mehr als 100 Meilen entlang der Ostgrenze und nimmt die Wasser des Lake George auf, der als Como Amerikas bezeichnet wird. Der See hat eine einzigartige Geschichte. Er wurde ursprünglich von den französischen Kanadiern, die ihn entdeckten, „See des Heiligen Sakraments" genannt und war über hundert Jahre lang Schauplatz von Schlachten und Konflikten.

Die Hauptstadt des Empire State, dessen Bevölkerungszahl die von mehr als zwanzig bedeutenden ausländischen Staaten übersteigt, ist Albany, das 1623 von den Holländern gegründet wurde und sich seitdem den Titel „Edinburgh Amerikas" verdient hat. Verglichen mit New York City ist es in Bezug auf Bevölkerung und wirtschaftliche Bedeutung winzig.

Über die eigentliche Metropole des großen Empire State kann man im begrenzten Raum, der einem zur Verfügung steht, nicht ausführlich sprechen. Über New York selbst sagte Chauncey Depew kürzlich in seiner eindringlichen Art: „Heute ist New York in der Staatengemeinschaft ein Imperium in allem, was einen großen Staat ausmacht. Innerhalb seiner Grenzen lebt eine fleißige, intelligente und wohlhabende Bevölkerung von 5.000.000 Menschen. In Bezug auf den Wert seiner Farmen und landwirtschaftlichen Produkte und seiner verarbeitenden Industrie ist es der führende Staat in der Union. Es gibt über 1.000 Zeitungen und Zeitschriften heraus, hat 80.000.000 Dollar in Kircheneigentum investiert und gibt jährlich 12.000.000 Dollar für die Volksbildung aus. Über 300 Akademien und Colleges bereiten die Jugend des Staates auf besondere Berufe vor und bieten Möglichkeiten für freies Lernen und höchste Kultur. Stattliche Gebäude im ganzen Staat, die menschlichen und wohltätigen Zwecken gewidmet sind, zeigen die Beständigkeit und das Ausmaß seiner organisierten Wohltätigkeit. Es gibt 600.000.000 Dollar. in ihren Sparkassen, 300.000.000 Dollar in ihren

Versicherungsgesellschaften und 700.000.000 Dollar in Kapital und Krediten ihrer Staats- und Nationalbanken. Sechstausend Meilen Eisenbahnen im Wert von 600.000.000 Dollar haben jeden erreichbaren Winkel des Staates durchdrungen und erschlossen und bewahren trotz aller Rivalität und Konkurrenz ihr kommerzielles Ansehen."

KAPITEL IV.

IM ZENTRUM DES LANDES.

Der geografische Mittelpunkt der Vereinigten Staaten und seine Lage westlich des Mississippi – Das Bevölkerungszentrum – Geschichte von Fort Riley – Das tapfere „Siebte" – Die ersten Unruhen in Kansas – Ausrottung der Büffel – Aber nur wenige Überlebende unter vielen Millionen.

Kansas wird von den meisten Leuten in die Liste der westlichen Staaten aufgenommen; viele sehen es im äußersten Westen. Hätte man den Pilgervätern gesagt, dass der von ihnen gewählte Zufluchtsort innerhalb von zwei- oder dreihundert Jahren Teil einer großen englischsprachigen Nation mit etwa 70.000.000 Einwohnern und einem Zentrum etwa 1.500 Meilen westlich sein würde, hätten sie der Geschichte mit verzeihlichem Unglauben zugehört und hätten am liebsten den rücksichtslosen Propheten, der zu ihnen sprach, verurteilt.

Dennoch liegt Kansas heute mitten in den Vereinigten Staaten. Dies ist kein Druckfehler und auch kein Wortspiel, so sehr der Neuenglander das eine oder andere auch vermuten mag. Es gab eine Zeit, in der das Wort „Westen" für jeden Teil des Landes verwendet wurde, der eine Tagesreise zu Pferd von der Atlantikküste entfernt lag. Jahrelang, ja sogar Generationen lang, war alles westlich der Allegheny Mountains oder des Ohio River „Out West". Selbst heute noch betrachtet wahrscheinlich eine Mehrheit der Bewohner der rein östlichen Staaten alles westlich des Mississippi River als rein westlich.

Es besteht kein Zweifel, dass Horace Greeley, als er den jungen Männern des Landes sagte: „Geht nach Westen und wächst mit dem Land auf", den Begriff in seiner allgemeinen und nicht in seiner streng geographischen Bedeutung verwendete, und viele tausend Jugendliche, die den Rat des Philosophen und Staatsmannes befolgten, hielten sich in der Nähe der Ufer des Mississippi auf und wurden in ihren neuen Häusern reich. Es kann jedoch nicht allgemein genug anerkannt werden, dass der Mississippi sich seinen Weg zum Golf von Mexiko mitten in der östlichen Hälfte der größten Nation der Welt langsam bahnt. An mehreren Stellen des gewundenen Laufs des „Vaters der Gewässer" beträgt die Entfernung zwischen dem Fluss und dem Atlantik etwa 1.000 Meilen. An ebenso vielen Stellen beträgt die Entfernung zum Pazifischen Ozean 2.000 Meilen, was zeigt, dass der Mississippi, was auch immer man über die Nebenflüsse des Mississippi und insbesondere über seinen riesigen Nebenfluss Missouri sagen mag, ein östlicher und kein westlicher Fluss ist.

Wir geben ein Beispiel für den Punkt, von dem kompetente Landvermesser und Ingenieure sagen, er sei der genaue geografische Mittelpunkt der Vereinigten Staaten. Das Denkmal im Zentrum dieses großen Landes ist von einem Eisengeländer umgeben und wird immer wieder von Touristen besucht, die kaum glauben können, dass ein scheinbar so weit westlicher Punkt wirklich zentral ist. Das Zentrum der Vereinigten Staaten hat sich mit der Inbesitznahme von Territorien nach Westen verlagert, und der Louisiana-Kauf, dessen hundertjähriges Jubiläum wir in Kürze feiern werden, hatte große Auswirkungen auf die Lage.

Der Bevölkerungsschwerpunkt hat sich weniger unregelmäßig, dafür aber mit großer Regelmäßigkeit verschoben. Vor hundert Jahren war die Stadt Baltimore der Bevölkerungsschwerpunkt, und erst Mitte des Jahrhunderts konnte sich Ohio rühmen, den Bevölkerungsschwerpunkt zu besitzen. Etwa zwanzig Jahre lang blieb es in der Nähe von Cincinnati, aber in den 80er Jahren reichte es bis nach Columbus, Indiana, wo es bei der letzten Volkszählung der Regierung verzeichnet war. Gegenwärtig liegt es wahrscheinlich zwanzig oder dreißig Meilen westlich von Columbus, und in naher Zukunft wird Fort Riley sowohl das Bevölkerungszentrum als auch das geografische Zentrum sein.

Fort Riley ist für Zivilisten und Soldaten gleichermaßen interessant. Nachdem es von der Regierung als permanente Ausbildungsstätte für die beiden berittenen Truppenteile - Kavallerie und leichte Artillerie - ausgewählt wurde, wurden seine 21.000 Acres mit großem Aufwand erschlossen. Es scheint wirklich bemerkenswert, dass man auf den Ebenen ein so städtisches Stück Land finden konnte, wo es trotz der raschen Fortschritte der Zivilisation und der wachsenden Bevölkerung, die sich den Luxus des Reichtums aneignet, ungewöhnlich ist, asphaltierte Straßen und Gebäude zu finden, die ein Regiment beherbergen können und trotzdem nicht überfüllt sind. Doch dies sind einige der Merkmale des Fort Riley Reservation, und die Neuheit des Ganzen ist der beste Beweis für das Interesse, das das Kriegsministerium an seiner Entwicklung gezeigt hat. Viele der kürzlich errichteten Gebäude würden die Hauptstadt selbst schmücken. Fast eine Million Dollar wurden in den letzten vier Jahren für den Bau neuer Gebäude ausgegeben, die alle aus Magnesia-Kalkstein bestehen und den anerkanntesten modernen Architekturvorgaben entsprechen und eine Bauart aufweisen, die viele Jahre lang nutzbar ist.

Das Fort liegt am linken Ufer des Kansas River, nahe der Kreuzung der Republican und Smoky Hill Forks. Es wurde erstmals 1852 angelegt und ist seitdem einer der führenden Stützpunkte im Westen. Obwohl es weit draußen in den Prärien von Kansas liegt, war es insbesondere in den letzten Jahren durch die Einstellung neuer Offiziere und den Austausch von

Höflichkeiten des Postens voll in das gesellschaftliche Leben des Ostens integriert.

Der Stützpunkt besteht in seiner heutigen Form aus Offiziersquartieren, Artillerie- und Kavalleriekasernen, Verwaltungsgebäuden, Schuppen, einem Krankenhaus, einer Krankenstation usw., die sich über 150 Morgen Land verteilen. Der Kansas River entsteht direkt südwestlich davon durch die Vereinigung von Smoky Hill und Republican Forks, und die Topographie für Übungen und Besichtigungen könnte im Staat nicht übertroffen werden. Fünf Meilen Makadamstraßen, 150.000 Fuß Stein- und Kieswege , sechs Meilen Abwasserkanäle, vier Meilen Wasser- und Dampfheizungsrohre, die zu jedem Raum jedes der sechzig Gebäude führen, bilden die Ausstattung, die natürlich durchweg von höchster Qualität ist. Der gesamte Stein wird im Reservat abgebaut, ist von dauerhafter Vielfalt und ergibt Gebäude, die ein wirklich solides Erscheinungsbild haben. Die Regierung hat bei ihren Verbesserungen ein Konzept der Dauerhaftigkeit.

Die Geschichte von Fort Riley war eine Geschichte der Wechselfälle. Als es 1852 angelegt wurde, hieß es zunächst Camp Center, wurde aber auf Anordnung des Kriegsministeriums zu Ehren von General BC Riley in seinen heutigen Namen geändert. 1855 litt das Fort unter der asiatischen Cholera, und Major EA Ogden, einer der ursprünglichen Kommissare, die das Reservat angelegt hatten, pflegte die Soldaten mit heldenhafter Pflichterfüllung und fiel selbst der Krankheit zum Opfer. Ein schönes Denkmal markiert seine Ruhestätte. Er war ein wahrer Soldatenheld, und sein Name wird von den Attachés des Postens noch immer ehrfürchtig ausgesprochen.

Ein weiteres bemerkenswertes Merkmal des Reservats ist die abgerissene Steinmauer östlich des Forts, die alles ist, was heute noch vom einst ehrgeizigen Kapitol des Staates Kansas übrig ist. Es hat eine seltsame Geschichte, denn es war das „Pawnee House“, in dem sich die Territorialgesetzgebung in den frühen Tagen vor dem Bürgerkrieg traf, im Vertrauen auf den Schutz der Soldaten vor den umherziehenden Indianerstämmen, die die Prärien heimsuchten.

Ein berühmter Bewohner des Forts war über zwei Jahrzehnte der alte Comanche, das einzige Lebewesen, das dem Custer-Massaker auf Seiten der Regierung entkam. Er war das Pferd, das in diesem denkwürdigen Kampf von einem Offizier geritten wurde, und wie durch ein Wunder entkam er, nachdem sieben Kugeln auf ihn abgefeuert worden waren. Nach dem Massaker wurde er auf der Prärie herumstreunend gefunden, in den Ruhestand versetzt und in Fort Riley stationiert, wo er zwanzig Jahre lang gestreichelt und gepflegt, aber nie geritten wurde. Seine einzige Aufgabe bestand darin, in Trauer gehüllt bei Zeremonienprozessionen mitgeführt zu werden. Jetzt, da er tot ist, wurde sein Körper mit größter Sorgfalt eines Tierpräparators konserviert und ist eine der berühmtesten Reliquien des Staates.

Das Fort hat in letzter Zeit ungewöhnliches Interesse geweckt. Zusätzlich zu den Manövern der Schule für berittenen Dienst, bei denen die Soldaten regelmäßig gedrillt wurden, sich an Scheinschlachten beteiligten, nachgeahmte Befestigungen errichteten, Flüsse durchquerten usw., hat der War Signal Service einige interessante Experimente durchgeführt. Der Signal Service hatte seinen riesigen Ballon, der auf der Weltausstellung ausgestellt wurde, auf dem Posten, und seine Aufstiege und die in die Praxis umgesetzten Operationen erwiesen sich als sehr attraktiv und lehrreich.

Die neue Reithalle bzw. das Kavallerieübungsgebäude ermöglicht es, die Ausbildung das ganze Jahr über unabhängig vom Wetter durchzuführen. Sie verfügt über eine offene Grundfläche von 300 Fuß Länge und 100 Fuß Breite und ist somit ein hervorragender Raum für diesen Zweck.

Die Truppen von Fort Riley werden immer gerufen, wenn es im Westen Unruhen gibt. Sie haben ein Dutzend Indianeraufstände auf den Ebenen niedergeschlagen und wurden erst vor ein paar Monaten gerufen, um während der Eisenbahnstreiks in Chicago für Ordnung zu sorgen. Von dieser Reise wurden vier alte Mitglieder des Postens tot zurückgebracht, sie waren bei einem Sturz aus einem Artilleriewagen ums Leben gekommen, als sie auf einer gepflasterten Straße marschierten.

Das Fort ist der größte Vergnügungsort von Kansas. Der ehemalige kommandierende Offizier, Colonel Forsyth, jetzt General Forsyth, ist ein großer Gastfreund, und die Menschen des Staates sind sehr stolz auf den Fortschritt des Stützpunkts und seine Siege. Im Sommer werden die Soldaten zu verschiedenen Anlässen, insbesondere an Nationalfeiertagen, „empfangen“, und Ausflugszüge bringen Hunderte von Besuchern aus allen Richtungen, die sich daran erfreuen, echte Kanonen, Uniformen und Schulterklappen zu sehen. Sie werden königlich unterhalten. Übungen, Salutschüsse, Scheinschlachten und Paraden nehmen jede Stunde des Tages in Anspruch, und am Abend wird die Übungsfläche zu einem Tanzplatz für alle, die die Freuden eines Militärballs genießen.

Die Geschichte des Forts ist in gewisser Weise die des Siebten Kavallerieregiments, das dort seit fast zwei Jahrzehnten stationiert ist und mit diesem Ort in Verbindung gebracht wird. Der Ruhm des Siebten Kavallerieregiments reicht bis in die Zeit vor dem unerschrockenen Custer zurück, dessen Andenken es in Ehren hält. Es hat an Dutzenden von Indianerschlachten teilgenommen – tatsächlich hat es seit Jahren keinen Aufstand im Westen gegeben, bei dem es nicht seinen Dienst getan hätte. Sein letztes bedeutendes Gefecht fand bei Wounded Knee und Drexel

Mission statt, wo das Custer-Massaker in gewissem Maße gerächt wurde. Hier verlor es 24 seiner Mitglieder, und zu ihrem Andenken wurde im Fort ein prächtiges Granitdenkmal errichtet. Es trägt die Namen der Gefallenen und erzählt kurz die Geschichte ihrer Tapferkeit.

In der Schlacht von Wounded Knee in den Ebenen von Dakota wurden die vier Truppen des Regiments in den letzten Tagen des Jahres 1891 hinterlistig von den Sioux überrascht. Da Colonel Forsyth nach dem Angriff einen Angriff befahl, bei dem viele der Wilden getötet wurden, wurde er von seinem Vorgesetzten, General Miles, wegen Befehlsverweigerung suspendiert, die besagte, nicht auf den Feind zu schießen. Eine Untersuchung rechtfertigte sein Vorgehen jedoch hinreichend und er wurde wie zuvor wieder in seinen Posten eingesetzt. Anfang November 1894, als General McCook zum Generalmajor befördert wurde, stieg Colonel Forsyth zum Brigadegeneral auf und sein Platz in Fort Riley wird von Colonel Sumner eingenommen. In Armeekreisen gibt es jedoch ein Gerücht, dass das alte Siebte Regiment im äußersten Nordwesten stationiert wird und das Fünfte Kavallerieregiment dort als ansässiges Regiment nachfolgen wird. Der Posten ist mittlerweile so eng mit dem Schicksal des früheren Regiments verknüpft, dass es merkwürdig erscheint, wenn andere Truppen ihn als ihre Heimat bezeichnen würden.

Normalerweise sind im Fort drei Schwadronen Kavallerie mit je vier Soldaten und fünf Batterien leichter Artillerie an den Manövern der Schule für berittenen Dienst beteiligt, die hier ihr Hauptquartier für die gesamte Armee hat. Das Hauptziel dieser Schule ist die Ausbildung in den gemeinsamen Operationen der Kavallerie und der leichten Artillerie, und dieses Ziel wird ständig im Auge behalten. Die Truppen jeder Waffengattung bilden eine Unterschule und werden neun Monate im Jahr in ihrer eigenen Waffengattung ausgebildet, als Vorbereitung auf die drei Monate gemeinsamer Operationen. So werden die Batterien häufig im schnellen Marschieren auf Straßen geübt; der Kansas River wird oft durchquert; schroffe Hügel werden im Eiltempo erklommen und Geschütze werden auf allen möglichen Arten von schwierigem Gelände eingesetzt, mit dem Ergebnis, dass die Batterien bei Beginn der gemeinsamen Operationen über alle Arten von Hindernissen manövriert werden können.

Zu den Plänen für die Zukunft gehört einer, der General Sheridan besonders am Herzen lag: Fort Riley zum Pferdehauptquartier der gesamten Armee zu machen. Die zentrale Lage gewährleistet eine optimale Akklimatisierung der Tiere, die in die Union geschickt werden. Zur Verwirklichung dieses Ziels werden zwei Pläne erwogen. Einer ist, es zu einer Zuchtstation zu machen; der andere ist, es einfach zu einer Einkaufsstation zu machen, die von den Bauern des Westens die von der Armee benötigten Pferde kauft und die

Tiere für den regelmäßigen Einsatz trainiert, bevor sie an die verschiedenen Posten geschickt werden.

Die derzeitigen Pläne sehen auch eine Erhöhung der Zahl der in Fort Riley stationierten Soldaten auf 3.000 vor. Wenn die vorgeschlagene Aufstockung des stehenden Heeres durchgeführt wird, könnten es sogar noch mehr werden. Die Regierung vertraut offensichtlich auf den Standort des Forts. Während sie andere Stationen aufgegeben und konsolidiert hat, hat sie ihre Ausgaben hier ständig erhöht, und die Gesamtausgaben für das nächste Jahr belaufen sich auf über 500.000 Dollar, vorausgesetzt, der Haushaltsausschuss kommt seiner Pflicht nach. Es gibt Pläne, das Gelände noch weiter zu verschönern und weitere Mautstraßen und Schotterstraßen anzulegen.

Der Staat Kansas und insbesondere die Counties Geary und Riley, in denen sich das Fort befindet, profitieren erheblich von seiner Lage. Die verderblichen Produkte der Verpflegungsabteilung kommen aus dem umliegenden Land. Hunderte von Pferden werden zu guten Preisen gekauft, und der Soldatenhandel hat Junction City, vier Meilen westlich, in Bezug auf Geschäftsvolumen und Bevölkerung an die Spitze aller Konkurrenten in Zentralkansas katapultiert. Natürlich ist Kansas froh, dass Fort Riley dauerhaft besteht, und hofft, dass es zum wichtigsten westlichen Stützpunkt der Regierung gemacht werden kann.

Kansas wurde als der wunderbarste Staat der Union bezeichnet und in vielerlei Hinsicht hat es seinen Ruf in dieser Hinsicht voll und ganz verdient. Es hat genug Entmutigungen und Nachteile erlebt, um ein halbes Dutzend Staaten zu ruinieren, und nur die phänomenale Fruchtbarkeit des Bodens und der Elan der Pioniere, die den Staat für sich beanspruchen, haben es Kansas ermöglicht, Schwierigkeiten zu widerstehen und unbeschwert durch gefährliche Wellen in Zufluchtshäfen zu segeln. In seinen frühen Tagen behinderten Grenzkriege die Entwicklung und trieben viele der begehrtesten Siedler in friedlichere Gegenden. Seitdem wurde das Präfix „Blutend" im Zusammenhang mit dem Staat wiederholt verwendet, da eine Reihe von Dürren und Heuschrecken- und Chinchwanzenplagen seinen Ruf und seinen guten Ruf gefährdet haben. Aber Kansas bleibt auch heute noch ein großartiger Staat mit einer großartigen Zukunft vor sich. Die Fruchtbarkeit des Bodens ist mehr als phänomenal. Der Mais aus Kansas ist in der ganzen Welt für seine Vorzüglichkeit bekannt und erhielt auf der Weltausstellung 1893 die höchsten Auszeichnungen sowohl für die weiße als auch für die gelbe Sorte. Darüber hinaus sicherte es sich die Goldmedaille für den besten Mais der Welt sowie die höchsten Auszeichnungen für rotes Winterweizenmehl, Sorghumzucker und Äpfel. Tatsächlich bringt der Boden von Kansas fast alles perfekt hervor, und der Staat produziert jedes Jahr größere Mengen unverzichtbarer landwirtschaftlicher Produkte, was größtenteils den Bewässerungsanlagen im äußersten Westen zu verdanken ist.

Das Motto des Staates selbst weist auf die frühen Schwierigkeiten hin, die er durchlebte. Die wörtliche Interpretation lautet: „Den Sternen (und Streifen) durch Schwierigkeiten." Der Staat ist heute allgemein als „Sonnenblumenstaat" bekannt, und seit vielen Jahren ist das Schwert der Pflugschar gewichen. Aber die bloße Existenz von Fort Riley zeigt, dass dies nicht immer der Fall war. Anfang des 18. Jahrhunderts kamen französische Pelzhändler nach Kansas, und später waren spanische Entdecker von den Möglichkeiten der fruchtbaren Ebenen beeindruckt. Die einheimischen Indianerstämme befanden sich damals im Krieg, aber ein Gefühl der gemeinsamen Gefahr veranlasste die verfeindeten Rothäute, sich zu vereinen, und die weißen Einwanderer wurden in einer Gruppe massakriert. Nach dem berühmten Missouri-Kompromiss von 1820 und dem Kansas-Nebraska Act dreißig Jahre später wurde die Sklavenfrage in Kansas zu einem sehr aktuellen Thema, und für einige Zeit befand sich der Staat in einer Situation, die an einen Bürgerkrieg grenzte. Der Kongress von 1859 in Wyandotte regelte dieses Problem und setzte Kansas auf die Liste der Staaten, die gegen die Sklaverei waren.

Vor etwa zehn Jahren, nachdem Kansas eine Periode des außergewöhnlichen Wohlstands aus landwirtschaftlicher Sicht erlebt hatte, begann sich der allgemeine Eindruck durchzusetzen, dass der Staat dazu bestimmt war, fast sofort der größte der Nation zu werden. Maisfelder wurden in Stadtgebiete aufgeteilt und bestehende Städte wurden in alle Richtungen erweitert. Eine Zeit lang schien es, als ob die extravaganten Vorhersagen zukünftiger Größe kaum übertrieben waren. Stadtgrundstücke wurden auf höchst bemerkenswerte Weise verkauft, viele wertvolle Ecken stiegen in einer einzigen Nacht um das Zehn- und Zwanzigfache im Wert. Die Ära des Eisenbahnbaus fiel mit dem Städteboom zusammen, und die Menschen im Osten waren so begierig darauf, einen Anteil an den enormen Gewinnen zu bekommen, die durch Spekulationen mit Stadtgrundstücken in Kansas zu erzielen waren, dass Geld an Agenten und Banken im ganzen Staat telegrafiert wurde und Optionen auf Immobilien verkauft wurden, ganz nach dem Schema der Aktien- und Anleihehändler an der Wall Street.

Die Gier einiger, wenn nicht der meisten Spekulanten tötete bald die Gans, die die goldenen Eier legte. Der Boom brach auf eine äußerst deutliche Weise zusammen. Leute, die ihren Kopf verloren hatten, fanden ihn wieder, und viele Bauern, die die Landwirtschaft aufgegeben hatten, um durch den Handel mit Grundstücken reich zu werden, kehrten zu ihrem Pflug und ihrer Arbeit zurück, als traurigere und weisere, wenn auch im Allgemeinen ärmere Menschen. Viele Hunderttausende von Dollar wechselten während des Booms den Besitzer. Wer genau „das Spiel gewann", um den Ausdruck des

Spielers zu verwenden, ist nie bekannt. Sicher ist, dass auf jeden Mann in Kansas, der zugibt, dass er durch die Aufregung und die Inflation Geld verdient hat, mindestens fünfzig kommen, die sagen, dass der Boom sie beinahe ruiniert hat.

Kansas ist so groß wie Großbritannien, größer als ganz Neuengland zusammen und ein wahres Imperium für sich. Es ist ein Staat von großartigen Ausmaßen und einer höchst einzigartigen und reizvollen Geschichte. Vor dreieinhalb Jahrhunderten durchkämmte Coronado, der große Pionier und Abenteurer, Kansas von einem Ende zum anderen auf der Suche nach den Edelmetallen, von denen man ihm gesagt hatte, dass sie dort in Hülle und Fülle zu finden seien. Er wanderte über die riesigen Prärien und suchte in den Flussbetten, ohne zu finden, wonach er suchte. In seinen Aufzeichnungen spricht er von „gewaltigen Ebenen und sandigen Heiden, glatt und ermüdend und ohne Wald. Die Ebenen sind überall so voll von Ochsen mit krummen Rücken wie der Berg Serena in Spanien voller Schafe.“

Diese Ochsen mit dem krummen Rücken waren natürlich Büffel oder, genauer gesagt, Arten des amerikanischen Bisons. Kein anderer Kontinent war jemals mit einer prachtvolleren und vielfältigeren Auswahl an Tieren und Vögeln in Wäldern und Prärien gesegnet als Nordamerika. Insbesondere Kansas hatte das Glück, Tausende von Büffelherden zu besitzen. Jetzt gibt es dort keine mehr, außer ein paar in domestiziertem Zustand, und ihre alte königliche Pracht ist für immer verschwunden. Wenn wir die Berichte von Reisenden und Fallenstellern lesen, die vor kaum mehr als einem halben Jahrhundert geschrieben wurden und von den riesigen Büffelherden handeln, die die Prärien bedeckten, so weit das Auge reichte, fragen wir uns, ob diese Beschreibungen wahr sein können oder ob sie nicht eher in die Kategorie der Fabeln und das Ergebnis einer allzu lebhaften Fantasie fallen.

Wenn vor dreißig Jahren ein Schlaumeier aufgetaucht wäre und vorhergesagt hätte, dass es notwendig werden würde, Mittel zum Schutz dieser enormen Menge an Wild zu entwickeln, hätte man ihn ausgelacht. Doch dieser außergewöhnliche Zustand ist tatsächlich eingetreten. Ganze Tierarten, die zur prächtigen Fauna Nordamerikas gehörten, sind bereits ausgestorben oder werden rasch aussterben. Die Seekuh ist eines dieser Tiere; die letzten Exemplare wurden 1767 und 1768 gesichtet. Der kalifornische Seeelefant und der Seehund der Westindischen Inseln haben ein ähnliches Schicksal erlitten. Von diesen Tieren wurde seit langer Zeit keine Spur mehr gefunden. Das Aussterben der Labradorente und des Riesenalks wurde oft beklagt. Beide Vögel können als praktisch ausgestorben angesehen werden. Das letzte Skelett des Riesenalks wurde für 600 Dollar verkauft, die letzte Haut für 650 Dollar, und das letzte Ei brachte die sagenhafte Summe von 1.500 Dollar.

Und nicht zuletzt gehört der amerikanische Bison der Vergangenheit an!

Es ist historisch erwiesen, dass zur Zeit der Entdeckung Amerikas die Büffelherden das gesamte riesige Gebiet von Pennsylvania über Oregon und Nevada bis hinunter nach Mexiko bedeckten, und vor dreißig Jahren trafen die großen Auswandererkarawanen, die aus den Oststaaten über den Mississippi zu den Goldfeldern Kaliforniens zogen, auf Büffelherden, die nicht Tausende, sondern Hunderttausende zählten. Die Bauzüge der ersten Pacific Railroad wurden häufig durch wandernde Büffelherden unterbrochen und aufgehalten.

Heute kann man die Vereinigten Staaten von einem Ende zum anderen durchqueren, ohne einen einzigen Büffel zu sehen. Nichts deutet mehr auf ihre Anwesenheit hin als die tiefen, ausgetretenen Pfade, die sie vor Jahren hinterlassen haben. Der Regen hat diese Spuren nicht wegwaschen können und sie zählen zu den „Merkmalen" der Prärien, wo die Bisons einst in ungestörter Pracht umherstreiften. Es war eine schwierige Aufgabe für die Regierung, die letzten Überreste, etwa 150 bis 200 Tiere, einzusammeln, den Yellowstone-Park mit ihnen zu füllen und ihr völliges Aussterben zu verhindern.

Zweifellos war der Büffel das dümmste Tier der Prärie. In kleinen Herden entkam er dem Jäger ziemlich gut; aber in Herden von Tausenden kümmerte er sich nicht im Geringsten um die Schüsse an den Flanken seiner Armee. Jeder Indianer oder Trapper, der hinter einem Busch oder Erdhügel postiert war, konnte Dutzende von Büffeln töten, ohne die Herde durch das Zischen des Pfeils, den Knall des Gewehrs oder das Sterbensächzen der verwundeten Tiere zu stören. Manchmal kam es zu einer allgemeinen Massenpanik, die die Herde oft in Sümpfe oder den Treibsand der Flüsse führte, wo sie elend umkamen. Die Zerstörung war noch größer, wenn der Anführer der Herde an einen gähnenden Abgrund stieß. Die hinter ihm liegenden Tiere trieben ihn in die Tiefe, und die gesamte Herde folgte blindlings, nur um zu Tode gestürzt zu werden.

Allein die Dummheit der Bisons trug zur Ausrottung dieser Rasse bei, wo menschliches Eingreifen nahezu unzulänglich erschienen wäre.

Unter den großen Wildtieren des Kontinents war der Bison das wichtigste und versorgte die zahlreichen Indianerstämme nicht nur mit reichlich Nahrung, sondern auch mit anderen Dingen. Sie bedeckten ihre Zelte mit den dicken Fellen und stellten daraus Sättel, Boote, Lassos und Schuhe her. Zusammengefaltet benutzten sie sie als Betten und trugen sie um die Schultern als Schutz gegen die Winterkälte. Aus ihren Hufen und Hörnern konnten Löffel und andere Haushaltsgegenstände hergestellt werden und aus ihren Knochen wurden alle möglichen Waffen und Waffen geformt. Das Leben und die Existenz der Prärieindianer hing fast vollständig von dem der Büffel ab. Es besteht kein Zweifel, dass die Indianer viele Büffel töteten, aber obwohl der Schaden groß gewesen sein mag, war kein nennenswerter Rückgang ihrer Zahl erkennbar, denn die Büffelkuh ist ein enormer Vermehrer.

Die Bedingungen änderten sich jedoch, als der weiße Mann mit seinem Gewehr ankam, sich an den Küsten des Atlantischen Ozeans niederließ und begann, die Ureinwohner des amerikanischen Kontinents immer weiter nach Westen zu drängen. Mit dieser Verdrängung der Indianer begann auch die Vernichtung der Büffel, und die Vernichtung der letzteren verlief weitaus schneller als die der ersteren.

Etwa in der Mitte des 17. Jahrhunderts erklommen die ersten englischen Kolonisten die Gipfel der Allegheny Mountains. Riesige Büffelherden weideten damals in West-Pennsylvania, Ohio, Indiana, Illinois, Tennessee und in den berühmten Bluegrass-Gebieten Kentuckys. Wie schnell die Büffel ausgerottet wurden, lässt sich am besten daran verdeutlichen, dass zu Beginn dieses Jahrhunderts die Bisons von den Ostufern des Mississippi völlig verschwunden waren. 1792 konnte man in Kentucky noch einige isolierte Herden finden. 1814 waren die Tiere in Indiana und Illinois verschwunden. Als die weißen Siedler den Mississippi überquerten, um eine Verbindung zu den Territorien an der Pazifikküste herzustellen, schrumpfte das einst so riesige Büffelgebiet von Jahr zu Jahr und wurde schließlich in zwei Hälften geteilt und in einen nördlichen und einen südlichen Streifen unterteilt. Der Grund für diese Teilung war die kalifornische Überlandauswanderung, deren Route den Flüssen Kansas und Platte folgte und mitten durch die Büffelgebiete verlief. Diese Auswanderer töteten Hunderttausende von Tieren, und die Spaltung wurde nach der Fertigstellung der Union-Pacific-Linie und der Besiedlung der angrenzenden Gebiete noch größer.

Die Büffel des südlichen Streifens wurden als erstes ausgerottet, insbesondere als der Bau der Atchison, Topeka & Santa Fe Railroad den Zugang zum südlichen Gebirge erleichterte.

Abgesehen von dem Vergnügen und der Aufregung, die eine Büffeljagd mit sich brachte, war die Ausbeute reich, und Scharen von Jägern schwärmten über die Prärien im Westen; die Büffeljagd entwickelte sich zu einem Gewerbe, das Tausenden von Menschen Arbeit gab. Doch die menschliche Habgier kannte keine Grenzen und massakrierte sinnlos das beste Wild, das dieser Kontinent zu bieten hatte. Die Ausmaße, die dieses Gewerbe annahm, kann man am besten erraten, wenn man sagt, dass 1872 in drei Monaten mehr als 100.000 Büffel in der Nähe von Fort Dodge getötet wurden. Im Sommer 1874 tötete eine Expedition aus sechzehn Jägern 2.800 Büffel, und in derselben Saison prahlte ein junger Fallensteller damit, 3.000 Tiere erlegt zu haben. Der Anblick einer solchen Schlachtszene war grauenhaft. Colonel Dodge schreibt darüber: „Im Herbst 1873 ritt ich über die Prärie, wo ich vor einem Jahr mehrere Herden gejagt hatte. Damals genossen wir den Anblick unzähliger Büffel, die friedlich auf der Prärie grasten. Jetzt ritten wir an Myriaden verwesender Kadaver und Skelette vorbei, die die Luft mit einem unerträglichen Gestank erfüllten. Die weite Ebene, die vor einem Jahr noch von Tieren gewimmelt war, war nichts weiter als eine tote, faulige Wüste."

Mr. Blackmore, ein anderer Reisender, der etwa zur selben Zeit durch Kansas reiste, sagt, er habe auf vier Morgen Land nicht weniger als 67 Büffelkadaver gezählt. Wie zu erwarten war, brachte dieses massenhafte und in der Tat mutwillige Abschlachten seine eigene Belohnung und Verurteilung mit sich. Der Preis für Büffelhäute fiel auf 50 Cent, obwohl normalerweise bis zu 3 Dollar dafür bezahlt wurden. Da außerdem mehr Tiere getötet wurden, als abtransportiert werden konnten, lockten die verwesenden Kadaver Wölfe und noch schlimmere Feinde auf den Hof, was zu schrecklichen Schäden am Vieh führte.

Auch die Indianer waren beunruhigt. „Der arme Lo" beklagte sich über die mutwillige und sinnlose Tötung seiner Hauptnahrungsquelle, und als der weiße Mann diese Klagen lachend ignorierte, gingen die Indianer auf den Kriegspfad, überfielen Siedlungen, töteten Vieh und stahlen Vorräte, was zu Konflikten führte, die nicht nur enorme Geldsummen verschlangen, sondern auch Tausenden von Menschen das Leben kosteten. Als die Heuschreckenplage über die Felder von Kansas hinwegfegte und die gesamte Ernte vernichtete, hungerten die Siedler selbst nach dem Büffelfleisch, dessen sie sich selbst beraubt hatten, und die Rache nahm auf mehr als eine Weise zu.

Die Ausrottung der Büffel im südlichen Verbreitungsgebiet war etwa 1875 abgeschlossen; den Bisons im nördlichen Verbreitungsgebiet wurde noch ein paar Jahre Gnadenfrist gewährt. Aber die gleichen Szenen, die sich im Süden abgespielt hatten, wiederholten sich im Norden, und die weißen Barbaren waren nicht zufrieden, bis sie 1885 das letzte edle Wild erlegt hatten. Als das Massaker fast vorüber war, wurden einige isolierte Herden zusammengetrieben und in den Yellowstone-Park gebracht, wo sie in den letzten Jahren auf etwa 400 angewachsen sind, geschützt durch die Jagdgesetze, die streng durchgesetzt werden. Mit Ausnahme einiger weniger Exemplare, die von einigen Viehzüchtern in Kansas und Texas und in einigen abgelegenen Teilen Britisch-Amerikas liebevoll gepflegt werden, sind dies die letzten Tiere einer Art, die vor zwei Jahrzehnten zu Millionen über die weiten Prärien des Westens wanderte.

KAPITEL V.

DIE MORMONEN UND IHRE FRAUEN.

Die Pilgerfahrt durch die Bad Lands nach Utah – Ereignisse des Marsches – Erfolg der neuen Kolonie – Religiöse Verfolgungen – Ermordung einer ganzen Familie – Der Fluch der Polygamie – Eine ideale Stadt – Die Launen des Badens im Großen Salzsee.

Vor etwa einem halben Jahrhundert fand eine der bemerkenswertesten Pilgerfahrten der Neuzeit statt. Durch eine Gegend, die damals nicht zu Unrecht als dürre und abstoßende Wüste beschrieben wurde, zog eine Prozession von einzigartiger und ehrfurchtgebietender Art. Die Geschichte erzählt uns von Kreuzfahrergruppen, die durch Europa zogen, um das Heilige Land vor Tyrannen und Invasoren zu retten. Bei dieser Gelegenheit waren Menschen aller Art und aus allen Schichten vertreten, vom religiösen Enthusiasten bis zum unwissenden Fanatiker und vom reichen Mann, der alles für die Sache opferte, die er für richtig hielt, bis zum Landstreicher und Taugenichts, der sich nur des Geldes wegen dieser Sache angeschlossen hatte.

Aber die Entfernung, die die Kreuzfahrer vor sechs- oder siebenhundert Jahren zurücklegten, war unbedeutend im Vergleich zu der Entfernung, die die Pilger zurücklegten, auf die wir uns beziehen. Darüber hinaus bot das zu durchquerende Land Schwierigkeiten von weitaus überraschenderer und bedrohlicherer Art. Vor ihnen lag in äußerster Ferne ein gelobtes Land, aber dazwischen lag ein Landstrich, der eine ebenso unpassierbare Barriere zu sein schien wie die vielbesprochene, aber selten besichtigte Chinesische Mauer von einst. Es war eine Region der Verwüstung und des Todes, die sich von der Sierra Nevada bis zur Grenze Nebraskas und vom Yellowstone bis zum Colorado River erstreckte. Ein gottloser Schriftsteller meinte einmal, dass derselbe Schöpfer diese trockene, unfruchtbare und unwirtliche Region und die fruchtbaren Ebenen und wunderschönen Berge, die sie von allen Seiten umgaben, kaum erschaffen haben könne.

Zivilisation und Bewässerung haben die schrecklichsten Merkmale dieser Region zerstört, aber zu der Zeit, auf die wir uns beziehen, war es aus menschlicher Sicht und aus menschlicher Sicht so schlimm, wie man es sich nur vorstellen kann. Hier und da gab es hohe Berge und tiefe Schluchten , wie es sie heute gibt, aber die riesigen Ebenen, die den Großteil des Landes einnehmen, waren unbewässert und ungepflegt und gaben Unmengen eines durchdringenden alkalischen Staubs ab, der für menschliches Fleisch fast ebenso schädlich war wie für menschliche Kleidung. Hier und da gab es natürlich kleine Oasen relativen Grüns, die von unglücklichen Reisenden nicht nur als Zufluchtsorte, sondern als kleine Himmel inmitten eines Meeres der Verzweiflung angesehen wurden. Der Weg durch die Wüste führte natürlich durch so viele dieser erfolgreichen Versuche der Natur, dem Verfall zu widerstehen, wie möglich, und entlang des Weges fand man Skelette und grässliche Überreste von Menschen, deren Mut ihre Fähigkeiten überstieg und die in dieser großen, einsamen Wüste Hunger und Durst erlegen waren.

Dass in dieser Gegend niemand lebte, muss wohl nicht extra erwähnt werden. Gelegentlich durchquerte eine Indianergruppe sie auf der Suche nach Jagdgründen, doch im Allgemeinen ließen die Rothäute das Land streng in Ruhe und unternahmen keinen Versuch, den Kojoten und Bussarden das alleinige Besitzrecht streitig zu machen.

Entlang des erwähnten Pfades zog zu der Zeit, die wir erwähnt haben, eine Prozession vor, die wir in mancher Hinsicht mit dem Vormarsch der Kreuzfahrer im Mittelalter verglichen haben. Diejenigen, die sie zufällig vorbeiziehen sahen, beschrieben diese Kavalkade als fast unfassbar. Der erste Eindruck aus der Ferne war, dass eine riesige Büffelherde vorrückte und eine Staubwolke aufwirbelte, die vom kahlen Boden aufzusteigen und zu den Wolken aufzusteigen schien. Als sie näher kam und die Gestalten deutlicher erkennbar wurden, sah man, dass die Karawane von einer Gruppe bewaffneter Reiter angeführt wurde. Die Tiere waren erschöpft und müde und gingen mit gesenktem Kopf und verkrüppelten Knien. Ihre Reiter schienen ebenso erschöpft wie die Tiere selbst und trugen ihre staubverschmierten Gewehre alles andere als militärisch. Hinter ihnen kamen Hunderte, ja Tausende von Wagen aller Formen und Bauarten, einige davon völlig offen und ungeschützt, andere mehr oder weniger durch Planen geschützt. Diese Wagen schienen sich endlos in den Raum zu erstrecken, und selbst wenn keine Unebenheiten auf der Oberfläche die Sicht behinderten, konnte man mit bloßem Auge die Länge der Prozession nicht bestimmen. Nahe an der Spitze der großen Kavalkade befand sich ein Wagen, der sich in Bauweise und Aussehen von allen anderen unterschied. Er war hübsch und sogar farbenfroh geschmückt und so sorgfältig bedeckt, dass seine Insassen so sicher vor Staubbelästigung schlafen und sich ausruhen konnten, als lägen sie zu Hause im Bett.

Statt zweier kaputter Pferde wurden sechs wohlgenährte und gut getränkte Rosse an den Wagen gespannt, und es war offensichtlich, dass die Pferde und Insassen dieses speziellen Gefährts, egal wie knapp der Vorrat an Nahrung und Wasser gewesen war, alles hatten, was sie sich wünschten. Der Insasse dieses Wagens war ein Mann, der nicht älter als dreißig Jahre zu sein schien, dessen Gesicht und Verhalten jedoch darauf hindeuteten, dass er eher daran gewöhnt war, gehorcht zu werden, als zu gehorchen. Einen Großteil seiner Zeit verbrachte er damit, in einem großen, in Pergament gebundenen Buch zu lesen, aber von Zeit zu Zeit legte er es beiseite, um Streitigkeiten zu schlichten, die unter einigen seiner zehntausend Anhänger entstanden waren, oder um Befehle der nachdrücklichsten und dogmatischsten Art zu erteilen.

Dieser Mann war Brigham Young, der Nachfolger von Joseph Smith und auserwählter Prophet der Mormonen , die auf der Suche nach dem Gelobten Land durch die Wüste marschierten. Wie ihnen mitgeteilt wurde, war das Land vom Herrscher des Universums für ihre Zwecke reserviert worden.

Wir müssen nicht das Schicksal und Unglück der eifrigen, wenn auch fehlgeleiteten Männer und Familien verfolgen, die ihrem Anführer durch die große, wasserlose und fast unerforschte Wüste folgten. Niemand weiß, wie viele auf der Strecke blieben und Hunger, Erschöpfung oder Krankheit erlagen. Der Großteil der Kolonne setzte jedoch den Marsch fort und erreichte trotz vieler Trauer und Trübsal schließlich ein Land, das zwar damals keineswegs den Erwartungen oder Vorstellungen entsprach, aber zumindest Möglichkeiten und Möglichkeiten zum Leben bot. Als die großen Täler Utahs erreicht waren, fielen Männer, die noch vor wenigen Monaten stark und widerstandsfähig gewesen waren, jetzt aber dürr und mager waren, auf die Knie und dankten für ihre Rettung, während die erschöpften Frauen und Kinder Ruhe und Erholung suchten, die ihnen so viele lange, ermüdende Tage lang verwehrt geblieben waren.

Doch es blieb keine Zeit, um sich über Erfolge zu freuen oder Verluste zu bedauern. Die unberührten Felder vor ihnen waren ihnen vergönnt, sie mussten nur darum bitten oder vielmehr nehmen, und die Mormonenkolonie machte sich sofort an die Arbeit, das Land aufzuteilen und mit dem Bau von Häusern zu beginnen. Was auch immer man gegen die religiösen Vorstellungen dieser Pilger sagen mag, man kann ihnen nicht genug Anerkennung für die geschäftsmäßige Energie zollen, die jede ihrer Bewegungen kennzeichnete. Ein Standort für das, was heute als Salt Lake City bekannt ist, wurde ausgewählt. Breite Straßen wurden angelegt, Baupläne und -vorschriften verabschiedet und alle Vorkehrungen für den Bau einer schönen und symmetrischen Stadt getroffen. Häuser, Straßen und Plätze erschienen fast wie von Zauberhand, und in wenigen Wochen war eine ziemlich gesunde Stadt entstanden. Diejenigen, die in östlicheren Regionen verschiedene Berufe erlernt hatten, wurden mit Berufen ihrer Wahl beauftragt, und für diejenigen, die landwirtschaftlich veranlagt waren, wurden Bauernhöfe angelegt und reserviert.

Zum Glück für die Neuankömmlinge war Fleiß ihr Schlagwort, und ein Land, in dem Pflug und Schaufel bis dahin unbekannt waren, wurde trockengelegt und mit Gräben versehen und sehr schnell mit Mais und Weizen bepflanzt. Dieser sogenannte Trockenboden erwies sich als so fruchtbar, dass eine Ernte eines Jahres alle Befürchtungen weiterer Armut vertrieb und Wohlstand einsetzte. Hätten sich die Mormonen auf die Arbeit beschränkt und extreme religiöse und soziale Vorstellungen aufgegeben, die in einem aufgeklärten Zeitalter und Land unmöglich sind, hätten sie schon lange vorher eine in jeder Hinsicht uneinnehmbare Position erreicht.

Doch die Polygamie, die bis dahin durch die Gesetze der östlichen Staaten und Territorien eingeschränkt und kontrolliert worden war, wurde nun wahllos praktiziert. Je mehr Frauen ein Mitglied der Mormonenkirche hatte, desto höher war sein Ansehen in der Gemeinschaft . Der Mann, der nur zwei oder drei Frauen hatte, wurde für seinen Mangel an Enthusiasmus gerügt und häufig von der Kirche, die sich nicht scheute, Geldstrafen zu verhängen und damit angebliche Unregelmäßigkeiten zu dulden, mit hohen Geldstrafen belegt. Einige der Ältesten hatten mehr als hundert Frauen, und diese wurden unter Beziehungen ganz besonderer Art unterhalten.

Zunächst erregten die polygamen Lehren der Kirche nach außen hin kaum Aufsehen, denn die Mormonen waren von der Zivilisation so abgeschottet, dass sie in ihrer eigenen kleinen Welt zu leben schienen, und niemand beanspruchte das Recht, sie zu tadeln oder sich in ihre Angelegenheiten einzumischen. Allmählich jedoch kam es zu einem Mangel an heiratsfähigen Frauen, was zu mysteriösen Überfällen auf benachbarte Siedlungen führte. Wanderer in den Bergen sprachen voller Entsetzen von geheimnisvollen Männerstämmen, die umherzogen und Plünderungen begingen, und von Zeit zu Zeit tauchten in den Städten und Siedlungen seltsame Frauen auf.

Wie so viele andere Gruppen verfolgter Männer, die auf der Suche nach Freiheit vor ihren Unterdrückern geflohen waren, übernahmen die frühen Mormonen bald die Taktik, über die sie sich so bitter beschwert hatten. Wer sich weigerte, den Anweisungen der Kirche Folge zu leisten, oder wer in irgendeiner Weise rebellisch war, verschwand häufig ohne Warnung oder Erklärung von zu Hause. Er wurde nicht verhaftet oder vor Gericht gestellt; er wurde einfach weggeschmuggelt, und kein Zeichen oder Schild wies auf seine letzte Ruhestätte hin. Die Danite Band oder die Avenging Angels entstanden, und einige ihrer schrecklichen Taten haben dunkle Seiten zur Geschichte unseres Heimatlandes beigetragen.

Man kann nicht annehmen, dass solche Taten von den Neuankömmlingen wahllos gebilligt wurden. Gelegentlich wurde ein milder Protest geäußert, aber es schien, als ob selbst die Wände Ohren hatten, denn selbst wenn ein Mann im Schoß seiner Familie das Verhalten der Kirche kritisierte , schien sein Schicksal besiegelt zu sein, und er verschwand in der Regel innerhalb weniger Tage. Gelegentlich versuchte eine Familie, aus Utah zu fliehen, um sich der Einhaltung von Gesetzen und Anordnungen zu entziehen, die sie für kriminell hielten und die ihren vorgefassten Vorstellungen von häuslichem Glück und Recht zuwiderliefen. Ein Versuch dieser Art hieß, den Tod heraufzubeschwören. Erstens war es fast unmöglich, die umliegenden Berge und Wüsten zu durchqueren, und selbst wenn diese natürlichen Hindernisse überwunden waren, war die Hand des Rächers ständig gegen die Flüchtlinge erhoben, die vom Erdboden getilgt wurden, da man davon ausging, dass Tote keine Geschichten erzählen.

Einmal verließ ein Mann sein Haus in Utah auf die beschriebene Weise, weil er sich weigerte, eine zweite Frau mit nach Hause zu bringen. Brigham Young betrat im Rahmen seiner pastoralen Tätigkeit das komfortable Haus der Familie und forderte den Mann auf, ihm seine Frauen vorzustellen. Er war einer der wenigen Männer, die, obwohl in jeder anderen Hinsicht ein eifriger Mormone, es abgelehnt hatten, seine Familienbeziehungen zu zerstören, indem sie eine junge Frau in sein Haus brachten. Die Mutter seiner Kinder informierte den Propheten mit großer Vehemenz über diese Tatsache und versicherte ihm in eher edlen als diskreten Worten, dass keine seiner Bemühungen die häuslichen Beziehungen des Hauses stören oder ihren Mann dazu bringen könne, seinen Gelübden, die er vor zwanzig Jahren abgelegt hatte, untreu zu werden.

Der Prophet war zu erstaunt, um die Fassung zu verlieren, aber er wandte sich an den glücklichen Ehemann und Vater und sagte ihm mit stentorhafter Stimme, dass es für ihn besser gewesen wäre, nie geboren zu werden oder auf dem schrecklichen Marsch durch die Bad Lands und die alkalische Wüste gestorben zu sein, wenn er nicht innerhalb eines Monats den Anweisungen der Kirche nachkäme. Dass der Prophet es ernst meinte, zeigte sich am nächsten Tag, als einige seiner Gefolgsleute eintrafen, die genauere Anweisungen mitbrachten sowie die Namen bestimmter junger Frauen, mit denen der Mann innerhalb der von Young genannten Frist „verheiratet" oder „vermählt" werden müsse.

Dem Familienoberhaupt kam nie der Gedanke, diesem Befehl Folge zu leisten. Er wusste, dass seine Frau lieber sterben würde, als entehrt zu werden, und er selbst war durchaus bereit, sein Leben der Ehre vorzuziehen. Aber um seiner vier Kinder willen beschloss er, einen Fluchtversuch zu unternehmen, und so spannte die Familie einige Tage später, nachdem sie alle verfügbaren und leicht zu transportierenden Besitztümer zusammengesammelt hatte, ihren Wagen an und fuhr mitten in der Nacht davon. Ihre Abreise auf diese Weise war unerwartet und wurde fast 48 Stunden lang nicht entdeckt, während dieser Zeit hatten die Flüchtlinge beträchtliche Fortschritte über die umliegenden Berge gemacht. Sie marschierten fast eine Woche lang ohne Zwischenfälle weiter und gratulierten sich zu ihrer Flucht, als das befürchtete Unglück sie ereilte.

Sie hatten am Ufer eines kleinen Baches in einem fruchtbaren Tal ihr Lager aufgeschlagen und alle schliefen friedlich, bis auf den ältesten Jungen, der Wache hielt. Seine Aufmerksamkeit wurde erst durch die Unruhe der Pferde auf die Gefahr gelenkt. Ihr ruheloses Verhalten und ihre plötzliche Angst zeigten, dass ihr Instinkt sie vor einer sich nähernden Gruppe warnte. Ohne einen Augenblick zu verlieren, weckte der junge Mann hastig die Schläfer, die sich anschickten, ihr Lager zu verlassen und im angrenzenden Wald Zuflucht zu suchen. Sie hatten kaum Deckung gefunden, als eine Gruppe bewaffneter Reiter heranritt. Als sie ein verlassenes Lager fanden, trennten sie sich und begannen, die umliegende Gegend zu durchkämmen. Einer von ihnen stieß bald auf die fliehende Familie, doch bevor er sie mit seinem Gewehr decken konnte, wurde er von dem wütenden Vater erschossen, der entschlossen war, dem schrecklichen Schicksal, das ihnen nun ins Auge starrte, bis zum Äußersten zu widerstehen.

den Lärm als Zeichen, dass die gesuchte Familie gefunden worden war. Da sie dies wussten, brachten der Mann und seine Söhne die Frau und die jüngeren Kinder schnell an einen abgelegenen Ort in geringer Entfernung. Auf der Suche nach einer geeigneten Deckung beschlossen sie, einen verzweifelten Versuch zu unternehmen, diejenigen zu schützen, für deren Sicherheit sie verantwortlich waren. Unglücklicherweise für die erfolgreiche Durchführung dieses Plans wurde der hilflose Teil der Gruppe zuerst entdeckt. Die Rachegruppe teilte sich daraufhin in zwei Gruppen auf, von denen eine die Frau und ihre kleinen Kinder wegschleppte, während die anderen sich auf die Suche nach dem Mann und seinen beiden Söhnen machten. Sie fanden sie schnell, und im darauf folgenden Kampf verloren auf beiden Seiten zwei Menschen ihr Leben.

Der älteste Sohn der Entführer wurde verwundet und dem Tod überlassen. Einige Stunden später kam er wieder zu Bewusstsein und das erste, was sich ihm bot, waren die Leichen seines Vaters und seines Bruders. Er bekam eine Chance zu fliehen, aber so geschwächt er vom Blutverlust war, beschloss er, der Entführergruppe zu folgen. Er fasste den verzweifelten Entschluss, dass er, wenn er seine Mutter und seine Schwestern schon nicht retten konnte, sie zumindest vor dem schrecklichen Schicksal bewahren wollte, das ihnen, wie er wusste, bevorstand. Dieser Entschluss bedeutete seinen Tod, denn er war den Männern, gegen die er kämpfte, nicht gewachsen. Es wurde nie ein Grab für seine sterblichen Überreste ausgehoben und kein Grabstein erzählt die Geschichte seines edlen Entschlusses und seiner unerschrockenen Anstrengung, ihn in die Tat umzusetzen.

Es gab Hunderte, wahrscheinlich Tausende ähnlicher Vorfälle, und der Mormonismus erwies sich als trauriger Rückschlag für das Glück eines Volkes, das sonst höchst erfreuliche Aussichten vor sich hatte. Brigham Young erwies sich als erstaunlich erfolgreicher Herrscher. Er hatte achtzehn

Frauen und eine unbestimmte Zahl von Kindern, deren Zahl so sehr schwankt, dass es am besten ist, keine Angaben zu machen. Es wird allgemein angenommen und verstanden, dass die sogenannte Offenbarung, die das auserwählte Volk zur Polygamie aufforderte, eine Erfindung von Young war, die dazu bestimmt war, seine eigene Unmoral zu vertuschen und religiöse Billigung für unangemessene Beziehungen zu erlangen, die er bereits aufgebaut hatte. Wie dem auch sei, es ist sicher, dass die Polygamie durch den Tod ihres glühenden Verfechters einen schweren Schlag erlitten hat. Seitdem hat eine strenge Bundesgesetzgebung zur praktischen Unterdrückung des Verbrechens geführt, und in den letzten Jahren hat das gegenwärtige Oberhaupt der Kirche die Praxis offiziell für unangemessen und die Gewohnheit für tot erklärt.

Brigham Youngs Grab, von dem wir ein Beispiel geben, wurde von Zeit zu Zeit von zahllosen Vergnügungs- und Besichtigungssuchenden besucht. Wie der Mann selbst ist es in jeder Hinsicht einzigartig. Es befindet sich auf dem privaten Begräbnisplatz des Propheten, den er mit besonderer Sorgfalt vermessen und angelegt hat. Er ging sogar so weit, die letzte Ruhestätte für jede seiner achtzehn Frauen auszuwählen, und er war bei diesen Einzelheiten so sorgfältig, dass jeder Frau die Ehre, in seiner Nähe zu ruhen, in der Reihenfolge des Datums zuteil wurde, an dem sie gemäß den Riten und Gesetzen der Kirche an ihn „versiegelt" wurde. Die meisten Mrs. Youngs wurden gemäß den getroffenen Vereinbarungen beerdigt, aber die gesamte bemerkenswerte Ansammlung von Frauen wurde noch nicht in der gewünschten Weise beerdigt. Die Lieblingsfrau des Propheten, über deren Beziehung zu Mrs. Grover Cleveland so viel Kontroverse herrschte, hieß Amelia Folsom. Zu ihrem besonderen Trost baute der Prophet den Amelia Palace, eines der einzigartigsten Wahrzeichen von Salt Lake City. Hier lebte die Dame mehrere Jahre.

Brigham Youngs Grab, Salt Lake City

Lassen wir die unschöne Seite der Mormonengeschichte beiseite und sehen wir uns an, was die eifrigen, wenn auch fehlgeleiteten Menschen erreicht haben. Salt Lake City, das ursprünglich im Juli 1847 von Brigham Young und seinen Anhängern besiedelt wurde, ist, was seine Pläne betrifft, vielleicht die einheitlichste Stadt der Welt. Die ursprünglichen Siedler legten die Stadt in Quadrate von zehn Morgen an. Anstelle von Straßenbreiten von sechzig und achtzig Fuß, wie sie in all unseren überfüllten Städten allzu üblich sind, wurde eine einheitliche Breite von 130 Fuß gewählt, was zufriedenstellendere Ergebnisse brachte. Im ursprünglichen Teil der Stadt sind diese breiten Straßen ein bleibendes Denkmal für die Voraussicht der frühen Mormonen. Die Schatten spendenden Bäume, die sie pflanzten, sind heute prächtig in ihren Proportionen, und auf jeder Straßenseite fließt ein Bach von exquisiter Klarheit. Es gibt sehr wenig Gedränge beim Hausbau. Jedes Haus in der Stadt ist von einem grünen Rasen, einem Garten und einem Obstgarten umgeben, so dass Armut und Elend wie in Elendsvierteln praktisch unbekannt sind. Die kommunistische Idee des Gemeinschaftswohnens, die in den letzten Jahren so viel Aufmerksamkeit erhalten hat, wurde von den Gründern dieser Stadt nicht übernommen. Sie trafen jedoch hervorragende Vorkehrungen, um Faulenzen, Betteln und andere Begleiterscheinungen dessen auszumerzen, was man als berufsbedingte Armut bezeichnen könnte.

Innerhalb von dreißig Jahren nach dem Bau des ersten Hauses in Salt Lake City, das übrigens noch immer steht, stieg die Einwohnerzahl auf 20.000. Heute sind es wahrscheinlich mehr als 50.000, und die Stadt steht an 31. Stelle in der Rangfolge derjenigen, deren Clearing-House-Ergebnisse wöchentlich gemeldet und verglichen werden. Überall gibt es Hotels in Hülle und Fülle, und wohltätige Einrichtungen und Parks sind weit verbreitet. Kirchen gibt es natürlich in Hülle und Fülle, und seit die Regierung in den Schutz der sogenannten Nichtjuden eingegriffen hat, sind fast alle religiösen Sekten vertreten.

Keine Beschreibung des Mormonentempels kann eine vernünftige Vorstellung von seiner Erhabenheit vermitteln. Sechs Jahre nach der Ankunft der Pilger in Salt Lake City, also im Jahr 1853, wurde mit den Arbeiten an diesem riesigen Bauwerk begonnen, für das mindestens 7.000.000 Dollar ausgegeben wurden. Es ist 200 Fuß lang, 100 Fuß breit und ebenso hoch. An jeder Ecke steht ein 220 Fuß hoher Turm. Die Dicke der Wände beträgt 10 Fuß und sie sind aus schneeweißem Granit gebaut. Dieses Gebäude ist so auffällig und massiv, dass man es von den Bergen aus 50 und sogar 100 Meilen Entfernung sehen kann.

Das Tabernakel, das sich auf demselben Platz wie der Tempel und direkt westlich davon befindet, wird von Herrn P. Donan treffend als eine der architektonischen Kuriositäten der Welt beschrieben. Es sieht aus wie der Rücken einer riesigen Sumpfschildkröte oder wie die Hälfte einer gewaltigen Eierschale, die der Länge nach in zwei Hälften geschnitten wurde, und ist vollständig aus Eisen, Glas und Stein gebaut. Es ist 250 Fuß lang, 150 Fuß breit und in der Mitte des Daches 100 Fuß hoch. Das Dach ist ein einziger mächtiger Bogen, der nicht von Säulen oder Pfosten gestützt wird und angeblich nur ein Gegenstück auf der Welt hat. Die Wände sind 12 Fuß dick und es gibt 20 riesige Doppeltüren für Eingang und Ausgang. Das Tabernakel bietet Platz für 13.462 Personen und seine akustischen Eigenschaften sind so wunderbar perfekt, dass man überall ein Flüstern oder das Fallen einer Stecknadel hören kann. Die Orgel ist eine der größten und prächtigsten, die es gibt, und wurde von mormonischen Arbeitern und Künstlern aus einheimischen Hölzern für 100.000 Dollar gebaut. Es ist 58 Fuß hoch, hat 57 Register und enthält 2.648 Pfeifen, von denen einige fast so groß sind wie die Schornsteine eines Mississippi-Dampfers.

Der Chor besteht aus 200 bis 500 ausgebildeten Stimmen und die Musik ist unbeschreiblich herrlich. Vieles davon ist in Moll gehalten und ein Hauch von Klage vermischt sich mit all seiner Majestät und Kraft. Alle Plätze sind frei und Touristen aus allen Teilen der Welt sind unter den riesigen Menschenmengen zu finden, die sich zu jedem Gottesdienst versammeln. Stellen Sie sich vor, wie 6.000 bis 8.000 Kommunikanten gleichzeitig die heilige Kommunion mit gebrochenem Brot und Wasser aus dem Jordan anstelle von Wein erhalten! Man kann sich geradezu vorstellen, wie die alten Mormonenältesten einmarschieren, jeder gefolgt von seinen fünf oder fünfundzwanzig Frauen und seinen fünfzig oder hundert Kindern.

Ganz in der Nähe befindet sich die Assembly Hall, ebenfalls aus weißem Granit und im gotischen Stil. Sie bietet Platz für 2.500 Personen und ist vor allem wegen der kostbaren Fresken an der Decke bemerkenswert, die Szenen aus der Geschichte der Mormonen darstellen, darunter die angebliche Entdeckung der goldenen Platten und ihre Übergabe an den Propheten Smith durch den Engel Moroni .

Rund um diese bemerkenswerte Stadt gibt es Sehenswürdigkeiten von unvergleichlicher Schönheit. Der Große Salzsee selbst sollte als eines der Weltwunder angesehen werden. Obwohl es sich um ein Binnenmeer handelt und zwischen ihm und dem nächsten Ozean ein riesiges Gebiet liegt, sind seine Gewässer viel brackiger und salziger als die des Atlantiks oder des Pazifiks, und sein spezifisches Gewicht ist weitaus höher. Experten sagen uns, dass der Anteil an Salz und Soda sechsmal so hoch ist wie in den Gewässern des Atlantiks, und ein großer Vorteil des Lebens in seiner Nähe ist der Überfluss an gutem, reinem Salz, das durch natürliche Verdunstung an seinen Ufern entsteht. Es wäre interessant, wenn es möglich wäre, zu erklären, warum das Wasser so salzig ist. Von Zeit zu Zeit wurden verschiedene Gründe für dieses Phänomen angeführt, aber keiner davon ist praktisch oder greifbar genug, um für den nicht wissenschaftlichen Leser von großem Interesse zu sein.

Es ist durchaus möglich, dass dieser wunderbare See im Laufe der Zeit ganz verschwindet. Vor einigen Jahren war er durchschnittlich über 40 Meilen breit und sehr viel länger. Jetzt misst er von einem Ende zum anderen kaum 100 Meilen und die Breite variiert zwischen 10 und 60 Meilen. In der Tiefe ist die allmähliche Verkleinerung deutlicher zu erkennen. Einst betrug die durchschnittliche Tiefe viele Hundert Fuß, und es wurden mehrere Tiefenmessungen von 1.000 Fuß vorgenommen, deren Ergebnis, in der Sprache der Seeleute, „kein Boden" lautete. Gegenwärtig variiert die Tiefe zwischen 40 und 100 Fuß und scheint stetig abzunehmen, vermutlich aufgrund der außergewöhnlichen Ablagerung von Feststoffen aus dem sehr dichten Wasser, mit dem er gefüllt ist.

Der See ist ein Paradies für Badegäste, und die Bademöglichkeiten am Garfield Beach sind wie alles andere im Land der Mormonen bis zu einem gewissen Grad außergewöhnlich. In einem Jahr konnten in den vier Hauptresorts fast eine halbe Million Badegäste untergebracht werden, und diese Badeorte und -einrichtungen vermehren sich so schnell, dass der Tag nicht mehr fern ist, an dem jeder verfügbare Platz am Ostufer des Sees für diesen Zweck genutzt wird. Wie ein Herr, der immer wieder in diesem See gebadet hat, sagt, erscheint es absurd, tausend Meilen vom Ozean entfernt vom schönsten Meeresbad der Welt zu sprechen, obwohl das Baden im Großen Salzsee alles seiner Art an der Atlantik- oder Pazifikküste bei weitem übertrifft.

Das Wasser enthält um ein Vielfaches mehr Salz und viel mehr Soda, Schwefel , Magnesium, Chlor, Brom und Kalium als jedes andere Meerwasser auf der Erde. Es hat starke medizinische Eigenschaften und heilt oder lindert viele Formen von Rheuma, rheumatischer Gicht, Verdauungsstörungen, Nervenleiden und Hautkrankheiten . Es wirkt wie Magie auf das Haar jener Unglücklichen, die zu Glatze neigen. Es ist ein schnelles und wirksames Stärkungsmittel und Kräftigungsmittel für Körper und Geist, und es macht unendlich viel Spaß, seine Besonderheiten kennenzulernen. Ein erstes Bad darin ist immer so gut wie ein Zirkus, da der Badende sein eigener Trick-Maultier ist. Das spezifische Gewicht ist nur ein klein wenig geringer als das des Toten Meeres im Heiligen Land.

Der menschliche Körper wird und kann nicht darin versinken. Man kann darin gehen, wo es fünfzehn Meter tief ist, und der Körper wird von den Schultern aufwärts wie ein Fischkorken herausragen. Man kann sich in vollkommener Sicherheit hineinsetzen, wo es mehrere Klafter tief ist. Männer liegen mit den Armen unter dem Kopf darauf und rauchen Zigarren. Sein Auftrieb ist unbeschreiblich und unvorstellbar. Jeder kann beim ersten Versuch darauf schwimmen; man muss sich nur sanft darauf legen und schwimmen.

Aber Schwimmen ist eine ganz andere Sache. Sobald Sie anfangen, „Ihr eigenes Kanu zu paddeln", beginnen lebhafte und für die Zuschauer heitere Übungen. Wenn Sie Ihre Hand unter Wasser strecken, um einen Schwimmzug zu machen, bleiben Ihre Füße nicht mehr anders als oben; und wenn Sie nach einem aufregenden Kampf mit Ihren widerspenstigen Beinen diese wieder unter die Wasseroberfläche bringen, fliegen Ihre Hände mit dem Platschen und Zischen eines halben Dutzends Flatterräder heraus. Wenn Sie, weil Ihr Gehirn schwerer ist als Ihre Fersen, zufällig einen Purzelbaum schlagen und Ihr Kopf unter Wasser gerät, springen Ihre Fersen wie ein Paar verspielter, schmucker Enten hoch.

Man kann nicht mehr als ein Ende von sich gleichzeitig unter Wasser halten, aber man lernt schnell, mit den Neuheiten des Wassers zurechtzukommen, und dann wird es zu etwas Schönem und einem Vergnügen an jedem Sommertag. Das Wasser ist eine Wohltat für die Haut, jede Empfindung ist berauschend, und man fühlt sich darin wie ein vergoldeter Korken, der in einer juwelenumrandeten Schale Champagnerpunsch treibt. In der luxuriösen Leichtigkeit, mit der es den Badenden umhüllt, ist es auf der Erde konkurrenzlos. Nur die phosphoreszierenden Gewässer der Küste der Mosquito-Indianer kommen ihm nahe.

Das Wasser gefriert erst, wenn die Temperatur auf 18 Grad über Null oder 14 Grad unter dem normalen Gefrierpunkt fällt. Es ist kristallklar, der Boden besteht aus schneeweißem Sand, und in einer Tiefe von 20 Fuß sind kleine

Objekte deutlich zu erkennen. In den 2.500 bis 3.000 Quadratmeilen wunderschönen und geheimnisvollen Gewässern gibt es außer den jährlich zunehmenden Schwärmen von Sommerbadern keinen einzigen Fisch oder andere Lebewesen. Kein Hai oder Stingar , der den schüchternen Schwimmer oder Schwimmer erschrecken könnte; kein Elritze, kein Frosch, keine Kaulquappe oder Kaulquappe – nichts, das lebt, sich bewegt, schwimmt, kriecht oder zappelt. Es ist der ideale Badeort im Meer der Welt.

KAPITEL VI.

DIE INVASION VON OKLAHOMA.

Eine Geschichte der Indianernation – Frühe Kämpfe der Oklahoma Boomer – Kampf zwischen Heimatsuchenden und Soldaten – Szenen bei der Eröffnung von Oklahoma Proper – Eine elende Nacht auf der Prärie – Ein Wettlauf um eine Heimat – Gesetzlosigkeit im alten Indianergebiet.

Oklahoma, das jüngste unserer Territorien, ist in vielerlei Hinsicht auch das interessanteste. Viele Leute verwechseln das Oklahoma-Territorium mit dem Indianer-Territorium, aber die beiden sind getrennt und verschieden. Das erstere genießt eine territoriale Regierung, während das letztere sich leider in einem sehr anomalen Zustand befindet, was die Ausarbeitung und Durchsetzung von Gesetzen betrifft.

Bis vor wenigen Jahren war Oklahoma ein Teil des damaligen „Indianer-Territoriums". Jetzt wurde es von seinem ursprünglichen Ursprungsgebiet abgetrennt und ist völlig eigenständig. Es umfasst fast 40.000 Quadratmeilen und hat eine Bevölkerung von etwa einer Viertelmillion, davon etwa 18.000 Indianer ausgenommen. Es hat mehr als doppelt so viele Einwohner pro Quadratmeile wie viele der westlichen Staaten und Territorien und befindet sich in einem Zustand blühenden Wohlstands, was außergewöhnlich ist, wenn man seine extreme Jugend als Territorium bedenkt.

1888 war Oklahoma die größte zusammenhängende Fläche unbebauten Landes im Südwesten, die kultiviert werden konnte. Es wurde nominell von Indianerstämmen bewirtschaftet, aber die natürliche Fruchtbarkeit des Bodens und die enorme Landmenge, die ihnen zur Verfügung stand, förderten die Trägheit und es kam zu einer schweren und sogar sündhaften Vergeudung der Fruchtbarkeit. Im Süden lag Texas und im Norden Kansas, beides reiche, mächtige und wohlhabende Staaten. Die dazwischen liegenden indianischen Besitztümer störten das natürliche Wachstum und die Entwicklung des Imperiums.

Schon aus dem Autofenster betrachtet, wirkte das Land einladend. Aus Berichten von Händlern wusste man, dass es über alle Elemente landwirtschaftlichen Reichtums verfügte.

Und das machte den landhungrigen Menschen noch hungriger.

Die Ära des „Boomers" begann, und der „Boomer" machte nicht halt, bis er einen Keil in die Sache getrieben hatte, nämlich den Kauf und die Erschließung eines riesigen Gebiets mitten in der Präriewildnis. Als die erste

Erschließung stattfand, schien es, als ob das Angebot die Nachfrage übersteigen würde. Dem war jedoch nicht so. Jeder Hektar – ob gut, schlecht oder mittelmäßig – wurde verschlungen , und wie von einer Armee Oliver Twists erhob sich der Ruf nach mehr. Dann wurden die Reservate von Iowa und Pottawatomie zum Verkauf angeboten. Sie hielten nur einen Tag, und die immer noch unzufriedene Menge begann erneut zu mobilisieren. Als Folge davon fand ein dritter Wühltischverkauf statt. Das große Land der Cheyenne und Arapahoe wurde zur Besiedlung freigegeben. Einwanderer strömten hinein, und jetzt hat jedes bebaubare Viertel dort seinen eigenen Bewohner und Eigentümer.

Doch noch immer kampierte an der Südgrenze von Kansas eine große Menge Land- und Obdachloser. Sie blickten sehnsüchtig über die fruchtbaren Prärien des Cherokee Strip-Gebiets, schürten nachdrücklich die Glut des Lagerfeuers und schickten eine weitere Depesche nach Washington, in der sie um eine Erlaubnis baten, hineinzukommen. Der Kongress hörte schließlich davon und im Herbst 1893 wurde der Andrang aufgelöst.

Die Szenen, die das wilde Gerangel auf allen Seiten des Gazastreifens begleiteten, sind eine Sache der Geschichte und müssen nicht wiederholt werden. 2 Millionen Morgen Land wurden schnell von 30.000 Bauern eingenommen.

Das alte Sprichwort, wonach derjenige, der zwei Grashalme wachsen lässt, wo vorher einer wuchs, ein Wohltäter ist, scheint zu verkünden, dass Oklahoma von Philanthropen bevölkert ist, denn die mutigen Pioniere, die Härte und Spott trotzten, um in diesem gelobten Land Fuß zu fassen, haben in fünf oder sechs Jahren das Erscheinungsbild des Landes völlig verändert. Ein größerer Anteil des Bodens in diesem jungen Territorium zeigt, dass es ein robustes Neuland ist, und es ist fraglich, ob in irgendeinem Teil der Vereinigten Staaten mehr Land gespart oder die Möglichkeiten, die die Natur so großzügig bietet, schneller genutzt wurden.

Die Wahrheit ist oft viel seltsamer als die Fiktion, und die Geschichte der Invasion Oklahomas liest sich wie eine lange Romanze. Viele Männer verloren bei dem Versuch ihr Leben, einige wenige starben durch Gewalt, und viele andere erlagen Krankheiten, die durch Not verursacht wurden. Viele der Männer, die die Agitation begannen, Oklahoma für die Besiedlung durch weiße Bürger zu öffnen, leben noch, und einige von ihnen haben sich ihren Herzenswunsch erfüllt und bewohnen jetzt kleine Häuser, die sie in irgendeinem Lieblingswinkel ihres geliebten und einst so sehr begehrten Landes gebaut haben.

Oklahoma gelangte auf dem üblichen Weg in den Besitz der Seminole-Indianer und blieb bis vor etwa dreißig Jahren deren angebliche Heimat. 1866 wurde das Land gegen Entgelt an die Regierung der Vereinigten Staaten abgetreten und 1873 von Bundesbeamten vermessen und die Parzellengrenzen gemäß dem Gesetz festgelegt.

Es war naheliegend anzunehmen, dass diese Kosten im Hinblick auf die sofortige Erschließung des Territoriums zur Besiedlung getätigt wurden. Aus verschiedenen Gründen, die mehr oder weniger stichhaltig waren und mehr oder weniger das Ergebnis von Einflussnahme und möglicher Korruption waren, wurde die tatsächliche Erschließung des Landes nach seiner Abtretung an die Regierung der Vereinigten Staaten um mehr als zwanzig Jahre verschoben, und in der Zwischenzeit befand es sich in einem besonderen Zustand. Riesige Viehherden weideten darauf, und böse Menschen und Gesetzlose aus verschiedenen Teilen des Landes weckten Erinnerungen an biblische Geschichten über Zufluchtsstädte, indem sie sich dort niederließen, ihren Lebensunterhalt mit der Jagd und mittelmäßiger Landwirtschaft verdienten und sicher vor Belästigungen durch Gesetzeshüter ruhten.

Um diese Anomalie zu beheben und sich und seinen Familien in einem der angeblich fruchtbarsten Gebiete der Welt ein Zuhause zu sichern, gründeten Captain Payne und eine Reihe entschlossener Männer Kolonien. Es gab schon immer eine Sucht nach neuem Land, und viele Menschen sind nie glücklich, wenn sie nicht mit der Invasion der Zivilisation in bisher unbekannte und unerschlossene Länder Schritt halten können. Viele, die sich der Payne-Bewegung anschlossen, waren zweifellos Wandergeister dieser Art, aber die Mehrheit von ihnen waren echte Heimatsucher, die glaubten, dass sie als Bürger dieses Landes ein Recht auf ein Viertel des gelobten Landes hätten, und die entschlossen waren, dieses Recht durchzusetzen.

Ganz gleich, welche Motive die „Boomer" – wie sie von Anfang an genannt wurden – verfolgten, so ist doch sicher, dass sie geschäftsmäßig an die Sache herangingen, eine regelrechte Invasion planten und zu diesem Zweck eine Reihe von Kolonien oder kleinen Armeen bildeten.

Wir werden das Schicksal einer dieser Kolonien verfolgen, um zu zeigen, welche außerordentlichen Schwierigkeiten sie durchmachten und wie viel mehr es zwischen Himmel und Erde gibt, als unsere eintönige Philosophie sich erträumt. Die Stadt Caldwell an der südlichen Grenze von Kansas war das Lager, von dem die ersten Kolonisten aufbrachen. Es bestand aus etwa vierzig Männern und etwa 100 Frauen und Kindern. Jede Familie stattete sich mit der Ausrüstung und den Annehmlichkeiten aus, die die spärlichen Mittel ermöglichten. Ein Prärieschoner oder ein Wagen mit einer Plane, um die Insassen vor dem Wetter zu schützen und den Frauen und Kindern ein gewisses Maß an Privatsphäre zu gewährleisten, war ein unverzichtbarer Gegenstand. Als der Vormarsch begann, gab es vierzig solcher Planwagen, jeder von einem Paar Pferde oder Maultiere gezogen und jeder mit den

Möbeln ausgestattet, die die Familie besaß. Die Glücklicheren hatten in den Wagen auch bestimmtes Material zum Bau der kleinen Hütte, die ihr Zuhause sein sollte, bis sie genug verdient hatten, um ein anspruchsvolleres Zuhause zu bauen.

Augenzeugen beschreiben die Gründung der Kolonie als einen der bemerkenswertesten Anblicke, die man je gesehen hat. Die Wagen rückten in einer Reihe vor, und einige Männer ritten zu Pferd, um als Wegweiser zu fungieren, um geeignete Lagerplätze zu finden und die Insassen der Wagen vor Angriffen zu schützen. In einigen Fällen waren ein oder zwei Kühe mit Halftern an der Rückseite der Wagen befestigt, und es gab mehrere Hunde, die offensichtlich von der Stimmung der Sache begeistert waren. Es herrschte größtes Vertrauen, und es wurde herzlicher Beifall ausgerufen, als die Kavalkade die Grenze des Staates Kansas überquerte und ihren langen und öden Marsch durch das satte blaue Gras des Cherokee Strip begann.

Die Reise, die die Heimatsuchenden vor sich hatten, war etwa 100 Meilen lang, und da sie nur langsam vorankamen, war es zwangsläufig eine lange und mühsame Aufgabe. Einige wenige Frauen waren ein wenig nervös, aber die Mehrheit hatte sich voll und ganz auf die allgemeine Stimmung eingestellt und war äußerst enthusiastisch. Die Nahrung, die sie dabei hatten, reichte für den unmittelbaren Bedarf, und wenn sie ihr Nachtlager aufschlugen, gelang es den jüngeren Mitgliedern der Gruppe im Allgemeinen, ihre Speisekammer durch Jagen und Fischen aufzufüllen.

Wir alle haben schon von Invasionsarmeen gehört, die ihren Marsch unbehelligt fortsetzen durften, nur um dann bei der Ankunft im Lager des Feindes noch härter behandelt zu werden. So war es auch mit den Kolonisten. Sie kamen ohne große Schwierigkeiten durch, und niemand machte sich die Mühe, sie aufzuhalten. Männer, die zu diesem Zweck im gelobten Land gewesen waren, hatten einen geeigneten Ort für die Gründung der geplanten Kolonie ausfindig gemacht, und die Menschen wurden dorthin geleitet. Einer aus der Gruppe hatte einige Kenntnisse über Landgesetze, und nach langer Suche gelang es ihm, eine der durch die jüngste Regierungsvermessung festgelegten Ecken des Abschnitts ausfindig zu machen. Nachdem dies geschehen war, wählte jeder der Neuankömmlinge ein Viertel des Abschnitts aus, und die Arbeit begann mit großem Eifer. Zelte und Hütten wurden so schnell wie möglich aufgestellt, und noch vor Ablauf einer Woche hatten sich die Neuankömmlinge ziemlich gut eingelebt. Sie wählten sogar einen Ort für eine Stadt aus und bauten Luftschlösser von höchst bemerkenswertem Charakter.

Dass sie die Herrscher über alles waren, was sie überblickten, schien offensichtlich, und einige Wochen lang gab es kein Hindernis für ihr Recht. Dann begannen die Cowboys, die in der Nachbarschaft Vieh hüteten, nach und nach Andeutungen über mögliche Einmischung zu machen, und während diese Andeutungen diskutiert wurden, erschien plötzlich eine Kompanie US-amerikanischer Truppen. Ohne große Erklärungen verhafteten sie jeden Mann in der Kolonie wegen Hochverrats und Verschwörung und machten sich daran, die Kolonisten aus dem Land zu vertreiben. Die Männer waren gezwungen, ihre Pferde anzuspannen, und die Kolonisten erlagen der Überzahl und zogen traurig und erschöpft nach Fort Reno, wo sie den Behörden übergeben wurden. Nach fünf Tagen Gefangenschaft wurden sie freigelassen und angewiesen, so schnell wie möglich nach Kansas zurückzukehren. Regierungsbeamte sorgten dafür, dass der Befehl ausgeführt wurde, und überließen die Kolonisten dann sich selbst.

Die Männer beschlossen sofort, einen zweiten Versuch zu organisieren, um für ihre Familien ein Zuhause zu schaffen, und machten sich erneut auf den Weg. Eine bittere Enttäuschung erwartete sie, denn sie stellten fest, dass ihre Hütten alle zerstört waren und sie wieder von vorne beginnen mussten . Das taten sie, und sie hatten es sich kaum gemütlich gemacht, als eine weitere kleine Truppenabteilung eintraf, um sie hinauszuwerfen. Die Männer wurden mit Seilen an die Wagenenden gebunden und wie Vieh über die Prärie zum Militärfort getrieben. Zum dritten Mal führten sie eine Invasion durch, und zum dritten Mal wurden sie von Regierungstruppen angegriffen.

In der Zwischenzeit war jedoch ein Geist der Entschlossenheit unter den Männern angekommen, und es wurde versucht, dem Ansturm der Soldaten zu widerstehen. Der verantwortliche Leutnant war über die Haltung erstaunt und wollte nicht die Verantwortung übernehmen, seinen Männern den Schießbefehl zu erteilen, da viele der Kolonisten gut bewaffnet und zweifellos Meisterschützen waren. Er ergriff daher diplomatischere Maßnahmen und kam durch die Herstellung einigermaßen freundschaftlicher Beziehungen in enge Nähe der Siedler. Bald darauf kam es zu einem gewalttätigen Faustkampf, und die harten Fäuste und muskulösen Arme der Siedler erwiesen sich als zu viel für die regulären Truppen, die vorerst vertrieben wurden.

Als Folge des Sieges der Boomer wurden 600 Soldaten geschickt, um sie zu vertreiben. Da es unmöglich war, einer solchen Streitmacht zu widerstehen, gaben die Kolonisten mit der besten Gelassenheit nach, die sie konnten, und verließen traurigerweise die Häuser, die sie so mühsam aufgebaut hatten. Einige der Männer wurden tatsächlich für ihr Vorgehen inhaftiert, und die Kolonie war für eine Zeit vollständig aufgelöst. Mehrere andere folgten diesem Beispiel, und einige Jahre lang dauerte ein Konflikt an, der der Regierung nicht gerade rühmlich war. Es wurde kein Gesetz erfunden, um die Boomer zu bestrafen und so den Invasionen ein endgültiges Ende zu setzen. Alles, was getan werden konnte, war, die Familien so schnell zu vertreiben, wie sie hineingekommen waren, eine Vorgehensweise, die eher dazu geeignet war, Unruhen zu schüren als sie zu unterdrücken. Manchmal zeigten die Soldaten große Nachsicht und taten sogar alles, um den Frauen und Kindern zu helfen und ihr Leiden so gering wie möglich zu halten. Manchmal gingen sie auch übermäßig hart vor, und mehr als ein Kleinkind verlor durch die Enthüllungen, die die Vertreibungen mit sich brachten, sein Leben. Den Soldaten gefiel die ihnen übertragene Arbeit keineswegs, und viele von ihnen beklagten sich bitterlich, dass es nicht zu ihren Pflichten gehöre, gegen Frauen und Babys zu kämpfen. Trotzdem waren sie gezwungen, Befehle zu befolgen und keine Fragen zu stellen.

Während die ursprünglichen Kolonisten oder Boomer durch die Strapazen, die sie auf sich nahmen, wenig oder gar nichts für sich selbst gewannen, sorgten sie tatsächlich für die Öffnung Oklahomas zur Besiedlung. Etwa im Jahr 1885 wurde allgemein bekannt, dass die notwendige Proklamation erlassen werden würde, und aus allen Teilen des Landes begannen sich Wohnungssuchende auf eine Reise zu begeben, die zwischen einigen hundert und mehreren tausend Meilen lang sein konnte. Die Grenzstädte von Kansas im Süden wurden zum Hauptquartier der Wohnungssuchenden gemacht, und als sie an verschiedenen Punkten ankamen, waren sie erstaunt, dass andere vor ihnen dort angekommen waren. Insbesondere in der Umgebung von Arkansas City gab es große Siedlungen von Boomern, die von Zeit zu Zeit versuchten, das gelobte Land vor der Proklamation zu betreten, nur um von den Soldaten, die jeden Weg bewachten, zurückgewiesen zu werden. Die Mehrheit der Neuankömmlinge hielt es für besser, das Gesetz zu befolgen, und diese ließen sich mit ihren Wagen als Heim nieder und suchten Arbeit, um ihre Familien zu ernähren, bis die Proklamation erlassen und das Land für sie geöffnet wurde.

Es war eine lange und trostlose Wartezeit. Die Kinder wurden zur Schule geschickt, die Männer fanden so viele Jobs wie möglich und das Leben ging friedlich weiter in einigen der eigenartigsten Siedlungen, die dieses Land je gesehen hat. Schließlich wurde das Springer-Gesetz verabschiedet und die baldige Öffnung zumindest eines Teils von Oklahoma sichergestellt. Die Nachricht wurde in alle Winde telegraphiert und wo vorher ein Boomer war, waren es bald fünfzig oder hundert. Im Winter 1888 wurden verschiedene Schätzungen über die Zahl der Menschen angestellt, die auf die Proklamation des Präsidenten warteten, und die Gesamtzahl konnte nicht weniger als 50.000 oder 60.000 betragen. Schließlich erschien das lang erwartete Dokument und Ostermontag 1889 wurde als Datum festgelegt, an dem der im Gesetz enthaltene Teil von Oklahoma für geöffnet erklärt werden sollte. Es gab eine besondere Klausel, dass jeder, der das gelobte und geheimnisvolle Land vor Mittag des genannten Tages betrat, für immer von der Landnahme dort ausgeschlossen würde. Dementsprechend entwickelte sich die Eröffnung zu einem Wettrennen, das pünktlich um 12.00 Uhr mittags des genannten Tages beginnen sollte.

Selten hat man irgendwo auf der Welt ein so bemerkenswertes Rennen erlebt. Die wichtigsten Städte lagen an der Strecke der Santa Fe Railroad, und die Leute, die nach Grundstücken suchten, drängten sich in den Zügen, die Oklahoma erst mittags erreichen durften. Alle verfügbaren Fahrzeuge wurden für diesen Anlass in Beschlag genommen, und es wurde dafür gesorgt, dass Tausende von Wohnungssuchenden in die Städte Guthrie und Oklahoma City sowie an dazwischenliegende Orte gebracht werden konnten. Noch vor Tagesanbruch am Morgen der Eröffnung waren die Zufahrten zum Bahnhof von Arkansas City mit Menschenmassen blockiert, und jeder Zug war vollgestopft mit Stadtbewohnern oder mit Leuten, die nach freiem Land oder Grundstücken suchten.

Der Autor hatte Glück und konnte einen Platz im ersten Zug ergattern, der die Grenze von Oklahoma überquerte und am Eröffnungstag vor 13 Uhr in Guthrie ankam. Man ging davon aus, dass das Gesetz durchgesetzt worden war und dass wir auf dem Stadtgelände nichts weiter als ein Grundbuchamt und ein paar Beamte vorfinden würden.

Doch das war bei weitem nicht der Fall. Hunderte von Menschen waren bereits vor Ort. Die Stadt war geplant, die Straßen festgelegt und die besten Ecken besetzt worden, noch bevor das Gesetz und die Bestimmungen der Proklamation in Kraft traten.

Es blieb keine Zeit, sich über Fragen des Gesetzes oder der Ordnung zu streiten. Diejenigen, die dem Gesetz zuvorgekommen waren, waren entschlossen und ihre Zahl war so groß, dass sie sich auf die Verwirrung verließen, um der Entdeckung zu entgehen. Einer von ihnen erzählte dem Autor eine interessante Geschichte über seine Erfahrungen. Er war vor der Eröffnung nach Oklahoma geschlichen und hatte genug Nahrung für ein paar Tage dabei. Er fand ein Versteck am Ufer des Flusses und blieb dort bis wenige Minuten vor Mittag am Eröffnungstag. Als ihm seine Uhr und die Sonne sagten, dass es nur noch wenige Minuten bis Mittag waren, verließ er sein Versteck, um in aller Ruhe eines der besten Eckgrundstücke der Stadt zu finden. Zu seinem Verdruss sah er Männer aus allen Richtungen heranrücken und er wurde darauf aufmerksam gemacht, dass er kein Patent auf seine Idee hatte, die gleichzeitig von mehreren hundert anderen übernommen worden war. Er sicherte sich ein gutes Grundstück und verkaufte es, bevor seine Disqualifikation wegen zu „früher" Ankunft entdeckt wurde.

Als jeder Zug seine riesigen Scharen von Passagieren auslud, bot sich ein unbeschreiblicher Anblick. Das Stadtgebiet lag auf einer Anhöhe, und Männer und sogar Frauen sprangen aus den fahrenden Zügen, stürzten kopfüber übereinander und rannten dann, so schnell ihre Beine sie trugen, den Hügel hinauf, in dem wilden Kampf um kostenlose Stadtgrundstücke. Innerhalb einer halben Stunde war das Stadtgebiet vollständig besetzt, und das umliegende Land in jeder Richtung wurde für Erweiterungen der eigentlichen „Stadt" in Besitz genommen. Noch vor Einbruch der Dunkelheit befanden sich mindestens 10.000 Menschen auf dem Gelände, viele Schätzungen gehen von bis zu 20.000 aus.

Einige hatten Decken und Proviant mitgebracht und verbrachten eine vergleichsweise angenehme Nacht. Tausenden blieb jedoch nichts anderes übrig, als hungrig und durstig auf der offenen Prärie zu schlafen. Das Wasser im Bach war kaum trinkbar und die Eisenbahngesellschaft musste ihren Wassertank mit Gewalt vor den durstigen Abenteurern und Spekulanten schützen.

Die Nacht brachte noch mehr Schrecken. Es bestand keine Gefahr durch wilde Tiere oder Schlangen, denn die Massenpanik des Vortages hatte wahrscheinlich alles Lebende meilenweit vertrieben, mit Ausnahme der Ameisen, die in Heerscharen von Zehntausenden die Eindringlinge angriffen. Bis zum Morgen waren mehrere Häuser errichtet worden, und die Ankunft von Güterzügen voller Lebensmittel ermöglichte es nicht nur aufmerksamen Lebensmittelhändlern, ein kleines Vermögen zu machen, sondern linderte auch die Neuankömmlinge von einem Großteil der Not, die sie erlitten hatten. Innerhalb einer Woche waren die Straßen gut erkennbar, und überall wurden Häuser gebaut, und innerhalb von sechs Monaten waren mehrere Backsteingebäude errichtet und für Geschäfts- und Bankzwecke bezogen.

Der Aufbauprozess war einer der schnellsten, die je verzeichnet wurden, und Guthrie ist heute, wie sein südlicher Nachbar Oklahoma City, ein großes, bedeutendes Geschäfts- und Finanzzentrum. Diejenigen unserer Leser, die Oklahoma noch im Winter 1888 mit der Bahn durchquerten, werden sich erinnern, dass sie nichts als offene Prärie mit gelegentlichen Waldgürteln sahen. Es gab nicht einmal einen Pfahl, der die Lage dieser beiden großen Städte markierte, noch gab es eine Pfluglinie, die ihre Grenzen absteckte.

In keinem anderen Land der Welt konnten derartige Ergebnisse erzielt werden. Es erfordert enormen Mut, Zeit und Geld in eine zukünftige Stadt in einem Land zu investieren, das bis dahin gegenüber weißen Bürgern verschlossen war, und man muss ein Amerikaner sein, der in Amerika geboren und aufgewachsen ist, um dieses Wagnis einzugehen. Die Städte in Oklahoma sind keine Boomtowns, die auf dem Papier als zukünftige Eisenbahn- und Geschäftszentren geplant und beworben werden; vom ersten Moment ihrer Existenz an waren sie praktische, nützliche

Handelszentren, und jedes bisschen Wachstum, das sie erzielten, war dauerhaft und nachhaltig.

Aber wenn das Rennen zu den Siedlungen in Oklahoma interessant war, so war das Rennen zu den Heimstätten sensationell und verwirrend. Überall auf dem begehrten Land warteten ängstliche, entschlossene Männer auf das Wort „Los", um vorzustürmen und sich ein zukünftiges Heim auszusuchen. In einigen Fällen wurde das Rennen in den Wagen zurückgelegt, aber in vielen Fällen fungierte ein einzelner Reiter als Pionier und galoppierte vorwärts, um sich den Vorrang auf ein begehrtes, gut bewässertes Viertelstück zu sichern. Kurz vor Mittag versuchten eine Reihe von Boomern an der Nordgrenze trotz der Proteste der Wache stehenden Soldaten vorzurücken. Diese waren zehn zu eins in der Unterzahl und konnten nicht versuchen, die Heimsucher mit Gewalt zurückzuhalten. Als der junge Leutnant das sah, richtete er ein paar spitze Worte an die potenziellen Gesetzesbrecher. Er kannte die meisten Männer persönlich und wusste, dass einige von ihnen alte Soldaten waren. Er wandte sich besonders an diese, appellierte an ihren Patriotismus und fragte, ob es logisch sei, dass Männer, die für ihr Land die Waffen getragen hatten, sich zusammenschlossen, um die Gesetze zu brechen, für deren Einhaltung sie selbst ihr Leben riskiert hatten. Dieser Appell an die Loyalität der Veteranen hatte die gewünschte Wirkung, und was ein gefährlicher Konflikt zu werden drohte, endete mit einer Reihe herzlicher Händedrücke.

Um die Mittagszeit erhob sich ein gewaltiges Geschrei, und die Hirsche, Kaninchen und Vögel, die jahrelang unangefochtenen Besitz des gelobten Landes innegehabt hatten, wurden mit einer Überraschung des ersten Wassers belohnt. Pferde, die noch nie zuvor zum Laufen aufgefordert worden waren, wurden nun gezwungen, eine ihnen bis dahin unbekannte Gangart anzunehmen. Wagen wurden umgeworfen, Pferde zu Boden geworfen, und alle möglichen Unfälle geschahen. Ein Mann, der sich fest vorgenommen hatte, sich am Canadian River in der Nähe der Old Payne Colony niederzulassen, ritt sein Pferd in diese Richtung und trieb das Tier zu weiteren Anstrengungen an, bis es sich kaum noch auf den Beinen halten konnte. Schließlich erreichte er einen der in den Fluss mündenden Bäche. Das erschöpfte Tier schaffte es gerade noch, seinen Reiter das steile Ufer des Baches hinaufzuziehen, und dann fiel es tot um. Sein Reiter hatte keine Zeit für Reue. Er hatte noch vier oder fünf Meilen vor sich und begann zu rennen, so schnell seine Beine ihn trugen. Weil er die Ausdauer seines Pferdes überschätzt und die zurückzulegende Entfernung unterschätzt hatte, verlor er seine begehrte Heimat, denn als er ankam, war ihm bereits eine große Kolonie von der Westgrenze vorausgekommen, und für jeden Bauernhof gab es zwei oder drei Anwärter.

In anderen Fällen gab es Kopf-an-Kopf-Rennen um bevorzugte Standorte, und manchmal hätte es einen erfahrenen Schiedsrichter vor ein Rätsel gestellt, wer wirklich der Gewinner des Rennens war. Gelegentlich wurden Kompromisse geschlossen, und obwohl es viel schlechte Laune und gegenseitige Beschuldigungen gab, kam es sehr wenig zu Gewalt, und die Männer, deren Geduld schwer auf die Probe gestellt worden war, benahmen sich bewundernswert und verdienten sich den Respekt der Soldaten, die Wache hielten, um die Ordnung aufrechtzuerhalten. Die Aufregung und der Aufruhr hielten noch lange nach Einbruch der Nacht an. In ihrer fieberhaften Besorgnis, den Besitz der Häuser zu behalten, auf die sie gewartet und um die Wette gelaufen waren, blieben Hunderte von Männern die ganze Nacht wach, um die Arbeit am Hüttenbau fortzusetzen, da sie wussten, dass ihnen nichts so sehr dabei helfen würde, ihre Ansprüche auf einen Titel geltend zu machen, wie der Nachweis der Arbeit an echten Verbesserungen. Sie machten Tag für Tag weiter, und obwohl es spät in der Saison war, erzielten viele der Neuankömmlinge in diesem Jahr eine gute Ernte.

Die Öffnung anderer Teile des alten Indianergebiets, die heute zu Oklahoma gehören, erfolgte zwei oder drei Jahre später, als sich die Szenen wiederholten, die wir kurz beschrieben haben. Heute erstreckt sich Oklahoma bis zur südlichen Grenze von Kansas, und der Cherokee Strip, auf dessen üppigem blauem Gras Hunderttausende von Rindern gemästet wurden, ist heute ein besiedeltes Land mit mindestens vier Familien pro Quadratmeile und einer Reihe blühender Städte und sogar Großstädte. Gegenwärtig wird die Frage der Eigenstaatlichkeit des jüngsten unserer Gebiete lebhaft diskutiert. Niemand bestreitet die Tatsache, dass Bevölkerung und Wohlstand groß genug sind, um den Schritt zu rechtfertigen, und die einzige Frage, die zur Debatte steht, ist, ob das gesamte Indianergebiet in den neuen Staat einbezogen werden soll oder ob die Länder der sogenannten zivilisierten Stämme ausgeschlossen werden sollen.

Die Gesetzlosigkeit, die in einigen Teilen des Indianergebiets herrscht, gilt als starkes Argument für die Freigabe aller Gebiete zur Besiedlung. Gegenwärtig besitzen die Indianer riesige Landstriche unter sehr eigentümlichen Bedingungen. Eine große Zahl weißer Männer, viele von ihnen ehrbare Bürger und viele von ihnen Gesetzlose und Flüchtlinge vor der Justiz, haben schöne Cherokee-, Choctaw- und Creek-Mädchen geheiratet, und diese Männer, obwohl sie von den Stammesoberhäuptern nicht anerkannt werden, können im Namen ihrer Frauen von der Regierung die von Zeit zu Zeit ausgezahlten großen Geldsummen beziehen. Befürworter der Eigenstaatlichkeit befürworten die Zuteilung eines Anteils des Landes an jeden Indianer und den Kauf des riesigen Restes durch die Regierung, der dann zur Besiedlung freigegeben werden könnte.

Bis diese Frage geklärt ist, wird die Anomalie der Zivilisation und des Gegenteils weiterhin nebeneinander existieren. Einige der Indianer haben die Manieren, die Kleidung, die Tugenden und die Laster ihrer weißen Nachbarn übernommen, wobei sie im Allgemeinen ihre alten Namen abgelegt und an ihrer Stelle etwas Vernünftiges angenommen haben. Aber viele der roten Männer, die an der Tradition festhalten und Neuerungen ablehnen, bleiben immer noch bei den Namen, die sie in ihrer Kindheit bekommen haben. So reisen Indianer durch das Indianergebiet mit Namen wie „Hört überall etwas", „Weiß, wo er geht", „Bär in den Wolken", „Gans über dem Hügel", „Muschel am Hals", „Fuchs", „Weißer Fuchs", „Schlägt auf den Kopf" und anderen ebenso weit hergeholten und lächerlichen Ausdrücken und Beinamen.

Jeder hat von Häuptling „Rain-in-the-Face" gehört, einem typischen Indianer, dessen Tugenden und Laster von Zeit zu Zeit stark übertrieben wurden. Es wird ein Bild von diesem Vertreter einer schnell verfallenden Rasse und von seinem Lieblingspony gezeichnet, auf dem er Tausende von Meilen geritten ist und das in seinen frühen Jahren eine Ausdauer besaß, die weit über das hinausgeht, was sich jemand vorstellen oder vorstellen kann, der in Ländern fernab von Indianersiedlungen gelebt hat.

Häuptling Rain-in-the-Face und sein Lieblingspony

KAPITEL VII.

COWBOYS – ECHT UND IDEAL.

Eine viel geschmähte Klasse – Der Cowboy wie er ist und wie er sein soll – Präriefieber und wie es geheilt wird – Das Leben auf der Ranch vor dreißig Jahren und heute – Einzigartige Moden und Kostümwechsel – Probleme, denen potenzielle Bösewichte begegnen.

Unter den durch und durch amerikanischen Menschentypen ist keiner so bemerkenswert oder einzigartig wie der Cowboy. Dieser Meister der Reitkunst und Bezwinger wilder und sogar gefährlicher Rinder wurde auf so viele Arten beschrieben, dass es große Meinungsverschiedenheiten darüber gibt, was er war und was er ist. Wir geben ein Bild eines Cowboys von heute und werden versuchen zu zeigen, in welchen wichtigen Punkten er sich von dem Cowboy der Fiktion und sogar der Geschichte unterscheidet.

Sensationsautoren haben den Cowboy als einen durch und durch schlechten Menschen beschrieben, und zwar als jemanden, der sich an dem Wort „schlecht" erfreut und es als eine Art Diplom oder Qualifikation betrachtet. Reisende in der Region, in der der Cowboy früher vorherrschend war, geben ihm einen ganz anderen Charakter und sprechen von ihm als einem hart arbeitenden, ehrlichen Bürger, der übermäßig großzügig und höflich zu Frauen und alten oder gebrechlichen Männern ist, aber dazu neigt, auf Kosten derjenigen humorvoll zu sein, die stark und groß genug sind, um einen Witz zu erwidern oder ihn, wenn sie das bevorzugen, zu übelnehmen.

Wir haben vom Cowboy in zwei Zeitformen gesprochen: der Gegenwart und der Vergangenheit. Streng genommen hätten wir vielleicht nur eine Zeitform verwenden sollen, denn viele der besten Richter sagen, dass es so etwas wie einen Cowboy in unserer Zeit und Generation nicht gibt. Er blühte in all seiner Pracht in den Tagen der riesigen Weiden auf, als es reichlich Bewegungsfreiheit für Mensch und Tier gab und als es solche modernen Eingriffe in die Viehwirtschaft wie den Stacheldrahtzaun noch nicht gab. Die Arbeit des Viehhütens und Fütterns unterscheidet sich heute sicherlich in bemerkenswerter Weise von der vor dreißig oder sogar zwanzig Jahren, und der Mann hat sich natürlich mit seiner Arbeit verändert. Heute ist der Cowboy im Grunde genommen ein Landarbeiter. Er füttert das Vieh, treibt es bei Bedarf zum Wasser und geht in die nächste Marktstadt, um überschüssige Produkte zu verkaufen, und zwar mit der ganzen Systematik und Methode eines durch und durch domestizierten Menschen. Früher war er für Hunderte, wenn nicht Tausende von gebrandmarkten Rindern verantwortlich, die nach Belieben über die endlosen Prärien streunten, und die Tagesarbeit wurde häufig durch Auseinandersetzungen mit einigen unfreundlichen Indianern oder besonders dreisten Viehdieben unterbrochen.

Die Art seiner Arbeit machte den Cowboy früher etwas verzweifelt und er neigte dazu, Neuankömmlingen gegenüber misstrauisch zu sein. Er war nie ein so schrecklicher Mensch, wie oft in gedruckter Form behauptet wird. Seine Arbeit beschränkte ihn auf einige Grenzstaaten und -territorien, und daher war er eine sehr beliebte Person, die man verspotten und verunglimpfen konnte. Der Mann, der dem durchschnittlichen Cowboy von Angesicht zu Angesicht begegnete, lernte ihn im Allgemeinen zu respektieren und erkannte schnell die Tatsache, dass es sich auszahlte, zumindest höflich zu sein. Schriftsteller, die sich nie näher als 500 Meilen der nächsten Viehfarm oder dem nächsten Cowboyheim näherten, behandelten ihn weniger höflich und beschrieben ihn in allen möglichen Ausdrücken.

Groschenromane mit ihren gelben Umschlägen und sensationellen Bildern von Kutschenüberfällen und dergleichen haben den amerikanischen Cowboy schon immer in ungeheuerlichem Ausmaß verleumdet. Als Folge der dadurch entstandenen Missverständnisse ist das sogenannte Cowboy- oder Präriefieber eine weit verbreitete Krankheit unter Jugendlichen, die zum ersten Mal versuchen, sich einen Schnurrbart wachsen zu lassen. Die rücksichtslosen Taten, die völlige Missachtung der Konventionen und die allgemeine Trotzhaltung, die dem Mann zugeschrieben wird, der auf der Prärie Vieh hütet, scheinen bei sensationslüsternen Jugendlichen Sehnsüchte zu wecken, und viele von ihnen haben ihre ersten Erfahrungen gemacht und ihre Lektion auf eine ganz andere Weise gelernt als erwartet.

Stellen wir uns für einen Moment die Erfahrungen des jungen Mannes aus dem Osten vor, der sich durch sorgfältiges Nachdenken und Lesen davon überzeugt hat, dass die Natur ihn dazu bestimmt hat, im Westen zu glänzen. Es ist wahrscheinlich, dass er zu dieser wichtigen Schlussfolgerung schon viele Jahre zuvor gekommen ist, und es ist nicht unwahrscheinlich, dass seine erste Begeisterung für den Cowboy durch Angriffe auf die Katze genährt wurde, mit dem, was ihm am ehesten mit einer Peitsche aus Rohleder möglich war. Auf dieser primitiven Erfahrung aufbauend, vervollständigten Sensationsliteratur und illustrierte Beschreibungen der Abenteuer von „Bill, dem Pömpel“ und „Jack, dem Indianertöter“ für fünf und zehn Cent die Erziehung, bis der Junge oder junge Mann, je nachdem, feststellt, dass die Stunde gekommen ist, kindische Dinge abzulegen und ein echter böser Mensch des Westens zu werden.

Wie er den halben Kontinent überquert, ist eine Frage der Einzelheiten. Manchmal ist der fehlgeleitete junge Mann zu stolz, um zu betteln, und zu ehrlich, um zu stehlen. In diesem Fall spart er wahrscheinlich sein Taschengeld und kauft sich ein billiges Ticket. Der romantischere und absolut richtige Weg ist, ohne einen Dollar aufzubrechen und sich seinen Weg durch den Kontinent zu bahnen, um auf der Prärie voll und ganz Anerkennung zu verdienen. So mancher junge Mann, der die Pilgerreise in Richtung glorifizierter Schlechtigkeit angetreten hat, wurde vom Fieber befreit, bevor er 100 Meilen weit gekommen war, aber andere haben es geschafft, durchzukommen, und sind je nach Fall in Texas, Wyoming oder Montana angekommen, fest davon überzeugt, dass sie sich in jeder Gesellschaft behaupten können.

Die Enttäuschung, die den Abenteuerlustigen erwartet, ist fast zu groß, um sie in Worte zu fassen. Wären die Cowboys nur halb so schlimm, wie sie dargestellt werden, würden sie ihren schlechten Ruf beweisen, indem sie den Neuankömmling ermorden und ihm seine Kleidung und sein Geld stehlen. Statt dies zu tun, schaut der Cowboy dem Neuankömmling, der so viele Meilen zurückgelegt hat, um sich ihm anzuschließen, im Allgemeinen belustigt zu. Die Begrüßung ist nicht so überschwänglich, wie man es erwartet, und häufig bricht es dem Neuankömmling das Herz, wenn man ihm sagt, er solle zu seiner Mama zurückkehren und noch ein paar Jahre im Kindergarten verbringen. Ein entlaufener Anfänger, der gerade frisch von der Schule kommt, ist auf der Viehfarm nicht erwünscht, und obwohl die westlichen Farmer zu gutmütig sind, um die ihnen genommene Freiheit sehr zu übelnehmen, schmeicheln sie dem Neuankömmling nie, indem sie ihm irgendwelche Anreize bieten oder irgendwelche Prophezeiungen über seine Zukunft machen.

Der Autor traf vor einigen Jahren einen entlaufenen Enthusiasten dieser Art. Sein Ziel war der äußerste Westen. Da er selbst den Staat, in den er unterwegs war, nicht kannte, nahm er an, dass ihn auch niemand sonst kannte. Als er gefunden wurde, war er bis nach Kansas City gekommen, und Hunger und der Mangel an einem Ort, an dem er bequem schlafen konnte, hatten seine Begeisterung abgekühlt und einen heftigen Anfall von Heimweh ausgelöst. Da das ideale Cowboy-Leben keine Federbetten oder in Gängen servierte Mahlzeiten vorsieht, wurde dem Jungen vorgeschlagen, dass er möglicherweise im Voraus eine gute Erfahrung machte und sich an die Entbehrungen des Lebens gewöhnte, für das er sich entschieden hatte.

Diese Logik konnte dem Ausreißer überhaupt nicht gefallen, dessen einziges Ziel es nun war, genug Geld zu leihen, um seinem Vater eine Reuebotschaft zu telegraphieren. Man gab ihm eine kleine Summe, die zu diesem Zweck nötig war, und schickte die Depesche ab. Innerhalb einer Stunde erhielt er eine Antwort und telegraphierte Geld, um dem Jungen eine Fahrkarte nach Hause zu besorgen, wo er höchstwahrscheinlich das letzte bisschen

Cowboyfieber, das noch in ihm war, auf altmodische und vorschriftsmäßige Weise rasch loswurde.

Der Cowboy darf nicht mit dem Viehbaron verwechselt werden. Vor zehn oder zwölf Jahren, als mit der Viehzucht noch viel Geld verdient wurde, strömten Männer in die Präriestaaten, die überhaupt nichts von der Viehzucht verstanden, sich aber entschlossen hatten, mit der Zucht von Ochsen ein Vermögen zu machen. Sie brachten ebenso widersprüchliche Ideen mit wie die abenteuerlustige Jugend. Oft hatten sie große Geldsummen dabei, die sie verschwenderisch in ihr Geschäft investierten, und sie brachten auch unglaublich schöne Kleidung, Lackstiefel, Samtjacken und andere Luxusgüter mit, die sie in ihrer neuen Heimat sehr unbeliebt und lächerlich machten. Neun Zehntel von ihnen nannten sich „Viehbarone", und etwa der gleiche Anteil sammelte viel Erfahrung, aber sehr wenig Geld, während er versuchte, das Viehgeschäft zu revolutionieren.

Um ein Cowboy zu sein, muss man nicht unbedingt Vieh besitzen, obwohl viele Mitglieder dieses interessanten Berufs ein paar eigene Tiere besitzen und sie mit dem übrigen Vieh auf der Ranch grasen lassen dürfen. Im Allgemeinen wurde der Begriff früher auf alle angewendet, die mit dem Viehhandel und dem Zusammentreiben der Tiere bei den jährlichen Viehtrieben beschäftigt waren. Der Cowboy der alten Schule hatte kein besonders hohes Ansehen und wurde auch nicht immer so nachsichtig betrachtet, wie es seine Umgebung verlangte. Vor etwa zwanzig Jahren schrieb ein bekannter Viehzüchter die folgende Beschreibung des Cowboys und seines Lebens:

„Wenn sich jemand vorstellt, das Leben eines Cowboys oder Ranchers sei ein Leben der Bequemlichkeit und des Luxus oder seine Ernährung ein Festmahl mit fetten Speisen, wird ein kurzer Versuch die Illusion zerstreuen, wie Nebel durch Sonnenschein. Zwar ist sein Leben mehr oder weniger aufregend oder abenteuerlich und er verbringt einen Großteil davon im Sattel, aber es ist ein hartes Leben und seine tägliche Kost wird niemals Gicht verursachen. Maisbrot, Mastspeck und Kaffee machen neun Zehntel ihrer Ernährung aus; gelegentlich essen sie frisches Rindfleisch und seltener Gemüse jeglicher Art. Sie kochen selbst in den primitivsten und wenigstmöglichen Gefäßen und haben oft keinen einzigen Teller oder Messer und Gabel außer ihrem Taschenmesser, sondern versammeln sich in echter Indianer-Manier um den Lagerkessel, angeln mit einem Stück Brot in der Hand ein Stück „Sauenbauch" heraus und speisen üppig, wobei sie nicht vergessen, ein oder mehrere Liter des stärksten Kaffees, den man sich vorstellen kann, ohne Zucker oder Sahne, zu verstauen. Tatsächlich würden Sie zögern, wenn Sie es aus der Perspektive der Indianer beurteilen würden. Aussehen, ob man es nun Kaffee oder Tinte nennt. Von allen Gemüsesorten sind Zwiebeln und Kartoffeln am beliebtesten und werden am häufigsten verwendet, wenn es mehr als die „alte Vorschrift" gibt. Statt eines Ofens, Kamins oder Kochherds wird ein einfaches Loch in den Boden gegraben und darin ein Feuer gemacht, und die Kaffeekanne, der Campingkessel und die Bratpfanne sind seine einzigen Küchenutensilien, die er verwendet.

„Das Leben eines Cowboys ist von beträchtlicher täglicher Gefahr und Aufregung geprägt. Es ist hart und voller Enthüllungen, aber auch wild und frei, und der junge Mann, der lange ein Cowboy war, hat kaum Lust auf eine andere Beschäftigung. Er lebt hart, arbeitet hart, hat nur wenig Komfort und noch weniger Notwendigkeiten. Er hat wenig, wenn überhaupt, Lust auf Lesen. Er genießt einen groben Streich oder eine schmutzige Geschichte; liebt die Gefahr, verabscheut aber gewöhnliche Arbeit; wird nie müde vom Reiten, möchte nie laufen, egal wie kurz die Entfernung ist, die er zurücklegen möchte. Er würde lieber mit Pistolen kämpfen als beten; liebt Tabak, Alkohol und Frauen mehr als jede andere Dreifaltigkeit. Sein Leben grenzt fast an das eines Indianers. Wenn er etwas liest, ist es in den meisten Fällen eine blutrünstige Geschichte im Sensationsstil. Er genießt seine Pfeife und genießt einen Streich über seine Kameraden oder eine Geschichte, in der es von tierischen Neigungen wimmelt.

„Seine Kleidung ist knapp und solide, selten und oft mit einem auffälligen Muster versehen. Der Sombrero und die großen Sporen sind unvermeidliche Begleiter. Jedes Haus wirkt mangelhaft und unbequem, aber die primitivsten und primitivsten Lebensweisen scheinen für den Cowboy zufriedenstellend zu sein. Sein Lohn liegt zwischen 15 und 20 Dollar im Monat in bar. Mexikaner können für etwa 12 Dollar im Monat beschäftigt werden. Der Cowboy hat wenige Wünsche und wenige Notwendigkeiten, das Wichtigste ist ein ausreichender Vorrat an Tabak.

„Zum Nutzen unserer Leser aus dem Norden möchten wir hier anmerken, dass im Südwesten der Begriff ‚Ranch' anstelle von ‚Farm' verwendet wird, der einfache Arbeiter als ‚Cowboy' bezeichnet wird, das Pferd als ‚Cow Horse' und die Pferdeherde als ‚ Cavvie Yard'.

„Der Ruf von Texas als Viehzuchtland verbreitete sich im Land, und bald nach seiner Aufnahme in die Union richteten sich die Augen vieler junger Männer, die in den älteren Südstaaten geboren und aufgewachsen waren und arm an Gütern dieser Welt waren, aber den Ehrgeiz hatten, sich ein Zuhause und ein Vermögen aufzubauen. Viele aus dieser Klasse gingen nach Texas, damals ein neues und vergleichsweise dünnes und unbesiedeltes Land, und begannen auf bescheidenste Weise, vielleicht für einen symbolischen Lohn, den Grundstein für zukünftigen Reichtum und Erfolg zu legen."

Dies ist eine sehr strenge Beschreibung und bezieht sich auf eine Gruppe von Männern, die man kurz nach dem Krieg in den wildesten Gegenden von Texas fand. Sie beschreibt den Cowboy der letzten zwanzig Jahre sicherlich nicht angemessen. Ein anderer Autor, der selbst mehr als ein Vierteljahrhundert lang als Viehhirte tätig war, gibt eine viel treffendere Beschreibung des Cowboys. Er teilt diejenigen, die diesen Namen tragen, in drei Klassen ein und argumentiert, dass dieser Name etwas Edles an sich hat. Er behauptet auch, dass dem Cowboy angesichts seiner besonderen Verbindungen, Entbehrungen, Umgebungen und Versuchungen viel Anerkennung dafür gebührt, dass er trotz seiner Abwesenheit von den verfeinernden Einflüssen der Zivilisation die besten Eigenschaften der menschlichen Natur bewahrt hat.

Dieser Autorität zufolge umfasst die erste Klasse der Cowboys den echten, ehrlichen Arbeiter auf der Prärie, den Mann, der die Rechte aller gebührend respektiert. Er ist peinlich ehrlich, aber dennoch wohltätig genug, um nachsichtig zuzusehen, wenn seine weniger gewissenhaften Brüder in Ungnade fallen, und er ist jedem gegenüber, der ein Recht auf seine Freundschaft hat, in bemerkenswertem Maße loyal. In die zweite Klasse wird der weniger vorsichtige Cowboy eingeordnet, der in seinen moralischen Ansichten nicht ganz so streng ist, obwohl ihn niemand gerne als Dieb bezeichnen würde. Es wird die Geschichte des Iren erzählt, der eine Decke mit dem Regierungszeichen „US" fand. Paddy untersuchte die Decke sorgfältig und rief, als er das Zeichen fand: „U. für Patrick und S. für McCarty. Och , aber ich bin froh, dass ich meine Decke gefunden habe. Mein Vater sagte mir, dass Bildung eine gute Sache sei, und jetzt weiß ich es; ohne Bildung hätte ich die Decke nie gefunden."

Argumentationen dieser Art sind in dieser zweiten Klasse oder Unterteilung der Cowboys recht verbreitet. Es wird nicht behauptet, dass er im Grunde ein Dieb ist, denn er würde die Taten des langfingrigen Gentlemans aus der Stadt verachten, der Sie nach der Uhrzeit fragt und es dann mit einem kleinen Taschenspielertrick schafft, Ihre Uhr einem allzu zuvorkommenden und nachlässigen Pfandleiher an der nächsten Ecke zu präsentieren. Aber er ist ein wenig rücksichtslos in seinen Vorstellungen von dem, was Anwälte die Rechte des Einzelnen nennen, und er neigt manchmal ein wenig zu sehr dazu, zu denken, dass Kleinigkeiten, die nicht seine eigenen sind, seine eigenen sein sollten.

Der Schriftsteller, auf den wir uns beziehen, umfasst in Klasse drei den typischen Cowboy und den Mann, den der Romanautor als Grundlage für seine Übertreibungen und Romanzen verwendet. In diese Klasse fällt der Cowboy, dem die Zukunft absolut gleichgültig ist und der vollkommen glücklich ist, wenn er genug Geld hat, um sich ein schickes Zaumzeug oder einen prächtigen Sattel zu kaufen. Dies sind ungefähr der Anfang und das Ende seiner Vorstellungen von Luxus; obwohl er eine gute Zeit genießt, betrachtet er sie eher als nebensächlich und wesentlich für das Vergnügen. Eine feste Position mit einem kleinen Gehalt, eine angemessene Menge an

Arbeit und eine einigermaßen gute Unterkunft sind alles, was er sucht oder erwartet. Trotz all seiner Gleichgültigkeit ist er vollkommen ehrlich. Er ist oft aufrichtig und großherzig, lässt sich ständig etwas vormachen, hat aber die unbequeme Angewohnheit, gelegentlich für seine Rechte einzustehen und zu viel Unterdrückung zu verabscheuen. Er ist außerordentlich gutmütig und treibt oft streunendes Vieh mehrere Meilen weit, um es einem völlig Fremden und einem Mann zu ermöglichen, dem er keinerlei Verpflichtungen schuldet.

Es heißt, dass so etwas wie Not unter den Verwandten oder Nachkommen von Cowboys unmöglich sei, wegen der wunderbaren Weichherzigkeit dieser Männer mit rauem Äußeren, die im Alltag abgehärtet wirken. Der arbeitende Cowboy ist selten reich, selbst im großzügigsten Sinne des Wortes. Den geringen Lohn, den er verdient, gibt er fast ausschließlich für Dekorationen für sein Pferd oder sich selbst aus. Selbst wenn es ihm gelingt, ein paar Dollar zu sparen, scheint das Geld ein Loch in seiner Tasche zu brennen, und er leiht es normalerweise jemandem, der es nötiger hat als er selbst. Aber jeder Mann, der auf einer Ranch arbeitet, hat etwas für die Witwe oder die Kinder eines verstorbenen Bruders übrig, insbesondere wenn dieser bei der Ausübung seiner Pflichten getötet wurde. Ein Beispiel für diese großzügige Gesinnung ließe sich durchaus anführen, aber es genügt zu sagen, dass die Regel unveränderlich ist und dass ein Versprechen, das man einem Sterbenden in dieser Hinsicht gibt, nie vergessen wird.

Wenn wir für einen Moment die persönlichen Eigenschaften des viel geschmähten Cowboys beiseitelassen, der als alles von einem Postkutschenräuber bis zu einem Halsabschneider beschrieben wurde, können wir mit Gewinn etwas Platz einer Betrachtung seiner Kleidung widmen, wie sie war und wie sie ist. Auf dem Bild eines Cowboys in diesem Werk wird die moderne Kleidung sehr genau dargestellt. Man wird sehen, dass der Mann für seine Arbeit passend gekleidet ist und dass er keine der außergewöhnlichen Hindernisse in Form grotesker Verzierungen hat, von denen man dachte, dass sie zumindest ein wesentlicher Bestandteil der Garderobe und des Outfits eines Cowboys seien. Heutzutage sind Männer, die Vieh füttern und züchten, sicherlich fast gleichgültig, was ihre Kleidung angeht; sie tragen alles, was für ihren Zweck geeignet ist, und treffen ihre Auswahl eher im Hinblick auf die Haltbarkeit als auf das Aussehen der Kleidung.

Der Cowboy wie er ist

Doch in den vergangenen Jahren gab es bei den Männern auf der Prärie fast ebenso viele Modewechsel wie bei den Frauen im Salon. Am Ende des Krieges verschwanden die ersten willkürlichen Modediktate. Eine spezielle Form von Steigbügel wurde eingeführt. Er war sehr schmal und äußerst unbequem, aber er wurde als das Richtige angesehen, und so benutzte ihn jeder. Anstelle von Leinen wurde Rohleder verwendet, und selbstgesponnene Kleidungsstücke waren einheitlich. Zuerst wurden Gamaschen aus Kalbsleder getragen, die auf der Prärie hergestellt wurden und bei denen das Haar nach außen gerichtet war, und große, schirmartige Strohhüte kamen in Gebrauch. Etwas später wurde entschieden, dass der Strohhut für diesen Zweck nicht haltbar genug war. Wenn ein Cowboy aufgeregt ist, treibt er sein Pferd häufig mit seinem Hut an, und wenn er einen Strohhut trägt, zerstören vier oder fünf kräftige Schläge jeden Anschein von Anstand und Symmetrie, den er je gehabt haben mag. Der breitkrempige Wollhut wurde für das Richtige erklärt, und jeder war froh über die Veränderung. Der schmale Steigbügel wurde durch einen breiteren ersetzt, und der Steigbügelriemen wurde gekürzt, um den Reiter zu zwingen, die Knie die ganze Zeit gebeugt zu halten. Die wichtigste Veränderung in der Mode vor zwanzig Jahren war die Einführung von Beinlingen aus gegerbtem Leder und schönen Zaumzeugs. So mancher Mann zahlt heute zwei oder drei Monatsgehälter für sein Zaumzeug, und seit diese Mode in Mode gekommen ist, sind vermutlich viele tausend Dollar in dekorative Kopfbedeckungen für Präriepferde und -ponys investiert worden. Ein neuer Sattel sowie Schleifen- und Quastenverzierungen kamen ebenfalls in dieser Zeit in Mode, und es muss zugegeben werden, dass eine Zeit lang Übertreibungen in der Kleidung allgemein üblich waren. In der Prärie ist es ein alter Witz, dass der Hut des Durchschnittsmannes ihn mehr kostet als seine Kleidung.

So mancher Cowboy, der 30 Dollar im Monat verdient, hat allein für seinen Sattel das Dreifache ausgegeben. Mehr als ein Mann, der 25 Dollar im Monat verdient, hat jeden Cent seines Gehalts in Silberschnallen für seinen seltsam aussehenden Hut investiert. Ebenso verschwenderisch ist der Durchschnittsmann, was Sattel, Zaumzeug und sogar Sporen und Gebiss angeht. Wer so viel über die schlechten Angewohnheiten dieser Leute spricht, wird kaum glauben, dass so mancher Cowboy ein ganzes Jahr lang auf Alkohol und Tabak verzichtet, nur weil er sich ein Kleidungsstück kaufen möchte, mit dem ihn seiner Meinung nach die ganze Ranch beneiden wird.

Das Cowpony verdient ebenso viel Aufmerksamkeit und Aufmerksamkeit wie der Cowboy. Es wird oft gesagt, dass letzterer hart und grausam ist und sein Pony grob behandelt. Das ist alles andere als richtig. Zwischen dem Cowboy und seinem Lieblingspony besteht im Allgemeinen ein Band der Sympathie und ein tiefes Verständnis, ohne das die wunderbaren Reitkunststücke, die täglich vollbracht werden, unmöglich wären. Vielleicht wird beim Einreiten des Ponys mehr Härte an den Tag gelegt, als unbedingt nötig ist. Gleichzeitig sollte man bedenken, dass es nicht ganz einfach ist, ein Tier zu bändigen, das auf der Prärie geboren wurde und nach Herzenslust wild herumgelaufen ist. Die Angewohnheit des Bockens, die ein Texas-Pony von seinen Vorfahren geerbt zu haben scheint, ist sehr unpraktisch, und ein erfahrener Reiter aus dem Osten ist auf dem Rücken eines bockenden Ponys vollkommen hilflos. Die Art, wie es aufsteigt, versichert dem Tier sofort, dass es in diesen Gegenden ein Fremder ist. Der natürliche Wunsch, den wagemutigen Fremden aus dem Sattel zu stoßen, wird übermächtig und das Pony macht sich daran, seine Idee in die Tat umzusetzen.

Zuerst bewegt es sich ruhig und der Reiter gratuliert sich, dass er das Tier davon überzeugt hat, dass Widerstand sinnlos ist. Doch gerade als er damit beginnt, senkt das Tier den Kopf, wölbt den Rücken, etwa wie eine wütende Katze, springt in die Luft und landet mit unter dem Körper zusammengezogenen Beinen vollkommen steif und gerade auf dem Boden. Der Reiter weiß selten, wie das passiert ist. Er weiß nur, dass es sich anfühlte, als hätte ihn eine Kanonenkugel getroffen, und dass er höchst unsanft herunterfiel.

Ein Pony bockt nie heftig, wenn es von einem Cowboy geritten wird. Es hat durch lange Erfahrung gelernt, dass dies eindeutig unrentabel ist. Ein Pony zu zähmen und es davon zu überzeugen, dass der Weg des Übertreters hart ist, ist eine der Schwierigkeiten des Prärielebens. Wenn dies jedoch einmal gelungen ist, hat man sich einen fast unschätzbaren Helfer gesichert. Die Ausdauer des Cowponys ist fast unbegrenzt. Es kann seinen Herrn 100

Meilen an einem Tag tragen, anscheinend mit sehr geringer Ermüdung. In puncto Geschwindigkeit kann es vielleicht nicht mit seinem besser gezüchteten östlichen Cousin konkurrieren, aber in puncto zurückgelegter Entfernung ist es ihm völlig überlegen. Ein Präriepony wird, vorausgesetzt, es hat eine leichte Gangart im Rahmen seiner Ausdauer, diese fast unbegrenzt durchhalten. Am Ende eines sehr langen Ritts ist der Mann im Allgemeinen erschöpfter als sein Ross. Nachdem letzterer von Sattel und Zaumzeug befreit wurde, rollt er kräftig herum, um die Steifheit loszuwerden, und ist nach ein oder zwei Stunden anscheinend in ebenso gutem Zustand wie zuvor.

Der Reiz des Cowboylebens liegt in der Missachtung strenger Regeln der Etikette und Zeremoniells und in der Menge an Spaß, die am Präriefeuer herrscht. Wir haben bereits gesehen, dass die Löhne, die Cowboys gezahlt werden, sehr gering sind und immer waren. Die Arbeitsstunden und die Strapazen, die sie auf sich nehmen müssen, scheinen zusammenzuwirken und die Männer davon abzuhalten, überhaupt ein solches Leben zu führen. Wir wissen, dass weder das eine noch das andere der Fall ist und dass es selten wirklich an Hilfe auf der Prärie oder unter den Viehherden mangelt. Die größte Freude bereitet den Witzen auf Kosten der pfiffigen Neulinge, die sich dem Lager mit zu viel Selbstvertrauen nähern. Die gängigste Methode, den Neuankömmling davon zu überzeugen, dass er einen Fehler gemacht hat, besteht darin, ihn zu überreden, ein außergewöhnlich widerspenstiges Pony zu reiten. Die Aufgabe wird im Allgemeinen mit viel Selbstvertrauen angegangen und endet fast immer in Kummer. Wenn der Fremde seinen Platz behalten und so das einstudierte Programm durcheinanderbringen kann , ist die Freude der Zuschauer noch größer als ihre Enttäuschung, und der Neuankömmling wird sofort in die nette Gemeinschaft der Menge aufgenommen.

Nichts bringt einen Cowboy so sehr auf die Palme oder macht ihn bei der Auswahl seiner Tricks so verzweifelt wie die vorgetäuschte Schlechtigkeit eines Neulings. Vor ein oder zwei Jahren kam ein junger Mann, der jahrelang Geld gespart hatte, um die Taten einiger der Helden nachzuahmen, die in den billigen Büchern beschrieben wurden, die er gelesen hatte, im Südwesten an und stellte sich einer Reihe von Angestellten einer Viehfarm vor, die man vor ein paar Jahren noch als normale Cowboys bezeichnet hätte. Die grenzenlose Unverschämtheit und die erstaunliche Verlogenheit des jungen Mannes amüsierten die Cowboys sehr und sie ließen ihn eine ganze Liste der schrecklichen Taten erzählen, die er im Osten begangen hatte. Noch bevor er eine Stunde in seiner neuen Gesellschaft war, hatte er mit der Lässigkeit eines Mannes, der zwölf Jahre im Gefängnis gesessen hatte, von Diebstählen und sogar Morden gesprochen. Seine Zuhörer genossen die Absurdität der Situation und ließen ihn ohne Unterbrechung wahllos reden.

Die Geschichtenerzählstunde endete auf eine wirklich sensationelle Art und Weise. Einer der Zuhörer wusste, dass ein Hilfssheriff in der Nachbarschaft nach einer gefährlichen Person Ausschau hielt. Er verließ die Party, machte den Hilfssheriff ausfindig und erzählte ihm, dass einer der Komplizen des Gesuchten im Lager sei. Der Hilfssheriff, der neu im Geschäft war und sich einen Namen machen wollte, eilte zum Lager und verhaftete den Geschichtenerzähler trotz seiner Proteste. Der junge Mann, der noch vor wenigen Minuten so tapfer gewesen war, weinte bitterlich und flehte, jemand möge seiner Mutter ein Telegramm schicken, damit sein Ruf bestätigt und seine Freiheit sichergestellt würde. Der Witz wurde so lange aufrechterhalten, dass der junge Mann tatsächlich die ganze Nacht in Gewahrsam gehalten wurde. Am nächsten Morgen wurde er freigelassen, da es nichts gegen ihn gab außer einer künstlerischen Lüge. Die Geschwindigkeit, die er erreichte, als er zum nächsten Bahnhof eilte, zeigte, dass er mit dem richtigen Training ein guter Sportler hätte werden können.

Er wartete am Bahnhof, bis der nächste Zug nach Osten fuhr, und kein Passagier war erfreuter, als der Schaffner sagte: „Alle einsteigen", als der junge Mann, der zwar sehr entmutigt, aber auch erheblich aufgeklärt nach Hause fuhr.

Bei einer anderen Gelegenheit reiste ein typischer Cowboy mit den Waggons und wurde, wie es bei Angehörigen seines Berufsstandes recht häufig vorkommt, von einem kränklich aussehenden Jugendlichen angesprochen, der ihm Dutzende von Fragen stellte und große Lust zeigte, das Leben in der Prärie zu beginnen. Der Vieharbeiter fand kaum etwas Interessantes und beschloss nach einer Weile , seinen nicht gerade willkommenen , sich selbst vorgestellten Freund loszuwerden . Er zeigte also auf einen rau aussehenden Mann am anderen Ende des Waggons und sagte dem Fragesteller, dass dieser der Anführer einer gefährlichen Bande von Zugräubern sei. Bei der Person handelte es sich vermutlich um einen hart arbeitenden Mann mit absolut ehrlichen Gewohnheiten, doch der junge Mann, der ein tapferer Möchtegern-Mann sein wollte und noch vor wenigen Augenblicken als Kandidat für ein Leben voller Gefahren und Entbehrungen galt, war allein bei der Vorstellung so entsetzt, dass er sich augenblicklich entschloss, dem Iren nachzueifern, der gesagt hatte, er hätte seine Zukunft hinter sich gelassen und sei aus dem fahrenden Zug gesprungen, wobei er eine Abfolge von Schlägen und Prellungen dem tatsächlichen Kontakt mit einem Mann vorzog, dessen Charakter er zu bewundern gelernt hatte.

Jeder Mann, der Unruhe stiftet, das Gesetz missachtet und wahllos mit Waffen um sich schießt, wird als Cowboy bezeichnet, obwohl er in den meisten Fällen nie auch nur einen Tag gearbeitet hat, um diesen Namen zu rechtfertigen. Der harte Mann aus dem Osten, der in den Westen geht, um den bösen Cowboy zu spielen, wird wahrscheinlich feststellen, dass er sich den Ärger nur zugemutet hat. Er findet heraus, dass er bei einer Auseinandersetzung wahrscheinlich vor der Mündung einer Pistole in den Händen eines Mannes steht, der viel eher bereit ist, ohne weiteres abzudrücken, als Zeit mit Vorgesprächen zu verschwenden. Er lernt bald, dass man vorsichtig sein muss, und wenn er den Prozess überlebt, passt er sein Verhalten normalerweise seiner neuen Umgebung an. Ein tragisches Beispiel für die Folgen, die der Versuch eines Anfängers haben kann, sich westlich des Mississippi als böser Mensch zu verkleiden, ereignete sich im Winter 1881/82 in New Mexico in einem nach Süden fahrenden Zug nach Atchison. Einer der Fremden terrorisierte die anderen. Er war ein hart aussehender Kerl aus einer Stadt im Osten; er hatte getrunken und lief durch die Waggons, redete laut und vulgär, versuchte Streit mit den Passagieren anzufangen und fuchtelte häufig mit einem Revolver herum. Die Zugbegleiter schienen nicht geneigt, ihm in die Quere zu kommen, und unter den Leuten, die er direkt beleidigte, traf er zufällig niemanden, der den Mumm oder die Neigung hatte, ihn zu kritisieren.

Gegen die Mitglieder einer Theatergruppe, die in einem der Waggons reiste, richtete er seine Gewalt und Beleidigungen besonders aus. Sein Verhalten ihnen gegenüber wurde schließlich unerträglich, und nachdem er zwei Schauspieler mit seinem Revolver bedroht und die Frauen bis an den Rand der Hysterie erschreckt hatte, ging er in einen anderen Waggon weiter, wo in dem Waggon, den er gerade verlassen hatte, eine eilige Kriegsbesprechung abgehalten wurde, und jeder Mann, der eine Pistole hatte, hielt sie bereit, mit der Maßgabe, dass er, wenn er zurückkäme, bei der ersten aggressiven Bewegung niedergeschossen werden würde. Doch diese Phase des Ärgers wurde abgewendet, denn wie es der Zufall wollte, blieb er im vorderen Waggon, bis der Zug bei Einbruch der Dunkelheit in Albuquerque einfuhr.

Hier wartete der Besitzer des Armijo-Hauses mit seinem Kutscher am Bahnhof auf die Ankunft des Zuges. Er rief den Namen seines Hauses an der Tür eines Waggons aus und sagte dann zu dem Kutscher : „Kümmern Sie sich um die Passagiere in diesem Waggon, und ich gehe zum nächsten."

Diese harmlosen Worte fielen dem harten Mann aus dem Osten auf, der sich zum Bahnsteig drängte. Er zog seine Pistole und ging auf den nächsten Mann auf dem Bahnsteig zu. Dabei rief er:

„Ihr werdet auf uns aufpassen, oder? Ich werde euch schlauen Kerlen hier draußen zeigen, dass ihr nicht in der Lage seid, auf mich aufzupassen."

Während er sprach, schwenkte er seinen Revolver, und als er mit den Füßen die zweite Stufe des Wagens berührte, feuerte er, wobei die Kugel über den Kopf des Mannes auf dem Bahnsteig hinwegflog. Auf den Knall seiner Pistole folgten kurz darauf zwei laute Schüsse, und der knallharte Mann fiel tot nach vorn auf den Bahnsteig. Der Mann, auf den er offenbar geschossen hatte, hatte seinen Revolver gezogen und ihm zweimal ins Herz geschossen.

Eine Menschenmenge versammelte sich, als der Zug weiterfuhr und den harten Mann dort liegen ließ, wo er gefallen war. Natürlich wurde der Mann, der ihn getötet hatte, ein Spieler aus der Stadt, bei der Untersuchung vollständig freigesprochen und nicht einmal wegen des Mordes angeklagt.

KAPITEL VIII.

BEZIRKE UNSERES HEIMATLANDES.

Bewunderer und Kritiker der Indianer – In der Schule und danach – Indianische Brautwerbung und Heirat – Außergewöhnliche Tänze – Glücksspiel aus Instinkt – Wie „Cross-Eye" sein Pony verlor – Ein Baby verpfänden – Amüsante und erniedrigende Szenen am Rententag.

Über Recht und Unrecht, Privilegien und Beschwerden sowie Würdigkeit und Wertlosigkeit der Indianer Nordamerikas gehen die Meinungen weit auseinander. Manche Leute meinen, der rote Mann sei vom weißen Mann schändlich behandelt und betrogen worden, und die Liste seiner Beschwerden sei so lang wie die Leidensgeschichte, die der erstere zu erzählen pflegt, wenn er sich einem mitfühlenden Zuhörer verständlich machen kann.

Vertreter dieser Meinung leben überwiegend in Distrikten, in denen keine Indianer ansässig sind.

Andere wiederum meinen, die Indianer würden von der Regierung auf absurde Weise verwöhnt, und ein Versuch, den Jahreszeitenverlauf zu ändern, sei ebenso sinnvoll wie der Versuch, das Überleben der Stärksten zu verhindern oder, anders gesagt, die allmähliche, ihrer Meinung nach jedoch unvermeidliche Ausrottung der Indianer zu verhindern.

Die Vertreter dieser extremen Ansicht sind zumeist Menschen, die in der Nähe von Indianerreservaten leben und Gelegenheit hatten, den Charakter des roten Mannes zu studieren.

Beide Ansichten sind natürlich unangemessen streng. Als nützlicher Bürger ist der Inder sehr unterschiedlich, und wir nähern uns diesem Thema eher als einer interessanten Studie.

Die Zivilisation hat eine ganz besondere Wirkung auf die amerikanischen Indianer. Die Schulen für indianische Kinder werden gut geführt, und die vermittelte Bildung sollte ausreichen, um einen Rückfall in die unbefriedigenden Gewohnheiten und die traditionelle Unsauberkeit der verschiedenen Stämme zu verhindern. Manchmal ist die Wirkung der Bildung hervorragend. Es gibt viele Indianer, die zivilisierte Lebensweisen angenommen haben und die sich Häuser gebaut und durch Ackerbau, Viehzucht und Handel ein kleines Vermögen angehäuft haben. Einige der Indianer, insbesondere die der fünf zivilisierten Stämme oder Nationen im Indianergebiet, ähneln in ihrem Aussehen sehr den Weißen. Sie arbeiten manchmal Seite an Seite mit dunkelhäutigen Kaukasiern, deren Haut durch Sonneneinstrahlung gebräunt ist, und abgesehen von den außergewöhnlich hohen Wangenknochen und dem eigentümlich glatten Haar gibt es wenig, was die Indianer von den Weißen unterscheidet.

Zivilisierte Indianer

Aber diese Fälle sind Ausnahmen von der allgemeinen Regel, dass Bildung von den Indianern eher als Erniedrigung angesehen wird. Oft ist es sehr schwierig, Eltern davon zu überzeugen, ihre Kinder überhaupt in die Ausbildungsschulen zu schicken, und oft ist so viel Zwang nötig, dass der Eindruck einer Entführung entsteht. Das Erste, was mit einem indischen Jungen oder Mädchen gemacht wird, das in eine dieser Schulen aufgenommen wird, ist, den Neuankömmling gründlich von Kopf bis Fuß zu waschen und das überflüssige und im Allgemeinen stark verfilzte Haar abzuschneiden.

Der Komfort von kurzen, ordentlich gekämmten und gebürsteten Haaren beeindruckt den tapferen Jugendlichen selten. Aus offensichtlichen Gründen wird jedoch darauf bestanden, und während der Schule wird der Junge ordentlich und sauber gehalten. Sobald er jedoch zu seinem Stamm zurückkehrt, besteht die Gefahr, dass er in die Gewohnheiten seiner Vorfahren zurückfällt. Zu oft wird er wegen seiner Ordentlichkeit verspottet. Sein kurzes Haar wird als Beleidigung angesehen, und er ist im Allgemeinen bereit, sich der Stammesmode anzuschließen, seine ordentliche Kleidung aufzugeben und sein Haar wachsen und sein Gesicht die vorgeschriebene Menge an Staub und Schmutz ansammeln zu lassen.

Der indische Händler und der Pionier werden Ihnen im Allgemeinen sagen, dass der einzige gute Indianer ein toter Indianer ist. Er wird dieses Sprichwort so lange wiederholen, bis es in seiner Monotonie ermüdend wird. Dann wird er es vielleicht variieren, indem er Ihnen sagt, dass von allen gemeinen Indianern der gebildete der gemeinste ist. Dies ist nur in einigen Fällen wahr, aber es ist eine Tatsache, dass Bildung dem Indianer nicht immer im Geringsten nützt.

Fast alle Indianer sind leidenschaftliche Tanzliebhaber. Es wurden mehrere Bücher geschrieben, die die verschiedenen Tänze der verschiedenen Stämme beschreiben. Einige von ihnen haben eine verborgene Bedeutung und eine gefährliche Bedeutung, während andere nur der Unterhaltung und Erholung dienen. Für diese Tänze ziehen die Indianer im Allgemeinen die ausgefallensten Kostüme an, die sie haben, und ihre Bewegungen sind manchmal anmutig und manchmal grotesk. Der Zeichentanz, wie er bei einigen Stämmen im Südwesten zu sehen ist, ist merkwürdig. Eine der Schönheiten des Stammes führt einen Mann in den Tanzraum, der aus einem von zwei zusammengewürfelten Tipis besteht. In einem sind die Tomtom-Schläger, im anderen die Tänzer. In diesem Raum beginnt das Paar zu tanzen und gibt sich gegenseitig Zeichen, deren Bedeutung sein kann: „Also, was denkst du über mich? Magst du mich? Findest du mich hübsch? Welche Wirkung habe ich auf dich?“ und so weiter, wobei alle Zeichen von den Zuschauern aufmerksam beobachtet werden, die je nach Bedarf abwechselnd applaudieren, kichern, schmunzeln oder laut lachen. Solch ein Tanz ist ein Fragespiel, ein Schlagabtausch zwischen zwei wirklich witzigen Indianern.

Witz ist ein universelles Merkmal des Wilden. Manche Weiße zeichnen. Alle Indianer zeichnen. Manche Weiße sind schlau. Alle Indianer sind schlau. Manche Weiße sind humorvoll. Alle Indianer sind witzig. Trockener Witz, mit einer sprichwörtlichen Philosophie darin, die die Seele von Tupper entzückt hätte, ist dem Indianer eigen. Der Indianer ist der beste Epigrammdichter der Welt. Seine Sätze sind prägnant und sentenziös, weil sie kurz sind – niemals lang und verwickelt. Ein Buch über indianischen Witz und Weisheit würde sich enorm verkaufen und den Kern seines Denkens in typischem Maßstab offenbaren.

Die Indianerin ist süß, frech, subtil und verführerisch. Sie hat die Kunst, ständig zwanzig Böcke um sich zu haben, von denen jeder sich einbildet, er und nur er sei das besondere Objekt ihrer Bewunderung. Jeder Stamm hat seine Schönheit. Poquite für die Modocs , Ur- ska - te-na für die Navajos, Mini- haha für die Dakotas, Romona für die benachbarten Stämme. Diese Schönheiten haben ihre Feinde unter den Indianerinnen, aber so sehr sie auch gehasst werden, sie prügeln sich nie und geraten nie in Handgreiflichkeiten.

Liebesspiel ist eine der interessanten Nachtszenen in einem Indianerlager. Wenn ein junger Mann einer hübschen roten Braut den Hof machen will , steht er an einem hellen Tag an der Tür seiner Hütte und lässt einen Lichtstrahl aus seiner Sonnenbrille auf das Gesicht seiner Liebsten in der Ferne blitzen. Sie sieht den Strahl, wie er auf sie fällt, und folgt der Richtung, aus der er geworfen wird, nach rechts oder nach links. Sie versteht das Geheimnis dieser Blitzlichter. Bald treffen sich die Liebenden, jeder unter einer Decke; kein Wort, kein Gruß wird ausgetauscht; sie stehen eine Zeit lang nebeneinander und ziehen sich dann zurück, nur um die Affäre Tag für Tag zu wiederholen.

Schließlich, in einer günstigen Nacht, besucht der junge Indianer die Tür ihrer Hütte; sie kommt heraus und setzt sich neben ihn auf den Boden; noch immer wird kein Wort gesprochen. Schließlich erhebt sie sich vom Boden; auch er erhebt sich, und, vor ihr stehend, wirft er seine Decke über sie beide. Kaum hat er das getan, zieht sie ihre Decke aus und lässt sie auf den Boden fallen, was ein Geständnis ihrerseits ist, dass sie ihn liebt, und erweist ihm als ihrem zukünftigen Herrn und Meister ihre Ehrerbietung.

Jedes Indianerlager ist nachts voll von solchen Liebenden, mit so süßen Werben , so willigen Lippen, so zärtlichen Umarmungen, so romantischen Leben, so treuen Herzen und so kühnen und verzweifelten Fluchten, wie sie noch nie einen spanischen Hof geschmückt haben. Die alten Leute kommen mit ihren Freunden zusammen und halten Rat. „Wie viele Ponys kann er für sie bezahlen?" hat viel mit der Eignung des Bewerbers zu tun. In dieser Nacht bringt er seine Mitgift an die Tür seiner Verlobten . Wenn sie am nächsten Morgen noch da sind, wird er abgewiesen; wenn nicht, wird er angenommen.

In der Regel wird keine formelle Hochzeitszeremonie durchgeführt. Das Herz ist die Urkunde und der Große Geist der Priester. Unter der Stammesregierung der Indianer wurden die Rechte der Frauen respektiert und klar definiert. Sie war das Oberhaupt des Hauses, und ihr ging mit Ausnahme eines unbedeutenden Betrags aller Besitz nach dem Tod zu. In vielen Stämmen wurde sie als Schutzgöttin des Stammes als Hauptobjekt der Anbetung, des Gebets und der Verehrung personifiziert. Jetzt hat sich alles geändert. Der Indianer von heute ist nicht der Indianer von vor fünfzig Jahren und kann nicht im selben Licht betrachtet werden. Seine Sitten, Bräuche und Gewohnheiten haben sich alle geändert, und die Polygamie mit all ihren entsetzlichen Erniedrigungen schleicht sich immer mehr ein.

Zu besonderen Anlässen versammelt sich ein ganzer Stamm auf einer Freifläche in den Pappeln, um seine wichtigsten Tänze zu feiern. Die Hände werden wild über den Köpfen der Tänzer um ein zentrales Feuer aus Holzscheiten geschwenkt, die zu einem kegelförmigen Haufen aufgestapelt sind. Um diesen lodernden Haufen herum verläuft der dunkle Kreis, der bei Sonnenuntergang errichtet wurde und heiligen Boden umschließt, der nicht betreten werden darf. Der alte Sänger steht am Tor des Pferchs und singt. Die Männer haben den dunklen Kreis in weniger als einer Stunde errichtet. Als er fertig war, misst der Pferch vierzig Schritte im Durchmesser. Um ihn herum steht ein acht Fuß hoher Zaun mit einem zehn Fuß breiten Tor im Osten.

Bei Einbruch der Nacht bringen viele Navajo vorübergehend all ihre Habseligkeiten und Besitztümer in den Pferch und verlassen ihre Hütten oder Hogans . Diejenigen, die nicht hineingehen, stehen als Wächter da, um ihren Besitz zu schützen, denn es gibt Diebe unter den Navajos. Um 8 Uhr kommt eine Musikerkapelle, setzt sich und beginnt eine Reihe kakophonischer Trommelklänge. Sobald die Musik beginnt, wird der große Holzstoß angezündet. Der Brand breitet sich schnell aus und erleuchtet die ganze Landschaft und den Himmel. Ein Sturm roter, wirbelnder Funken fliegt wie leuchtend goldene Bienen aus einem Stock bis zu einer Höhe von 30 Metern nach oben. Die herabfallende Asche fällt wie ein leichter Schneeschauer in den Pferch. Die Hitze wird bald so intensiv, dass man in den entlegensten Teilen des Geheges sein Gesicht abschirmen muss, wenn man in Richtung Feuer blickt.

Plötzlich ertönt in der äußeren Dunkelheit ein Warnpfiff, und ein Dutzend Gestalten, geschmeidig und hager, nur mit dem schmalen weißen Lendenschurz und Mokassins bekleidet und mit weißer Erde beschmiert, bis sie wie eine Gruppe lebendiger Murmeln aussehen, kommen durch den Eingang gesprungen, jaulen wie Wölfe und bewegen sich langsam um das Feuer. Während sie in einer Reihe vorrücken, nehmen sie verschiedene Körperhaltungen ein, manche anmutig, manche angespannt, manche schwierig, manche bedrohlich und alle grotesk. Mal blicken sie nach Osten, mal nach Westen, mal nach Süden, mal nach Norden und halten ihre schlanken Stäbe mit der Adlerspitze hoch, halten sie und schwenken sie mit überraschender Wirkung. Ihr Weg um das Feuer herum führt nach links,

Osten, Westen, Süden, Norden, ein Weg, den ausnahmslos alle Tänzer der Nacht einschlagen.

Nachdem sie das Feuer zweimal umrundet haben, stoßen sie ihre Zauberstäbe darauf. Ihr Ziel ist es, die Spitze des Adlerflaums abzubrennen. Sie stürmen auf das Feuer zu, kriechen auf dem Gesicht darauf zu, laufen mit seitlich liegenden Köpfen hoch, schießen rückwärts hoch und nähern sich ihm in allen möglichen Stellungen. Plötzlich wirft sich einer, der sich dem brennenden Scheiterhaufen nähert, auf den Rücken, mit dem Kopf zum Feuer, und stößt seinen Zauberstab schnell in die Flammen. Viele Versuche sind erfolglos, aber schließlich gelingt es allen, einer nach dem anderen, die Flaumbälle vom Ende ihres Zauberstabs abzubrennen. Wenn jeder sein Kunststück vollbracht hat, wird es als nächste Pflicht notwendig, den Flaumball wiederherzustellen, was getan wird, indem der Ring, den man in der Hand mit Flaum darauf hält, wieder aufgesetzt und auf den Kopf des aromatischen Sumach-Zauberstabs gesetzt wird.

Die Tanzbräuche und -vorstellungen unterscheiden sich je nach Stamm und Ort. Manchmal ist der Tanz kaum mehr als eine Demonstration der Ausdauer. Männer oder Frauen oder beide führen stunden- oder sogar tagelang ermüdende Bewegungen aus und verblüffen die Zuschauer durch ihre Missachtung der Traditionen ihrer Rasse, soweit es um Müßiggang geht. Andere Tänze sind grotesk und brutal. Zu besonderen Anlässen werden seltsame Zeremonien abgehalten, und die Vorgänge sind äußerst sensationell.

mit dem Geistertanz und seiner ernsten Bedeutung vertraut. Auch über die Kriegstänze der verschiedenen Stämme wurde viel geschrieben, und insgesamt ist die Tanztradition der amerikanischen Indianer voller eigenartiger Ungereimtheiten und malerischer Anomalien. Das Tanzen mit den Indianern ist oft eine religiöse Übung. Es ist manchmal mit Strapazen verbunden, und gelegentlich verstümmeln sich die Teilnehmer in ihrer Begeisterung sogar selbst. Einige der Stämme des Südwestens tanzen, wie wir später sehen werden, mit giftigen Schlangen in den Händen, lassen sich beißen und verlassen sich auf die Macht der Priester, um sie vor bösen Folgen zu bewahren.

Die Indianer spielen wie aus Instinkt. Einmal besuchte der Autor eine Grenzstadt, die gerade besiedelt worden war. Indianer waren dort in großer Zahl und kamen auf vielfältige Weise an eine Menge Geld. Die Neuankömmlinge aus den Oststaaten waren auf die notwendigen Entbehrungen des Grenzlebens absolut nicht vorbereitet. Daher waren sie bereit, notwendige Dinge zu fast jedem Preis zu kaufen, ließen sich aber leicht dazu verleiten, alle möglichen Dinge zu kaufen, die sie unmöglich brauchten. Die Indianer, die als zivilisiert gelten, nutzten die Situation voll aus und brachten alles in die Stadt, was sich verkaufen ließ, und erzielten dabei häufig das Drei- oder Vierfache des lokalen Barwerts.

Mit dem so erhaltenen Geld spielten sie verzweifelt. Ein Indianer, der sich des schrecklichen Namens „Cross-Eye" rühmte, brachte zwei Ponys zum Verkauf. Eines davon war ein außergewöhnlich alt aussehendes Tier, das seinen Nutzen längst verloren hatte und das unter normalen örtlichen Bedingungen sicherlich für 4,00 oder 5,00 Dollar hätte gekauft werden können. Ein freundlicher Indianer traf Mr. „Cross-Eye" und es kam zu einem Gespräch über den Wert des Ponys und den wahrscheinlichen Preis, den es erzielen würde. Die beiden Männer wurden bald wütend über das Thema und schließlich wettete der Besitzer des Ponys mit dem Kritiker seines Tieres, dass das Pony mindestens den letztgenannten Betrag erzielen würde.

Mit diesem zusätzlichen Anreiz, ein gutes Geschäft zu machen, bot der Mann sein Pony mehreren weißen Männern an und fand schließlich einen, der sofort ein Tier brauchte und bereit war, 20 Dollar für das altmodische Vierbeiner zu zahlen. „Cross-Eye" gab eine Reihe kehliger Geräusche von sich, die seine Freude zum Ausdruck brachten, und kassierte prompt die zweiten 20 Dollar.

Er hatte also praktisch ein wertloses Pony für 40 Dollar verkauft und hätte, wäre da nicht seine angeborene Leidenschaft für das Glücksspiel gewesen, ein sehr gutes Tagesgeschäft gemacht. Ein paar Stunden später jedoch sah man ihn sehr trostlos aussehen und versuchte verzweifelt, einige angebliche Kuriositäten für ein paar Dollar zu verkaufen, mit denen er eine Decke kaufen konnte, die er dringend brauchte. Seine Mittellosigkeit war leicht zu erklären. Anstatt sofort mit dem Verkauf seines zweiten Ponys fortzufahren, widmete er sich zunächst dem Glücksspiel und in weniger als einer Stunde war sein letzter Dollar weg. Dann hatte er in der Verzweiflung des Spielers sein zweites Pony als letzten Einsatz eingesetzt, mit dem Ergebnis, dass er sein Geld und auch sein Handelsgut verlor . Er nahm die Situation philosophisch und stoisch, aber als er feststellte, dass es ihm in der geschäftigen Pionierstadt unmöglich war, für seine Kuriositäten auch nur den Preis für ein Glas Whisky zu bekommen, wurde er rücksichtslos und wurde schließlich von zwei oder drei seiner Freunde aus der Stadt eskortiert, um zu verhindern, dass er in eine Schlägerei verwickelt wurde.

Wenn die Indianer genug Energie haben, spielen sie fast Tag und Nacht. Die Frauen selbst werden von ihren Ehemännern im Allgemeinen so unter Kontrolle gehalten, dass sie, soweit es um das eigentliche Spielen von Glücksspielen geht, nicht spielen können. Aber sie stehen daneben und beobachten die Männer. Sie setzen ihre Halsketten, Gamaschen, Schmuckstücke und eigentlich alles aufs Spiel, das manchmal mit blauen wilden Pflaumenkernen gespielt wird, die hieroglyphisch dargestellt sind , und manchmal mit Spielknochen, aber häufiger mit gewöhnlichen Karten. Über der Erde wurde das Tomtom gespielt, aber unter der Erde wurde das Tomtom vergraben.

Ein Indianer raucht unaufhörlich, während er spielt. Er steckt die Zigarette oder Zigarre in den Mund und zieht den Rauch in langen, tiefen Atemzügen ein, bis er seine Lungen vollständig gefüllt hat. Dann beginnt er, den Rauch langsam aus der Nase auszustoßen, Stück für Stück, bis er ganz verschwunden ist. Das Ziel des Indianers dabei ist, seine Sinne noch tiefer mit dem narkotisierenden Schlafmittel zu durchdringen. Der Tabak, den sie rauchen, ist im Allgemeinen ihr eigenes Erwachen.

"Was mich am meisten bewegte", schreibt ein Reisender, der einen Besuch in einer indianischen Spielhölle beschreibt, "war der Anblick einer indianischen Mutter in der hintersten Ecke der 'Hütte', über deren Rücken ein Pappoose in seiner Babytasche lugte. Dort stand sie hinter einem indianischen Spieler, mit dem sie ihr Leben verbunden hatte, bemalt und mit Perlen geschmückt und halb betrunken. Der indianische Ehemann hatte seinen Sattel bereits für seine 5 Dollar an den weißen Berufsspieler verpfändet, und es dauerte keine fünf Minuten, bis der weiße Spieler sowohl den Sattel als auch die 5 Dollar hatte. Dann, als sie nichts mehr zu setzen hatten, so intensiv war ihre Liebe zum Glücksspiel, begannen sie, sich Stück für Stück zu verpfänden und sagten: 'Ich wette mit dir um meinen ganzen Körper.' Das bedeutet: 'Ich verpfände mich dir als dein Sklave, um dir für eine bestimmte Zeit zu dienen, wie du es willst.'

"So stand diese Indianermutter müde an der Wand gelehnt, halb betrunken und benommen von Rauch und Hitze, als plötzlich der Indianer, der bei ihr lebte, auf Indianisch zu ihr sagte: ‚Leg das Baby für eine Woche rein. Dann kommt der Zahltag.' Es geschah. Das Baby wurde übergeben. Das ist es, was die Zivilisation für den Indianer getan hat. Ihre Tugenden entgehen ihm; ihre Laster impfen ihn."

Eines dieser Laster ist das Glücksspiel. Der Indianer ist das ganze Jahr über arm und wird bis auf die letzte Feder ausgeraubt. Das ist der Hauptgrund, warum er stiehlt, nicht nur, um den Verlust auszugleichen, sondern auch, um sich an dem weißen Mann zu rächen, von dem er genau weiß, dass er ihn ständig bestohlen hat.

Glücksspiel, wie man es nachts im Indianerlager beobachten kann, ist eine ganz andere Angelegenheit als das Versteck. Die Tomtom verkündet allen, dass die Glückskämpfe bald beginnen. Während des Spiels wird die Musik ständig fortgesetzt. In den Pausen zwischen den Spielen singen alle Spieler. Menschenmengen umringen das Lager. Wenn ein Mann hoch verliert, weiß das ganze Lager innerhalb weniger Minuten Bescheid, und nicht selten stürzt die Frau herein und macht dem Einsatz ein Ende, indem sie ihren Häuptling verjagt. Glücksspiel ist das große Winterspiel. Es wird oft von morgens bis abends und die ganze Nacht hindurch gespielt. Betrug und Tricks aller Art werden praktiziert.

" Lizwin " oder "Mescal" sind die beiden Getränke, die die Indianer selbst herstellen, eines aus Mais und das andere aus der Pflanze " Maguay ". Die Prärieindianer trinken Whisky. Spielen heißt trinken, und trinken heißt verlieren. Spielen ist die schwerste Arbeit, zu der man einen Indianer überreden kann, es sei denn, er ist vom Hungertod bedroht. Verschiedene Stämme spielen unterschiedlich.

Die Comanchen haben zweifellos die mit Abstand aufregendsten und faszinierendsten Glücksspiele. Auch die Rätsel, Tricks und Probleme der Comanchen sind denen jeder anderen Nation deutlich überlegen. Die Comanchen verwenden den Glücksspielknochen . Der Spielleiter hält ihn vor den Augen aller hoch, so dass ihn alle sehen können; dann schließt er beide Hände darüber und bewegt ihn so geschickt zwischen seinen Fingern, dass es einfach unmöglich ist zu sagen, in welcher Hand sich der Knochen befindet. Im nächsten Moment schleudert er plötzlich jede geschlossene Hand auf beiden Seiten von sich in die ausgestreckte Hand des Spielers neben ihm.

An diesem Punkt beginnt das Spiel. Die ganze Reihe der Spieler gibt diesen Knochen weiter oder tut so, als ob sie ihn weitergeben würden, bis schließlich alle Hände winken. Die ganze Zeit über beobachten die Augen der gegenüberliegenden Spielerreihe gespannt jede Bewegung und Bewegung der Hände in der Hoffnung, den weißen Blitz des Knochens zu entdecken. Schließlich erblickt jemand die Hand, die den Knochen hält, oder glaubt es zumindest. Er zeigt auf seine Seite und ruft sie aus. Die Hand muss sofort hochgeworfen werden. Wenn sie richtig ist, erhält die beobachtende Seite einen Punkt und nimmt den Knochen. Die Seiten wechseln auf diese Weise, bis das Spiel gewonnen ist. Die Gesamtpunktzahl beträgt einundzwanzig Punkte. Die Spannung, die dieses Spiel erzeugt, ist manchmal einfach unbeschreiblich.

Die Utes spielen mit zwei Knochen in jeder Hand, von denen einer mit einer Schnur umwickelt ist. Das Spiel besteht darin, die Hand zu erraten, die den umwickelten Knochen hält. Das Pflaumensteinspiel wird von den Prärieindianern gespielt. Es ist nur ein anderer Name für Würfeln. In die Pflaumensteine sind Hieroglyphen eingraviert, und die Zählungen werden auf eine seltsame Weise vorgenommen, die den weißen Männern oft nicht gelingt. Die Frauen spielen genauso viel wie die Männer, wenn sie sich trauen, und sind bei dem Spiel sogar noch aufgeregter als ihre Herren. Ihr Spiel wird, wie man es bei den Cheyenne beobachten kann , mit Perlen, kleinen Schleifen und langen Hornstäben aus Hirschfüßen gespielt.

Die Kinder sehen zu und lernen von frühester Kindheit an zu spielen, und bald lernen sie, ihre Jüngeren zu betrügen und zu übervorteilen. Ihre kleinen kindlichen Glücksspielaktivitäten werden hauptsächlich mit Pfeilen durchgeführt. Der Winter bringt Trägheit hervor, und Trägheit erzeugt Glücksspiel, und Glücksspiel erzeugt Alkohol. Geselligkeit herrscht bei indianischen Trinkgelagen nicht. Der Indianer betrinkt sich, und zwar so schnell er kann, und findet sein größtes Vergnügen darin, seinen Rausch auszuschlafen. Seine Natur reagiert jedoch in vielen Fällen bösartig unter Alkoholeinfluss, und er ist dann ein gefährlicher Kunde.

Die Frauen vieler Stämme sind ein bemitleidenswerter Haufen hart arbeitender, zerlumpter und schmutziger Menschen. Auf ihnen lastet die ganze Plackerei des Lagers; sie sind „Holzfällerinnen und Wasserträgerinnen" und beugen sich unter riesigen Lasten, die auf ihren Rücken gestapelt sind, während Tausende von Ponys ungestört überall herumgrasen. Wenn die Truppen abgezogen werden, stürzen sich die Squaws auf die verlassenen Lager und rauben ihnen schnell alles, was sie tragen können, um es für ihre häusliche Wirtschaft zu verwenden. Ein indianisches Feuer würde von den Bewohnern von Häusern, die mit modernen Geräten geheizt werden, als sehr freudlose Angelegenheit angesehen werden; aber so wie es ist – ein paar Äste, die mit schwacher Flamme brennen und kaum den dichten Rauch durchdringen, der das Tipi vom Boden bis zur kleinen Öffnung an der Spitze füllt –, verbraucht es Brennstoff, und der Bedarf ist immer größer als das Angebot, aus dem Grund, dass ein Indianer keine Vorstellung davon hat, sich auf zukünftige Bedürfnisse vorzubereiten. Wenn das Feuer brennt, ist alles in Ordnung; Wenn der letzte Stock aufgelegt ist, macht sich eine Squaw auf die Suche nach neuem Nachschub, egal wie kalt und stürmisch das Wetter auch sein mag.

Das poetische indische Mädchen mag in der lebhaften Vorstellungswelt der ganz jungen Leute noch immer existieren, aber heute ist es nicht mehr alltäglich. Die jungen Mädchen tragen gern fröhliche Kleidung und sind von den Strapazen der Arbeit verschont, die ihren älteren Schwestern, Müttern und Großmüttern auferlegt werden , aber ihr Schicksal ist unendlich schlimmer. Schönheit ist bei ihnen kaum zu erkennen, und in dieser Hinsicht scheint die Zeit die Typen ausgelöscht zu haben, die vor ein paar Jahren vorherrschend waren.

Der Rententag ist ein großes Ereignis im Leben eines jeden Agency-Indianers, und wenn der Leser das Leben der Indianer in seinen interessantesten Facetten dargestellt sehen möchte, gibt es keinen geeigneteren Zeitpunkt für einen Besuch einer Agency. Es ist eine „große

Eröffnung", an der der ganze Stamm teilnimmt; aber die Squaws haben nicht
die gleiche Wahlfreiheit in Sachen Kleidung oder erhalten eine so prompte
Aufmerksamkeit von den Verkäufern, wie es unsere Stadtdamen gewohnt
sind. Sogar um 9 Uhr morgens, ungeachtet der Tatsache, dass die eigentliche
Verteilung erst mittags stattfinden würde, sind die Mündel der Nation da und
warten geduldig darauf, dass die Geschäfte des Tages beginnen. Es wurden
Pfähle in den Boden getrieben, um den Platz zu markieren, den jede Gruppe
einnehmen soll, und dahinter, in einem Halbkreis angeordnet, stehen die
verschiedenen Familien unter der Aufsicht eines Häuptlings. Die Gruppen
bestehen aus unterschiedlichen Gruppen, sowohl aus Familien als auch aus
Einzelpersonen, und ihre Anzahl ist unterschiedlich, doch sie wirken alle
gleichermaßen feierlich, wie sie auf dem Boden sitzen, mit unter das Kinn
gezogenen Knien oder im Schneidersitz wie Türken und Schneider.

Jetzt herrscht reges Treiben unter den Leuten der Agentur, die schnell einen
Wagen nach dem anderen mit Waren aus den Lagerhäusern füllen. Decken
aus dunkelblauem Stoff, Baumwollstoff, Kattun in allen Farben und
Mustern, roter Flanell, bunte Wollschals, Stiefel und Schuhe, bei deren
Anblick einem die Füße wehtun, Kaffeekannen, Wassereimer, Äxte und
zahlreiche andere Gegenstände werden in den Wagen gestapelt, und zwar in
der zuvor in Absprache mit den Häuptlingen festgelegten Menge. Dann
erhält der Fahrer ein Ticket mit der Nummer des Pfahls und dem Namen
des Häuptlings. Der Wagen fährt los; die Waren werden auf dem Boden in
einem Haufen am richtigen Pfahl abgeladen, und damit ist die formelle
Übergabe an den Häuptling abgeschlossen, der sie dann in seine Obhut
nimmt und mit Hilfe einiger von ihm bestimmter Böcke die verschiedenen
Gegenstände entsprechend den Bedürfnissen der Familien und der Menge
der gelieferten Waren aufteilt.

Während des ganzen Trubels und der Hektik bei der Ausgabe und Verteilung
der Waren haben sich die düsteren Gestalten im Hintergrund kaum bewegt.
Keiner hat es gewagt, sich dem Zentrum zu nähern, wo die Böcke bei der
Arbeit sind, den Stoff abmessen usw.; sie warten auf das Läuten der Glocke,
um genau das zu bekommen, was der Häuptling ihnen geben möchte. Dort
gibt es kein Tauschsystem; man nimmt, was man bekommt, oder bekommt
nichts. In sehr vielen Fällen verwenden sie die Waren überhaupt nicht,
sondern bieten sie den Weißen offen zum Verkauf an, die es zweifellos für
profitabel halten, zu indianischen Preisen einzukaufen.

Sobald die Ausgabe abgeschlossen ist, versammelt sich eine Menge Indianer
vor dem Laden des Händlers, um ihrer Leidenschaft für das Glücksspiel zu
frönen, und in kurzer Zeit wechseln eine Anzahl Decken und andere Artikel
den Besitzer, je nach dem Ergebnis von Ponyrennen, Wettrennen oder jeder
anderen Art von Aufregung, die man sich ausdenken kann. Auf dem Platz
liegt ein weißer Mann, der zweifellos ein professioneller Läufer ist, und die

Indianer setzen auf ihren Favoriten gegen ihn mit einem Preisgeld von über 30,00 $, das der weiße Mann abdeckt und das Rennen mit wenigen Zentimetern Vorsprung gewinnt. Die Indianer geben nicht auf und gewinnen an den beiden folgenden Tagen ähnliche Preise, verlieren dann aber um ein oder zwei Zentimeter. Es gibt einen Zeremonienmeister, der eine wunderbare Kontrolle über die Indianer zeigt. Er macht alle Wetten für die roten Männer und sammelt unterschiedliche Beträge für einen Punkt oder mehr, vergisst jedoch nie einen einzigen Gegenstand oder eine einzige Person.

Am Rationierungstag marschieren die Squaws und Hunde in voller Stärke aus; die einen packen die Rationen fürs Lager, die anderen sammeln Reste auf. Die Squaws gehen einzeln ins Lager und erhalten ihren Wochenvorrat an Mehl, Kaffee, Zucker, Salz usw. für sich und ihre Familien. Das Rindfleisch kommt direkt aus dem Schlachthaus, und der Vorgang ist alles andere als appetitlich anzusehen. Die zu schlachtenden Rinder werden zunächst in einen Pferch getrieben, wo sie von den indianischen Metzgern erschossen werden; wenn die armen Tiere erschossen sind, werden sie zur Tür des Schlachthauses geschleift und durch die Hände halbnackter Böcke geschickt, die sich an der Blutvergießen zu erfreuen scheinen und den Posten wegen der damit verbundenen Vergünstigungen in Form verlockender (?) Leckerbissen, die normalerweise an die Hunde oder auf den Müllhaufen gehen, eifrig anstreben. Das Rindfleisch wird so schnell ausgegeben, wie es zerlegt werden kann, und zwar in einer Menge von einem halben Pfund pro Person und Tag, unabhängig vom Alter. Auch Speck ist Teil der Fleischration.

KAPITEL IX.

ZIVILISATION – TATSÄCHLICH UND ANGEBLICH.

Auf die Probe gestellt und für zu leicht befunden – Indianische Bogenschützen – Wissen über Pfeil und Bogen – Barbarische Bräuche, die langsam aussterben – „Großer Wolf", der indianische Vanderbilt – Wie den Seri eine wertvolle Lektion erteilt wurde – Ungestraft mit Klapperschlangen spielen.

Verbietet die Prohibition etwas? Diese Frage stellen Politiker und Sozialreformer immer wieder. Zivilisiert die Zivilisation? Diese Frage wird fast ausschließlich von Personen gestellt, die sich für das Wohl der amerikanischen Indianer interessieren und täglich mit ihnen in Kontakt kommen.

Im vorhergehenden Kapitel haben wir einige der besonderen Gewohnheiten der amerikanischen Indianer kennengelernt, zivilisierte und andere, und es wird nun interessant sein zu sehen, in welchem Ausmaß die Lehren des weißen Mannes urzeitliche Lebens-, Jagd- und Kampfgewohnheiten vertrieben haben. In den letzten Wochen wurden in dieser Frage äußerst wertvolle Beweise durch den Bericht geliefert, den die Kommission, die die fünf zivilisierten Indianerstämme im Indianergebiet untersuchen soll, dem Innenminister vorgelegt hat. Darin heißt es, dass sie ihre Unfähigkeit zur Selbstverwaltung bewiesen haben, und es wird empfohlen, das Vertrauen, das die Regierung in sie gesetzt hat, zu widerrufen.

Die Gerichte sind hilflos und gelähmt. Mord, Gewalt und Raub sind an der Tagesordnung. Die Kommission erfuhr, dass in den Monaten September und Oktober in einem einzigen Stamm 53 Morde begangen wurden und keiner der Täter vor Gericht gestellt wurde. Die Dawes-Kommission empfiehlt, einen großen Teil des Indianerreservats Oklahoma anzugliedern; anschließend soll das Land zu einem Territorium erklärt werden. Aber um dies zu erreichen, müsste die Zustimmung der Indianer eingeholt werden, und das ist fraglich.

Die Behauptung, die Indianer hätten ihre alten Waffen abgelegt und modernere angenommen und würden durch deren Verwendung ihre Jagdgründe allmählich über die Grenzen ihrer Reservate hinaus ausdehnen, ist falsch. Der Bericht der Kommission macht dies deutlich. Im gesamten Westen vertrauen die Indianer noch immer auf Pfeil und Bogen. An der Nordwestküste leben die meisten Indianer von der Jagd und vom Fischfang. Sie verwenden hauptsächlich Pfeil und Bogen, Messer, Kriegskeule und

Lanze. Im Nordpazifik gibt es mehrere Inseln, die nur von Indianern bewohnt werden. Im Queen Charlotte and the Prince of Wales Archipel findet man eines der bemerkenswertesten Ureinwohnervölker des amerikanischen Kontinents . Dies sind die Haida- Stämme, und sie bestehen aus auffallend intelligenten Indianern. Sie eignen sich bereitwillig Wissen an, erlernen Handwerke und zeigen viel Einfallsreichtum, wenn sie den Lehren von Missionaren und Händlern folgen. Aber trotz alledem klammern sie sich mit einer fast an Zuneigung grenzenden Zuneigung an die primitiven Waffen ihrer Rasse.

Während der langen Winternächte sitzen die alten Indianer vor dem Feuer und schnitzen Bögen, verzieren Keulengriffe und befedern und spitzen Pfeile. Vielleicht hängen in einigen der Tipis polierte Gewehre, die von der Regierung zur Verfügung gestellt wurden, aber sie dienen eher der Zierde als dem Gebrauch. Diese abendliche Arbeit wird vom leisen Krächzen eines alten Indianers begleitet, der immer wieder die Legenden, Volkssagen und Kindermärchen ihrer Großväter und Großmütter erzählt.

Der Haida- Stamm schreitet in der Zivilisation schneller voran als alle seine Nachbarn, dennoch schnitzen und bemalen sie immer noch Bögen, Pfeile, Keulengriffe und Paddel. Die Indianer halten immer noch an anderen primitiven Werkzeugen fest und mögen keine Metallwerkzeuge. Besonders von den alten Indianern werden immer noch primitive Messer zum Häuten von Rehen verwendet. Die Axt wird natürlich zum Fällen von Bäumen und zum Ausheben von Kanus und Mörsern verwendet. Sie hat tatsächlich den Platz des Steinmeißels eingenommen, doch viele alte Männer ziehen es vor, die Wurzeln des Baumes zu verbrennen, bis sie durch ein paar Schläge mit der primitiven Steinaxt zum Fallen gebracht werden können.

Im Bogenschießen ist der Indianer kaum zu übertreffen. Mit einem schnellen Auge und starken Muskeln schießt er den Pfeil so zielsicher ab wie die Bogenschützen früherer Zeiten.

Der indianische Bogen ist normalerweise dreieinhalb bis vier Fuß lang und hat eine so harte Feder, dass ein unerfahrener Mensch ihn kaum weit genug biegen kann, um die Sehne zu spannen. Verschiedene Stämme tragen natürlich Bögen unterschiedlicher Länge, die Senecas haben die längsten. Die besten Hölzer zur Herstellung von Bögen sind Osage-Orange, Hickory, Esche, Ulme, Zeder, Pflaume und Kirsche; einige davon werden mit Sehnen und Leim verstärkt. Fast jeder Stamm hat drei Größen, wobei die größte für Kriegszwecke verwendet wird, und solange ein Indianer diesen Kriegsbogen nicht handhaben kann, gilt er nicht als berechtigt, als Krieger bezeichnet zu werden.

Manche behaupten, die Sioux und die Crows würden die besten Bögen bauen, obwohl ihnen die Apachen in dieser Rangfolge nahe kommen. Der

Bogen der Sioux ist im ungespannten Zustand ein gerades Stück Holz, während die Apachen und die Südindianer einen perfekten Amorbogen bauen. Die Crows verwenden oft Elchgeweih als Material und schnitzen es wunderschön. Die Sioux bespannen die Rückseiten mit Sehnen, um das gerade Stück Holz elastischer zu machen. Diese sind oft wunderschön mit Perlen besetzt und mit Leder überzogen und sind als Kunstwerk den kunstvollen Elchgeweihbögen der Crows ebenbürtig. Die Bögen der Comanchen sind mit Sehnen überzogen, ähnlich denen der Apachen. Ziel der Übung ist es, den Bogenschützen in die Lage zu versetzen, den Bogen mit plötzlicher und sofortiger Wirkung zu spannen. Es kommt selten vor, dass der Indianer den Pfeil über eine große Distanz werfen muss.

Ein unzivilisierter Wilder

Der Bogen des Westindianers ist klein und scheinbar unbedeutend, obwohl sein Besitzer ihn sehr mächtig macht. Von Kindheit an hat er ihn an seinen Gebrauch gewöhnt, bis er sozusagen ein Teil seiner Natur geworden ist. Der Indianer versucht, die größtmögliche Kraft aus dem kleinstmöglichen Umfang herauszuholen, und er findet, dass ein kurzer Bogen zu Pferd viel einfacher zu handhaben und viel zuverlässiger in seiner Ausführung ist. Im Fernen Westen werden Bögen größtenteils aus Esche hergestellt und auf der Rückseite mit Schichten aus Büffel- oder Hirschsehnen ausgekleidet. Die Blackfeet verwenden sehr wertvolle Bögen aus Knochen. Andere Stämme verwenden die Hörner von Bergschafen. Manchmal erzielen die Knochenbögen sehr große Geldsummen, und es wurden Geschäfte beobachtet, bei denen die Gegenleistung für einen von ihnen ein Paar Ponys war, mit fünf Pfund Butter als Ausgleichsgewicht.

Ein athletischer Indianer auf einem schnellen Pferd kann mit einem dieser Bögen, die selbst in der heutigen Zeit der Repetiergewehre keinesfalls als Waffe zu verachten sind, schreckliche Taten vollbringen. Niemand kann die Kraft eines Wurfs mit einem dieser Bögen einschätzen, wenn ein geschickter Bogenschütze das Kommando hat. Die Auswirkungen einer durch einen Pfeil verursachten Wunde sind so schrecklich, dass es durchaus üblich ist, einen Indianer zu beschuldigen, vergiftete Pfeile zu verwenden, obwohl ihm solch eine teuflische Idee möglicherweise nie in den Sinn gekommen ist. Nur diejenigen, die Seite an Seite mit einem indianischen Jäger geritten sind, wissen wirklich, wie viel mächtiger ein Pfeilschuss ist, als der Durchschnittsmensch annimmt.

Im Krieg bewaffneten sich die Indianer auch heute noch teilweise mit Bogen, Köcher, Lanze, Kriegskeule und Schild. Die nordwestlichen Stämme kämpfen bevorzugt mit Bogen und Lanze und schützen sich dabei mit einem Schild. Dieser Schild wird nach Art der römischen und griechischen Schilde außen am linken Arm getragen.

Die westlichen Indianer reiten lieber als die östlichen Stämme und haben gelernt, ihre Waffen zu schwingen, während sie auf dem Pferd sitzen. Sie sind darauf trainiert, Wild im Lauf zu töten, und kämpfen lieber zu Pferd. Manche von ihnen sind große Feiglinge, wenn sie absteigen, aber auf einem Indianerpony sitzend sind sie unerschrocken.

Es ist ein Irrtum anzunehmen, dass Pfeilspitzen nicht mehr hergestellt werden; die Kunst, sie herzustellen, ist nicht verloren gegangen. Fast jeder Stamm stellt seine eigenen her. Feuersteinknollen werden mit einem Vorschlaghammer zerschlagen, der aus einem abgerundeten Hornsteinkiesel in einer gedrehten Weide besteht. Dieser Knochen gilt als Zahn des Pottwals. In Oregon wird der Pfeil der Indianer noch mit Feuerstein gespitzt. Auch die Irokesen verwendeten Feuerstein, bis sie den Pfeil aus Mangel an

Jagdmöglichkeiten beiseite legten. Die Irokesenjugend, obwohl das Gewehr in ihrem Stamm weitgehend eingeführt wurde, will nichts davon wissen, sondern greift ganz natürlich zu Pfeil und Bogen. Stahl für Pfeilspitzen wird von den Pelzhändlern in den Rocky Mountains geliefert, und Eisenspitzen werden oft aus alten Laufreifen hergestellt, die mit einem Stück Sandstein geformt wurden. Beim Bogenschießen zu Pferd wird das Indianerpferd gelehrt, sich dem angegriffenen Tier von der rechten Seite zu nähern, damit sein Reiter den Pfeil nach links werfen kann. Buffalo Bill war ein Meister darin, Wild zu Pferd zu erlegen, und er gewann seine große Wette, die größte Anzahl an Büffeln zu erlegen, indem er dem Brauch der Indianer folgte und nach links schoss. Das Pferd nähert sich dem Tier, wobei sein Halfter locker um seinen Hals hängt, und bringt den Reiter bis auf drei oder vier Schritte an das Wild heran, woraufhin der Pfeil oder die Gewehrkugel mit Leichtigkeit und Sicherheit durch das Herz geschossen wird.

Indianer, die heute noch die Möglichkeit haben zu reiten, trainieren immer noch mit einer zwölf oder fünfzehn Fuß langen Lanze. Bei ihren Kriegsspielen und Tänzen treten sie immer mit dieser Lanze und diesem Schild auf. Die Speere sind modern und haben eine Klinge aus poliertem Stahl, und die Schilde sind aus Haut. Die alten Schilde bestehen aus Büffelhals. Die Haut wird mit einem aus den Hufen gewonnenen Klebstoff getränkt und gehärtet. Die Schilde sind pfeilsicher und stoßen einen Gewehrschuss ab, wenn sie schräg gehalten werden, und dies können die Indianer mit großer Geschicklichkeit tun. Da es keinen Krieg gibt und diese Waffen außer bei Übungsspielen nicht eingesetzt werden können, haben viele Indianer für ein paar Flaschen „Feuerwasser" ihre besten Schilde verkauft, und jetzt sieht man sie über das Land verstreut, aufbewahrt als Kuriositäten.

Es ist töricht anzunehmen, dass die Indianer ihre barbarischen Bräuche ganz oder teilweise aufgegeben haben. Bei ihren Feierlichkeiten ist es ihnen eine große Freude, ihre Kleidung abzulegen und ihre Körper in allen Farben des Regenbogens zu bemalen, Hörner auf dem Kopf zu tragen und sich so scheußlich wie möglich zu machen. Das Pfeilspiel wird eingeführt - es gibt niemals Vorführungen mit modernen Waffen - und der Mann wird vor allen anderen geschätzt, der die meisten Pfeile in den Himmel schießen kann, bevor der erste fällt. Bei der Jagd töten die Sioux Bisamratten mit Speeren, so wie sie früher die Büffel mit Speeren durchbohrten, wobei sie sich ihnen in Wolfsfellen bekleidet und auf allen Vieren nähern konnten. Es gibt Indianer, die zu Pferd einen Bären mit einer Lanze angreifen und töten würden, sich aber scheuen, das Tier zu belästigen, es sei denn, sie haben ein Indianerpony als Fluchtmöglichkeit.

Die für die Jagd verwendeten Pfeilspitzen aus Hornstein sind speziell befestigt, um den Pfeil rotieren zu lassen. Die Indianer befiedern den Pfeil zu demselben Zweck und schnitzen auch eine spiralförmige Rille in den Pfeilschaft. Dies dient nicht, wie angenommen, dazu, das Blut aus der Wunde abzulassen, sondern dazu, den Pfeil zu tragen.

Jeder Stamm hat seinen eigenen Pfeil. Es wird behauptet, dass die Pawnees die besten Hersteller sind. Die Comanchen befiedern ihre Pfeile mit zwei Federn; die Navajos, Utes und alle Apachen, mit Ausnahme der Tontos , haben drei Federn – die Tontos verwenden vier Federn für jeden Schaft. Der Vogelpfeil ist der kleinste, der hergestellt wird.

"Ich habe stundenlang mit den Utes geübt", erzählt ein Reisender, "und vergeblich versucht, die Schuld für meine schlechten Schüsse auf die Drehung des gefiederten Pfeils zu schieben. Die Indianer sagen, die Schnitzereien und Federn seien so angeordnet, dass sie dem Pfeil die richtige Bewegung verleihen, und als ein alter Häuptling die Drehung im Gewehrlauf sah, durch die die Kugel in derselben Weise rotiert, behauptete er, der weiße Mann habe seine Idee vom Indianer gestohlen."

Steine, die an ihrem größten Umfang Rillen aufweisen, werden mit einem Weiden- oder Riemengriff an einem Griff befestigt und werden zu Kriegskeulen. In der Hand eines Indianers sind sie gefährliche Waffen. Tomahawks, die von Weißen hergestellt werden, sind in gewisser Weise die Nachfolger der Kriegskeule, da angeblich das Gewehr Pfeil und Bogen enthält. Neuere von den Indianern erbeutete Tomahawks tragen ein englisches Warenzeichen . Sie kosteten ursprünglich etwa 15 Cent und wurden den Indianern für nicht weniger als ein Pferd, vielleicht sogar zwei, verkauft.

Häuptling „Wolf“, ein indianischer Krösus und der Vanderbilt der Rothäute, klammert sich, obwohl er über 500.000 Dollar wert ist und manchmal in einer eleganten Kutsche herumfährt, eng an sein Tipi und zeigt stets die wilde Seite seines Lebens.

Er lebt in Fishhook Bay am Snake River im Bundesstaat Washington. Er ist ein Palouse Snake Indianer und obwohl er ein komfortables Haus hat, schläft er nie dort, sondern geht ins Tipi, egal wie schlecht das Wetter ist. In den Tagen, als es noch viele Büffel gab, war „Wolf“ ein großer Jäger. Er erzählt eine Geschichte, wie er 3.000 Bisons über eine Klippe in der Nähe des Snake River trieb, wo sie alle beim Sturz getötet wurden. Das soll wahr sein, denn bis vor kurzem war der Ort ein einziger Haufen Knochen. Obwohl er seine Gewehre und alle modernen Feuerwaffen hat, halten er und seine Kinder an den primitiven Kriegswaffen fest.

Der Briefwechsel zwischen den Regierungen der Vereinigten Staaten und Mexikos über den brutalen Mord an zwei Männern durch die Seri-Indianer scheint zu zeigen, dass zumindest einige der nordamerikanischen Indianer von den zivilisierenden Einflüssen, die angeblich so viele Jahre lang gewirkt haben, überhaupt nichts profitiert haben. Die Tat hatte kein anderes Motiv als pure Boshaftigkeit. So klein der Stamm der Seris auch ist – er zählt nur etwa 200 Seelen –, diese Wilden sind die blutrünstigsten in Nordamerika. Sie terrorisieren Sonora schon seit langer Zeit, aber die mexikanische Regierung scheint machtlos, sie unter Kontrolle zu bringen.

Der Stamm wurde kürzlich von einer Expedition des Bureau of Ethnology besucht, die gerade mit einigen sehr interessanten Informationen nach Washington zurückgekehrt ist. Prof. WJ McGee, der die Gruppe leitete, sagt: „Es ist bekannt, dass die Seris Kannibalen sind – auf jeden Fall fressen sie jeden Weißen, den sie töten können. Sie sind unbeschreiblich grausam und hinterlistig. Gegenüber dem Weißen ist ihre Haltung genau die gleiche wie die eines Weißen gegenüber einer Klapperschlange – sie töten sie ganz selbstverständlich, sofern sie nicht aus Angst davon abgehalten werden. Sie kämpfen nie in offenem Krieg, sondern liegen immer im Hinterhalt. Sie sind kupferfarbene Ismaeliten . Es ist ihre Gewohnheit, jeden zu ermorden, ob weiß, rot oder mexikanisch, der es wagt, das Gebiet zu betreten, das sie ihr eigenes nennen.“

In vielerlei Hinsicht sind die Seris der interessanteste Stamm der Wilden in Nordamerika. Sie sind in ihrer Art entschieden primitiver als alle anderen Indianer und verfügen kaum über nennenswerte Künste. Tatsächlich sind sie noch nicht bis zur Steinzeit vorgedrungen. Das einzige Steinwerkzeug, das sie allgemein verwenden, ist ein grober Hammer aus diesem Material, mit dem sie Ton schlagen, um eine zerbrechliche und eigentümliche Art von Töpferwaren herzustellen. Wenn eine der Squaws Mehl aus Mesquitebohnen herstellen möchte und kein Werkzeug dafür hat, sucht sie sich um, bis sie einen Felsen mit einer geeigneten hohlen Oberfläche findet, und darauf legt sie die Bohnen und zerstampft sie mit einem gewöhnlichen Stein.

Die Seris leben auf der Insel Tiburon im Golf von Kalifornien. Sie beanspruchen auch 5.000 Quadratmeilen des Festlands in Sonora. Ihre Behausungen sind die einfachsten, die man sich vorstellen kann. Ein zufälliger Felsen dient normalerweise als eine Wand der Behausung; Steine werden so aufgestapelt, dass sie eine kleine Umzäunung bilden, und der Panzer einer einzelnen großen Schildkröte dient als Dach. Das Haus ist immer auf einer Seite offen und soll keinen Schutz vor Stürmen bieten, sondern vor allem die Sonne abhalten. Die Männer und Frauen tragen ein einzelnes Kleidungsstück wie einen Unterrock aus Pelikanhaut; die Kinder sind nackt. Nicht weit von Tiburon, das etwa dreißig Meilen lang und fünfzehn Meilen breit ist, gibt es eine kleinere Insel, auf der Pelikane in großer Zahl nisten. Die Seris gehen nachts los und schlagen mit Stöcken so viele Vögel um, wie sie brauchen.

Diese Indianer lieben Aas. Es macht ihnen keinen Unterschied, ob ein Pferd vor einer Woche oder einem Monat eines natürlichen Todes gestorben ist, sie verschlingen das Fleisch gierig. Die Füße des Tieres kochen sie, bis diese Teile weich genug zum Beißen sind. Die Seris gehören zu den schmutzigsten Wilden. Ihre Gewohnheiten sind in jeder Hinsicht schmutzig. Sie scheinen fast keine Vergnügungen zu haben, obwohl die Kinder mit den primitivsten Puppen spielen. Bevor die Weißen kamen, verwendeten sie Muschelstücke als Schneidewerkzeuge. Sie sind es gewohnt, Hirsche zu töten, indem sie rennen und die Tiere umzingeln. Es scheint bei diesen Menschen keine Traditionen zu geben, die interessant genug wären, um sie in gedruckter Form niederzuschreiben. Das interessanteste Schmuckstück, das man bei einem Stammesmitglied sah, war eine Halskette aus Menschenhaar, geschmückt mit den Rasseln von Klapperschlangen, die in dem Gebiet, das von diesen Überresten all dessen verseucht ist, was bei den eingeborenen Roten dieses Kontinents am verwerflichsten ist, im Überfluss vorhanden sind.

Körperlich gesehen sind die Seris höchst bemerkenswert. Sie sind von großer Statur, die Männer sind im Durchschnitt fast 1,80 m groß und haben eine prächtige Brust. Aber das Auffälligste an ihnen sind ihre Beine, die sehr schlank und sehnig sind und den Beinen eines Hirsches ähneln. Seit der Ankunft der ersten Spanier sind sie bei anderen Stämmen als Läufer bekannt. Man sagt, dass sie 240 bis 320 Kilometer pro Tag laufen können, ohne eine Pause einzulegen. Der Eselhase gilt als sehr schnelles Tier, dennoch sind diese Indianer daran gewöhnt, Eselhasen zu fangen, indem sie schneller laufen als sie.

Zu diesem Zweck gehen drei Männer oder Jungen zusammen. Wenn das Kaninchen direkt vor seinem Verfolger davonliefe, könnte es nicht gefangen werden, aber sein Instinkt sagt ihm, dass es im Zickzack flieht. Die Jäger stellen sich in geringem Abstand voneinander auf. Sobald einer von ihnen ein Kaninchen aufschreckt, rennt ein zweiter Indianer so schnell er kann parallel zum Lauf des Tieres. Plötzlich sieht das Kaninchen den zweiten Indianer und rennt schräg davon. Inzwischen ist der dritte Jäger herangekommen und gibt der Beute eine weitere Chance. Nach dem dritten oder vierten Zickzack ist das Kaninchen umzingelt, und die Jäger umzingeln es schnell und schnappen es.

Es ist eine merkwürdige Tatsache, dass diese Methode, Hasen zu fangen, genau dieselbe ist wie die der Kojoten, die ähnlich zu dritt vorgehen. Mit dieser Strategie fangen diese wilden Hunde die Hasen, obwohl letztere bei weitem schneller sind. Man nimmt an, dass kein anderer Mensch den Seris in Sachen Bewegungsgeschwindigkeit nahe kommt. Ein beliebter Sport der Jungen ist das Lassowerfen von Hunden. Mischlingsköter sind die einzigen von diesen wilden Menschen domestizierten Tiere. Aus Spaß bringen die

Jungen ihre Hunde an einen freien Ort und treiben sie in alle Richtungen. Dann fangen sie die verängstigten Tiere, indem sie losrennen und die Lassos werfen, die aus menschlichem Haar bestehen. Sie haben keine Schwierigkeiten, die Hunde einzuholen.

Eines Tages kam eine Gruppe von Jungen mit ihren Hunden von einem solchen Spiel zurück und kam an einem Busch vorbei, in dem drei oder vier Amseln saßen. Als sie die Vögel erspähten, rannten sie auf den Busch zu und versuchten, sie mit den Händen zu fangen. Es gelang ihnen nicht, obwohl einer der Vögel nur mit dem Verlust mehrerer Federn entkam. Einige Frauen des Stammes beobachteten sie und verhöhnten die Jungen tatsächlich wegen ihres Versagens. Die Jungen waren so beschämt, dass sie nicht ins Lager gingen, sondern sich zurückzogen und allein in den Schatten eines Kreidebusches setzten. Welcher weiße Mann oder Junge würde auf die Idee kommen, Amseln auf diese Weise zu fangen? Doch Misserfolg bei einem solchen Versuch war die Ausnahme und nicht die Regel. Die Seris fangen Vögel oft auf diese Weise.

Herr Encinas war der Pionier in dieser Region. Er fand gutes Weideland in dem von den Seris beanspruchten Gebiet und gründete dort seine Viehfarm. Er brachte Priester mit, um die Wilden zu bekehren, und fing einige von ihnen, um sie zu Dolmetschern auszubilden. Der Plan, die Indianer zu zivilisieren, erwies sich als Fehlschlag. Sie wollten keine Christen werden und töteten das Vieh des Señors . So beschloss der Señor schließlich, eine neue Vorgehensweise einzuschlagen. Er berief die Indianer zu einem Rat ein, so viele von ihnen wie kommen würden, und teilte ihnen mit, dass er und seine Vaqueros von nun an für jedes getötete Stück Vieh einen Indianer töten würden. Gleichzeitig schickte er die Priester fort und engagierte eine zusätzliche Anzahl Vaqueros.

Die Indianer schenkten der Warnung keine Beachtung und töteten einige Tage später mehrere Stück Vieh. Ohne Verzögerung trieben der Señor und seine Männer eine entsprechende Anzahl Seris zusammen und töteten sie. Dann kam es zum Krieg. Die Wilden legten Hinterhalte an, aber sie hatten nur Pfeil und Bogen, und die Vaqueros kämpften tapfer mit ihren Gewehren. Jeder Hinterhalt endete für die Indianer verheerend. Schließlich legten die Seris einen großen Hinterhalt, und es kam zu einer Schlacht, bei der 65 Wilde getötet wurden. Diese Lektion erwies sich als ausreichend, und die Indianer waren froh, einen dauerhaften Frieden zu schließen, in dem sie sich darauf einigten, keine weiteren Plünderungen des Señors oder seines Eigentums mehr zu unternehmen. Von Anfang bis Ende dauerten die Kämpfe zehn Jahre.

Nach der Ermordung der beiden Amerikaner fürchteten die Seris große Repressalien. Eine ganze Weile lang trauten sie sich nicht, auf die Ranch von

Señor zu kommen. Encinas , aber schließlich kam eine alte Frau, um zu sehen, ob sie getötet würde. Sie wurde gut behandelt und ging weg. Schließlich war das Vertrauen wiederhergestellt und etwa sechzig der Wilden besuchten das Gelände.

Kein anderes Volk in Nordamerika hat so wenig Vorstellungen von Zivilisation wie die Seris . Sie betreiben absolut keine Landwirtschaft. Soviel man feststellen kann, säen sie nie einen Samen in die Erde oder züchten eine Pflanze. Sie ernähren sich fast ausschließlich von Fisch, Wasservögeln und dem Wild, das sie auf dem Festland erlegen. Zum Wild gehören große Hirsche, wie Schwarzwedelhirsche, und erlesene Zwerghirsche, etwa so groß wie ein drei Monate altes Rehkitz, Nabelschweine , wilde Truthähne, Präriehunde, Kaninchen und Wachteln. Sie erlegen im Golf von Kalifornien sehr große Grüne Schildkröten. Mesquitebohnen essen sie sowohl gekocht als auch roh. Der Mesquite ist ein kleiner Baum, dessen Samen in Schoten sitzen.

Der Schlangentanz ist ein weiterer Beweis für das relative Versagen der Zivilisation bei der Zivilisierung. Dies ist vor allem in der Umgebung des Grand Canyon des Colorado zu beobachten. Bei dem Tanz, der jedes Jahr stattfindet, werden giftige Klapperschlangen verwendet. Hunderte von Schlangen werden zu diesem Anlass gefangen, und wenn der große Tag gekommen ist, stürmen die Gläubigen in den Pferch und jeder schnappt sich eine Klapperschlange für seinen Zweck. Glaubwürdige Autoritäten, die diesen Tanz miterlebt haben, bürgen dafür, dass die Schlangen in keiner Weise ihrer Fähigkeit beraubt werden, ihre giftigen Fänge in das Fleisch der Tänzer zu treiben. Es scheint sogar so, als ob die Teilnehmer umso glücklicher sind, je mehr Bisse es gibt. Sie halten die Reptilien auf die nachlässigste Weise und lassen sie zuschlagen, wo sie wollen, und ihre schrecklichen Fänge ungestraft in die verwundbarsten Körperteile treiben. Wenn der Tanz vorbei ist, werden die Schlangen zurück in den Wald gebracht und freigelassen. Es herrscht der Aberglaube, dass die Reptilien den Stamm ein Jahr lang vor allem Übel und Leid beschützen werden.

Das Hauptinteresse dieses Tanzes gilt dem Geheimnis, warum die Tänzer nicht sofort sterben. Niemand zweifelt an der tödlichen Kraft der Klapperschlange. Manche Leute glauben, dass reichlich Whisky als Gegenmittel wirkt, während Mexikaner und einige Indianerstämme behaupten, ein Kraut zu kennen, das ebenfalls das Leben eines Mannes verlängert, der von einer Schlange gestochen wurde und offenbar zu einem frühen Tod verurteilt ist. Der Überlieferung zufolge wurde für diesen Tanz von den Priestern der Moquis Jahr für Jahr und von Generation zu Generation ein spezielles Gegenmittel weitergegeben . Es wird berichtet, dass einem der alten Patriarchen dieses Geheimnis unter dem Versprechen und der Drohung unverletzlicher Geheimhaltung anvertraut wurde. Er hat es mit großer Sorgfalt bewahrt und es war immer drei Personen bekannt: dem Hohepriester des Stammes, seinem Vizeregenten und ernannten Nachfolger und der ältesten Frau unter ihnen. Beim Tod eines der drei Treuhänder des Geheimnisses wird die Zahl gemäß den Riten der Stammesreligion bestimmt. Eine andere Art der Enthüllung des Geheimnisses würde einen plötzlichen und schrecklichen Tod bedeuten.

Während der drei Tage, die die Tänzer mit der Schlangenjagd verbringen, wird ihnen der geheime Sud nach Belieben verabreicht, und deshalb gehen sie mit den Reptilien vollkommen selbstsicher um. Wenn sie gebissen werden, kommt es zu einer leichten Reizung, aber nichts Schlimmeres. Andererseits gibt es im Laufe des Jahres oft viele Todesopfer durch Schlangenbisse, denn das heilige Gegenmittel wird nur zu dem angegebenen Anlass verwendet, für den es, so die Legende, speziell zubereitet oder dessen Natur enthüllt wurde.

Die Menschen, die in Sichtweite des Grand Canyon leben , unterscheiden sich in ihren Gewohnheiten und ihrem Körperbau ebenso sehr wie die Landschaft und die allgemeine Kontur des Canyons in ihrem Aussehen. Die Felsbewohner und die Pueblos beeindrucken Fremde in der Regel nicht durch ihre körperliche Entwicklung, noch sind sie im Durchschnitt außergewöhnlich groß oder schwer. Es gibt jedoch kleine Stämme, bei denen die körperliche Entwicklung ein großes Merkmal war und immer noch ist. Im Gegensatz zu den Pueblos tragen diese größeren Männer wenig Kleidung, so dass ihre Muskelentwicklung und die Größe ihrer Gliedmaßen deutlicher hervortreten. Diese kräftigen Mitglieder der menschlichen Rasse sind von Natur aus geschickte Jäger, klettern die gefährlichsten Abgründe hinauf und hinunter und führen an den unzugänglichsten Orten ein nahezu ideales Leben.

Die Maricopa-Indianer müssen zu denen gezählt werden, deren allgemeines Erscheinungsbild Bewunderung einflößt, so sehr man auch das Fehlen allgemeiner Zivilisation und Bildung bedauern mag. Diese Menschen sind größtenteils ehrlich, wenn auch nicht fleißig, und sie sind keineswegs unangenehme Nachbarn. Ganz in ihrer Nähe befinden sich die Häuser kleinerer Indianer, die den Diebstahl zu einer Kunst erhoben haben und aus Prinzip stehlen. Wir alle haben von dem kleinen Jungen gehört, der lieber schlechte Äpfel vom Baum seines Nachbarn stiehlt, als gute im Obstgarten seines Vaters zu pflücken. Bei diesen Indianern scheint eine ähnliche Einstellung vorzuherrschen. Sie verbringen häufig mehrere Stunden und sogar den größten Teil eines Tages damit, sich einen kleinen Artikel zu sichern, der für irgendjemanden nur ein paar Cent wert ist .

Sie haben eine Art, sich bei weißen Touristen einzuschmeicheln und bieten sich als Führer nicht nur zu Orten von besonderer Schönheit, sondern auch zu Minen von großem Wert an. Wenn es ihnen gelingt, Fremde von ihrer Zuverlässigkeit zu überzeugen, sind sie glücklich und beginnen sofort, die besonderen Merkmale ihrer Rasse zu zeigen. Taschentücher, Strümpfe und Hüte sind vermutlich die Gegenstände, nach denen sie am eifrigsten suchen. Sie sind jedoch nicht wählerisch, was sie sichern, und alles, was nur ein paar Stunden oder sogar Minuten unbewacht bleibt, wird mit Sicherheit vermisst. Die so erlangten oder behaltenen Vergünstigungen werden als Schatzkammer betrachtet. Wenn sie zum ersten Mal beschuldigt werden, etwas gestohlen zu haben , leugnen sie jegliche Kenntnis des Vergehens und beteuern auf amüsante Weise ihre Unschuld. Wenn jedoch überzeugende Beweise vorliegen und der fehlende Gegenstand gefunden wird, hält der verurteilte Dieb die Sache für einen guten Witz und lacht herzlich über die Leichtgläubigkeit und Nachlässigkeit des weißen Mannes.

KAPITEL X.

ALTE KOMMUNISTEN.

Häuser auf Felsen und Sandhügeln – Wie viele Familien in Eintracht zusammenlebten – Besonderheiten der Tracht – Pueblo-Architektur und Volkskunde – Ein historischer Kampf und sein Ende – Legenden über Montezuma – Seltsame religiöse Zeremonien.

Das vielleicht eigenartigste Volk in unserem Heimatland sind die Pueblos, die in New Mexico zwischen dem Grande River und dem Colorado River leben. Als Coronado, der große Entdecker, vor 450 Jahren durch das Gebiet marschierte, fand er diese Menschen in einem zumindest relativ zivilisierten Zustand vor. Sie lebten in großen Häusern, die jeweils mehrere Familien beherbergen konnten und solide gebaut waren. Obwohl sie wandernde Räuberbanden als ihre nächsten Nachbarn hatten, konnten sie sich gegen alle Ankömmlinge verteidigen und waren zufrieden und wohlhabend. Ihre Waffen waren zwar primitiv, aber durchaus wissenschaftlich und wurden mit viel Geschick und Tapferkeit gehandhabt.

Zwei Jahre lang konnten sie den spanischen Invasoren in ihren „casas grandes " standhalten. Den spanischen Befehlshabern war berichtet worden, dass mehrere hundert Meilen weiter nördlich ein großes Reich namens Cibola lag, das sieben große Städte umfasste. In diesen verliefen lange Straßen, an denen nur Gold- und Silberschmiede wohnten; in den Vorstädten ragten imposante Paläste mit Türen und Säulen aus reinem Türkis auf; die Fenster bestanden aus glänzend polierten Edelsteinen. Bei den üppigen Festen des Landesfürsten servierten bezaubernde Sklaven die erlesensten Leckereien auf goldenen Tellern. Über Tälern, die in Juwelen schwelgten, erhoben sich Berge aus Opal, und es gab kristallklare Bäche, deren Grund aus reinem Silbersand bestand.

Die Enttäuschung der Spanier war groß. Es wurden eine Reihe großer Indianerdörfer gefunden, deren Einwohner von den Früchten einer primitiven Landwirtschaft lebten. Die Genügsamkeit und Sparsamkeit der Pueblos erregten das Interesse der wollüstigen Spanier. Auch die eigentümliche Architektur der Dörfer und Häuser erregte ihre Bewunderung. Insgesamt betrachtet ähnelten die Häuserkreise den Zellen eines Wespennests, dessen obere Stockwerke über eine einfache Leiter zu erreichen waren. Der Eingang war nur durch eine kleine Öffnung im Dach möglich, nicht einmal die Seiten, die zur Straße zeigten, hatten Türen. Ein paar stark vergitterte Fenster dienten als Bullaugen für ihre Pfeile. Diese eigentümlichen Konstruktionen aus gebranntem Lehm sind in alten Städten wie Suni , Taos und anderen noch immer in Mode.

Da die Dörfer der Moqui und Acoma auf einem unzugänglichen Felsen lagen, gaben die Spanier die Hoffnung auf, sie erobern zu können. Da die angebliche Cibola nicht ihren Erwartungen entsprach, suchten sie keine Verstärkung und ließen die Pueblos in Frieden. Erst gegen Ende des 16. Jahrhunderts mussten sich die Pueblos der spanischen Herrschaft unterwerfen, unter der sie bis 1848 blieben, als das Gebiet, das New Mexico und Arizona umfasste, an die Vereinigten Staaten abgetreten wurde.

In mancher Hinsicht erwies sich die spanische Vorherrschaft als vorteilhaft für die Indianer. Sie behielten praktisch ihre Unabhängigkeit. Viele Neuerungen in ihrem Leben und ihren Bräuchen lassen sich auf diese Zeit zurückführen. Die einzigen Haustiere in ihren Dörfern waren große Truthähne, deren Federn den Kriegern als Kopfschmuck dienten; aber zu ihrem Viehbestand kamen Pferde, Kühe, Schafe, Ziegen, Hunde und nicht zuletzt die unverzichtbaren Esel hinzu.

Die wichtigste Veränderung in ihrer kommunistischen Lebensweise erfolgte mit der Eingliederung von New Mexico in die USA und dem Bau der Eisenbahn. Ihre unfreundlichen Nachbarn, die Apachen, Comanchen , Kiowas und Navajos, wurden auf ihre eigenen Reservate beschränkt.

Da sie sich unter dem starken Schutz der Regierung sicher fühlen, haben diese friedlichen Menschen begonnen, ihre alte kommunistische Lebensweise in ihren seltsamen Behausungen aufzugeben. Bis vor kurzem lebten Großfamilien in den zahlreichen Wohnungen eines einzigen Hauses, zu dem man nur durch eine kleine Öffnung im Dach Zugang hatte, zusammen. Jetzt werden modernere Landhäuser für Einzelfamilien gebaut; Landwirtschaft wird auch in großem Stil betrieben, und in einigen Gegenden wird mit gutem Erfolg Wein- und Obstanbau betrieben.

Alle Dörfer zeichnen sich durch ein gewisses industrielles Monopol aus. In einem von ihnen wird beispielsweise die Keramik für alle Pueblos hergestellt; in anderen, wie den Moqui -Dörfern, sind alle Menschen mit der Herstellung fein gewebter Decken aus Ziegenhaar beschäftigt, in einem Beruf, in dem viele große Experten sind. Obwohl eine große Zahl von ihnen im südwestlichen Teil der Union, in den Goldgräberstätten Kaliforniens, in Mormonensiedlungen und in den kleinen Eisenbahnstationen Arizonas mit dem Verkauf von Decken und indianischen Waren beschäftigt ist, zieht der durchschnittliche Pueblo-Indianer ein sesshaftes Leben vor. Er ist häuslich in seinen Gewohnheiten und liebt seine Familie, sein Vieh, seinen Bauernhof und seine Nachbarn ebenso sehr wie seine bleichen Brüder. Und hat er nicht allen Grund, sich zu freuen und mit seinem Schicksal zufrieden zu sein? Hat er nicht eine treue und bezaubernde Ehefrau? Es gibt einige hübsche

Mädchen mit perfekten Konturen unter den Pueblo-Indianern, besonders in den Tigua -Dörfern. Sind seine fröhlichen Kinder, die auf den riesigen Sandhügeln herumtollen, in seiner Gegenwart nicht gehorsam und ehrfürchtig? Der unverschämte Geist des jungen Amerikas hat hier noch nicht seinen verderblichen Einfluss ausgeübt.

Wie peinlich sauber sind die Haushalte! Die guten Hausfrauen der Niederlande übertreffen die Pueblo-Squaws in Sachen Sauberkeit nicht. Die Fußböden werden immer sorgfältig gefegt; an den Wänden der geräumigen Räume sind Sitze und Sofas mit bunten Teppichen bedeckt; die Wände sind geschmackvoll mit Bildern und Spiegeln dekoriert und die großen Schränke sind mit üppigen Früchten, Fleisch, Gebäck und Gelee gefüllt. Tausende von weißen Ernährern in den großen Städten würden diese Indianer beneiden, wenn sie ihren relativen Wohlstand und ihren offensichtlich zufriedenen Zustand sehen könnten. Und all das erreichen sie nicht ohne ermüdende Arbeit. Das Land ist unfruchtbar und trocken, was sie dazu zwingt, die Bewässerung durch lange Kanäle aus weit entfernten Flüssen zu bewerkstelligen, und die Männer scheuen nie die Arbeit.

Die heutige Pueblo-Töpferei unterscheidet sich kaum von der des 16. Jahrhunderts. In den Töpferdörfern wird die Arbeit hauptsächlich von Männern ausgeführt, die auf der breiten, schattigen Plattform sitzen und ihre riesigen Gefäße in Nachahmung von Menschen und jeder erdenklichen Tierform formen. Der grotesk geformte Mund ist im Allgemeinen als Öffnung gedacht, durch die Wasser, Suppe oder Milch gegossen werden.

Die Squaws übernehmen immer mehr die Aufgaben einer modernen Hausfrau, obwohl sie ihr Getreide noch immer in den Steintrögen mahlen, die vor Hunderten von Jahren verwendet wurden, und ihr Brot noch immer in dünnen Schichten auf heißen, glühenden Steinen backen. Schneiderinnen und Schneider gehen bei den Pueblo-Indianern noch immer betteln, und den Pariser Modediktatoren wird überhaupt keine Beachtung geschenkt. Die gute Pueblo-Squaw schneidet, passt an und näht die gesamte Kleidung für die Familie, die früher größtenteils aus Leder bestand. Die Garderobe ihres Mannes besteht jetzt aus ein paar bunten Hemden, ein oder zwei Paar Lederpantalons mit Silberknöpfen, Mokassins und einer Schulterdecke.

Die Kopfbedeckung, wenn überhaupt, wie es oft der Fall ist, besteht aus einem großen farbigen Kopftuch. Mädchen sind normalerweise wie die Töchter der Südstaatenbauern gekleidet, weigern sich jedoch, die Pumphosen abzulegen, über denen die Unterröcke knapp unterhalb der Knie getragen werden. Diese Lederpantaletten sind eine Notwendigkeit in einem Land, in dem es in Gärten und auf Feldern von giftigen Schlangen und Insekten wimmelt. Um ein Pueblo-Mädchen von seiner besten Seite zu sehen, muss man sie erst überraschen, wenn sie in einer Schar von

Freundinnen lebhaft tratscht oder bei der Arbeit fröhlich lacht. Dann funkeln die ausdrucksstarken, tiefschwarzen Augen und die weißen Zähne bieten einen glitzernden Kontrast zu ihren feinen schwarzen Locken, Augen und Augenbrauen. Die Pueblo-Indianer müssen vor allem zu einer Tatsache beglückwünscht werden: Sie haben ihre moralische Verbesserung durch die Vermittlung der schwarzgekleideten Missionare und Schullehrer ermöglicht, die aus dem Osten kamen, aber auch, dass sie einer der wenigen Stämme sind, die den gewissenlosen Schurken widerstanden, die ihre Häuser mit „Feuerwasser" und Glücksspielgeräten zerstörten.

Die Schönheit des Pueblo

Über ganz New Mexico verteilt findet man eine große Anzahl alter, vielstöckiger Gemeinschaftshäuser mit vielen Räumen. Die drei wichtigsten davon sind Isletta , Laguna und Acoma. Isletta und Laguna sind nur einen Steinwurf von der Eisenbahn entfernt, 16 bzw. 100 Kilometer von Albuquerque entfernt, und Acoma erreicht man von Laguna oder Bubero aus nach einer Fahrt von 12 Kilometern. Die Ureinwohner der Pueblos, eine intelligente, komplexe, fleißige und unabhängige Rasse, sind eine Besonderheit unter den Ureinwohnern Nordamerikas. Sie leben heute in denselben Gebäuden, in denen ihre Vorfahren entdeckt wurden, und in den dreieinhalb Jahrhunderten des Kontakts mit Europäern hat sich ihre Lebensweise nicht wesentlich verändert.

Die Indianerstämme, die über Berge und Ebenen zogen, sind Mündel der Regierung geworden, erniedrigt und ihrer einstigen Würde beraubt, ganz gleich, welche Ursache man für ihren gegenwärtigen Zustand anführen möchte. Der Pueblo-Indianer hingegen hat seine Individualität absolut bewahrt und ist selbstrespektierend und autark. Er akzeptierte die Religionsform seiner spanischen Eroberer, ohne jedoch seine eigene aufzugeben, und das ist praktisch das einzige Zugeständnis, das sein beharrlicher Konservatismus jemals an äußere Einflüsse gemacht hat.

Es wurden große Anstrengungen unternommen, um die Zurückhaltung zu durchdringen, mit der das verwickelte Innenleben dieses seltsamen Wüstenkindes gehütet wird, aber es liegt wie ein dunkler, riesiger Kontinent hinter einer kaum sichtbaren Küste, und es lebt im schattigen Saum einer Nacht, die keinen Strahl von seiner Herkunft preisgibt. Es ist ein echter Heide, eingehüllt in scheinbar dichte Wolken des Aberglaubens, reich an phantasievollen Legenden und zutiefst zeremoniell in der Religion. Seine Götter sind unzählig. Nicht einmal die alten Griechen besaßen einen bevölkerungsreicheren Olymp. Auf dieser strengen, aber vertrauten Höhe drängen sich die Götter des Friedens und des Krieges, der Jagd , der reichen Ernte und des Hungers, der Sonne und des Regens und des Schnees tausend andere in den Weg, um Platz zu bekommen. Die Spur der Schlange hat auch seine Geschichte durchquert, und er schleift seine Töpferwaren mit einer Nachahmung ihrer Schuppen und gibt der Klapperschlange einen prominenten Platz unter seinen Gottheiten. Er war eindeutig ein Heide, doch die Reinheit und das Wohlergehen seiner Gemeinschaften hielten einem Vergleich mit denen der aufgeklärten Welt stand.

Er ist mutig, ehrlich und unternehmungslustig innerhalb der festen Grenzen seines kleinen Lebensbereichs; seine Frau ist tugendhaft, seine Kinder sind gelehrig. Und wäre die ganze Erde von allem Lebendigen befreit, bis auf ein paar Meilen um seine Stammesheimat herum, würde sein Leben keinerlei Störungen aufweisen. Wahrscheinlich würde er nie von einem so unwichtigen Ereignis erfahren. Er würde immer noch abwechselnd arbeiten und sich bei festlichen Spielen entspannen, immer noch seine Götter verehren und seine Kinder zu einem fleißigen und zufriedenen Leben erziehen, so außergewöhnlich ist er, so fest verankert in absoluter Unabhängigkeit.

Die Pueblo-Architektur weist keine der aufwendigen Verzierungen auf, die man in den aztekischen Ruinen in Mexiko findet. Das Äußere des Hauses ist absolut schlicht. Manchmal ist es sieben Stockwerke hoch und enthält über tausend Räume. In manchen Fällen ist es aus Lehmziegeln gebaut — Lehmblöcke, die mit Stroh vermischt und in der Sonne getrocknet werden, und in anderen aus Stein, der mit Lehmzement überzogen ist. Der Eingang erfolgt über eine Leiter, und wenn diese hochgezogen wird, gilt die Riegelschnur als zurückgezogen.

Das Pueblo der Pueblos ist Acoma, eine Stadt ohnegleichen. Sie ist auf dem Gipfel eines Tafelfelsens mit überhängenden, erodierten Seiten erbaut, 350 Fuß über der Ebene, die wiederum 7.000 Fuß über dem Meeresspiegel liegt. Den Überlieferungen der Queres zufolge stand sie in der Antike auf dem Kamm der prächtigen Haunted Mesa, drei Meilen entfernt und etwa 300 Fuß höher, aber ihr einziger Zugang wurde eines Tages durch den Einsturz einer Klippe zerstört , und drei unglückliche Frauen, die zufällig die einzigen Bewohner waren – der Rest der Bevölkerung arbeitete unten auf den Feldern –, verhungerten angesichts der Hunderten obdachloser Leute, die viele Tage lang mit nach oben gerichteten, gequälten Gesichtern die unerklimmbare Mesa umringten.

Das heutige Acoma wurde von den Spaniern entdeckt; das ursprüngliche Pueblo auf der Mesa Encantada war schon damals eine alte Überlieferung. Es ist 1.000 Fuß lang und 40 Fuß hoch, und es gibt außerdem eine Kirche von enormen Ausmaßen. Bis vor kurzem konnte man sie nur über eine steile Treppe im Felsen erreichen, die die Einwohner auf ihren Rücken hinauftrugen und jedes Stück des Materials, aus dem das Dorf gebaut ist, trugen. Der Bau des Friedhofs dauerte vierzig Jahre, da Erde von der Ebene darunter herbeigeschafft werden musste; und die Kirche muss die Arbeit vieler Generationen gekostet haben, denn ihre Mauern sind 60 Fuß hoch und 10 Fuß dick, und sie hat Balken von 40 Fuß Länge und 14 Zoll im Quadrat.

Die Acomas begrüßten die Soldaten von Coronado mit Ehrerbietung und schrieben ihnen himmlischen Ursprung zu. Als sie später den ausgesprochen menschlichen Charakter der Spanier erfuhren, schworen sie ihnen Treue, töteten aber später mutwillig ein Dutzend von Zaldibars Männern. Aus Rache führte Zaldibar sechzig Soldaten an und unternahm den Versuch, die Himmelszitadelle im Sturm zu erobern. Dieser Vorfall hat in der amerikanischen Geschichte keine Parallele, abgesehen von der denkwürdigen und ähnlichen Heldentat von Cortez an der großen Aztekenpyramide.

Nach einem dreitägigen Nahkampf waren die Spanier siegreich in dieser scheinbar uneinnehmbaren Festung und unterwarfen sich den Queres , die danach drei Viertel eines Jahrhunderts lang gefügig blieben. In dieser Zeit kamen die Priester nach Acoma und hielten sich dort fünfzig Jahre lang, bis es zum blutigen Aufstand von 1680 kam, bei dem Priester, Soldaten und Siedler massakriert oder aus dem Land vertrieben wurden und jede Spur ihrer Beschäftigung ausgelöscht wurde. Nach der erneuten Unterwerfung der Eingeborenen durch De Vargas wurde die heutige Kirche gebaut und die Pueblos haben sich seitdem nicht mehr gegen die Ansiedlung der Weißen aufgelehnt.

In allen zahlreichen mexikanischen Gemeinden des Territoriums gibt es Vertreter des Penitentes- Ordens, der aufgrund der Selbstgeißelung, die seine

Mitglieder aus übertriebenem pietistischen Eifer begehen, eigenartig ist. Anders als ihre indischen Artgenossen praktizieren sie Selbstquälerei nicht über lange Zeiträume, sondern nur an einem bestimmten Tag im Jahr. Dann gehen diese armen Eiferer, mit nacktem Oberkörper, spazieren, singen ein schmerzliches Lied und schlagen sich selbst schonungslos mit dem scharfen Stachelkaktus oder der Seifenpflanze auf den Rücken , bis sie einen abstoßenden Anblick bieten. Oft sinken sie vor Erschöpfung durch lang anhaltendes Leiden und Blutverlust zusammen. Eine der Zeremonien dieser eigenartigen Menschen ist das Tragen eines riesigen Kreuzes aus schwerem Holz über weite Strecken. Märtyrer des Gewissens und religiöse Anhänger tragen oft Kreuze von enormem Gewicht kilometerweit und werden dabei von Scharen aufgeregter Zuschauer gespannt beobachtet. Der Mann, der diesen Fanatismus am weitesten treibt, ist der Held des Tages und wird zum Zeremonienmeister für das folgende Jahr ernannt.

Zeremonien wie diese weisen auf das hohe Alter der Menschen hin und scheinen darauf hinzudeuten, dass sie von Stämmen abstammen müssen, die in biblischen Erzählungen eine wichtige Rolle spielen. Laut vielen fähigen Historikern leben Menschen seit mindestens zwölfhundert Jahren in diesem Teil der Welt. Mit anderen Worten: Als Kolumbus und Americus Vespucius die neue Welt oder Teile davon entdeckten und erforschten, lebten diese eigenartigen Menschen bereits seit fast tausend Jahren auf dem damals geheimnisvollen Kontinent.

Einigen Quellen zufolge sind diese Menschen Ureinwohner. Anderen zufolge sind sie aus fernen Ländern eingewandert. Das Alter Chinas ist gut bekannt, und es gibt gute Gründe für die Annahme, dass die Moquis und Zunis von chinesischen Seefahrern oder vielleicht Piraten abstammen, die vor Hunderten von Jahren an der Westküste Amerikas Schiffbruch erlitten. Eine andere Theorie besagt, dass anlässlich einer der zahlreichen Vertreibungen oder Auswanderungen aus China eine Gruppe Mongolen nach Norden abdriftete und über die Beringstraße nach Amerika gelangte.

Andere Altertumsforscher glauben, dass Marokko und nicht China die ursprüngliche Heimat dieser Völker war. Der Reisende ist sehr beeindruckt von der Ähnlichkeit zwischen den Sitten und Gebräuchen der Mauren und denen einiger der alten Stämme Neu-Mexikos. In Kleidung und Architektur ist das maurische Gedankengut zweifellos sehr deutlich zu erkennen. Die weiße Toga und der malerische rote Turban sind bei diesen Ähnlichkeiten besonders auffällig. Die Krüge zum Tragen von Wasser sind eindeutig maurisch, und die Frauen tragen sie auf dem Kopf in jener eigentümlichen Art und Weise, die so charakteristisch für maurische Sitten und Gebräuche ist.

Einer der frühesten Berichte über diese Menschen wurde uns von spanischen Entdeckern hinterlassen. Ein Autor, der eine der ersten Expeditionen aus Spanien begleitete, sagt: „Wir fanden eine große Stadt namens Acoma, die etwa 5.000 Einwohner hatte und auf einem etwa fünfzig Schritte hohen Felsen lag. Der Eingang war nur über eine in den Fels gehauene Treppe erreichbar, worüber unsere Leute nicht wenig staunten. Die Häuptlinge dieser Stadt kamen friedlich zu Besuch und brachten viele Mäntel und Gämsenfelle mit, waren hervorragend gekleidet und hatten jede Menge Lebensmittel dabei. Ihre Kornfelder waren zwei Meilen entfernt und sie holten Wasser aus einem kleinen Fluss, um diesen zu bewässern, an dessen Ufern große Rosenbeete wie in Kastilien standen. Es gab viele Berge voller Metalle. Unsere Männer blieben drei Tage an diesem Ort, an einem davon führten die Einwohner vor ihnen einen sehr feierlichen Tanz auf, kamen in derselben galanten Kleidung heraus und führten sehr witzige Spiele auf, worüber unsere Männer außerordentlich erfreut waren."

Die hier gefundenen Ruinen zeigen deutlich die frühe Verwendung von Stein für architektonische Zwecke und es gibt unzählige Relikte des Einfallsreichtums aus Epochen, die wir mit großer Verachtung betrachten. Pfeilspitzen aus Feuerstein, Quarz, Achat und Jaspis sind für Reliquienjäger leicht zu finden. Auch Beile aus Stein, die auf einzigartige Weise geschärft wurden, sind weit verbreitet und die Vorfahren der Pueblos verwendeten zweifellos vor Hunderten von Jahren Messer aus Stein.

Eines der interessantesten alten Häuser steht im Chaco Cañon . Dieses Gebäude war einst wahrscheinlich 300 Fuß lang, etwa halb so breit und drei Stockwerke hoch. Die Art der Räume lässt darauf schließen, dass die Wände terrassenförmig aus Sandstein errichtet waren. Es gab ungefähr 150 Räume, und den heutigen Gewohnheiten der Menschen nach zu urteilen, lebten mindestens 500 Menschen in dieser riesigen Pension. Ein weiteres, sehr interessantes Gebäude ähnlicher Art findet sich am Oberlauf des Grande River, etwa zwei Autostunden von Santa Fe entfernt. Es war ursprünglich etwa 300 Quadratfuß groß und die meisten Fundamente sind noch in recht gutem Zustand, obwohl viele der freiliegenden Teile des Steins nach und nach durch die Reibung der ständigen Sandstürme nachgegeben haben. Man nimmt an, dass mehr als 1.000 Menschen in diesem einen Haus lebten.

In den letzten Jahren wurde viel über die Möglichkeiten geschrieben, in Zukunft Kosten zu sparen, wenn viele Familien ein Haus bewohnen. Die meisten dieser Ideen wurden verspottet, weil die Erfahrung gezeigt hat, dass Familien in überfüllten Unterkünften selten bequem leben. Die Stämme, über die wir schreiben, zerstören zwar die Originalität der kommunistischen Ideen des 19. Jahrhunderts, widerlegen aber auch die Argumente, die hauptsächlich gegen sie vorgebracht werden. In diesen einzelnen Häusern oder Kolonien leben mehrere Familien in perfekter Harmonie zusammen.

Es gibt keine Berichte über Streitigkeiten, wie sie in Pensionen von Weißen vorkommen, und in dieser Hinsicht können uns die Pueblo-Stämme jedenfalls eine wichtige Lektion erteilen. Die Menschen sind ruhig und friedlich gesinnt, und ein Geheimnis ihres friedlichen Zusammenlebens liegt in der Abwesenheit von Eifersucht, einer Eigenschaft oder Laster, die in die Häuser auf den Klippen nicht eingedrungen zu sein scheint oder die Gemütsart dieser Menschen mit einer so bemerkenswerten und ehrenwerten Geschichte beschmutzt hat. Es erfordert einiges an Fingerfertigkeit und Beweglichkeit, ein Gemeinschaftshaus dieser Art zu betreten oder zu verlassen, und eine Tür ist – aus einer zivilisierten Perspektive betrachtet – unbekannt.

Dem Besucher werden zahlreiche Legenden und Geschichten über diese Häuser und die Menschen, die darin leben, erzählt. Die Ankunft von Montezuma ist die große Idee, die alle Legenden und Geschichten durchdringt. Vielen Menschen zufolge verließ Montezuma Mexiko in längst vergangenen Zeiten in einem aus Schlangenhäuten gebauten Kanu. Sein Ziel war es, den Osten zu zivilisieren und Menschenopfer abzuschaffen. Er kommunizierte mit den Menschen mittels Seilen, in die auf raffinierte Weise Knoten geknüpft waren. Die Knoten übermittelten die Bedeutung des Propheten, und seine besonderen Botschaften wurden von flinken Boten, die ihre Aufgaben mit großer Freude erfüllten, von Pueblo zu Pueblo getragen.

Eine Reihe überaus romantischer Legenden ranken sich um das Pueblo de Taos, das etwa dreißig Kilometer von Embudo entfernt liegt . Taos gilt als das interessanteste und vollkommenste Beispiel einer Festung der Pueblo-Indianer. Es besteht aus zwei kommunistischen Häusern, jedes fünf Stockwerke hoch, und einer römisch-katholischen Kirche (heute eine Ruine), die in der Nähe, jedoch getrennt von den Wohnhäusern steht. Um die Festung herum befinden sich sieben runde Hügel, die zunächst vermuten lassen, sie seien das Werk von Hügelbauern. Bei näherer Betrachtung erweisen sie sich als Schwitzkammern oder türkische Bäder dieses merkwürdigen Volkes. Die größte dieser Kammern scheint auch als Ratskammer und mystische Halle zu dienen, wo die dem Stamm eigenen Riten durchgeführt werden (über die der Stamm sehr schweigt).

Die Pueblo-Indianer schmücken sich gern in fröhlichen Farben und bieten dem Künstler interessante und malerische Motive, insbesondere in Verbindung mit ihrer malerischen Umgebung. Sie sind geschickt in der Herstellung von Töpferwaren, Korbflechterei und Perlenstickerei. Das große jährliche Fest dieser Indianer findet am 30. September statt und die Zeremonien sind von besonders interessantem Charakter.

Der Jesuitismus hat seinen Glauben auf den Aberglauben der Montezumas aufgepfropft , und das Ergebnis ist ein merkwürdiges Ergebnis. Die mystischen Riten der Pueblo-Indianer, die im Pueblo de Taos zu Ehren von San Geronimo (St. Hieronymus) an jedem der folgenden 30. Septembertage durchgeführt werden, ziehen große Menschenmengen an und sind für Ethnologen, Geistliche und Touristen von großem Interesse. Eine kurze Beschreibung kann nur eine vage Vorstellung dieser Zeremonien vermitteln, kann aber das Interesse an der Sache wecken. Am frühen Morgen des St. Hieronymus-Tages trägt ein Indianer in schwarzer Robe vom höchsten Punkt des Pueblos der versammelten Menge unten einen Vortrag vor. Auf dem Platz steht ein fünfzehn Meter hoher Kiefernpfahl, und an einem Querstück an der Spitze baumelt ein lebendes Schaf, dessen Beine zusammengebunden und nach unten gezogen sind. Außer dem Schaf hängt an dem Pfahl eine Girlande aus Früchten und Gemüse, wie es das Tal hervorbringt, sowie ein Korb mit Brot und Getreide. In der kleinen Lehmkapelle läutet die Glocke, und einige Indianer gehen zur Messe.

Es folgt ein merkwürdiger Gottesdienst. Ein rothäutiger mexikanischer Priester führt die Zeremonie durch, während zwei alte Mexikaner in moderner Kleidung und ein Pueblo-Indianer in einer roten Decke die Messdiener sind. Wenn die Hostie erhoben wird, schlägt ein Indianer an der Tür eine schurkische Trommel, und vier Musketenschüsse werden abgefeuert. Nach Abschluss des Gottesdienstes formiert sich eine Prozession und marschiert zur 300 Yards langen Rennbahn. Die Läufer haben sich in den Estufas , den unterirdischen Ratskammern, bereit gemacht und erscheinen bald. Es sind fünfzig Läufer, und alle sind bis auf einen Lendenschurz nackt, und keine zwei sind gleich bemalt. Fünfzig weitere Läufer kommen aus dem anderen Pueblo, um mit ihnen zu konkurrieren. Sie stellen sich auf beiden Seiten der Bahn in einer Reihe auf, und es beginnt ein langsamer, anmutiger Tanz. Auf einmal stürmen dreihundert verrückte junge Mexikaner auf ihren wilden Ponys durch die Menge, während der Anführer den Gallo oder Hahn am Hals schwingt. Dann beginnt das Rennen. Zwei Läufer von jeder Seite sausen unter dem Jubel ihrer Gefährten die Bahn hinunter. Kaum haben sie das Ziel erreicht, starten zwei andere, und so geht es zwei Stunden lang weiter, bis die Summe der von den einzelnen errungenen Siege die eine oder andere Partei zum Sieger erklärt. Das Rennen ist entschieden, die Läufer stellen sich in zwei gegenüberliegenden Reihen auf und beginnen, von der Trommel voran, einen langsamen Zickzackmarsch.

Jetzt ist die Aufregung groß. Die Tänzer singen seltsame Lieder, brechen aus den Reihen aus und wetteifern miteinander in ihren Possen und Eigenheiten. Ein Ansturm auf die Zuschauermenge, durch die sich die Teilnehmer der Orgien ohne Rücksicht auf die Folgen ihren Weg bahnen, wird ausgelöst.

Die Frauen, die bisher kaum an der Aufregung teilgenommen haben, treten jetzt vor und werfen Kuchen und Brötchen von den Terrassen des Pueblo. Alle stürzen sich kopfüber auf diese Preise, und die Verwirrung wird noch größer.

Dann wird die Essenszeit vertagt, und am Nachmittag treten sechs prachtvoll bemalte und scheußlich geschmückte Clowns vor und führen eine Reihe von Possen auf, die den Zuschauer eher abschrecken als unterhalten sollen. Das unglückliche Schaf, das noch immer an der Stange hängt, wird schließlich zu Boden geworfen, nachdem mehrere Versuche unternommen wurden, die Stange hochzuklettern. Die Früchte und Produkte werden von den Clowns gepackt, die damit davonlaufen, und jeder, der mit dem Stamm zu tun hat, scheint mit dem Ausgang des Tages und dem Höhepunkt des Spektakels höchst zufrieden zu sein.

KAPITEL XI.

WIE CUSTER LEBTE UND STARB.

„Remember Custer" – Ein Augenzeuge des Massakers – Custer, Cody und Alexis – Eine Fahrt zu den Schauplätzen des ungleichen Konflikts – Major Renos deutliches Versagen – Wie „Sitting Bull" davonlief und überlebte, um an einem anderen Tag zu kämpfen – Warum ein Medizinmann keinen Regen heraufbeschwor.

"Gedenkt Custer" war das Motto und der Schlachtruf der kleinen Armee amerikanischer Soldaten, die zu Beginn dieses Jahrzehnts gegen feindliche Indianer im Nordwesten vorrückten. Nachdem sie sich wochenlang einer Reihe fantastischer Tänze und abergläubischer Rituale hingegeben hatten, wurden sie schließlich von der Regierung zur Rechenschaft gezogen und für ihre Missachtung vertraglicher Rechte und vernünftiger Befehle bestraft. Jedes amerikanische Kind sollte wissen, wer Custer war und warum die Soldaten sich bei der genannten Gelegenheit gegenseitig aufforderten, seiner zu gedenken. Es ist weniger als zwanzig Jahre her, dass er starb. Sein Name sollte von Zivilisten ebenso wie von Soldaten für fast ebenso viele Jahrhunderte in Erinnerung bleiben.

Es gibt Männer, die dem Tod zu trotzen und ihn sogar herauszufordern scheinen. Custer war einer von ihnen. Er war so rücksichtslos mutig, dass er seinen Vorgesetzten oft Angst machte. Immer wieder führte er eine Handvoll Männer scheinbar in den Rachen des Todes und brachte sie sicher wieder heraus, nachdem er den Feind praktisch vernichtet hatte. So wie der Krug, der 99 Mal sicher zum Brunnen getragen wird, manchmal beim hundertsten Versuch zerbricht, so war es auch mit General Custer. Im Juni 1876 war seine Abteilung an einer kleinen Furt in der Nähe des Crazy Horse Creek in Dakota zwanzig zu eins in der Unterzahl und sein gesamtes Kommando wurde ausgelöscht. Ein Adoptivsohn des berühmten Indianers „Sitting Bull" gibt an, Custer sterben gesehen zu haben, und fügt hinzu, er habe zweimal gesehen, wie der Held auf dem Rücken lag und gegen seine Feinde kämpfte. Als er ihn das dritte Mal sah, wurde eine Decke über den Helden gezogen, der anscheinend tot war.

Auf einer anderen Seite findet sich eine bewundernswerte Abbildung des Lagers und der Furt sowie des zu Custers Gedenken errichteten Denkmals mit einer typischen Indianerlagerszene. Dieses Bild stammt aus einer Fotosammlung, die speziell für Herrn Charles S. Fee, den General Passenger

Agent der Northern Pacific Railroad, aufgenommen wurde, deren Gleise in der Nähe dieses Schauplatzes dieser traurigen Geschichte verlaufen.

Custer Schlachtfeld und Denkmal

Dem Leben Custers, den Abenteuern, die er erlebte, und den Risiken, die er im Laufe seiner ereignisreichen und nützlichen Karriere einging, könnte man einen ganzen Band widmen. Seine Werke und Memoiren strotzen vor Informationen über die tatsächlichen Wahrheiten des Grenzlebens und der Indianerkriegsführung, frei von Romantik und Übertreibung. Wie fast alle Indianerkämpfer hegte Custer eine tiefe Verachtung für die Rothäute im Allgemeinen, obwohl sein von Natur aus freundliches Wesen ihn dazu veranlasste, einzelnen Rothäuten Tapferkeit, Dankbarkeit und andere Eigenschaften zuzuschreiben, von denen allgemein angenommen wurde, dass sie nicht mit ihrem Charakter und ihrer Nationalität vereinbar seien.

Custer war nicht nur ein tapferer Kämpfer, sondern auch ein großer Liebhaber von Freizeit und Spaß. Eine echte Jagdexpedition riss ihn aus seiner fast gewohnten Ruhe und machte ihn zum natürlichen Anführer der Gruppe. Zu seinen Freunden gehörte William Cody, der in der Welt der Vergnügungsliebhaber besser als Buffalo Bill bekannt war, aufgrund seiner angeblichen außergewöhnlichen Fähigkeiten beim Schießen und Töten von Büffeln. Wenn man Mr. Cody fragen würde, würde er wahrscheinlich lieber Indian Bill genannt werden, da sein Hass auf den durchschnittlichen roten Mann weitaus größer war als sein Verlangen, die buckligen Ochsen zu töten, die einst fast ausschließlich in den westlichen Prärien heimisch waren. Einmal verbrachten er und Custer eine sehr schöne Zeit zusammen, und Cody hat eine angenehme Beschreibung dessen gegeben, was geschah.

Dies geschah anlässlich des Besuchs des Großherzogs Alexis in diesem Land. Vor etwa 23 Jahren unternahm diese europäische Berühmtheit eine Reise durch die Vereinigten Staaten und besuchte die meisten der großartigsten Sehenswürdigkeiten unseres Heimatlandes. Bevor er in das Land kam, hatte er von den großartigen Jagdmöglichkeiten gehört und auch von dem Sport, den man beim Büffelschießen in der Prärie betreiben kann. Er erwähnte diese Tatsache gegenüber den Regierungsbeamten, die beauftragt wurden, die Vorbereitungen zu seinen Gunsten abzuschließen, und dementsprechend wurde vereinbart, dass der Großherzog in das Büffelland geführt und in die Geheimnisse der Büffeljagd eingeweiht werden sollte, und zwar von dem Offizier, der inzwischen von den Sioux vernichtet wurde, und dem unbändigen Jäger, der sich inzwischen zu einem Prinzen unter den Schaustellern entwickelt hat.

Diese beiden etwas ruppigen, aber sehr netten Begleiter nahmen auf dieser Reise eine Gruppe Indianer mit, darunter „Spotted Tail", mit dessen Tochter Custer, wie man uns erzählt, auf dem Marsch ein wenig flirtete. Die Reise war sehr unterhaltsam und es wurden viele wichtige Informationen vermittelt.

Nur vier Jahre später wurde Custer mit einer ernsteren und weniger unterhaltsamen Mission betraut. Der Schauplatz der Tragödie wurde vor etwa drei Jahren von Mr. LD Wheeler besucht, dem wir die folgende sehr anschauliche und interessante Beschreibung des Besuchs und der Gedanken, die er hervorrief, zu verdanken haben:

„Nach einem ziemlich langen Ritt gelangten wir zu Renos Flussüberquerung, der Furt, die er für seinen Angriff überquerte. Wir durchquerten den Fluss, stiegen zwischen den jungen Bäumen und Büschen am Flussufer ab und aßen zu Mittag. Noch bevor wir mit dem Mittagessen fertig waren, kamen zwei Indianermädchen den Fluss herunter. Die jüngere, groß, schlank und anmutig, in leuchtendes, reines Scharlachrot gekleidet, war ein Bild. Mit ihrem pechschwarzen Haar, das in glänzenden Zöpfen herabhing, ihren durchdringenden Augen und ihrem hübschen Gesicht war sie die anmutigste, sylphenhafteste Indianerin, die ich je gesehen habe.

„Nach dem Mittagessen bestiegen wir unsere Pferde und ritten im Galopp zurück auf den Pfad, dem Custer und Reno gefolgt waren, und ritten mehrere Meilen zum Lookout Hill oder Point, den wir bestiegen. Dies war der Punkt, an dem Custer und seine Offiziere zum ersten Mal einen Blick auf das Tal des Greasy Grass erhaschten, wie die Sioux das Little Horn nennen.

"Nachdem wir die Gegend erkundet und unsere Pferde angespornt hatten, erklommen wir mit der Zeit die sanften Abhänge, die zu Renos alten Schützengräben führten , die heute fast verschwunden sind. Das auffälligste Merkmal des Ortes sind die vielen verstreuten, gebleichten Pferdeknochen. In kurzer Entfernung von den Schützengräben - die ziemlich abgerundet sind und in ihrer Form den Umrissen der Hügel folgen - und in einer kleinen Senke darunter liegen weitere Pferdeknochen. Hierher wurden die Verwundeten gebracht, das Krankenhaus eingerichtet und die Pferde gehalten. Von der welligen Gipfellinie der Steilküste fällt das Gelände unregelmäßig nach Nordosten und Osten ab, in eine Schlucht, die den Durchgang zur Furt bildet, die Custer anstrebte und nie erreichte. Das Gelände rund um das Schlachtfeld ist heute ein Nationalfriedhof. Es ist von einem Drahtzaun umgeben und umfasst mehrere hundert Morgen. Man könnte es etwas besser pflegen, als es der Fall ist. Bei einem meiner Besuche dort ritt ein Crow-Indianer zum Tor und drehte absichtlich seine Herde Pferde zum Grasen in das Gehege .

"Als ich auf das Gelände ritt, nachdem ich den Fluss durchquert und wieder überquert hatte, wo Custer versagt hatte, fiel mir als erstes ein kleiner eingezäunter Bereich mit einem großen Hügel und einem Grabstein ins Auge, der die Stelle markierte, an der Leutnant Crittenden gefallen war. An einer Ecke und außerhalb davon stand die vorgeschriebene Marmorplatte, die die Stelle markiert, an der jede Leiche auf dem Feld gefunden wurde. Diese besagte, dass dort Leutnant Calhoun getötet wurde. An zahlreichen Stellen am Westhang, aber in der Nähe der Schluchten, ist die Oberfläche mit kleinen Grabsteinen übersät. An einigen Stellen, weit unten am Abhang und weit weg von der Stelle, an der Custer, Van Reilly, Tom Custer und andere gefallen waren, sieht man sie einzeln; an anderen Stellen drei oder vier oder ein halbes Dutzend. An einer Stelle sind es über dreißig, gut zusammengedrängt. Unten in diesem Teil des Feldes, in der Schlucht, die zum Denkmal führt, befindet sich der Stein, der die Stelle markiert, an der Dr. Lords Leiche gefunden wurde, und bei ihr sind vier weitere.

„In der flachen Schlucht östlich des Bergrückens und fast am Fuße des Abhangs, etwas nordwestlich von der Stelle, an der Calhoun und Crittenden getötet wurden, und am Haupthang des Bergrückens befindet sich eine große Gruppe von Steinen. Hier haben Captain Miles Keogh und 38 Männer ihr Leben gelassen. Auf dieser Seite des Bergrückens – der Ostseite – zwischen der Stelle, an der Keogh und seine Männer starben, und der Stelle, an der Custer fiel, befinden sich zahlreiche Steine. Auf der gegenüberliegenden Seite des Custer-Bergrückens – der Seite, die dem Fluss zugewandt ist – und nahe seines Kamms gibt es nur sehr wenige Steine, und diese sind sehr verstreut und nicht in Gruppen angeordnet. Am nördlichen Ende des Bergrückens befindet sich eine leichte Erhebung, die alles andere überragt und in alle Richtungen abfällt, außer dort, wo der Bergrücken liegt. Direkt unter diesem Hügel oder Hügelchen – Custer Hill – in Richtung Südwesten gelegen, sind Custer und der Großteil seiner Männer gefallen.“

Am rechten Ufer des Missouri River – dem Big Muddy – in North Dakota, fast in Schussweite der Stadt Mandan, an der Northern Pacific Railroad, gab es in den 70er Jahren einen Militärstützpunkt, der nach dem großen Märtyrerpräsidenten der Nation benannt war: Fort Abraham Lincoln. Am Morgen des 17. Juni 1876 verließ unter anderem von hier aus mit dem Pomp und der Zeremonie, für die sie ausgezeichnet wurden, ein Kavallerieregiment, das in der Armee für seine Kühnheit, Tapferkeit und Ausdauer berühmt war – das berühmte Siebte Kavallerieregiment.

An der Spitze des Siebten Kavallerieregiments stand ein Mann, der zweifellos über viele Jahre und vielleicht sogar über die gesamte frühere und gegenwärtige Zeit hinweg die eindrucksvollste Persönlichkeit der Armee war. Er trat während des Bürgerkriegs in den aktiven Dienst der Armee ein und seine Karriere war eine kontinuierliche Abfolge von Erfolgen und Fortschritten, und am Ende hatte außer dem unvergleichlichen Sheridan kein Kavallerist einen größeren Ruf für seine großartige Elanstärke als er. Als er nach Kriegsende in die Prärie versetzt wurde, folgte natürlich sein Erfolg als Indianerkämpfer, und als er zu seiner letzten und schicksalsträchtigen Expedition aufbrach, hatte George Custer einen Ruf als unübertroffener Indianerkämpfer.

Am 22. Juni verließen Custer und das Siebte Kavallerieregiment gemäß ihren Anweisungen das Lager am Rosebud. Am 23. und 24. passierten sie viele Lagerplätze der Indianer auf ihrer Wanderung nach Westen. Am Abend des 24. Juni waren der Pfad und die Spuren so heiß und frisch geworden, dass ein Halt angeordnet wurde, um auf Nachrichten von den Spähern zu warten. Ihre Informationen bewiesen, dass die Indianer sich jenseits der Wasserscheide im Tal des Little Horn befanden. Custer, der davon überzeugt war, die Indianer im Alleingang besiegen zu können, bereitete sich sofort auf den Kampf vor. Er marschierte auf dem Pfad weiter und erweckte den Eindruck, dass er entschlossen war, an den Ort zu gelangen und eine echte Schlacht mit den Indianern zu liefern, an der er und das Siebte Regiment die einzigen Teilnehmer auf unserer Seite und folglich die einzigen Helden sein sollten. Der Gedanke an eine Niederlage schien ihm nie gekommen zu sein.

Am frühen Morgen des 25. Juni setzte Custer seinen Marsch fort. Bis dahin hatte das Kommando als Ganzes manövriert. Jetzt jedoch wurde es in vier Abteilungen aufgeteilt. Eine unter Major Reno, bestehend aus drei Kavallerieeinheiten und den vierzig Indianer-Spähern, hielt den Vormarsch; das zweite Bataillon, ebenfalls aus drei Truppen bestehend, rückte einige Meilen links von Reno vor und erkundete das Land im Süden; eine dritte Abteilung, bestehend aus dem Packzug, der die Reservemunition – etwa 24.000 Schuss – transportierte, stand unter dem Kommando von Captain McDougall und hatte eine Truppe als Eskorte; das vierte Bataillon stand unter Custer selbst und war mit fünf Truppen das größte. Es marschierte parallel zu Reno und in bequemer Unterstützungsreichweite nach Norden, wobei der Packzug der Spur hinter Reno und Custer folgte.

Reno rückte von der Furt aus in Viererkolonnen ein Stück weit über das Tal vor, formierte sich dann in Schlachtordnung und setzte das Kommando anschließend als Plänkler ein. Der Großteil der Indianer und ihr Lager waren durch eine Flussbiegung verborgen, und anstatt um die Biegung herum in das Indianerlager zu stürmen , hielt Reno an und ließ sein Kommando absteigen, um zu Fuß zu kämpfen. An diesem Punkt konnten zwei oder drei der Pferde nicht mehr kontrolliert werden und rissen ihre Reiter in das Indianerlager. Einem Bericht zufolge stürzten sie über das Flussufer und verletzten die Männer, die später von den Indianern getötet wurden. Hier bei Ash Point oder Hollow fand das Kommando bald Schutz im Wald und war in der Defensive; die Indianer strömten nun von allen Seiten herein. Die indianischen Späher mit Reno waren bereits zuvor zerstreut worden und zogen sich so schnell zurück, wie ihre Ponys sie tragen konnten. Die Berichte darüber, wie lange sie in diesem Wald blieben, gehen auseinander, aber es war wahrscheinlich nicht länger als eine halbe Stunde. Der „Angriff" – wie Reno ihn nannte – war praktisch eine Massenpanik, und viele erfuhren erst zu spät von dem Aufbruch, da kein klar definierter und gut verstandener Befehl dazu gegeben worden war. Es gab keinen systematischen Versuch, die Verfolgung der Indianer aufzuhalten, die nun unter der Führung von „Gall" auf sie einfielen und sie daran hinderten, die Furt zu erreichen, an der sie überquert hatten. Viele wurden auf diesem Rückzug getötet und viele andere verwundet, darunter Leutnant Donald McIntosh. Reno führte den Rückzug an, und sie rannten blitzschnell los . mell über das Tal, und an der neuen Furt hatten sie Glück, zu stoßen, aber es herrschte großes Durcheinander, denn jeder war sich selbst der Nächste, und den Letzten holt der Teufel; und wie es gewöhnlich der Fall ist, erwischte der (rote) Teufel mehr als einen. Sie überquerten den Fluss, so gut sie konnten, wobei Leutnant Hodgson nach der Überquerung getötet wurde, und Männer und Pferde erklommen die steilen, fast unzugänglichen Steilhänge und Schluchten, auf deren Gipfel sie die Gelegenheit hatten, „Zählung des Viehbestands vorzunehmen". Viele hatten versucht, die Steilhänge an anderen Stellen in der Nähe zu erklimmen. Die Indianer waren dort oben in großer Zahl, und von ihnen wurde Dr. DeWolf getötet, als sie fast die Klippen hinauf waren.

Nachdem sie mindestens eine Stunde, wahrscheinlich länger, auf den Steilküsten geblieben waren, wurde ein Vormarsch flussabwärts über eine oder anderthalb Meilen unternommen. Zuvor war flussabwärts in der Richtung, in die Custer gegangen war, schweres Feuer zu hören gewesen. Das gesamte Kommando hörte zwei deutliche Salven, gefolgt von vereinzelten Schüssen, und man nahm an, dass Custer alles vor sich her trug. Als Reno das Ende dieses Vormarsches nach Norden in Richtung Custer erreicht hatte, sahen sie eine große Anzahl berittener Indianer über das huschen, was sich später als Custers Schlachtfeld herausstellte. Bald stürmten diese auf Reno zu, der sich hastig von einer scheinbar starken Position zurückzog, bis fast zu dem Punkt, an dem er ursprünglich die Steilküste erreicht hatte. Hier suchten sie auf den kleinen Hügeln bei den flachen Brustwehren Schutz und brachten die Verwundeten und Pferde in einer Senke unter. In dieser Nacht waren sie bis zwischen 9 und 10 Uhr schwerem Feuer der Indianer ausgesetzt, die sie vollständig umzingelten. Das Feuer begann am 26. wieder bei Tagesanbruch und dauerte den ganzen Tag. Da die Indianer einige nahegelegene Höhenzüge unter Kontrolle hatten , gab es viele Opfer. Renos Gesamtverluste beliefen sich laut Godfrey auf 50 Tote , darunter drei Offiziere, und 59 Verwundete. Viele derer, die beim Beginn des Rückzugs im Flussbett zurückgeblieben waren, erreichten schließlich wieder das Kommando und entkamen im Schutz der Nacht.

Es gibt viele verschiedene Meinungen darüber, was Custer getan hat oder hätte tun sollen. Die Theorie, die zuerst vorgebracht und jahrelang vertreten wurde, heute aber nicht mehr haltbar ist und wahrscheinlich auch von vielen vertreten wird, war, dass Custer die Furt erreichte und versuchte, sie zu überqueren; dabei wurde er von einem so sengenden Feuer empfangen, dass er zurückwich und sich in bester Verfassung auf den Hügel zurückzog und dort wie ein Tier kämpfte, in der Hoffnung, dass Renos Angriff im Tal und Bentons rechtzeitige Ankunft ihm noch helfen würden. Die Indianer behaupten jedoch energisch, dass Custer nie versucht hat, die Furt zu überqueren und nie auch nur in ihre Nähe gekommen ist. In weniger als einer halben Meile Entfernung von der Furt wurden keine Leichen gefunden, und es scheint unbestritten, dass die Indianer die Wahrheit sagen.

Als Custer auf die Klippe hinausritt und ins Tal des Greasy Grass blickte, musste er sofort erkannt haben, dass er die Situation zuvor völlig falsch eingeschätzt hatte. Das Natürlichste wäre gewesen, seine Spur zurückzuverfolgen, sich Reno auf dem kürzesten Weg anzuschließen und dann gemeinsam den Angriff persönlich fortzusetzen oder, wenn es dann zu spät für einen erfolgreichen Angriff gewesen wäre, hätte er aller Wahrscheinlichkeit nach das Kommando befreien und sich mit Terry zusammenschließen können. Indianersignale verbreiten sich schnell, und sobald Reno aufgehalten und besiegt war, wurde dies nicht nur im ganzen Lager signalisiert, sondern jeder Krieger stürmte flussabwärts, um Custer entgegenzutreten, und schloss sich denen an, die bereits dort waren und jetzt zumindest wachsam waren.

Es ist also wahrscheinlich, dass die Indianer, bevor Custer das Bachtal erreichen konnte, genügend Demonstrationen gezeigt hatten, um ihn dazu zu bewegen, von der Stelle abzuweichen, an der er es sonst erreicht hätte, und sich weiter zurück in Richtung der zweiten Reihe von Steilküsten zu bewegen, vielleicht sogar so weit zurück, wie Captain Godfrey die Spur angibt. Das einzige, was dagegen sprechen würde, wäre der Zeitfaktor, der dem kaum entgegenzuwirken scheint. Wie auch immer er dorthin gelangt ist, Custer steht endlich auf der Anhöhe, die so bald mit seinem Lebensblut betoniert werden wird. Was sah er? Was tat er? Die Informationsquellen sind notwendigerweise größtenteils indianischer Natur. Am südöstlichen Ende des Custer-Kamms, offenbar gegenüber der Schlucht oder Schlucht des Arms des Custer Creek, lagen Calhoun und Crittenden. In geringem Abstand von ihnen, in einer Senke und unten am Nordhang des Custer-Kamms, stand Keogh. Entlang des Nordhangs des Bergrückens, von Keogh bis Custer Hill, befand sich Smiths Kommando, und am höchsten Punkt des Bergrückens, dem Custer Hill, aber auf dem gegenüberliegenden Bergrücken, wo die anderen postiert waren, befanden sich Tom Custer und Yates und mit ihnen Custer selbst. Yates' und Custers Männer blickten offensichtlich nach Nordwesten. Aus den Aussagen der Indianer geht hervor, dass der Großteil des Kommandos abgesessen war.

Die Linie war etwa eine Dreiviertelmeile lang und der Angriff wurde von zwei starken Indianergruppen durchgeführt. Eine davon kam von der Furt, die nach dem Helden und Opfer des Tages benannt ist. Sie wurde von einem wagemutigen Indianer mit einigen Kenntnissen als Feldherr angeführt, und seine Anhänger gehörten einer weit höheren Klasse an als der durchschnittliche rote Mann. Diese Angreifergruppe leistete große Leistung und schaffte es, die weißen Männer, denen sie gegenüberstanden und die so deutlich in der Überzahl waren, fast zu vernichten. Aus den spärlichen Informationen über das Geschehen, die zugänglich sind, scheint hervorzugehen, dass die Hinrichtung dieser Männer fast der von erfahrenen Scharfschützen gleichkam. Ein rücksichtsloser Indianer namens „Crazy Horse" stand an der Spitze einer Anzahl Cheyenne , die den Hauptteil der zweiten Angriffsgruppe bildeten. Diese trafen auf Custer selbst und die Männer, die unmittelbar seinem Befehl unterstanden. Sie waren den Weißen zahlenmäßig weit überlegen, umzingelten die Truppen und begannen, verstärkt durch die erste Kolonne, die zu diesem Zeitpunkt über ihren Sieg erfreut war und ihre Brutalität nicht achtete, damit, die tapferen Kavalleristen vor ihnen auszulöschen.

Die meisten von Custers Männern kannten die Natur ihrer Zerstörer zu gut, um um Gnade zu bitten oder einen Fluchtversuch zu unternehmen. Zwischen dem Bergrücken, auf dem die Schlacht ausgetragen wurde, und dem darunterliegenden Fluss war ein leerer Raum. Einige wenige Männer rannten diesen Ort entlang in der Hoffnung, den Fluss zu durchqueren und vorübergehende Verstecke zu finden. Sie verlängerten ihr Leben jedoch nur um wenige Minuten, denn einige der flinksten Indianer rannten ihnen nach und töteten sie auf der Flucht. Das Pferd, auf dem Captain Keogh in die Schlacht ritt, entkam dem allgemeinen Gemetzel und fand seinen Weg zurück in die Zivilisation. Wie es seine letzten Jahre verbrachte, haben wir bereits besprochen.

Mit dieser Ausnahme ist es mehr als wahrscheinlich, dass kein Lebewesen, das mit Custer in den Kampf zog, lebend daraus hervorging. Ein Crow-Scout namens „Curley" behauptet, er sei in den Kampf verwickelt gewesen und habe sich nach dessen Ende als Sioux verkleidet, seine Decke um den Kopf gewickelt und sei geflohen. „Curleys" Aussage wurde nie mit viel Glaubwürdigkeit aufgenommen. Die Beweise deuten im Allgemeinen darauf hin, dass vor der Schlacht fast alle indianischen Scouts, die mit Custer auf dem Marsch waren, wegliefen, als sie die Übermacht des Feindes sahen. „Sitting Bull", der seitdem das Schicksal erlitt, das er nach Meinung vieler verdiente, behauptete ebenfalls, auf der anderen Seite im Kampf gewesen zu sein. Seine Geschichte über Custers Heldenmut und seinen Tod wurde wahrscheinlich erfunden, um sich bei den Weißen einzuschmeicheln, da es offensichtlich scheint, dass „Sitting Bull" seine übliche Feigheit zeigte und weglief, bevor es innerhalb von 24 Stunden zu einer Schlacht kam.

Major James McLaughlin hatte während seiner Tätigkeit als Indianeragent bei der Standing Rock Agency in North Dakota Gelegenheit, eine Menge wichtiger Informationen über das Schlachtfeld und die damit verbundenen Vorfälle zu sammeln. Auf Ersuchen von Mr. Wheeler, dessen Recherchen zu den Legenden und der Geschichte interessanter Orte, die mit der Northern Pacific Railroad leicht zu erreichen waren, äußerst erfolgreich waren, erhielt er vom Major die folgenden wertvollen Informationen zu vielen Einzelheiten, die Gegenstand von Debatten und Streitigkeiten waren:

"Es ist schwierig", sagt diese unbestrittene Autorität, "auch nur annähernd die Zahl der Indianer zu ermitteln, die im Tal des Little Big Horn lagerten, als Custers Kommando am 25. Juni 1876 dort ankam; die Indianer waren gleichgültig, was die Feststellung ihrer Stärke durch tatsächliche Zählung anging, und ihre Vorstellungen waren damals zu grob, um es selbst zu wissen. Ich bin in dieser Agentur stationiert, seit die kapitulierten Feinde im Sommer 1881 hierher gebracht wurden, und habe mich häufig mit vielen der Indianer unterhalten, die in diesen Kampf verwickelt waren, und insbesondere mit 'Gall', 'Crow King', 'Big Road', 'Hump', 'Sitting Bull', 'Gray Eagle', 'Spotted Horn Bull' und anderen prominenten Männern der Sioux, was die Custer-Affäre betrifft. Wenn man nach der Zahl der beteiligten Indianer gefragt wurde, lautete die Antwort ausnahmslos: 'Keiner von uns wusste es; Nina wicoti ", was „sehr viele Hütten" bedeutet. Aus dieser Informationsquelle, die am besten erhältlich ist, gehe ich davon aus, dass sich damals 3.000 erwachsene Männer im Lager befanden. Am 25. Juni 1876 betrug die Kampfstärke der Indianer zwischen 2.500 und 3.000, wahrscheinlich näherte sie sich sogar der letztgenannten Zahl.

„'Sitting Bull' war ein anerkannter Medizinmann und genoss bei den Sioux großes Ansehen, nicht so sehr wegen seiner Fähigkeiten, Kranke zu heilen und zu kurieren – was, nachdem er solch einen Ruhm wiedererlangt hatte, unter seiner Würde war –, sondern wegen seiner Prophezeiungen; und egal wie absurd seine Prophezeiungen auch sein mochten, er fand bereitwillige Gläubige und willige Anhänger, und wenn seine Prophezeiungen nicht eintrafen, gelang es ihm immer, seine allzu leichtgläubigen Anhänger mit absurden Gründen zufriedenzustellen. Ich war zum Beispiel im Frühjahr 1888, irgendwann gegen Ende Juni, in seinem Lager am Grande River. Es hatte seit einigen Wochen nicht geregnet, und die Ernten litten unter Dürre , und ich bemerkte ihm gegenüber, der sich in einer Versammlung einer großen Anzahl von Indianern dieses Bezirks befand, dass die Ernten dringend Regen brauchten und dass die Ernten, wenn es noch viel länger ohne Regen bliebe, nichts wert wären. Er, ‚Sitting Bull', antwortete: ‚Ja, die Ernten brauchen Regen, und meine Leute haben mich bedrängt, es regnen. Ich überlege, ob ich es tun soll oder nicht. Ich kann es jederzeit regnen lassen, aber ich fürchte Hagel. Hagel kann ich nicht kontrollieren, und sollte ich es regnen lassen, könnte schwerer Hagel folgen, der das Präriegras ebenso wie die Ernten vernichten würde, und unsere Pferde und unser Vieh würden so ihrer Lebensgrundlage beraubt werden.' Er machte diese Aussage mit so viel Aufrichtigkeit, wie ein Mensch sie nur zum Ausdruck bringen kann, und es gab keinen Indianer unter seinen Zuhörern, der dies nicht als in seiner Macht stehend ansah.

„'Sitting Bull' war geistig stumpfsinnig und bei weitem kein so fähiger Mann wie ‚Gall', ‚Hump', ‚Crow' und viele andere, die als ihm untergeordnet galten; aber er war ein geschickter Intrigant und sehr schlau und konnte die Leichtgläubigkeit der Indianer in erstaunlichem Maße beeinflussen, und dies, zusammen mit großer Hartnäckigkeit und Zähigkeit, verschaffte ihm seinen weltweiten Ruf. ‚Sitting Bull' behauptete in seiner Aussage mir gegenüber, dass er den Custer-Kampf geleitet und geführt habe; aber alle anderen Indianer, mit denen ich gesprochen habe, widersprachen dem und sagten, dass ‚Sitting Bull‘ mit seiner Familie geflohen sei, sobald das Dorf von Major Renos Kommando angegriffen wurde, und dass er sich auf den Weg zu einem sicheren Ort mehrere Meilen weit draußen in den Bergen gemacht habe, als er von einigen seiner Freunde mit der Nachricht des Sieges über die Soldaten eingeholt wurde, woraufhin er zurückkehrte und in seiner üblichen Art den ganzen Verdienst des Sieges für sich in Anspruch nahm, da er den Ausgang geplant und auf einer Klippe über dem Schlachtfeld gestanden und das Böse beschwichtigt habe. Geister und Anrufung des Großen Geistes für den Ausgang des Kampfes.

„Und wenn man die Unwissenheit und den angeborenen Aberglauben des durchschnittlichen Sioux-Indianers zu dieser Zeit bedenkt, ist es nicht verwunderlich, dass die Mehrheit, wenn nicht alle, bereit waren, es zu akzeptieren, besonders wenn sie in einer gemeinsamen Sache vereint waren und das, was sie als ihre einzige Rettung vor der Vernichtung betrachteten. Tatsächlich gab es keinen einzelnen Mann, der diesen Kampf führte oder leitete; es war ein Pell Mell Rush wurde von einer Reihe anerkannter Krieger angeführt, wobei „Gall“ von den Hunkpapas und „Crazy Horse“ von den Cheyennes die bekannteren waren.

„Die Indianer, mit denen ich gesprochen habe, bestreiten, einen der Toten verstümmelt zu haben, geben aber zu, dass viele Leichen von Frauen des Lagers verstümmelt wurden. Sie behaupten auch, dass der Kampf mit Custer nur von kurzer Dauer war. Sie wissen nicht, wie viele Stunden oder Minuten es waren, aber sie haben es mit der Distanz erklärt, die während des Kampfes zurückgelegt werden konnte. Sie variieren zwischen zwanzig Minuten und einer Dreiviertelstunde, keiner gibt an, dass er länger als fünfundvierzig Minuten dauerte. Dies schließt den Kampf mit Reno vor seinem Rückzug nicht ein, sondern ab dem Zeitpunkt, als Custers Kommando vorrückte und der Kampf mit seinem Kommando begann. Die Meinung der Indianer bezüglich Renos erstem Angriff und seinem kurzen Widerstand ist, dass es sein Rückzug war, der ihnen den Sieg über Custers Kommando bescherte. Der kopflose Rückzug von Renos Männern begeisterte die Indianer so sehr, dass sie, aufgeregt und von diesem frühen Erfolg erfüllt, rücksichtslos auf Custers Kommando losgingen, und mit der geringen Zahl der so begeisterten Indianer war dieses kleine Kommando nur ein kleiner Hemmschuh für ihren flächendeckenden Vormarsch. Ungestüm. Die Indianer geben auch an, dass die getrennten Abteilungen ihren Sieg über die Truppen sicherer machten.“

So fiel Custer. Das Geheimnis um seinen Tod wird wahrscheinlich nie zufriedenstellend gelöst werden, da man sich auf die Aussagen der Indianer nicht verlassen kann. Die Art und Weise, wie das Kommando vernichtet und die Leichen der Soldaten verstümmelt wurden, sollte einen großen Beitrag dazu leisten, viele der heute existierenden Theorien über die angebliche Misshandlung der Indianer und ihre natürliche Friedfertigkeit und ihr gutes Wesen zu widerlegen. Custer hatte sich so oft mit den Männern angefreundet, die sein Kommando umzingelten und vernichteten, dass die Niederträchtigkeit ihrer Undankbarkeit selbst denen klar sein sollte, die geneigt sind, mit den Rothäuten zu sympathisieren und die angebliche Härte, mit der sie behandelt wurden, anzuprangern. Reisende durch die Dakota-Region finden nur wenige Orte von mehr melancholischem, wenn auch ausgeprägtem Interesse als den, der in Verbindung mit diesem Kapitel dargestellt wird.

KAPITEL XII.

UNTER DEN KREOLEN.

Bedeutung des Wortes „Kreolisch" – Ein altes aristokratisches Relikt – Das Venedig Amerikas – Ursprung des kreolischen Karnevals – Rex und seine jährlichen Verkleidungen – Kreolische Bälle – Die verschleierten Propheten von St. Louis – Der French Market und andere Sehenswürdigkeiten in New Orleans – Eine wunderschöne Zeremonie und ein unvollendetes Denkmal.

New Orleans ist in der ganzen Welt für die Pracht seiner Karnevalsfeste bekannt. Als eine der größten kreolischen Städte der Welt feiert sie seit mehr als einem halben Jahrhundert einmal im Jahr und verleiht den Karnevalsfestlichkeiten einen recht geschäftlichen Aspekt. Der Kreole ist einer der interessantesten Charaktere, denen man auf einer Reise durch die Vereinigten Staaten begegnet. In der Regel ist er oder sie überaus fröhlich und glaubt von ganzem Herzen an die Weisheit des Befehls „Lachen und fett werden". Der echte Kreole weiß kaum, was es heißt, länger als ein paar Stunden am Stück traurig zu sein, denn ein sehr kleines Vergnügen gleicht eine Menge Ärger und Leid mehr aus. Der Wunsch, sich zu bewegen und Szenenwechsel zu genießen, ist ein besonderes Merkmal des Kreolen, und daher sprechen ihn die spektakulären Effekte des Karnevalsumzugs am meisten an.

Viele Menschen aus dem Osten und Norden verwechseln die Begriffe „Kreole" und „Mulatte" und glauben, dass ersterer Name den Nachkommen aus Mischehen gegeben wird, die trotz der strengen Gesetze der meisten Südstaaten geschlossen werden. Das ist ein völliger Irrtum, denn der echte Kreole ist kein Gegenstand der Verachtung und des Mitleids, sondern eher ein Aristokrat und einer höheren Kaste angehörig als der durchschnittliche Weiße. Streng genommen bedeutet der Begriff Geburt in diesem Land, aber ausländische Abstammung oder Herkunft. Ursprünglich wurde er auf die Kinder französischer und spanischer Siedler in Louisiana angewendet und bezog sich in dieser Anwendung nur auf eine Handvoll Menschen. Im Laufe der Zeit, als die französische Auswanderung aufhörte und die Spanier allmählich nach Süden verdrängt wurden, nahm die Zahl der echten Kreolen natürlich schnell ab. Der Name wurde jedoch im allgemeinen Einvernehmen beibehalten und wird von den Nachkommen der dritten und vierten Generation der ursprünglichen Kreolen beibehalten. Einige der heutigen Kreolen sind sehr wohlhabend, viele andere sind vergleichsweise arm, da sie durch Veränderungen in Lebensgewohnheiten und -bedingungen stark beeinflusst wurden. Obwohl der Name „Kreolen" auf spanische Herkunft schließen lässt, fließt unter den heutigen Kreolen mehr französisches Blut als unter jeder anderen Nation. Die lebhaften Gewohnheiten und die allgemeine Liebe zur Veränderung, die unter den Franzosen so verbreitet sind, bleiben in ihren Nachkommen erhalten. Der alte Plan, die Kinder zur Ausbildung nach Frankreich zu schicken, wurde in letzter Zeit weitgehend aufgegeben, aber die Einflüsse des Pariser Lebens wirken sich immer noch auf die Rasse aus.

Dies ist hauptsächlich der Grund, warum New Orleans oft als das amerikanische Venedig bezeichnet wird. Dieser schönen europäischen Stadt mit ihren Gondeln und malerischen Kostümen gebührt die Ehre, die gehobene Komödie hervorgebracht zu haben. New Orleans gebührt die Ehre, die Idee in diesem Land in greifbare Form gebracht oder zumindest verewigt zu haben und das jährliche Fest seit vollen zwei Generationen fast ohne Unterbrechung aufrecht zu erhalten. Das Maskenspiel kam über den Atlantik von Venedig aus über Frankreich, wo sich die Idee fest etablierte. Als die Auswanderung aus Frankreich in das alte Louisiana-Territorium allgemein verbreitet wurde, kam die Idee mit, und der Brauch, Kinder zur Ausbildung nach Paris zu schicken, führte dazu, dass die neuesten Ideen aristokratischer Festlichkeiten in die Heimat gebracht wurden, die sie seitdem beherbergt.

Die Geschichte erzählt uns, dass am Silvesterabend 1831 eine Reihe vergnügungssüchtiger Männer die ganze Nacht in einem kreolischen Restaurant in Mobile verbrachten, um den ersten mystischen Orden in dieser Stadt zu gründen, und von diesem Anfang an entstand eine lange Reihe kreolischer Komödien. 1857 erschien die Mystic Krewe of Comus zum ersten Mal auf den Straßen von New Orleans. Als Thema für die Illustration wurde „Das verlorene Paradies" gewählt. Jahr für Jahr wiederholte sich das Fest am Faschingsdienstag, aber der Ausbruch des Krieges setzte dem jährlichen Jubel natürlich ein Ende. Die Begeisterung der Südstaaten ist jedoch schwer zu dämpfen, und gleich nach Kriegsende tauchte Comus in all seiner Pracht wieder auf. Einige Jahre später wurden die Knights of Momus gegründet, und 1876 veranstaltete die Krewe of Proteus ihren ersten Karneval. Viele andere Orden folgten, aber diese sind die prächtigsten und wichtigsten.

Es ist schwierig, eine angemessene Vorstellung von den Gefühlen zu vermitteln, die in Bezug auf diese Komödien vorherrschen. Das Mysterium, das die Orden umgibt, ist außergewöhnlich, und das Geheimnis wurde gut gehütet, eine Tatsache, die Zyniker dem Ausschluss von Damen aus dem geheimen Kreis zuschreiben. Es ist bekannt, dass Männer bei vielen Gelegenheiten vorgaben, die Stadt am Vorabend der Komödie zu verlassen und ein oder zwei Tage später nach Hause zurückgekehrt zu sein, ohne dass nicht einmal ihre eigenen Familien wussten, dass sie an der Spitze der Prozession teilgenommen hatten. Die Karnevalskönige erlassen vor ihrer Ankunft königliche Erlasse, in denen sie befehlen, anlässlich der Feierlichkeiten alle Geschäfte einzustellen. Der Befehl wird wörtlich befolgt. Banken, Gerichtshöfe und Handelshäuser stellen im Allgemeinen ihre Geschäfte ein, und Alt und Jung kommen gleichermaßen, um dem jeweiligen Monarchen zu huldigen.

Stellen wir uns für einen Moment vor, wir hätten das Privileg, einen kreolischen Karneval zu sehen. Jeder Zentimeter des verfügbaren Platzes ist besetzt. Jeder Balkon mit Blick auf die königliche Straße ist voll mit Vergnügungsgesellschaften, darunter reich gekleidete Damen, die alle Blumen und Schönheiten des sonnigen Südens repräsentieren. Die Strecke ist auf die attraktivste Weise beleuchtet und jeder wartet gespannt auf die Prozession. Musikkapellen, die muntere Melodien spielen, belohnen schließlich die Geduld der Zuschauer. Dann kommen Herolde, Leibwächter und Marschälle, alle prächtig für diesen Anlass gekleidet. Ihre Pferde sind, wie sie selbst, für diesen Anlass reich geschmückt und die Banner und Flaggen fallen durch die künstlerische Mischung der Farben auf.

Dann kommt der Lord High Chamberlain in Staatstracht angeritten, mit dem goldenen Schlüssel der Stadt, der ihm 24 Stunden zuvor vom Bürgermeister in Staatstracht überreicht wurde. Als nächstes kommt der Held der Parade, der König selbst. Alle Augen sind auf ihn gerichtet. Er ist gründlich verkleidet und kann auf den Balkonen und in der Menge seine persönlichen Freunde und ergebensten Verehrer erkennen. Vor ihnen verneigt er sich mit großer Feierlichkeit. Die reich gekleideten jungen Damen und ihre Kavaliere sind bis zu einem gewissen Grad verwirrt und streiten oft untereinander über die wahrscheinliche Identität des Monarchen. Sie verneigen sich ebenfalls und sehen aus, als würden sie den Monarchen gern viel länger in ihrer Mitte behalten, als die Notwendigkeit der Aufrechterhaltung der Ordnung es zulässt. Dem König folgen die Leibwächter und Scharen von Urlaubern.

Rex stellt jetzt im Allgemeinen ein spezielles Thema dar und tritt dieses Jahr als Kreuzritter, ein anderes Jahr als Entdecker Amerikas und ein drittes Jahr als eine andere mystische Persönlichkeit auf. Aber egal, welches Thema der Karneval sein mag, das zugrunde liegende Prinzip ist dasselbe. Manchmal wird bei der Heiterkeit viel Unterricht erteilt, aber in jedem Fall ist die Prozession nur ein Signal für allgemeine Freude. Sobald die Prozession aufgelöst wird, was immer in militärischer Ordnung geschieht, gibt die ganze Stadt dem Spaß und der Heiterkeit aller Charaktere nach. In der ganzen Stadt herrscht Freiheit ohne Zwang. Nach allgemeiner Auffassung ist jeder darauf bedacht, Störungen oder Ärger zu vermeiden. Alle sind glücklich und jeder scheint die Tatsache zu schätzen, dass das Leben der Komödie von ihrer Ehrwürdigkeit abhängt. An keinem der Vorgänge oder an den zahllosen

Tableaus, die sich entlang der Privatstraßen abspielen, ist etwas Vulgäres oder Gewöhnliches. Alles ist das, was man als geordnete Unordnung bezeichnet hat. Alles ist attraktiv und einfach.

Der Ball, ein herausragender Bestandteil des kreolischen Karnevals, ist eine wunderbare Kombination aus aristokratischen Ideen des 19. Jahrhunderts und orientalischem Humor. Die Gäste sind in voller Montur und repräsentieren die höchsten Elemente der südlichen Gesellschaft. Auf dem mit Teppichen ausgelegten Boden marschieren die Teilnehmer des Festzugs in ihren grotesken Kostümen. Ein anscheinend blutrünstiger Indianer, der eine Keule über seinem Kopf schwingt, springt für eine Sekunde aus der Reihe hervor, um so zu tun, als würde er einem seiner vielleicht engsten Freunde das Gehirn einschlagen, der keine Ahnung hat, wer ihm diese Ehre erwiesen hat.

Ein anderer Mann, der im Alltag vielleicht ein ruhiger Bankier oder ein bekannter Arzt ist, verkleidet sich in einer außergewöhnlichen Kleidung mit einer Maske von außergewöhnlicher Größe und Bedeutung. Er sieht in der Menge eine junge Dame aus seiner Bekanntschaft und schüttelt ihr mit großer Begeisterung die Hand. Das Geheimnis wird so gut gehütet, dass sie keine Ahnung hat, dass der scheinbar ausgelassene junge Mann ein Geschäftsmann mittleren Alters ist, und sie verbringt vielleicht die halbe Nacht damit, sich zu fragen, welcher ihrer Verehrer dieser furchterregend und wunderbar verkleidete Mann war.

Über die Bälle, die auf die Karnevalsfeiern in den Städten folgen, die sich an dieser vorübergehenden Abkehr von den Sorgen von Geschäft und Geld erfreuen, könnte man Seiten schreiben. Nur ein Ball muss im Detail erwähnt werden. Dies ist der Ball, der von den „Knights of Revelry" in Verbindung mit und auf Kosten der Mobile Clubs veranstaltet wurde. Das gesamte Theater wurde zur Veranschaulichung des Themas des diesjährigen Festzugs des Clubs neu arrangiert. Überall in den Sälen hingen Wandteppiche und Banner, kunstvoll verziert und so angeordnet, dass sie die Vorstellung von Wäldern und Gärten vermittelten. Die Türen selbst wurden in nachgeahmte Eingänge zu Höhlen und Parterres verwandelt, und die Gesamtwirkung war bezaubernd und zugleich sentimental. Die Band war vor den Gästen in einem höchst entzückend eingerichteten kleinen Schweizer Chalet verborgen, und Erfrischungen wurden aus Miniatur-Gartenpavillons serviert. Die Böden selbst, auf denen getanzt werden sollte, wurden so dekoriert, dass sie wie ein frisch gemähter Rasen aussahen.

Der Höhepunkt des Realismus wurde durch einen nachgeahmten Burggraben über dem Orchestergraben erreicht. Darüber führte eine Zugbrücke, die in angemessenen Abständen hoch- und heruntergelassen wurde, und der Vorhang war so gestaltet, dass er ein massives Burgtor darstellte. Es gab einen Bankettsaal mit makellosen Reproduktionen mittelalterlicher Pracht und Wunder. Buntglasfenster stellten bekannte und attraktive Damen dar, und es gab andere wunderbare und kostspielige Neuerungen, die in einem Theater praktisch unmöglich schienen.

Auf diesem Ball wie auf allen anderen dauerte das Fest bis Mitternacht. So wie Aschenputtel den Ball verließ, als die Uhr 12 schlug, hören auch die Veranstalter der kreolischen Feste sofort mit dem Tanzen auf, sobald die Fastenzeit begonnen hat. Am nächsten Tag ist alles vorbei. Männer, die am Abend zuvor die Anführer der Maskerade waren, nehmen ihr alltägliches Leben wieder auf und sind an den üblichen Plätzen des Brauchtums zu sehen, wo sie kaufen und verkaufen und sich wie Männer aus dem Osten und nicht aus dem Süden benehmen.

Die Karnevalsidee ist nicht nur auf die Städte des Südens beschränkt. St. Louis erfreut sich seit vielen Jahren der Festzüge und Bälle seiner Veiled Prophets, einer Organisation, die so geheim und mysteriös ist wie keine andere in einem kreolischen Viertel. Statt einer Karnevalsfeier findet der Festzug in St. Louis während der Altweibersommertage der ersten Oktoberwoche statt. Die Parade findet nach Einbruch der Dunkelheit statt und besteht aus sehr kostspieligen Festzügen und Schaustellungen. Es ist keine Übertreibung zu sagen, dass Hunderttausende von Dollars für die Beleuchtung der Straßen ausgegeben wurden, durch die die Prozessionen zogen. Das Geld für diesen Zweck wurde von Geschäftsleuten und Privatpersonen großzügig gespendet. Aber in St. Louis, wie in New Orleans, weiß niemand, wer das Geld für die Vorbereitung des Festzugs, die reichen und abwechslungsreichen Kostüme, die exquisiten Einladungen und Souvenirs und die prachtvollen Bälle aufbringt. Leser der „Pickwick Papers" werden sich erinnern, dass, als bestimmte Mitglieder des Clubs vorschlugen, eine Rundreise durch das Land zu machen, um Dinge von besonderem Interesse zu notieren, einstimmig beschlossen wurde, den Umfang der Untersuchungen nicht einzuschränken und den Ermittlern das Privileg einzuräumen, ihre eigenen Ausgaben zu bezahlen. Im Großen und Ganzen gilt dieselbe Regel für die kreolischen Karnevals- und Ballfeste und die Umsetzung dieser Idee in anderen Städten. Es wird die strengste Geheimhaltung gewahrt, und es gilt als äußerst unhöflich, auch nur anzudeuten, zu einem der Geheimbünde zu gehören. Die Mitglieder tragen ohne einen Moment zu zögern alle Ausgaben selbst, und es wurde nie so etwas wie eine Liste der gespendeten Beträge gesehen.

Es gibt viele Leute, die sagen, diese Feste seien kindisch und unter der Würde einer Geschäftswelt. Die Antwort auf Kritik dieser Art ist, dass niemand gebeten wird, zu den Kosten der Festlichkeiten beizutragen, oder dass niemand gebeten oder dazu berechtigt wird, eine Eintrittskarte für die Bälle zu kaufen. Jede Kritik ist so, als würde man einem geschenkten Gaul ins Maul schauen. Wenn man zugibt, dass das Leben aus mehr als einem harten, ununterbrochenen Wettlauf um Reichtum besteht, dann muss man zugeben, dass diese Karnevale einen äußerst wichtigen Teil der Routine des Lebens einnehmen. Die absolute Selbstlosigkeit der gesamten Arbeit spricht dafür, dass sie auch den Gleichgültigsten zustimmt. Diejenigen, die die Kosten aufbringen, müssen während der Paraden und Bälle so hart arbeiten, dass sie vergleichsweise wenig Freude daran haben, während sie durch die absolute Geheimhaltung, die herrscht, auch nicht einmal ein Wort des Dankes oder der Gratulation von der Öffentlichkeit erhalten. In diesem materiellen Zeitalter besteht die Gefahr, dass Feste dieser Art sich selbst erschöpfen. Wenn dies geschieht, wird die Welt infolgedessen ärmer sein.

New Orleans, das wir als die große Heimat des kreolischen Karnevals bezeichnet haben, ist eine Stadt, deren Ruf in der ganzen Welt bekannt ist. Sie liegt direkt an der Mündung des großen Mississippi und ihre Geschichte reicht bis ins Jahr 1542 zurück, als eine tapfere Abenteurergruppe den Fluss hinunter in den Golf von Mexiko fuhr. 1682 segelte La Salle den Fluss hinunter und nahm das Land auf beiden Seiten des Flusses im Namen Frankreichs in Besitz. In den letzten Tagen des 17. Jahrhunderts landete eine französische Expedition unweit von New Orleans, das 1718 mit einer Bevölkerung von 68 Seelen gegründet wurde. Drei Jahre später wurde die Stadt, die heute mehr als eine Viertelmillion Einwohner hat, zur Hauptstadt des Louisiana-Territoriums ernannt und erlangte sofort beträchtliche Bedeutung.

1764 wurde es an Spanien abgetreten, was dazu führte, dass die Bevölkerung New Orleans in Besitz nahm und sich dem Regierungswechsel widersetzte. Fünf Jahre später traf der neue spanische Gouverneur mit zahlreichen Truppen ein, schlug den Aufstand nieder und ließ seine Anführer auf dem Place d'Armes hinrichten . 1804 wurde das Territorium Orleans gegründet, und 1814 rückte eine 15.000 Mann starke britische Armee auf die Stadt vor, nach der das Territorium benannt wurde. Es folgte viel Verwirrung, aber die Stadt konnte sich behaupten, und die Invasionsarmee wurde zurückgeschlagen.

Während des Bürgerkriegs wurde in New Orleans erneut aktiv gekämpft. Die Besetzung der Stadt durch General Butler und die strengen Maßnahmen, die er ergriff, um die Loyalität sogar der Frauen der Stadt zu unterdrücken, waren Gegenstand vieler Kommentare. Es gibt viele interessante Geschichten über diese Epoche in der Geschichte der Stadt, die in vielen Variationen jedem erzählt werden, der sich eine Zeit lang in dem großen Hafen am Tor des größten Flusses der Welt aufhält.

Heute ist New Orleans vielleicht am besten als zweitgrößter Baumwollhandelsplatz der Welt bekannt. Jedes Jahr werden hier etwa

2.000.000 Ballen der Produkte der Plantagen des Südens ein- und ausgeliefert. Mehr als 30.000.000 Pfund Wolle und 12.000.000 Pfund Felle passieren jedes Jahr die Stadt, ganz zu schweigen von den riesigen Mengen Bananen und den kostspieligen Transaktionen mit Zucker und Holz.

Obwohl New Orleans in unmittelbarer Nähe zum Meer liegt, ist der Fluss an dieser Stelle mehr als eine halbe Meile breit, und man sieht die großen Schiffe aller Nationen an seinem Deich be- und entladen.

New Orleans ist natürlich reich an alten Wahrzeichen und Denkmälern. Das alte spanische Fort ist eines der interessantesten unter ihnen. An diesem Ort wurden immer wieder erbitterte Kriege geführt. Die Befestigungen wurden hauptsächlich zum Schutz vor Überfällen mexikanischer Piraten und feindlicher Indianer instand gehalten, obwohl sie oft gegen zivilisiertere Feinde nützlich waren. In diesem Hafen bereitete sich Andrew Jackson auf den Empfang der britischen Invasoren vor. Der großartige Einsatz, den er von den Befestigungen machte, hätte dem alten Ort einen dauerhaften Status und eine dauerhafte Erhaltung verleihen sollen. Vor etwa vierzig Jahren wurde das Fort jedoch gekauft und in eine Art Landresort umgewandelt, und in jüngster Zeit ist es die Heimat eines Freizeitclubs geworden.

Besser erhalten und ein höchst interessantes Bindeglied zwischen Vergangenheit und Gegenwart ist der weltberühmte French Market in New Orleans. Es wird die Geschichte eines großen Romanschriftstellers erzählt, der mehrere tausend Meilen reiste, um Vertreter aller Nationalitäten auf engem Raum versammelt zu finden. Für ein Werk, das er in Erwägung zog, wollte er für seine Charaktere unbedingt Menschen aller Nationalitäten auswählen, die Zufall oder Schicksal zusammengeführt hatten. Er verbrachte mehrere Tage in Paris, reiste durch das sonnige Italien, verirrte sich in einigen der Labyrinthe der unerforschten Teile Londons und überquerte schließlich den Atlantik, ohne die Gruppe gefunden zu haben, nach der er suchte. Nicht einmal in den großen Städten Amerikas konnte er finden, wonach sein Herz sich sehnte, und erst als er sich auf den alten French Market von New Orleans verirrte, fand er das, wonach er suchte. Er verbrachte mehrere Tage und sogar Wochen damit, durch den eigenartigen Markt zu wandern und sich mit den Menschen aller Nationalitäten anzufreunden, die in verschiedenen Teilen des Marktes arbeiteten. Er fand den Kreolen voller Anekdoten, Aberglauben und Stolz, selbst wenn er sich gelegentlich eine Mahlzeit verdiente, indem er half, Bananen auszuladen oder den Abfall aus den Fischlagern wegzutragen. Der Neger war und ist in jeder Phase der Entwicklung, Zivilisation und Unwissenheit innerhalb der Grenzen des Marktes zu finden. Die Menge an Folklore, die in den von Massen ungepflegter Wolle bedeckten Gehirnen gespeichert war, verblüffte den Romanautor, der Dollars im Austausch für erhaltene Informationen so großzügig verteilte, dass man ihn nach einer Weile als Kapitalisten betrachtete, dessen Reichtum ihn in den Wahnsinn getrieben hatte. Dann traf er wieder enttäuschte Auswanderer aus fast allen europäischen Ländern, Männer und sogar Frauen, die voller großer Erwartungen den Atlantik überquert hatten, aber zwischen den erwarteten Rosen eine ganze Menge Dornen gefunden hatten.

Heute sieht man den Indianer nicht mehr so oft auf dem French Market, obwohl er früher dort eine große Rolle spielte. Einige der untätigsten Faulenzer zeigen jedoch Anzeichen von Indianerblut in ihren Adern, in Form von außergewöhnlich hohen Wangenknochen und ungewöhnlich glattem und widerspenstigem Haar.

Hier wird fast jede bekannte Sprache gesprochen. Es gibt das reinste Französisch und den grauenhaftesten Dialekt. Es gibt geschliffenes Englisch, das auf eine hohe Bildung hindeutet, und es gibt die malerischste Dialektvariante, die sich der glühendste Anhänger der ewigen Dialektgeschichte nur wünschen kann. Spanisch wird natürlich von mehreren Markthändlern und -arbeitern gesprochen, während Italienisch recht verbreitet ist. Zu Tageszeiten, wenn viel Handel herrscht, kann der Besucher ausgewählte Schimpfwörter in drei oder vier Sprachen gleichzeitig hören. Er ist vielleicht nicht in der Lage, die eigenartigen Geräusche und strengen Rügen zu interpretieren, die untätigen Hilfskräften und Schulschwänzern erteilt werden, aber er kann im Allgemeinen ziemlich genau den Sinn und Zweck der kleinen Reden erraten, die so freizügig umherschwirren.

Wenn man fragt, welche besondere Funktion der Markt erfüllt, lautet die Antwort, dass er eine Art Ausleihstation für alles ist. Viele der ärmeren Leute erledigen hier ihren gesamten Handel. Obst ist ein wichtiges Grundnahrungsmittel, und auf einer anderen Seite ist ein Bild von einem der Obststände des alten Marktes zu sehen. Das Bild ist eine Reproduktion einer Fotografie, die vor Ort von einem Künstler der National Company of St. Louis, dem Herausgeber von „Our Own Country", aufgenommen wurde, und zeigt gut die besondere Konstruktion des Marktes. Die Obstabteilungen sind wahrscheinlich die attraktivsten und am wenigsten anstößigen des gesamten Marktes, da hier Sauberkeit unverzichtbar ist . In der Gemüseabteilung, die ebenfalls sehr groß ist, wird nicht immer ganz so viel Sorgfalt angewendet oder auf so viel Sauberkeit geachtet, da sich manchmal großzügig Abfälle ansammeln dürfen. Fisch kann auf diesem Markt für eine fast symbolische Gegenleistung erworben werden, manchmal wird er fast verschenkt. Makkaroni und andere ähnliche Nahrungsmittel bilden das Hauptangebot des italienischen Handels, das im zweiten Stock des Marktes betrieben wird. Allein die erforderliche legitime Arbeit entschuldigt die Anwesenheit von vielen tausend Menschen, die zu bestimmten Tageszeiten hierhin und dorthin rennen, als ob die Zeit das Wesentliche des Vertrags wäre und keinerlei Verzögerung geduldet werden könnte. Sobald jedoch die dringendsten Bedürfnisse des Augenblicks befriedigt sind, folgt eine Phase des luxuriösen Müßiggangs, und Ruhe scheint das Hauptdesiderat des durchschnittlichen Stammgastes oder Arbeitnehmers zu sein . Die Kinder, die in großer Zahl herumsitzen, wetteifern mit ihren Älteren in Sachen Müßiggang, obwohl sie gelegentlich durch die Hoffnung, von Neuankömmlingen und Gästen Spenden oder Entschädigungen irgendeiner Art zu erhalten, zu schädlicher Aktivität angestachelt werden.

Der Old French Market in New Orleans

Strukturell ist der Französische Markt sehr gut erhalten. Überall sind Zeugnisse der Antike und der Verwüstungen durch Zeit und Wetter zu sehen, aber die besondere Aufgabe des Marktes scheint es zu sein, die Menschen daran zu erinnern, dass unsere Vorfahren für Jahrhunderte gebaut haben und nicht nur für die unmittelbare Gegenwart, wie es heutzutage allzu oft der Fall ist. Der Markt dient auch als Verbindung zwischen Gegenwart und Vergangenheit. Erst in den letzten Jahren ist der Basar, der einst ein so herausragendes Merkmal war, in Bedeutungslosigkeit geraten. Früher behielt er die Bedeutung des äußersten Orients und bot dem Altertumsforscher und Geschichtsliebhaber unendlich viel Stoff zum Nachdenken.

Die Friedhöfe von New Orleans sind von außerordentlichem Interesse und werden jedes Jahr von Tausenden von Menschen besucht. Wegen der Nähe der Wasserlinie zur Erdoberfläche werden die Toten nicht wie in anderen Städten beerdigt und die Gräber liegen über statt unter der Erde . Sie sind gut angelegt, und das Alter der Begräbnisstätten und die mit den Tafeln verbundenen historischen Erinnerungen machen sie insgesamt mehr als nur interessant. Auch der lokale Brauch, am 1. November jeden Jahres die Feierlichkeiten einzustellen, um die Gräber auf allen Friedhöfen zu schmücken, ist mehr als nur eine flüchtige Erwähnung wert. An diesem besonderen Tag schmücken die Leute nicht nur die letzten Ruhestätten ihrer Freunde und Verwandten, sondern sogar die Gräber von Fremden werden gepflegt, in einem Geist der Dankbarkeit, dass der Todesengel nicht in den Familienkreis eingedrungen ist und die Bande der Freundschaft angegriffen hat.

Vor ein paar Jahren starb eine junge Frau auf den Autos, gerade als sie die weltberühmte kreolische Stadt betraten. An der Leiche war nichts, was zur Identifizierung beigetragen hätte, und so musste das Grab einer Fremden gefunden werden. In der Zwischenzeit hatten die Freunde und Verwandten des vermissten Mädchens jede Anstrengung unternommen, sie zu finden, ohne zu ahnen, dass sie in den Süden unterwegs war. Ein liebevoller Bruder bekam schließlich einen Hinweis , dem er so erfolgreich nachging, dass er das Rätsel schließlich löste. Er kam am 1. November in New Orleans an, und als er zu dem Grab geführt wurde, das für die Fremde, die direkt vor den Toren gestorben war, vorbereitet worden war, war er erstaunt, mehrere schöne Blumensträuße mit Kränzen und Kreuzen darauf liegen zu finden. Einen solchen Anblick hätte man in kaum einer anderen Stadt der Welt finden können, und man kann kaum genug Lob für das Gefühl sagen, das solch uneigennützige Freundlichkeit und Rücksichtnahme nahelegt und fördert.

Der Friedhof, der sich in der Nähe des großen Schlachtfeldes befindet, wird immer besonders geschmückt, und Tausende von Menschen strömen dorthin, um die ehrwürdigen Erinnerungen zu ehren. In der Nähe dieser Stelle steht ein Denkmal zur Erinnerung an die große Schlacht, in der General Pakingham erschossen wurde und General Jackson aufgeregt die Frontlinien auf und ab galoppierte und die Männer beinahe zum Sieg zwang. Das Denkmal hat nicht die Sorgfalt erfahren, die es verdient. Vor mehr als einem halben Jahrhundert wurde mit den Arbeiten daran begonnen, und es wurde viel erreicht. Aber nach ein oder zwei Jahren der Anstrengung wurde das Projekt vorerst aufgegeben und nie wieder aufgenommen. In der langen Zwischenzeit, die darauf folgte, ist das Dach größtenteils verschwunden, ebenso wie mehrere der Stufen, die nach vorne hinaufführen. Hunderte von Menschen haben ihre Namen in das Mauerwerk geritzt , und das Denkmal, das für immer erhalten bleiben sollte, sieht so verrufen aus, dass es wenig

Bedauern hervorrufen würde, wenn das gesamte Fragment von einem ungewöhnlich starken Windstoß weggefegt würde.

Mehr als 1.500 Soldaten wurden nach der erwähnten Schlacht auf dem Chalmette Cemetery begraben. Seit dem Krieg ist er fast vergessen, aber mehrere Duelle und Ehrenaffären wurden an diesem historischen Ort ausgetragen.

KAPITEL XIII.

DER HEIDISCHE CHINESE IN SEINEM ELEMENT.

Ein Ausflug nach Chinatown, San Francisco – Ein Haus mit Geschichte – Enge Gassen und Geheimtüren – Opiumrauchen und seine Auswirkungen – Die Highbinder – Himmlische Theateraufführungen – Chinesische Festivals – Die Sonnenseite einer Großstadt – Ein riesiges Hotel und ein wunderschöner Park.

Chinatown in San Francisco ist ein so bemerkenswerter Ort und steht in so starkem Kontrast zum Reichtum und zur Zivilisation der großen Stadt an der Pazifikküste, zu der es gehört, dass seine Eigenheiten in einer Skizze der bemerkenswertesten Merkmale unseres Heimatlandes nicht ignoriert werden können. Schriftsteller und Künstler haben diesen Schandfleck auf San Franciscos Pracht jahrelang zum Gegenstand von Sarkasmus und Karikatur gemacht, und tatsächlich ist es schwierig, das Thema ohne eine beträchtliche Portion Strenge zu behandeln. Den Kaliforniern wird oft ihre Härte gegenüber den Chinesen vorgeworfen und die Art und Weise, wie sie von Zeit zu Zeit nach strengeren Ausgrenzungsgesetzen schreien. Es bedarf einer Reise nach Chinatown, um dem Durchschnittssterblichen klar zu machen, warum dieses Gefühl in San Francisco so weit verbreitet ist und warum es sich über die gesamte Pazifikküste erstreckt.

In und um San Francisco leben etwa 25.000 Chinesen. Ein kleiner Teil von ihnen hat die schlimmsten Merkmale ihrer Rasse abgelegt und macht sich als Hausangestellte vergleichsweise nützlich. Um ihre Stellung zu behalten, müssen sie sich mehr oder weniger den Sitten und Gebräuchen des Landes anpassen, und sie sind nur in gewisser Hinsicht verwerflich. Aber die ehemaligen Bewohner des Himmlischen Reiches, die in Chinatown leben, haben nur sehr wenige positive Eigenschaften, und die meisten von ihnen scheinen überhaupt keine greifbare Entschuldigung für ihr Leben zu haben.

Sie halten an allen Lastern und unzivilisierten Gewohnheiten ihrer Vorfahren fest und fügen ihnen sehr häufig ebenso verwerfliche Laster der sogenannten Zivilisation hinzu. Einst waren alle Straßen in Chinatown kaum mehr als langgestreckte Aschengruben und Mülltonnen. Der öffentliche Aufschrei wurde schließlich so heftig, dass die harte Hand des Gesetzes zum Einsatz kam und jetzt die Hauptdurchgangsstraßen ziemlich sauber gehalten werden. Die Seitenstraßen und Gassen sind jedoch immer noch in einem beklagenswerten Zustand und kein Amerikaner oder Europäer könnte viele Tage in solchem Schmutz leben, ohne von einer schrecklichen Krankheit heimgesucht zu werden. Die Mongolen scheinen jedoch unter Bedingungen zu gedeihen, die für die zivilisierte Menschheit tödlich sind. Sie erreichen ein ziemlich durchschnittliches Alter und die Kinder scheinen sehr gesund, wenn auch nicht gerade auffallend glücklich zu sein.

Chinatown erstreckt sich über eine Fläche von etwa acht großen Plätzen im Herzen von San Francisco. Immer wieder wurden Versuche unternommen, diese Unannehmlichkeiten und Plage zu beseitigen. Aber der „ Melica-Mann" ließ sich von den „heidnischen Chinesen " überlisten, die sich Eigentumsrechte gesichert haben, die ohne eine kaum verfassungsmäßige Beschlagnahme nicht umgangen werden können. Das Gebiet ist wahrscheinlich eines der am dichtesten besiedelten der Welt. Die Chinesen scheinen überall und nirgendwo zu schlafen, und die Häuser sind auf ein unvorstellbares Maß überfüllt. Es ist als Tatsache bekannt, dass in Räumen von zwölf Quadratfuß bis zu zwölf Menschen schlafen und essen und sogar kochen, was für sie als Nahrung gilt. Die Häuser selbst sind in einem so schrecklichen Zustand und wurden von Zeit zu Zeit so umgebaut, um himmlischen Vorstellungen zu entsprechen und mit Vorstellungen übereinzustimmen, die nichts weiter als ein Relikt der Barbarei sind, dass nicht einmal ein Farbiger der verkommensten Sorte dazu überredet werden kann, dauerhaft in einem Haus zu leben, das jemals von einem unverbesserlichen Bewohner Chinatowns bewohnt wurde.

Am Eingang zu diesem eigentümlichen und in der Tat verrufenen Viertel steht ein Haus mit einer eigentümlichen Geschichte. Es wurde vor mehr als einem Vierteljahrhundert von einem reichen Bankier erbaut, der den Standort aufgrund der bewundernswerten Aussicht auswählte, die man von dort auf die wichtigsten Sehenswürdigkeiten der Stadt hatte. Er scheute keine Kosten bei der Errichtung des Hauses, und als es fertig war, konnte er aus den oberen Fenstern auf einige der schönsten Landschaften der Welt blicken. Eine Zeit lang lebte der Bankier im prächtigsten Stil und erwarb sich den Ruf eines Prinzen der Unterhaltung. Er gab Tausende von Dollar für Unterhaltung aus und schien alles zu haben, was sich ein Mensch nur wünschen kann. Sein Ende war tragisch, und es konnte nie mit Sicherheit festgestellt werden, ob er durch seine eigene Hand oder durch die Hand eines seiner angeblichen Freunde oder erklärten Feinde starb. Das Haus, das einst sein ganzer Stolz war, wird heute vom chinesischen Konsul bewohnt.

Es ist noch immer mit Abstand das schönste Haus im chinesischen Viertel. Sobald der Sehenswürdigkeitensuchende oder Slumbewohner daran vorbeigeht , findet er sich inmitten einer schrecklichen Ansammlung orientalischen Schmutzes und Elends wieder. Es gibt eine Reihe von Geschäften, die seine Verachtung erregen, sobald sein Blick auf sie fällt. Sie sind hauptsächlich auf den Einzelhandel mit Lebensmitteln spezialisiert, an denen sich die Bewohner von Chinatown erfreuen, und über vielen von ihnen weht das chinesische Nationalsymbol. Fisch wird in großen Mengen verkauft, und da er bis zum Verkauf aufbewahrt wird, ungeachtet seines Zustands, kann man sich die Ausdünstungen einiger Fischmärkte sehr gut vorstellen. Gemüse macht ebenfalls einen sehr großen Teil der täglichen Speisekarte aus, und diese tragen wesentlich zum übelriechenden Zustand des Viertels bei. Die Straßen sind alle sehr eng, und es gibt auch eine Reihe außergewöhnlich enger und verwinkelter Durchgänge und Gassen, die in vergangenen Tagen Schauplatz unzähliger Verbrechen waren.

Einige dieser Gassen sind nur drei oder vier Fuß breit und bieten aufgrund ihrer fast zahllosen Windungen und Winkel einen einfachen Weg zur Flucht eines Flüchtigen, der von der Polizei oder einer dieser blutrünstigen chinesischen Gesellschaften, wie die Highbinders, gejagt wird. Ein Autor, der die Angelegenheit sehr gründlich untersucht hat, erzählt uns, dass die meisten Häuser Geheimtüren haben, die von einem Haus zum anderen führen, so dass ein Flüchtiger, sollte er sich zur Flucht entschließen, dies immer durch diese Geheimtüren und die unterirdischen Gänge, zu denen sie führen, tun kann.

Die Läden, Werkstätten und anderen Wohnungen sind im Allgemeinen außerordentlich klein, und die sprichwörtliche Sparsamkeit des Chinesen zeigt sich darin, dass jeder Quadratfuß Bodenfläche und Boden praktisch genutzt wird. So findet man Schuster, Friseure, Wahrsager und eine Vielzahl kleiner Handwerker, die in einer Nische oder Nische in der Wand, die nicht so groß ist wie der Stand eines gewöhnlichen Schuhputzers, ihrem Geschäft nachgehen. Entlang der schmalen Gehwege sieht man viele dieser Straßenhändler. Manche stellen ihre Waren in Glasvitrinen aus, die entlang der Wand aufgereiht sind. Darin sind seltsam aussehende, kunstvolle Artikel chinesischer Handwerkskunst von billiger Qualität ausgestellt, alle Arten von billigem Schmuck für Damen- und Kinderkleidung, merkwürdig gefertigt aus Elfenbein, Knochen, Perlen, Glas und Messing, Wasser- und Opiumpfeifen in Hülle und Fülle.

Die Opiumpfeife unterscheidet sich so sehr von jeder europäischen Vorstellung einer Pfeife, dass es schwierig ist, sie zu beschreiben. Sie besteht aus einer großen Bambusröhre oder einem Zylinder mit einem Kopf etwa in der Mitte zwischen den Enden. Der Kopf ist manchmal eine sehr kleine Messingplatte und manchmal ein becherförmiges Gebilde aus Ton, dessen Oberseite geschlossen oder verziert ist und in der Mitte nur ein winziges Loch hat. In diese kleine Öffnung wird das Opium in halbflüssigem Zustand, nachdem es in einer Lampenflamme gut geschmolzen wurde, mit Hilfe eines dünnen Drahts oder einer Nadel gestoßen. Die Droge wird in winzigen Mengen eingeführt. Es heißt, dass alle Chinesen Opium rauchen, obwohl nicht alle im Übermaß rauchen. Einige scheinen die Droge konsumieren zu können, ohne dass sie sie überwältigt.

In den chinesischen Vierteln gibt es über hundert Opiumhöhlen. Diese Orte werden zu keiner Zeit für andere Zwecke genutzt. Wenn nur die Chinesen sie besuchen würden, würde man sich kaum etwas dabei denken. Hunderte von Weißen, Männer, Frauen und Jugendliche beiderlei Geschlechts, sind jedoch dieser abscheulichen Gewohnheit zum Opfer gefallen. Sie sind so vollständig versklavt, dass es kein Entkommen vor dem Tyrannen gibt. Für all die Armut und das unsägliche Elend, das diese Unglücklichen dadurch erleiden, sind die Chinesen verantwortlich. Laster umgeben das chinesische Gesellschaftsleben, und fast jedes Haus hat seine Wohnung, in der Opium geraucht wird, oder Räume, in denen Lotterie oder andere Arten von Glücksspielen gespielt werden.

Die hübscheste Chinesin in Amerika

Die Bewohner von Chinatown haben ihre eigene Regierung mit ihren sozialen und wirtschaftlichen Vorschriften, ihrer Polizei und ihrem Strafvollzugsamt, und sie verhängen sogar die Todesstrafe, aber auf so geheime Weise, dass die Außenwelt selten von diesen Handlungen der hohen Autorität erfährt. Diese soziale und kommerzielle Politik wird von sechs Unternehmen kontrolliert, von denen jeder Chinese im Land einer Treue schuldet und tributpflichtig ist. Diese Unternehmen repräsentieren jeweils verschiedene Provinzen des chinesischen Kaiserreichs, und bei jeder Ankunft eines Dampfers aus diesem Land und bevor die Passagiere an Land gehen, wird der chinesische Teil von ihnen von einem Beamten der sechs Unternehmen besucht, der feststellt, aus welcher Provinz jeder ankommende Kuli stammt. Das entscheidet, zu welchem Unternehmen er gehört.

Jedem Chinesen, der kommt, wird seine Rückkehr nach China zugesichert, oder, falls er das Unglück hat, während der Verbannung zu sterben, dass seine Gebeine nach Hause geschickt werden. Diese sehr wichtige Angelegenheit ist eine der Pflichten der sechs Kompanien. Diese tröstliche Zusicherung teilen jedoch nicht die Frauen, die, mit Ausnahme der Frauen von Männern der besseren Klasse, von einer niederträchtigen Klasse von Händlern hergebracht und als bewegliches Eigentum oder Sklavinnen verkauft werden, die in keiner Beziehung zu den sechs Kompanien stehen.

Im chinesischen Viertel gibt es einen schaurigen unterirdischen Ort, wohin die Gebeine der Verstorbenen gebracht werden, nachdem sie eine gewisse Zeit in der Erde gelegen haben. Hier werden sie abgekratzt, gereinigt und verpackt, vorbereitet für ihre letzte Reise zurück ins Vaterland und ihre letzte Ruhestätte. Unter den chinesischen Einwohnern von San Francisco gibt es verhältnismäßig wenige Angehörige der Oberschicht. Der Unterschied zwischen ihnen und der Masse ist sehr ausgeprägt, und sie sind sich dieses Unterschieds voll bewusst. Sie sind gebildete, wohlerzogene Herren. Der Kuli und die Unterschicht sind unwissende, abstoßende und unhöfliche Menschen. Sie scheinen bloße Bestien zu sein, und in ihren stumpfen, ausdruckslosen Gesichtern ist kein Funke von Intelligenz erkennbar.

Die „Highbinders" sind durch feierliche Verpflichtungen miteinander verbunden und werden von anderen Chinesen als Instrumente eingesetzt, um ihre tatsächlichen oder eingebildeten Ungerechtigkeiten zu rächen. Die Highbinders sind in Logen oder Tongs organisiert, die in ständige Fehden miteinander verwickelt sind. Sie führen offenen Krieg und ihr gegenseitiger Hass ist so tödlich, dass der Krieg erst endet, wenn der letzte Mensch, der unter den Bann einer rivalisierenden Tong geraten ist, geopfert wurde. Diese Fehden ähneln den Blutrachekämpfen in einigen der südlichen Staaten Europas und trotzen allen Bemühungen der Polizei, sie zu unterdrücken.

Morde sind daher häufig, aber es ist nahezu unmöglich, die Mörder zu identifizieren, und wenn ein Chinese wegen Verdachts oder sogar wegen fast eindeutiger Beweise für seine Schuld verhaftet wird, endet der Prozess ausnahmslos mit einer Nichtverurteilung.

Die Theater sind für den Besucher wahrscheinlich das interessanteste Merkmal des chinesischen Viertels. Vor einigen Jahren gab es mehrere dieser Theater, aber ihre Zahl ist jetzt auf zwei reduziert. Der Eintritt beträgt 25 Cent oder 50 Cent.

Die Weißen, die aus Neugier eine Vorstellung besuchen, zahlen im Allgemeinen mehr und bekommen bequemere Plätze auf der Bühne. Die Bühne ist eine primitive Angelegenheit. Sie verfügt weder über Vorhänge noch über Rampenlichter oder Kulissen irgendeiner Art.

Wenn während eines Theaterstücks ein Mann getötet wird, bleibt er auf der Bühne liegen, bis die Szene zu Ende ist, und steht dann auf und geht davon. Manchmal bringt ein Diener ein kleines Holzkissen und legt es unter seinen Kopf, damit der Tote bequemer ruhen kann. Es ist bekannt, dass ein Schauspieler nach seiner Enthauptung den falschen Kopf aufhebt und ihn anspricht, während er die Bühne verlässt. Das Orchester befindet sich im hinteren Teil der Bühne. Es besteht normalerweise aus ein oder zwei ohrenbetäubenden Flageoletts und einem System aus Gongs und Tomtoms, die während der gesamten Vorstellung einen höllischen Lärm aufrechterhalten.

Chinesische Stücke sind in der Regel historisch und ihre Länge variiert von einigen Stunden bis zu mehreren Monaten. Die Kostüme sind prächtig, ganz im Sinne der chinesischen Vorstellungen von Prunk. Frauen sind auf der Bühne überhaupt nicht erlaubt, junge Männer mit Falsettstimmen imitieren die Frauen ausnahmslos.

Die Restaurants von Chinatown sind ein sehr unbefriedigender Aspekt dieses unappetitlichen Viertels. Viele der Arbeiter gehen dort essen, und die kleineren sind nichts weiter als elende kleine Imbissbuden, schlecht belüftet und äußerst unangenehm, ja, tatsächlich schädlich für Gesundheit und Moral. Es gibt größere Restaurants, die teurer ausgestattet sind. Shakespeares Ratschlag, ordentlich zu sein, ohne übertrieben zu wirken, wird nicht befolgt. Die Dekoration ist immer farbenfroh, aber nie gibt es so etwas wie Symmetrie oder Schönheit.

In Chinatown gibt es eine riesige Anzahl von Kneipen. Jede Gesellschaft hat eine eigene. Andere gehören den Vereinen, Tongs und privaten Gesellschaften. Die Ausstattung dieser Tempel ist auf ihre Art prächtig. Einer wurde kürzlich am Waverly Place eröffnet, der alle anderen in der Pracht seiner heiligen Ausstattung und Dekoration bei weitem übertrifft. Die

Götzenbilder, Bronzen, Schnitzereien, Glocken, Banner und die Utensilien des Tempels sollen etwa 20.000 Dollar gekostet haben und stellen den höchsten Grad chinesischer Kunst dar. Vor dem Thron in jedem dieser Tempel, auf dem der Hauptgott sitzt, brennt eine heilige Flamme, die niemals erlischt. In einem Schrank rechts vom Eingang befindet sich ein kleines Bild, das „der Türhüter" genannt wird und darauf achtet, dass dem Tempel kein Schaden zugefügt wird, wenn jemand hineingeht.

Die Türen des Tempels sind immer offen und wer religiös veranlagt ist, kann zu jeder Tageszeit hereinkommen. Gebete werden auf rotes oder blaues Papier geschrieben oder gedruckt. Diese werden angezündet und in eine Art Ofen mit einer Öffnung oben geworfen. Wenn der Rauch aufsteigt, läutet man die Glocke in der Nähe , um die Aufmerksamkeit der Götter zu erregen. Die Frauen haben eine beliebte Methode, ihre Zukunft vorherzusagen. Sie knien vor dem Altar und halten in jeder Hand einen kleinen Holzblock, etwa fünf Zoll lang, der einer gespaltenen Banane ähnelt. Diese heben sie vor ihre geschlossenen Augen, neigen den Kopf und lassen sie fallen. Wenn sie in einer bestimmten Position fallen, ist dies ein Zeichen dafür, dass der Wunsch oder das Gebet erfüllt wird. Wenn sie in einer ungünstigen Position fallen, setzen sie die Anstrengung fort, bis die Blöcke wie gewünscht fallen. Wenn das Geschäft langweilig ist und die Zeiten mit den Chinesen hart sind, schreiben sie dies dem Missfallen ihrer Götter zu. Sie versuchen, die beleidigte Gottheit zu besänftigen, indem sie Räucherstäbchen verbrennen und Früchte und andere Dinge opfern, die kein christliches Äquivalent haben und die dem göttlichen Gaumen wohlgefällig sein sollen.

Die Chinesen begehen viele Feiertage. Die wichtigsten sind die des neuen Jahres. Dies ist ein beweglicher Feiertag und findet zwischen dem 21. Januar und dem 19. Februar statt. Das neue Jahr muss auf den ersten Neumond fallen, nachdem die Sonne in den Wassermann eingetreten ist. Es ist üblich, zu dieser Zeit alle Geschäfte zu regeln und alle im Laufe des Jahres eingegangenen Schulden zu begleichen. Wenn dies nicht geschieht, haben sie im Laufe des Jahres keinen Kredit, und daher werden große Anstrengungen unternommen, um ihre Gläubiger zu bezahlen. Es gibt jedoch einige, die Pech hatten und nichts für diesen Tag der Abrechnung zurückgelegt haben, und da sie wissen, dass es eine Reihe dieser lästigen kleinen Rechnungen gibt, die jederzeit vorgelegt werden können, halten sie sich außer Sichtweite, bis die Sonne am neuen Jahr aufgegangen ist.

Sie kehren dann an ihre gewohnten Plätze zurück und fühlen sich zumindest für ein paar Tage sicher, denn während des Festtags besteht keine Gefahr, dass sie mit einer Mahnung konfrontiert werden . Alle düsteren Themen sind tabu und jeder widmet sich der Aufgabe, so viel Freude wie möglich aus diesem Festtag herauszuholen. Für manche ist dies der einzige Feiertag im ganzen Jahr und sie müssen am nächsten Tag wieder an die Arbeit. Andere feiern drei oder vier Tage und so weiter. Die Reichen und Unabhängigen halten volle zwei Wochen durch und fangen etwa am sechzehnten Tag an, sich wieder dem Alltag zuzuwenden.

Die Nacht vor Neujahr wird mit religiösen Zeremonien in den Tempeln oder zu Hause verbracht. Draußen ist die Luft erfüllt vom Rauch und Lärm explodierender Feuerwerkskörper. Doch wenn die Uhr den Tod des Alten läutet und die Geburt des neuen Jahres verkündet, könnte man meinen, es sei ein Höllenlärm ausgebrochen. Wer es nicht selbst gehört hat, kann sich keine Vorstellung davon machen, was dieser unheimliche Lärm eigentlich ist. Man sagt, er soll böse Geister vertreiben, die Gunst der Götter erbitten und, wie sie inständig hoffen, dem Unglück ein letztes Lebewohl sagen; und auch einfach, weil sie glücklich sind, und wenn sie in dieser Stimmung sind, bringen sie ihre Freude gerne in lautstarken Demonstrationen zum Ausdruck. Eine gewisse Zeit am frühen Morgen wird mit Anbetung an den Schreinen zu Hause und in den Tempeln verbracht. Sie legen vor ihren heiligen Bildern Opfergaben aus Tee, Wein, Reis, Früchten und Blumen nieder. Die Chinesische Lilie steht zu dieser Jahreszeit in voller Blüte und nimmt in den Kneipen einen auffälligen Platz ein. Sie wird an jeder Straßenecke verkauft.

Der Tag wird mit Feiern, Vergnügungen und Neujahrsbesuchen verbracht. Die Chinesen freuen sich immer sehr über Besuche von Weißen, mit denen sie geschäftlich zu tun haben, und zeigen ihre Visitenkarten mit großem Stolz. Sie sind sehr gewissenhaft und können es in Sachen Höflichkeit sogar mit den Franzosen aufnehmen. Es wird als Beleidigung angesehen, wenn eine der ihnen angebotenen Gastfreundschaften abgelehnt wird.

Aber obwohl Chinatown das außergewöhnlichste Merkmal von San Francisco ist und von Touristen besucht wird, die es natürlich eher im Licht verbotener und daher außergewöhnlich attraktiver Früchte betrachten, ist es keineswegs das interessanteste oder wichtigste Merkmal einer der schönsten Städte der Welt. San Francisco ist die Metropole der Pazifikküste. Es liegt an der Spitze einer langen Halbinsel zwischen der Bucht und dem Ozean und ist so einzigartig, dass es einige prächtige Hügel und Gipfel umfasst. Die Geschichte von San Francisco strotzt vor Grenz- und Goldminengeschichten und Erzählungen über die frühen Probleme der Pioniere. Über die Abenteuer der frühen Tage dieser bemerkenswerten Stadt könnte man ganze Seiten schreiben. Es gab eine Zeit, als ein paar Fachwerkhäuser die ganze Stadt bildeten. Der Ansturm der Spekulanten nach einer Goldfundstelle nach der anderen verwandelte den ruhigen kleinen Hafen in einen Schauplatz von Aufruhr und Unruhe.

Jedes Schiff brachte eine Ladung mehr oder weniger verzweifelter Männer mit, die aus verschiedenen Himmelsrichtungen gekommen waren, entschlossen, den Löwenanteil des Goldes zu erbeuten, das man ihnen versprochen hatte. Der Wert der Rohstoffe stieg raketenartig. Der Mann, der ein paar Maultiere und Wagen übrig hatte, konnte das Zehnfache des Preises erzielen, der vor dem Boom für sie geboten worden war. Viele Männer in dieser Lage hielten es nicht für ratsam, ihre Chancen durch die Übernahme großer Risiken bei der Goldsuche wegzuwerfen, und viele, die zu Hause blieben und die Bedürfnisse derjenigen befriedigten, die ins Landesinnere gingen, erwirtschafteten beträchtliche Gewinne und in einigen Fällen sogar kleine Vermögen.

Dass es viel Gesetzlosigkeit und Gewalt gab, ist nicht verwunderlich. Es heißt, dass es für jeden echten Bergmann mindestens einen Mitläufer oder Marketender gab, der nicht die Absicht hatte, zu graben oder zu waschen, der aber klug genug war, um zu erkennen, dass die harten Arbeiter ein wahres Paradies für Diebe errichten würden. Manchmal machten sich diese Männer die Mühe, Tunnel unter der Erde und in die Zelte erfolgreicher Bergleute zu graben, und kamen dabei häufig an reichen Goldvorkommen vorbei. Zu anderen Zeiten überfielen sie Wagen und Kutschen, die aus den Bergarbeiterlagern nach San Francisco kamen. Die Geschichte erzählt uns von den darauf folgenden Kämpfen, und wir haben alle von den erfolgreichen Bergleuten gehört, die im Schlaf in Übergangsheimen ermordet wurden und deren harte Arbeit für niederträchtige und bösartige Zwecke verwendet wurde.

In San Francisco selbst konnten Raub und Gewalt nicht unterdrückt werden. Wir haben alle davon gehört, wie sich die anständigen Elemente schließlich zusammenfanden, Sondergesetze erließen und Täter in kurzer Zeit hinrichteten. Natürlich billigt niemand grundsätzlich Lynchjustiz, aber wenn man die Umstände des Falles berücksichtigt, ist es schwierig, die Männer, die San Francisco zu einer großen und angesehenen Stadt machten, sehr streng zu verurteilen.

Die Bevölkerung von San Francisco beträgt heute etwa eine Drittelmillion. Der größte Teil des Wachstums fand im letzten Vierteljahrhundert statt. San Francisco war die erste Stadt des Landes, die Kabelkanäle verlegte und ein System von Seilbahnen einführte. Mehrere Jahre lang hatte die Stadt praktisch das Monopol auf diese Art des Straßentransports, und obwohl die Elektrizität seitdem eine noch bequemere Antriebskraft bietet, wird San Francisco immer Anerkennung für die bewundernswerte Missionsarbeit verdienen, die es in dieser Hinsicht geleistet hat. Heutzutage kann fast jeder Teil der Stadt und ihrer schönen Parks leicht mit einem Transportsystem erreicht werden, das ebenso bequem und schnell wie kostengünstig ist.

Zu den Wundern von San Francisco muss das Palace Hotel erwähnt werden, ein Gebäude von immenser Größe und wahrscheinlich zwei- oder dreimal so groß, wie es sich der durchschnittliche Osteuropäer vorstellt. Das Hotelgelände umfasst eine Fläche von mehr als anderthalb Hektar, und mehrere Millionen Dollar wurden für dieses Gebäude ausgegeben. Alles ist prächtig, weitläufig, riesig und massiv. Das Gebäude selbst ist sieben Stockwerke hoch, und in seiner Mitte, die den großartigsten geschlossenen Hof der Welt bildet, befindet sich ein kreisförmiger Raum mit einem Durchmesser von 144 Fuß und einem Glasdach in großer Höhe. Kutschen werden in diesen Bereich gefahren, und bei dem in San Francisco am ehesten bekannten Unwetter können die Gäste praktisch im Inneren aussteigen.

Es gibt fast 800 Schlafzimmer, alle groß und hoch, und der allgemeine Baustil ist mehr als massiv. Die Grundmauern sind 12 Fuß dick, und darüber wurden 31.000.000 Ziegel verwendet. Das Skelett aus schmiedeeisernen Bändern, auf dem das Ziegel- und Steinwerk errichtet wurde, wiegt mehr als 3.000 Tonnen. Vier artesische Brunnen versorgen das Haus mit sauberem Wasser, das nicht nur eines der größten Hotels der Welt ist, sondern auch eines der vollständigsten und unabhängigsten in seiner Einrichtung.

Eine angenehme Fahrt von fast vier Meilen Länge bringt den Fahrer zum Golden Gate Park. Das Golden Gate, nach dem der Park benannt ist, ist einer der schönsten Orte der Welt, und hier kann man einige der schönsten Sonnenuntergänge sehen, die man je erlebt hat. Das Tor ist der Eingang vom Pazifischen Ozean zur Bucht von San Francisco, deren Breite zwischen zehn und fünfzehn Meilen variiert. Am Tor verringert sich die Breite plötzlich auf weniger als eine Meile, und daher ist die Strömung bei Ebbe und Flut sehr stark. In der Nähe des Tors kann man Seelöwen in der Brandung herumtollen sehen, und man kann beobachten, wie die Wellen gegen die Felsen und Felsbrocken schlagen und schaumig-weiße Gischt bis zu einer Höhe von hundert Fuß aufwirbeln.

Der Golden Gate Park ist wie alles andere an der Pazifikküste riesig und wundervoll. Er ist zwar nicht der größte Park der Welt, aber er gehört zu den ausgedehntesten. Er ist mehr als tausend Hektar groß und es ist schwer zu begreifen, dass der reich kultivierte Boden, durch den der Tourist gefahren wird, dem Meer abgerungen wurde und einst kaum mehr als eine Abfolge von Sandbänken und Dünen war.

Wenn der Leser nach San Francisco kommt, was er hoffentlich eines Tages tun wird , wird ihm, sofern er die Stadt nicht bereits besucht hat, innerhalb weniger Minuten nach seiner Ankunft mitgeteilt, dass er zumindest das erreicht hat, was man mit Fug und Recht als Gottes Land bezeichnen kann. Er wird auf Schritt und Tritt viel über das herrliche Klima Kaliforniens erfahren, und bevor er viele Tage in der Stadt verbracht hat, wird er sich fragen, wie er lebend wieder herauskommen soll, wenn er nur einen Bruchteil der wunderbaren Sehenswürdigkeiten sehen will, die seine Aufmerksamkeit auf sich ziehen.

Kalifornien wird häufig als der Goldene Staat bezeichnet. Der Name Kalifornien wurde dem Gebiet, das den Staat und Niederkalifornien umfasst, bereits 1510 gegeben, als ein spanischer Romanautor, sei es in der Fantasie oder in einer Prophezeiung, über „das große Land Kalifornien schrieb, wo Gold und Edelsteine in Hülle und Fülle zu finden sind". 1848 wurde Kalifornien selbst an die Vereinigten Staaten abgetreten, und im selben Jahr machte die Entdeckung von Gold in Colomo der Ruhe und Stille ein Ende, die auf den fruchtbaren Ebenen, den unerforschten Bergen und den reizvollen Tälern geherrscht hatte. Kurz darauf strömten hunderttausend Männer in den Staat, und in den ersten Jahren waren bis zu hunderttausend Bergleute ununterbrochen bei der Arbeit.

Im Jahr 1856 wurde das berühmte Vigilance Committee gegründet. Im Mai desselben Jahres wurden Mörder aus dem Gefängnis geholt und hingerichtet, woraufhin der Gouverneur San Francisco für aufrührerisch erklärte. Das Vigilance Committee erlangte nahezu die alleinige Macht und veranstaltete vor seiner Auflösung im August eine Parade, an der über 5.000 bewaffnete, disziplinierte Männer teilnahmen.

Zwei Jahre später nahm die Überlandpost ihre Fahrten auf, und 1860 folgte der berühmte Pony-Express. Bald darauf folgten Eisenbahnen, und statt ein praktisch unbekanntes Land zu sein, das mehrere Wochenreisen von den alteingesessenen Städten entfernt war, brachte der Lightning Express den Pazifik so nahe an den Atlantik, dass Zeit und Raum beinahe aufgehoben zu sein scheinen.

KAPITEL XIV.

VOR DER EMANZIPATION UND DANACH.

Erster Import schwarzer Sklaven nach Amerika – Die ursprünglichen Abolitionisten – Ein farbiger Enthusiast und ein Feigling – Ursprung des Wortes „Secession" – John Browns Fanatismus – Onkel Toms Hütte – Treu bis in den Tod – George Augustus Sala über den Neger, der zu lange im Mill Pond verweilte.

Der amerikanische Neger ist ein so ausgeprägter Charakter, dass er in einem Werk dieser Art nicht übersehen werden kann. Manche Leute denken, er sei durch und durch böse und dass er, obwohl er gelegentlich eine Tugend annimmt, nur eine Rolle spielt und diese auch nur mittelmäßig gut spielt. Andere stellen ihn auf ein hohes Podest und verherrlichen ihn zu einem Helden und Märtyrer.

Aber der Afroamerikaner, im Süden allgemein als „Nigger" bezeichnet, ist weder das eine noch das andere. Er ist oft genauso wertlos wie der „weiße Abschaum", den er so verächtlich verachtet, und er ist oft alles, was die Anspruchsvollsten erwarten können, wenn man seine Umgebung und Nachteile in Betracht zieht. Physiologen sagen uns, dass der Mensch in hohem Maße das ist, was andere aus ihm machen, und viele gehen so weit zu sagen, dass Charakter und Veranlagung zu drei Teilen erblich und zu einem Teil umweltbedingt sind. Wenn das so ist, muss man viel Nachsicht walten lassen. Es ist weniger als 300 Jahre her, dass die ersten Neger in dieses Land gebracht wurden, und es ist kaum mehr als dreißig Jahre her, dass die Sklaverei abgeschafft wurde. Daher ist der Neger sowohl vom Standpunkt der Abstammung als auch der Umgebung aus im Nachteil, und man sollte ihn kaum nach dem üblichen Maßstab beurteilen.

Im Jahr 1619 landete ein holländisches Schiff eine Ladung Neger aus Guinea, aber das war nicht wirklich der erste Fall von Sklaverei in diesem Land. Vor dieser Zeit hatten sich Arme und Kriminelle aus der alten Welt freiwillig in eine Art Unterwerfung verkauft, anstatt zu verhungern und in ihrem eigenen Land eingesperrt zu werden; aber diese Landung im Jahr 1619 scheint den farbigen Mann wirklich in die Arbeitswelt und den Markt Amerikas eingeführt zu haben.

Wir müssen die Geschichte des Negers als Sklaven nicht ausführlich verfolgen. Dass er gelegentlich misshandelt wurde, versteht sich von selbst, aber dass sein Zustand ungefähr so schlimm war, wie die meisten Autoren zu beweisen versucht haben, ist nicht so sicher. Es war die Politik des

Sklavenhalters, so viel Arbeit wie möglich aus seinem Personal herauszuholen. Er wusste aus Erfahrung, dass die menschliche Ausdauer zwangsläufig begrenzt war und dass ein Mann nicht zufriedenstellend arbeiten konnte, wenn er krank oder hungrig war. Selbst wenn man also annimmt, dass alle Sklavenhalter gefühllos waren, ist es offensichtlich, dass ihr Eigeninteresse sie dazu getrieben haben muss, den Neger bei guter Gesundheit zu halten und zu verhindern, dass er durch Not und Mangel an Kraft verlor.

Auf einigen Plantagen war das Schicksal der Sklaven hart, auf anderen gab es jedoch kaum Klagen oder Anlass zur Klage. Tausenden von Sklaven ging es nach ihrer Befreiung weitaus besser als danach, und es ist eine Tatsache, die Bände für die viel diskutierten und kritisierten Sklavenhalter spricht, dass viele der befreiten Sklaven ihre Freiheit nicht akzeptieren wollten, während viele andere, die erfreut über die Aufhebung der Zwänge weggingen , sehr bald darauf freiwillig zurückkehrten und darum baten, die alten Verhältnisse wieder aufnehmen zu dürfen.

Der durchschnittliche Neger befolgt, buchstäblich, die göttliche Anweisung, sich keine Gedanken über den nächsten Tag zu machen. Wenn er ein gutes Abendessen im Ofen hat, vergisst er für den Moment, dass es so etwas wie ein Abendessen gibt, und er verschwendet ganz sicher nicht einmal einen flüchtigen Gedanken an die Tatsache, dass er „ mächtig hungrig" sein wird, wenn er morgens kein Frühstück bekommt. Diese Gleichgültigkeit gegenüber der Zukunft raubte der Sklaverei einen Großteil ihrer Härte, und obwohl jeder diese Idee im Prinzip verurteilt, gibt es viele humane Männer und Frauen, die nicht glauben, dass der farbige Mann halb so viel gelitten hat, wie so oft und so nachdrücklich behauptet wurde.

Die Abschaffung der Sklaverei wurde schon viele Jahre vor Lincolns berühmter Emanzipationsproklamation mit großem Nachdruck befürwortet. Die Bewegung nahm erstmals während der Amtszeit von General Jackson konkrete Formen an, einem Mann, der mehr Heldenverehrung erhielt als jeder seiner Nachfolger. Einem eifrigen, wenn auch vielleicht bigotten Quäker gebührt die Ehre, die Arbeit mit der Gründung einer Zeitung begonnen zu haben, die er „Genius of Universal Emancipation" nannte. William Lloyd Garrison, der später „The Liberator" schrieb, war mit dieser Zeitschrift verbunden und verkündete in der ersten Ausgabe als sein Programm einen Krieg auf Leben und Tod gegen die Sklaverei in jeder Form. „Ich werde nicht zweideutig sein; ich werde keine Entschuldigungen vorbringen; ich werde keinen einzigen Zoll zurückweichen, und ich werde gehört werden", war die Ankündigung, mit der er die Kampagne eröffnete, die er später mit mehr auffälliger Energie als Erfolg fortführte.

Garrison behandelte die Frage des Verhältnisses zwischen der weißen und der farbigen Bevölkerung des Landes ohne Handschuhe, und seine sehr freimütige Ausdrucksweise brachte ihn gelegentlich in Schwierigkeiten. Die Leute, die ihn unterstützten, waren als Abolitionisten bekannt, ein Name, der schon damals für Groll sorgte und Haushalt gegen Haushalt und Familie gegen Familie aufbrachte. Unter ihnen galt Garrison als Held und in gewissem Maße als Märtyrer, während die Bitterkeit seiner Beschimpfungen ihm von den Tausenden, die anderer Meinung waren als er und dachten, er würde Gesetze befürworten, die der öffentlichen Meinung vorausgingen, den Titel eines Fanatikers und Spinners einbrachte.

Die Debatten der Tage , von denen wir sprechen, waren sehr interessant. Viele der vorgebrachten Argumente strotzten vor Kraft. Die Abolitionisten warfen der Republik Inkonsequenz vor, weil sie zwar erklärte, alle Menschen seien gleich, aber dann 3.000.000 farbige Menschen in erzwungener Unterwerfung hielt. Als Antwort wurde freimütig die Bibel zur Verteidigung der Sklaverei zitiert, und die Geistlichen nahmen den Kampf mit großem Eifer auf. Es war damals keineswegs eine regionale Frage. Die Sklaven gehörten zwar den Plantagenbesitzern und Landbesitzern im Süden, aber sie wurden gekauft und mit geliehenem Kapital gehalten, und viele Männer im Norden, die angeblich mit den Abolitionisten sympathisierten, waren ebenso sehr an der Aufrechterhaltung der Sklaverei interessiert wie diejenigen, die die Sklaven tatsächlich selbst besaßen.

Im Jahr 1831 begann ein Neger namens Turner, unterstützt von sechs verzweifelten und fehlgeleiteten Landsleuten, einen praktischen Kreuzzug gegen die Sklaverei. Turner behauptete, Visionen gehabt zu haben, wie sie Jeanne d'Arc inspirierten, und er erfüllte seine göttliche Mission auf sehr fanatische Weise. Zuerst wurde der weiße Mann, dem Turner gehörte, ermordet, und dann machte sich die Bande daran, alle Weißen in Sichtweite oder Reichweite zu töten. Innerhalb von zwei Tagen wurden fast fünfzig Weiße von diesen sogenannten Racheengeln vernichtet, und dann wurde der Aufstand oder Kreuzzug durch die Organisation einer Handvoll Weißer beendet, die nicht bereit waren, wie ihre Mitmenschen geopfert zu werden.

Turners Tapferkeit war groß, wenn es keinen Widerstand gab, aber er erkannte, dass Vorsicht die bessere Wahl war, sobald organisierter Widerstand geleistet wurde. Er flüchtete in die Wälder und überließ seinen Anhängern sich selbst. Über eine Woche lang lebte er von dem, was er auf den Weizenfeldern finden konnte, und als er dann mit einem bewaffneten Weißen in Kontakt kam, ergab er sich schnell. Eine Woche später wurde er gehängt, und siebzehn weitere Farbige erlitten aufgrund ihrer Beteiligung an der Verschwörung eine ähnliche Strafe. Der mörderische Ausbruch hatte weitere schlimme Folgen für die Neger und führte dazu, dass viele unschuldige Männer verdächtigt und bestraft wurden.

Ein Jahr später gründete Garrison die New England Anti-Slavery Society, der viele ähnliche Organisationen folgten. Die Stimmung wurde so intensiv, dass Präsident Jackson es für ratsam hielt, ein Gesetz vorzuschlagen, das Abolitionsliteratur aus der Post verbannte. Das Vorhaben wurde schließlich abgelehnt, aber insbesondere in den Südstaaten wurde eine große Menge an Post durchsucht und sogar beschlagnahmt. In einigen Sklavenhalterstaaten wurden Belohnungen für die Ergreifung einiger der führenden Abolitionisten ausgesetzt, und die Stimmung war sehr hitzig, und jeder Ausbruch wurde den Männern angelastet, die das neue Evangelium der Gleichberechtigung, ungeachtet der Hautfarbe, predigten.

Häufig mischte sich der Pöbel in die Vorgänge ein, und mehrere Männer wurden unter fadenscheinigen Vorwänden angegriffen und verhaftet. 1836 wurde die Pennsylvania Hall in Philadelphia niedergebrannt, weil sie von einer Anti-Sklaverei-Versammlung eingeweiht worden war. Die Stimmung wurde so bitter, dass auf jeden Versuch, Schulen für farbige Kinder zu eröffnen, Unruhen folgten, die Lehrer vertrieben und die Bücher vernichtet wurden. Zahlreiche Petitionen zu diesem Thema wurden an den Kongress geschickt, und es gab einen Aufruhr im Repräsentantenhaus, als vorgeschlagen wurde, eine Petition zur Abschaffung der Sklaverei im District of Columbia an ein Komitee zu verweisen. Die Kongressabgeordneten aus den Südstaaten zogen sich aus förmlichem Protest aus dem Repräsentantenhaus zurück, und das Wort „Sezession", das später eine viel bedeutsamere Bedeutung erlangen sollte, wurde erstmals für diese Aktion ihrerseits verwendet.

Es wurde jedoch ein Kompromiss erzielt und die austretenden Mitglieder nahmen am folgenden Tag ihre Sitze ein. Die Stimmung war jedoch sehr hitzig. Einige Leute gaben entflohene Sklaven an ihre Besitzer zurück, während andere das gründeten, was damals als Untergrundbahn bekannt war. Dies war eine Verbindung zwischen Abolitionisten in verschiedenen Teilen und beinhaltete die Verpflegung und Unterbringung von Sklaven, die von Haus zu Haus weitergegeben und auf ihrem Weg nach Kanada unterstützt wurden. Große Aufregung verursachte 1841 das Schiff „Creole", das mit einer Ladung von 135 Sklaven aus der Virginia-Plantage von Richmond auslief. In der Nähe der Bahamainseln führte einer der Sklaven namens Washington, wie übrigens von Zeit zu Zeit viele tausend Sklaven genannt wurden, eine Rebellion an. Den Sklaven gelang es, die Besatzung zu überwältigen und den Kapitän und die weißen Passagiere einzusperren. Sie zwangen den Kapitän, das Boot nach New Providence zu bringen, wo alle außer den eigentlichen Mitgliedern der rebellierenden Menge für frei erklärt wurden.

Joshua Giddings aus Ohio brachte im Repräsentantenhaus eine Resolution ein, in der er behauptete, dass jeder Mann, der in den Vereinigten Staaten

Sklave gewesen war, frei sei, sobald er die Grenze eines anderen Landes überquere. Die Art und Weise, wie diese Resolution aufgenommen wurde, führte zum Rücktritt von Herrn Giddings. Er stellte sich zur Wiederwahl und wurde mit überwältigender Mehrheit in den Kongress zurückgeschickt. Da Ohio bei seinen Anti-Neger-Demonstrationen sehr erbittert gewesen war, wurde die Abstimmung als sehr bedeutsam angesehen. Der Oberste Gerichtshof entschied anders als das Volk und erließ ein Urteil, wonach entflohene Sklaven wieder eingefangen werden könnten. Das Gericht entschied, dass das Gesetz hinsichtlich der Sklaverei sowohl in freien als auch in Sklavenstaaten von größter Bedeutung sei und dass jeder gesetzestreue Bürger diese Rechte anerkennen und nicht beeinträchtigen müsse. Die Gefühle wurden danach sehr heftig und drohten eine Zeit lang weit über vernünftige Grenzen hinauszugehen. In der Kirche wurde die Kontroverse hitzig und in mehr als einem Fall kam es zu Spaltungen und Meinungsverschiedenheiten.

1858 erhielt die Kontroverse durch John Brown eine neue Wendung. Jeder hat von diesem bemerkenswerten Mann gehört, der von manchen als Märtyrer und von anderen als gefährlicher Sonderling angesehen wurde. Wie ein Autor es sehr treffend formulierte, war John Brown beides. Dass seine Absichten im Wesentlichen gut waren, bezweifeln nur wenige, aber seine Methoden waren der schwersten Kritik ausgesetzt, und nach Ansicht einiger tiefsinniger Denker war er in hohem Maße für die bittere Stimmung verantwortlich, die einen Krieg zwischen dem Norden und dem Süden unvermeidlich machte. Wahrscheinlich wird diesem viel diskutierten Enthusiasten, der sich selbst als göttlichen Boten betrachtete, der gesandt wurde, um die Sklaven zu befreien und die Sklavenhalter zu bestrafen, damit zu viel Bedeutung beigemessen.

Er hatte die Idee, alle farbigen Menschen in den uneinnehmbaren Bergen Virginias um sich zu scharen, und nachdem er eine Verfassung entworfen hatte, entrollte er seine Flagge und rief seine Anhänger zusammen. Im Oktober 1859 nahm er das United States Armory in Harpers Ferry in Besitz, störte den Zugverkehr und hielt die Stadt praktisch mit einer Streitmacht von etwa 18 Männern, von denen vier Farbige waren. Colonel Robert E. Lee traf schnell mit einem Truppentrupp ein und trieb die Browns, die ihm folgten, in ein Maschinenhaus. Sie weigerten sich, sich zu ergeben, und 13 wurden entweder getötet oder tödlich verwundet. Unter denen, die fielen, waren zwei von Browns Söhnen, und der Anführer selbst wurde gefangen genommen. Er begegnete seinem Prozess mit äußerster Gleichgültigkeit und ging aufrecht und scheinbar unbekümmert zum Schafott. Sein Leichnam wurde in sein altes Zuhause im Staat New York überführt, wo er begraben wurde.

Abraham Lincoln darf nicht in die Liste der begeisterten Abolitionisten aufgenommen werden, obwohl er die Sklaven schließlich befreite. In Reden vor dem Krieg äußerte er die Meinung, dass eine allgemeine Emanzipation in Sklavenstaaten nicht ratsam wäre, und obwohl seine Wahl als gefährlich für die Interessen der Sklavenhalter angesehen wurde, scheint die Angst in hohem Maße prophetisch gewesen zu sein. Erst als der Krieg viel länger gedauert hatte als ursprünglich erwartet, drohte Lincoln definitiv mit der Befreiung der farbigen Sklaven. Diese Drohung machte er am 1. Januar 1863 wahr, als 3.000.000 Sklaven freigelassen wurden. Die Sache der Konföderation war noch nicht „verloren", und die Führer der Südstaaten neigten dazu, das Dekret lächerlich zu machen und es eher als „Bluff" denn als etwas Ernstes zu betrachten. Aber es war sowohl in der Tat als auch in der Praxis eine Emanzipation, wie der farbige Redner nie müde wurde zu erklären.

So lässt sich die Geschichte des farbigen Mannes während der Zeit der Zwangssklaverei in groben Zügen beschreiben. Über seine Lage während dieser Zeit wurden ganze Bände geschrieben. Wenige in englischer Sprache gedruckte Werke haben eine größere Verbreitung gefunden als „Onkel Toms Hütte", das in jedem englischsprachigen Land der Welt und in vielen anderen Ländern gelesen wurde. Es wurde auf Tausenden von Bühnen vor Publikum aller Stände und Klassen aufgeführt. Als beschreibendes Werk kann es in vielen Passagen mit den besten Werken konkurrieren, die je geschrieben wurden. Es gab viele Kontroversen darüber, wie viel von dem Buch Geschichte ist – wie viel davon auf Tatsachen beruht und wie viel reine Fiktion. Es ist ziemlich gefährlich, sich auf diesen Boden zu begeben. Am sichersten kann man sagen, dass die Brutalität, die in diesem Buch verspottet und verachtet wird, in den Sklavenstaaten oder auf den Plantagen im Süden nicht allgemein verbreitet war, aber das, was beschrieben wird, könnte unter den bestehenden Gesetzen stattgefunden haben, und das Buch deckt Ungerechtigkeiten auf, die sicherlich in Einzelfällen begangen wurden.

Dass nicht alle Neger schlecht behandelt wurden oder dass Sklaverei ausnahmslos Elend bedeutete, kann jeder , der sich die Mühe macht, selbst auf oberflächliche Weise zu forschen, leicht beweisen. Als sich die Nachricht von der Emanzipation allmählich in den entlegensten Regionen des Südens verbreitete, gab es Hunderte und wahrscheinlich Tausende von Negern, die es absolut ablehnten, die ihnen gewährte Freiheit auszunutzen. Viele höchst ergreifende Beispiele von Hingabe und Liebe wurden offenbar. Auch heute noch gibt es zahlreiche alte farbige Männer und Frauen, die bei ihren alten Besitzern bleiben und die Emanzipation nicht als logisch oder vernünftig betrachten.

Vor nicht allzu langer Zeit traf ein Schriftsteller aus dem Norden auf seiner Reise durch den Süden einen alten Neger, den er ansprach, um einige interessante Passagen der lokalen Geschichte zu erfahren. Zu seiner Überraschung stellte er fest, dass der alte Mann nur eine Idee hatte. Diese

Idee war, dass es seine Pflicht war, sich um das Grab seines alten Herrn zu kümmern und es zu bewahren. Als der Krieg ausbrach, war der alte Held der Leibdiener oder Kammerdiener eines Mannes, der von Anfang an mitten im Kampf gegen den Norden war. Der farbige Mann folgte seinem Soldatenherrn von Ort zu Ort, und als eine Kugel aus dem Norden die Karriere des Herrn beendete, brachte der Diener den Leichnam ehrfürchtig zurück in das alte Heim, beaufsichtigte die Beerdigung und begann eine tägliche Wachroutine, die er über dreißig Jahre lang unverändert blieb.

Alle Verwandten des Verstorbenen hatten die Nachbarschaft schon vor Jahren verlassen, und der treue alte Neger war der einzige, der noch über das Grab wachte und die Blumen, die darauf wuchsen, in gutem Zustand hielt. Soweit man aus dem örtlichen Klatsch erfahren konnte, hatte der alte Kerl keine sichtbaren Lebensgrundlagen und sicherte sich das wenige, was er zum Essen brauchte, durch Gelegenheitsarbeiten in den Nachbarhäusern. Niemand schien zu wissen, wo er schlief, oder schien die Angelegenheit als wichtig zu betrachten. Der pechschwarze Held strahlte jedoch eine Aura absoluten Glücks aus, verbunden mit einem offensichtlichen Gefühl des Stolzes über die Erfüllung seiner selbst auferlegten und sehr liebevollen Aufgabe.

Beispiele dieser Art ließen sich fast endlos weiterführen. Der Neger behält als freier Mann und Bürger viele der markantesten Merkmale bei, die seine Karriere in den Tagen vor dem Krieg kennzeichneten. Hin und wieder hört man von einem Neger, der Selbstmord begeht. Ein solches Ereignis ist jedoch fast so selten wie der Rücktritt eines Amtsträgers oder der Tod eines Rentners. Gleichgültigkeit gegenüber Leiden und eine ausgeprägte Wertschätzung von Vergnügen machen anhaltende Trauer unter Afroamerikanern sehr ungewöhnlich, und infolgedessen ist ihr Leben vergleichsweise freudvoll.

Man muss in den Süden gehen, um den farbigen Mann so zu schätzen, wie er wirklich ist. Im Norden ahmt er den weißen Mann so sehr nach, dass er seine einzigartige Persönlichkeit verliert. In den Südstaaten jedoch findet man ihn in all seiner ursprünglichen Pracht. Hier kann man ihn als Überbleibsel früherer Generationen betrachten. Im Süden wurde vor dem Krieg die Binsenweisheit, dass harte Arbeit Würde hat, kaum in vollem Umfang gewürdigt. Der Neger verstand wie instinktiv, dass er für seinen weißen Herrn arbeiten sollte und dass dieser alle Arten von Pflichten auf dem Feld, auf der Straße und im Haus zu erfüllen hatte. Für einen weißen Mann, der arbeitete, empfand er ein wenig Mitleid und viel Verachtung. Er hat dieses Gefühl nie überwunden, ebenso wenig wie das Gefühl, das sein Vater vor ihm hatte. Im Süden ist der Ausdruck „armer, weißer Abschaum" heute noch voller Bedeutung, und die dicklippigen, krausköpfigen Kritiker äußern diese Worte mit einer Betonung und einem Ausdruck, den selbst der beste weiße Nachahmer noch nicht reproduzieren konnte.

George Augustus Sala, einer der ältesten und erfolgreichsten englischen Autoren, spricht sehr unterhaltsam über den befreiten Sklaven. Die erste Reise des erwähnten vielseitigen Autors in dieses Land fand während des Krieges statt.

Er kehrte voller Vorurteile nach Hause zurück und beschrieb das Land in jener hochmütigen Art und Weise, die europäische Schriftsteller gegenüber Amerika nur allzu gern an den Tag legen. Einige Jahre später unternahm er seine zweite Reise, und seine in „America Revisited" aufgezeichneten Erlebnisse sind viel besser zu lesen und viel freier von Vorurteilen.

„Volle fünfunddreißig Jahre lang", schreibt er, „hatte ich darauf gewartet, den Neger ‚im Mühlteich stehen' zu sehen." Ich sah ihn in all seiner Pracht und all seiner treibenden Elendigkeit in Guinneys im Staat Virginia. Ich gestehe, dass der potentielle Afrikaner, der „ länger als er sollte im Mühlenteich stand ", seit einigen Tagen ziemlich schwer auf meinem Gewissen lag. Meine Bekanntschaft mit unseren schwarzen Brüdern seit seiner Ankunft in diesem Land war nicht nur notwendigerweise begrenzt, sondern auch kaum von der Art, mir irgendeinen praktischen Einblick in seinen wirklichen Zustand zu geben, seit er ein freier Mann ist – frei zu arbeiten oder zu hungern; frei, ein guter Bürger zu werden oder zum Teufel zu gehen, wie er, weltlich gesprochen, in Haiti und anderswo gegangen ist. Farbige sind in New York rar gesät, und sie waren in der Regel nie Sklaven und sind nicht einmal im Allgemeinen von unterwürfiger Herkunft. In Philadelphia sind sie viel zahlreicher. Viele der Mulattenkellner, die in den Hotels beschäftigt sind, sind auffallend gutaussehende Männer, und im Großen und Ganzen kamen mir die schwarzen Söhne Pennsylvanias als fleißig, gut gekleidet, wohlhabend und ein wenig hochmütig im Umgang mit ihnen vor. weiße Leute.

„In Baltimore, wo bis zur Verkündung von Lincolns Proklamation Sklaverei herrschte, gibt es viele Farbige. Ich traf eine ganze Menge zerlumpter, arbeitsscheuer und allgemein niedergeschlagener Neger beiderlei Geschlechts, die genau die Art von Streunern und Herumtreibern zu sein schienen, die länger in einem Mühlteich stehen würden, als sie sollten, falls ein geeigneter Mühlteich in der Nähe wäre. Aber die Schwarzen der besseren Klasse , die Haussklaven in Baltimorer Familien waren, schienen all ihre eigene liebevolle Unterwürfigkeit und respektvolle Vertrautheit beizubehalten. Auch in Washington schien es dem Schwarzen und seinen Artgenossen bemerkenswert gut zu gehen. In einem der ruhigsten, elegantesten und komfortabelsten Hotels der Bundeshauptstadt fand ich einen Farbigen vor, dessen Angestellte, von den Angestellten im Büro bis zu den Kellnern und Zimmermädchen, alle Farbigen waren. Unser Zimmermädchen war eine entzückende alte Dame, und bevor wir gingen, bestand sie darauf, dass wir ihr eine Quittung für eine echte alte englische Weihnachtspflaume geben sollten. Pudding.

„Aber das waren nicht die Leute vom Mill Pond, nach denen ich suchte. Sie kamen aus dem Süden, so wie ein Ire in London aus Irland kommt, aber nicht dort lebt. Ich wollte unbedingt sehen, ob die sozialen Überreste der Sklaverei noch in ihrem gewohnten Feuer brannten. Der Süden war das eigentliche Ziel meiner Mission, und um dieser Mission nachzukommen, ging ich weiter nach Richmond."

Mr. Sala fährt mit einem höchst amüsanten Bericht über seine Fahrt von New York nach Richmond fort, in dem er verschiedene Kritikpunkte an der Unterbringung im Schlafwagen anbringt, die von allen amerikanischen Reisenden, die ihn gelesen haben, wärmstens unterstützt werden. Als er in Richmond ankam, stellte er die übliche Frage: „Ist der Neger nicht faul, verschwenderisch und diebisch?" Seit jeher wird behauptet, dass die Gesetze von Meum und Tuum für den Farbigen keine Bedeutung haben. In mehr als einer amerikanischen Stadt ist es ein Witz, dass die Polizei ständig den Befehl hat, jeden Neger festzunehmen, der einen Truthahn oder ein Huhn auf der Straße trägt. Mit anderen Worten, der Witzbold möchte uns glauben machen, dass die angeborene Liebe zu Geflügel in der Brust des Äthiopiers so groß ist, dass es unwahrscheinlich ist, dass er über genügend Charakterstärke verfügt, um an einem Geschäft oder Markt vorbeizugehen, wo Vögel zum Verkauf angeboten und unbeobachtet sind.

Es ist zweifellos eine Beleidigung der farbigen Rasse, wenn man behauptet, dass sogar die Mehrheit ihrer Mitglieder eher von Abstammung als von Neigung her Hühnerdiebe sind, ebenso wie es eine Beleidigung ihrer Religion ist, wenn man unterstellt, dass ein farbiges Zeltlager mit ziemlicher Sicherheit schwere Einbrüche in die Hühnerställe und -stangen der benachbarten Bauern mit sich bringt. Sicher ist jedoch, dass Hühnerdiebstahl eine der gefährlichsten Ursachen für Rückfälle von farbigen Konvertiten und begeisterten Sängern von Hymnen in schwarzen Kirchen ist. Der Fall des Konvertiten, der eine Woche nach seiner Aufnahme in die Kirche von seinem Pastor gefragt wurde, ob er seit seiner Bekehrung ein Huhn gestohlen habe, und der eine gestohlene Ente sorgfältig unter seinem Mantel versteckte, während er dem guten Mann versicherte, dass dies nicht der Fall sei, ist natürlich übertrieben, aber er wird in fast jedem Staat und jeder Stadt der Union als gute Geschichte zitiert.

Mr. Sala hat große Einwände dagegen, eine ganze Klasse von Menschen anhand einiger weniger Leute an Straßenecken oder Kreuzungen zu beurteilen. Die Neger sind seiner Ansicht nach abergläubisch, genau wie wir sie heute kennen. Selbst gebildete Neger neigen dazu, vielen Geschichten Glauben zu schenken, die auf den ersten Blick lächerlich erscheinen. Die Wörter „Hoodoo" und „Mascot" haben bei diesen Menschen eine Bedeutung, von der wir nur eine vage Vorstellung haben, und wenn eine Familie krank wird, sucht man häufig die Hilfe eines angeblichen Arztes, der sich oft als Scharlatan des schlimmsten Charakters herausstellt. Es wird mehrere Generationen dauern, um dieses Merkmal herauszuarbeiten, und die vielleicht größte Beschwerde der farbigen Rasse gegen diejenigen, die sie früher unterdrückten, ist die Art und Weise, wie Voodoo und übernatürliche Geschichten unwissenden Sklaven erzählt wurden, um sie durch Angst zum Gehorsam zu bringen und sie zu zusätzlichen Anstrengungen anzustacheln.

Für absolute Unwissenheit und offensichtlichen Mangel an menschlichem Verständnis kann der Neger-Loafer, der in einigen unserer südlichen Städte und Depots zu finden ist, als bezeichnendes und recht amüsantes Beispiel angeführt werden. Der Hut, wie Mr. Sala es humorvoll ausdrückt, ähnelt einem umgedrehten Kohleneimer oder Eimer ohne Griffe und ist von vielen Löchern durchbohrt. Er ist so etwas wie die Haube eines Brobdingnagian Quäkerin , riesig und flatterig und ramponiert, und furchterregend anzusehen.

"Hängen Sie all diese Ausrüstung", fährt dieser interessante Autor fort, "an die Gliedmaßen eines großen Negers jeden Alters zwischen sechzehn und sechzig, und lassen Sie ihn dann dicht neben der gerüstartigen Plattform der Lagerhütte stehen und herumlungern. Seine Haltung ist die einer völligen und apathischen Unbeweglichkeit. Er grinst nicht. Er kaut vielleicht, aber er raucht nicht. Er bettelt nicht; zumindest soweit ich ihn beobachtet habe, stand er in keiner Haltung und nahm keine Gesten an, die zu einem Bettler gehören. Er blickt Sie mit einem stumpfen, steinernen, geistesabwesenden Blick an, als wären seine Gedanken tausend Meilen entfernt in dem unbekannten Land; während er etwa alle Viertelstunde mit dem flüchtigen Bewusstsein aufwachte, dass er weder reich noch selten war, und sich daher fragte, wie zum Teufel er dorthin gekommen war. Er ist ein Wrack, ein Stück Treibgut, das an die nicht allzu gastfreundliche Küste der Zivilisation geworfen wurde, nachdem der große Sturm das Südmeer in Stücke gepeitscht hatte. Raserei und das Sklavenschiff waren für immer in Stücke gegangen. Möglicherweise ist er viel menschlicher, als er aussieht, und wenn er sich aufraffen und sich einer artikulierten Rede widmen würde, könnte er Ihnen eine Menge Dinge über seine Bedürfnisse und Wünsche, seine Ansichten und Gefühle zu Dingen im Allgemeinen erzählen, die für Sie kaum mehr als erstaunlich sein könnten. So wie die Dinge liegen, zieht er es vor, nichts zu tun und keinerlei Erklärung dafür zu liefern, warum er dort in einem metaphorischen Mühlteich steht, viel „länger als er sollte ".

Man wendet sich mit Vergnügen von der strengen, aber vielleicht nicht übertriebenen Charakterzeichnung des farbigen Faulenzers ab und widmet sich der besseren Seite des modernen Negers. Der intensive Wunsch nach Bildung und die klare Erkenntnis, dass Wissen Macht ist, deuten auf eine Zeit hin, in der völlige Unwissenheit selbst unter den Negern der Vergangenheit angehören wird. Vorurteile sind schwer zu bekämpfen, und der farbige Mann hat oft ein beträchtliches Handicap zu überwinden. Aber so wie Mr. Sala den typischen Neger, der „länger als nötig im Mühlteich steht ", als trauriges Andenken an die Vergangenheit empfand, so kann der Reisende viele intelligente und unterhaltsame Individuen finden, deren Akzent selbst in der dunkelsten Nacht ihre Hautfarbe verrät, deren niedliche Ausdrücke und angenehme Erinnerungen jedoch viel dazu beitragen, selbst den strengsten Kritiker davon zu überzeugen, dass die Zukunft voller Hoffnung für eine Rasse ist, deren Vergangenheit so wenig Angenehmes oder Befriedigendes enthält.

Fünfzehntes Kapitel.

UNSER NATIONALPARK.

Eine entzückende Rhapsodie – Frühe Geschichte des Yellowstone-Parks –
Eine Fischgeschichte, die den Kongress erschütterte – Der erste Weiße, der
den Park besuchte – Ein Wettlauf ums Leben – Die Philosophie der heißen
Quellen – Mount Everts – Von den Geysiren zum Elchpark – Einige alte
und neue Freunde – Yellowstone Lake – Das Paradies für Angler.

Der Yellowstone Park wird allgemein in die Liste der Weltwunder
aufgenommen. Er ist sicherlich in jeder Hinsicht einzigartig, und keine
andere Nation, weder modern noch alt, konnte sich jemals eines
Erholungsgebiets und Parks rühmen, der von der Natur geschaffen wurde
und mit so großartigen und außergewöhnlichen Attraktionen und
Besonderheiten ausgestattet ist. Es ist ein Park auf einem Berg, der mehr als
10.000 Fuß über dem Meeresspiegel liegt. Er hat eine unregelmäßige Form,
ist im Durchschnitt etwa 60 Meilen breit und umfasst eine Fläche von 3.500
Quadratmeilen.

In einer bewundernswerten Abhandlung über diesen Park, in der er einige
der vielen Wunder dieser großartigen Region beschreibt, die von der
Northern Pacific Railroad durchquert wird, schwärmt Herr Olin D. Wheeler
wie folgt:

"Der Yellowstone Park! Das Juwel des Wunderlandes. Das Land der
mystischen Pracht. Eine Region mit brodelnden Kesseln und kochenden
Teichen mit geriffeltem Rand, die in ihrer zarten Textur mit den Korallen
und in ihrer Farbvielfalt mit dem Regenbogen konkurrieren; mit dampfenden
Trichtern, die in ruhiger , ungestörter, monotoner und paroxysmaler
Ausstoßung riesige Wolken flauschigen Dampfes aus den unterirdischen
Brennöfen des Gottes der Natur in die ätherische Atmosphäre ausatmen;
eine waldige Parklandschaft, wo inmitten der unberührten Frische
blumenübersäter Täler und üppiger Wälder die einheimische Fauna des
Landes in furchtloser Freude grast und wild und frei umherwandert,
unbehelligt vom Klang der Jagdhörner, dem langgezogenen Bellen der
Hunde und dem scharfen Knallen der Gewehre.

„Land der schönen Täler und lachenden Wasser, der tosenden Katarakte und
der gewundenen Schluchten; Reich des Eiskönigs und des Feuerkönigs;
verzauberter Ort, wo Berg und Meer sich treffen und küssen; wo das
Murmeln des Flusses, während er durch die himmlisch gesegneten Täler
mäandert, rau und düster wird inmitten der mit Kiefern bewachsenen Hügel,

die sein fröhliches Lied verdunkeln und ersticken, bis er sich unkontrollierbar in einer prächtigen Schicht aus diamantenem Gischt und stürzendem Sturzbach über Abgründe wirft und in einer smaragdgrünen Flut zwischen den Wänden der Schlucht dahinrollt , wie sie das Auge eines Sterblichen selten gesehen hat."

Yellowstone Falls

Die Geschichte dieses Parks ist in viele Geheimnisse gehüllt. Er wurde vor etwa neunzig Jahren entdeckt, aber die Informationen, die die Forscher der Zivilisation mitbrachten, waren offenbar so übertrieben, dass sie allgemeines Gespött erregten. Niemand glaubte, dass die beschriebenen Wunder wirklich existierten. Selbst später, als bestätigende Beweise auftauchten, blieb der Skeptizismus bestehen. Es war damals fast ebenso schwierig, den Menschen die Wahrheit über die heißen Quellen und Geysire zu vermitteln, wie es heute schwierig ist, den Menschen zu vermitteln, dass es möglich ist, dass ein Mensch am Rand einer heißen Quelle steht, im kühlen Wasser des ihn umgebenden Sees die erlesenste Fischart fängt und dann seinen Fisch im kochenden Wasser der Quelle kocht, ohne ihn vom Haken zu nehmen oder einen einzigen Schritt zu gehen.

Diese letzte Fischgeschichte hat das besondere Merkmal, wahr zu sein. Mehrere zuverlässige Männer, darunter einige, die sich durch die leidenschaftliche Ausübung von Isaac Waltons Lieblingsbeschäftigung nicht die Empfindsamkeit für Wahrhaftigkeit nehmen ließen, haben diese scheinbar unmögliche Leistung vollbracht oder sie direkt vor ihren Augen geschehen sehen. Als vor etwa einem Jahr im Kongress um Mittel für die weitere Erhaltung des Yellowstone-Parks gebeten wurde, führte ein Mitglied diese außergewöhnliche Möglichkeit als Argument für seinen Antrag an. Auf seinen Vortrag folgte schallendes Gelächter, und als der Redner innehielt, um zu erklären, dass er lediglich eine tatsächliche Tatsache aufzeichnete und keine Fischgeschichte erzählte, schien die Gefahr eines allgemeinen Aufruhrs innerhalb der Mauern des Parlaments zu bestehen. Mehrere der amüsierten Kongressabgeordneten stellten anschließend Nachforschungen an und stellten zu ihrem Erstaunen fest, dass statt einer Übertreibung nicht die Hälfte erzählt worden war, und dass, wenn eine vollständige Zusammenfassung der Attraktionen des Yellowstone-Parks geschrieben werden sollte, die riesigen Regale der Kongressbibliothek selbst kaum die Bücher fassen würden, die geschrieben werden müssten, um sie zu fassen.

Diese kleine Abweichung soll eine Entschuldigung für die Ungläubigkeit unserer Vorfahren liefern, die sarkastische Bemerkungen über die Wirkung des wilden Western-Whiskys machten, als Pioniere aus den Rocky Mountains zurückkehrten und ihnen erzählten, dass es weit oben in den Wolken einen riesigen Naturpark gäbe, in dem Schönheit und Seltsamkeit nebeneinander zu finden seien.

John Colter oder Coulter soll der erste Weiße gewesen sein, der jemals die natürlichen Tore dieses herrlichen Parks betrat. Zu Beginn des Jahrhunderts erlebte dieser bemerkenswerte Mann sein Abenteuer. Er war Mitglied der Lewis-und-Clark-Expedition, die ausgesandt wurde, um die Quellen des Missouri und des Columbia River zu erkunden. Er war von Natur aus ein Abenteurer und ein Mann, der keine Ahnung von der Bedeutung des Wortes „Gefahr“ hatte. Die Gruppe erhaschte einen flüchtigen Blick auf den Yellowstone-Park und Coulter war von den Jagdaussichten so begeistert, dass er entweder aus der Expedition desertierte oder die Erlaubnis erhielt, zurückzubleiben.

Wie dem auch sei, sicher ist, dass Coulter mit nur einem Begleiter in der Nähe des Jefferson Fork des Missouri Rivers zurückblieb. Laut einigermaßen authentischen Berichten wurden er und sein Begleiter von feindlichen Blackfeet gefangen genommen, die ihren Unmut über die Verletzung ihrer Privatsphäre zeigten, indem sie Coulter seiner Kleidung und Coulters Begleiters seines Lebens beraubten. Der notorische Abenteurer verbrachte jedoch vier Jahre unter den freundlicheren Bannock-Indianern, die wahrscheinlich seit Jahrhunderten im oder in der Nähe des Parks lebten. Er hatte eine sehr angenehme Zeit in der neu entdeckten Region, und seine Abenteuer folgten in großer Geschwindigkeit aufeinander. Als er sich schließlich entschied, in die Heimat des weißen Mannes zurückzukehren, nahm er einen Schatz an Erinnerungen und Ereignissen der sensationellsten Art mit, und bevor er eine Woche zu Hause bei seinen eigenen Verwandten war, hatte er sich den Ruf eines modernen Ananias erworben, der zehnmal verlogener war als das Original.

Zwanzig oder dreißig Jahre vergingen, bevor man zuverlässige Informationen über den Park erhielt. James Bridger, der wagemutige Pfadfinder und Bergsteiger, durchquerte den Park mehr als einmal und erzählte in seinen übertriebensten Rhapsodien von seinen Schönheiten und Wundern. Aber Bridgers Geschichten waren schon vorher auf die Probe gestellt und für unzureichend befunden worden, und niemand machte sich große Sorgen darüber. 1870 erforschten Dr. FV Hayden und Mr. MP Langford den Park auf einer rationaleren Grundlage und legten der Welt in zuverlässiger Form einen Überblick über ihre Entdeckungen vor. Mr. Langford war selbst ein erfahrener westlicher Forscher. Viele Jahre lang hatte er den Wunsch gehabt, die sogenannten Märchen, die über den Yellowstone-Park die Runde machten, entweder zu bestätigen oder zu widerlegen. Er fand eine Reihe ebenso abenteuerlustiger Herren, darunter den Generalvermesser von Montana, Mr. Washburn, nach dem die Expedition allgemein benannt wurde. Im Jahr 1871 unternahm Dr. Hayden, der damals für das United States Geological Survey Department tätig war, eine wissenschaftliche Erkundung des Parks. Er wurde von Mr. Langford begleitet, und gemeinsam rissen die beiden Männer den Schleier des Geheimnisses weg, der über dem wunderbaren Erholungsort in den Hügeln hing, und gaben dem Land zum ersten Mal eine zuverlässige Beschreibung eines seiner prächtigsten Besitztümer.

Der Bericht beschränkte sich nicht auf eine Lobrede. Er enthielt Zeichnungen, Fotografien und geologische Zusammenfassungen und endete mit einem ernsthaften Appell an die Regierung, diesen schönen Ort für immer als Nationalpark zu erhalten. Mehrere Männer unterstützten die Bitte, und im März 1872 verabschiedete der Kongress ein Gesetz, das den Yellowstone Park für alle Zeiten der Öffentlichkeit widmete und ihn zu einem großartigen nationalen Spielplatz und einem Museum beispielloser und unvergleichlicher Wunder erklärte.

Seitdem ist der Park immer bekannter und geschätzter geworden. Die Northern Pacific Railroad betreibt eine Zweigstrecke, die den Namen des Parks trägt und Livingston, Montana, mit Cinnabar am nördlichen Rand des Parks verbindet. Die Straße ist etwa fünfzig Meilen lang und die Landschaft, durch die sie führt, ist in ihrer Natur erstaunlich.

Von Cinnabar aus wird der Tourist in großen Etappen durch den Park gefahren. Wenn er sich an die Natur erinnert, denkt er an die Erfahrungen von Coulter, den wir bereits als den weißen Pionier von Yellowstone bezeichnet haben. Zu Beginn des Jahrhunderts wurde der Park von Indianern bewohnt, die kaum Kontakt mit Weißen hatten und nicht gelernt hatten, dass im unvermeidlichen Konflikt zwischen den Rassen der Schwächere zwangsläufig dem Stärkeren unterliegen muss. Rund um die klaren Bäche und an den Rändern der unberührten Wälder, die unermessliche Reichtümer enthalten, sah man in jeder Richtung Zelte aus Fell, die über grob von Bäumen geschnittene Äste gezogen waren. Überall waren rau aussehende, völlig unzivilisierte Indianer, die ihrer üblichen Beschäftigung, dem Nichtstun, nachgingen und dies mit außergewöhnlichem Geschick taten.

Die Frauen oder Squaws waren aktiver, hielten aber häufig in ihrer Arbeit inne, um den unglücklichen Coulter anzusehen, der seiner Kleidung beraubt und völlig nackt, an Händen und Füßen gefesselt, auf das Schicksal wartete, das ihn seiner Vermutung nach erwartete. Sein einziger Gefährte war am Tag zuvor getötet worden, und er erwartete jede Minute, dasselbe Schicksal zu erleiden. Seiner eigenen Schilderung der darauffolgenden Ereignisse zufolge rettete ihm eine Strategie das Leben. Ein Indianer, der zu diesem Zweck geschickt worden war, fragte ihn, ob er schnell laufen könne. Da er wusste, dass er ein nicht minder begabter Athlet war, aber erriet, was die Frage bezweckte, versicherte er dem Indianer, dass er kein schneller Läufer sei. Die Antwort hatte die erwartete Wirkung.

Seine Riemen wurden fast sofort durchgeschnitten und er wurde auf die offene Prärie hinausgeführt. Man ließ ihn leicht anspringen und sagte ihm dann, dass er sich retten könne, wenn er könne. Coulter war schon viele schnelle Meilen gelaufen, aber nie rannte er so schnell wie bei dieser Gelegenheit. Er wusste, dass sich hinter ihm unter den trägen jungen Indianern viele befanden, die sehr schnell laufen konnten, und seine einzige Hoffnung bestand darin, vor ihnen in Deckung zu kommen. Jeder große Schritt bedeutete einen so großen Abstand zwischen ihm und dem Tod, und jeder Schritt, den er machte, war der längste, den er machen konnte. Immer wieder sah er sich um, nur um zu seinem Erstaunen festzustellen, dass er sich gerade so gehalten hatte. Schließlich jedoch waren alle seine Verfolger bis auf einen der Verfolgung müde, und als er dies feststellte, drehte er sich wie ein Hirsch in die Enge und überwältigte ihn.

Als Coulter dann sah, dass andere Indianer die Verfolgung aufnahmen, rannte er nach einer kurzen Pause erneut los, stürzte sich in den Fluss vor ihm und gelangte schließlich in das Labyrinth aus Wäldern und Kratern, das heute als Yellowstone-Park bekannt ist. Wenn man seiner Geschichte Glauben schenken darf, gelang es ihm hier, sich aus den Fellen der Tiere, die er geschossen hatte, Kleidung herzustellen, und schließlich fiel er in die Hände weniger feindseliger roter Männer.

So viel zu den frühen Tagen von Yellowstone und zu den Erinnerungen, die ein erster Besuch natürlich heraufbeschwört. Der Park in seiner heutigen Form ist überfüllt mit modernen Sehenswürdigkeiten, und man bezieht sich nur als Kontrast auf diese Erinnerungen. Es gibt im Park mindestens 100 Geysire, fast 4.000 Quellen und eine riesige Anzahl von Miniaturparks, großen und kleinen Flüssen und anderen Wundern.

Im und um den Yellowstone Park

Der Park liegt etwa gleich weit von den Städten Portland und St. Paul entfernt und hat in den letzten Jahren so viele Menschen angezogen, dass mit großem Aufwand eine große Anzahl sehr schöner Hotels gebaut wurden. Die Hotels sind etwa vier Monate im Jahr geöffnet und die Mitarbeiter für ihre Führung kommen aus verschiedenen Staaten. Die Kosten sind natürlich hoch und daher sind die Hotelgebühren nicht gering, obwohl der Tourist die anfallenden Kosten im Allgemeinen auf den Großteil seines Geldbeutels beschränken kann, wenn er dies wünscht. Wenn er in seine Berechnungen die absolut kostenlosen Sehenswürdigkeiten einbezieht, die er sieht, sind die Kosten einer Reise sicherlich moderat und sollten nicht groß in Betracht gezogen werden.

Die Mammoth Hot Springs sind eine der Hauptattraktionen des Parks, und ein Besuch dort kann sich kein wohlhabender Amerikaner entgehen lassen.

Die Quellen sind sehr schwer zu beschreiben. Sie bestehen aus einer Anzahl unregelmäßiger Terrassen, von denen einige bis zu 2 Hektar groß, andere sehr klein sind. Einige sind wenige Fuß hoch, andere ragen 12 oder 18 Meter über die darunterliegende hinaus. Nur wenige Menschen wissen wirklich, was diese Quellen sind oder wie die Terrassen gebildet werden. Eine bedeutende Autorität sagt, dass die Felsen, die dieser bestimmten Stelle zugrunde liegen, kalkhaltig sind und hauptsächlich aus kohlensäurehaltigem Kalk bestehen, der in sickerndem Erdwasser einigermaßen löslich ist. Das heiße unterirdische Wasser löst beim Durchgang durch die Erde eine große Menge an Mineralstoffen auf, die es beim Durchgang durch die Luft an der Oberfläche ablagert. Durch diesen Vorgang werden Mauern, Dämme und Terrassen errichtet. Und da die Mineralien, durch die das Wasser fließt, eine sehr unterschiedliche Farbe haben, sind auch die Ablagerungen auf der Oberfläche teils rot, teils rosa und teils schwarz, wobei Gelb-, Grün-, Blau-, Schokoladen- und Mischtöne in großer Zahl vorhanden sind, manchmal in wunderbarer Harmonie, manchmal mit äußerst erstaunlichen Kontrasten.

Das Wasser in den Quellen ist nicht warm, sondern heiß, daher der Name. Häufig übersteigt die Temperatur 160 Grad, in diesem Fall scheinen die Farbstoffe ausgewaschen zu sein und die Terrassen erscheinen weiß. Bei anderen Gelegenheiten, bei denen die Temperatur weniger streng ist, sind die bereits erwähnten unterschiedlichen Farbtöne überall zu sehen. Manchmal ist die Wirkung dieser Weißheit oder des ausgebleichten Aussehens erstaunlich. Der wahre Künstler wird stundenlang dastehen und darauf starren und sich wünschen, er könnte die intensive Schönheit, die ihn umgibt, noch so ungenau wiedergeben.

Hinter den Quellen und den Blick nach Süden versperrend liegt der Berg, der als Bunsen Peak bekannt ist und der höchste Berg ist, den man mit bloßem Auge sehen kann. Direkt gegenüber dem Hotel an den Quellen befinden sich die Unterkünfte der Nationalsoldaten, die den Park patrouillieren und ihn zumindest bis zu einem gewissen Grad vor Vandalen und Dieben schützen.

In einer bewundernswerten Beschreibung dieser Szene in „Indian Land and Wonderland" wird eine sehr reizende Geschichte über den langen, niedrigen, flachen und mit Lava bedeckten Berg erzählt, der zu Ehren von Mr. TC Everts aus Helena als Mount Everts bekannt ist. Nur wenige kennen die Geschichte, der der Berg seinen Namen verdankt. Sie lautet wie folgt:

Zu den Mitgliedern der ersten Gruppe, die den Yellowstone-Park erkundete, gehörten die Herren MP Langford, ST Hauser und TC Everts. Außerdem gab es eine militärische Eskorte unter Leutnant Doane . Die Gruppe fuhr den Yellowstone River hinauf zum Grand Canyon , von dort hinüber zum Yellowstone Lake, um dessen östliches Ufer herum bis zum südlichen Ende, von wo aus sie nach Westen abbogen und dem Firehole River durch das Upper Geyser Basin zum Madison River folgten. Diesem Fluss aus dem Park hinaus folgend, kehrten sie alle – bis auf einen – in die westliche Zivilisation zurück.

Am neunzehnten Tag, dem 9. September, verirrte sich Mr. Everts, als er durch das Land am südlichen Ufer des Sees zog. Das Reisen hier war schwierig, da umgestürzte Bäume, schroffe Höhen und keine Pfade vorhanden waren, und er wurde erst vermisst, als nachts das Lager aufgeschlagen wurde. Mr. Everts wurde 37 Tage lang nicht wieder gesehen, als er von zwei Bergsteigern am Rande des heute als Mount Everts bekannten Berges gefunden wurde, völlig erschöpft und teilweise durch Kälte und Leiden verwirrt. Schon am ersten Tag seiner Abwesenheit bekam sein Pferd, das stehen blieb und nicht angeschnallt war, mit allen Waffen und der Lagerausrüstung des Mannes , Angst und rannte davon. Everts war kurzsichtig, hatte nicht einmal ein Messer zur Verwendung oder Verteidigung und nur ein Fernglas, um ihm bei der Flucht zu helfen. Als erstes gelang es ihm, Heart Lake zu erreichen, die Quelle des Snake River. Hier blieb er zwölf Tage und schlief in der Nähe der heißen Quellen, um nicht zu frieren. Seine Nahrung bestand aus Distelwurzeln, die in den Quellen gekocht wurden. Eines Nachts wurde er von einem Berglöwen auf einen Baum gedrängt und dort die ganze Nacht festgehalten.

Schließlich erinnerte er sich an die Linsen seines Feldstechers und konnte so Feuer entzünden. Er wanderte die ganze Westseite des Sees entlang und den Yellowstone hinunter, wo er durch die Vorsehung gefunden wurde. Er erzählte die Geschichte seiner schrecklichen Erfahrung im alten „Scribner's Magazine", das inzwischen zu „The Century" geworden ist, und es ist eine spannende Geschichte. In einem Land voller Flüsse, das reichlich mit Tieren als Nahrung und mit Holz als Brennstoff versorgt ist, erfror der Mann fast, verhungerte und verdurstete. Zweimal war er fünf Tage ohne Nahrung, einmal drei Tage ohne Wasser. Es war spät in der Saison, und die Stürme fegten über ihn hinweg und ließen ihn bis auf die Knochen frieren; der Schnee hielt ihn im Lager gefangen oder verhinderte auf seinen schmerzhaften Märschen sein Vorankommen.

Natürlich verlor er an Kraft und war stündlich in Gefahr, den enormen Schwierigkeiten zu erliegen, die sich ihm stellten. Seine Leiden wurden noch durch die Angst verstärkt, die ein großer Berglöwe ihm einjagte, der ihm auf die Spur kam und ihn verfolgte, offensichtlich mit der Absicht, ihn auf das Menü seiner nächsten Mahlzeit zu setzen. Es scheint unglaublich, dass Mr. Everts jemals mit dem Leben davongekommen sein soll. Doch das Glück kam ihm schließlich zu Hilfe. Er wurde von guten Freunden gerettet und wieder zum Leben erweckt. Das Plateau, auf dem er gefunden wurde, erhielt seinen Namen, obwohl sich nur wenige an die Bedeutung des Namens erinnern werden.

Der Norris-Geysir ist ein weiteres der fast wundersamen Merkmale des Parks. Das Becken des Geysirs wurde als seltsamer, unheimlicher Ort beschrieben, und die Worte scheinen gut gewählt. Vegetation gibt es praktisch keine, da die unterirdische Hitze den Boden immer warm hält und an mehreren Stellen Dampf in die Atmosphäre austritt. Der allgemeine Anblick ist trostlos und öde, grau und trüb, und dennoch hat er etwas Schönes und Unheimliches an sich.

Ein Geysir ist immer eine Quelle des Staunens. Das Wort ist isländischen Ursprungs und bedeutet „sprudeln". Auf Phänomene wie die, die wir jetzt beschreiben, angewandt, ist es gut anwendbar, denn aus der Mündung der Geysire strömt von Zeit zu Zeit eine riesige Masse kochenden Wassers und Dampfes und erzeugt eine Störung ungewöhnlichen Charakters. Man geht davon aus, dass das Wasser, das in großer Höhe in die Luft geschleudert wurde, während es siedete, durch Lavamassen an die Oberfläche gestiegen ist, die an vulkanische Zeitalter erinnern, die weit über die Erinnerung der Menschheit hinausgehen. Das Geheimnis der geologischen Formation ist zu groß, um in einem Werk dieser Art darauf einzugehen, aber die bloße Betrachtung von Geysiren, wie sie im Yellowstone-Park zu sehen sind, erinnert einen an die Wunder, die tief im Inneren der Erde verborgen sind und von 99 Prozent der Menschheit nicht gewürdigt und unbekannt sind.

Im Norris-Geysir-Becken ist der Lärm außergewöhnlich und abergläubische Menschen sind von dem Rumpeln und Grollen, das aus den Eingeweiden der Erde zu kommen scheint, beeindruckt. In unregelmäßigen Abständen brechen heiße Wasser- und Dampfstöße aus und die Straße, die die angrenzende Ebene durchquert, ist durch die Dämpfe fast vollkommen weiß gebleicht. Die Erdkruste ist hier überall sehr dünn und wahlloses Erkunden ist gefährlich. Durch die Kruste in das kochende Wasser darunter zu rutschen, würde unweigerlich zu Verbrühungen führen und der Mann, der sich von seinem Führer zeigen lässt, wohin er treten soll, beweist mehr Weisheit.

In direktem Gegensatz zu diesem Becken steht der Elk Park. Yellowstone ist unter anderem dafür bekannt, dass es die Heimat einer immensen Zahl der bemerkenswertesten Exemplare nordamerikanischer Tiere ist. Die Büffelherde der Regierung im Park ist von unschätzbarem Wert, da sie derzeit tatsächlich die einzige vollständige Darstellung der praktisch ausgestorbenen Fleisch- und Fell produzierenden Tierarten ist, die früher zu Millionen auf der Prärie grasten. Die Büffel sind vergleichsweise zahm. Die meisten von ihnen wurden innerhalb der Grenzen des Parks geboren und scheinen erkannt zu haben, dass die Existenz ihrer Art auf ewig einer der größten Wünsche der Regierung ist. Es gibt auch eine Anzahl Bären, aber sie haben ihre Bösartigkeit verloren und genießen das Leben unter etwas veränderten Bedingungen sehr. Sie verletzen selten jemanden , streifen aber nachts um die Hotels herum und lösen das Müllproblem auf zufriedenstellende Weise, indem sie die Abfälle und Überreste fressen.

Hirsche, Elche, Antilopen und Bergschafe erklimmen die Berge und finden sehr häufig ihren Weg in den Elk Park oder die Gibbon Meadow. Dies ist ein außerordentlich begehrter Winterplatz, da er von Hügeln und Bergen umgeben ist, die die schlimmsten Winde abhalten, und es gibt außerdem eine immerwährende Quelle mit reinem Wasser. Die Wiese ist wahrscheinlich der schönste Ort im gesamten Park. Es gibt weniger Schreckliches und mehr Malerisches als anderswo, und es ist in vielerlei Hinsicht eine Oase in einer riesigen und etwas trostlosen Landschaft.

Golden Gate ist ein weiterer der exquisiten Orte, die jeder Besucher des Yellowstone-Parks sucht und findet. Um das Golden Gate zu erreichen, muss man ein guter Kletterer sein, denn es liegt hoch oben und die Straße dorthin verläuft entlang der Kante einer Klippe, die an manchen Stellen absolut senkrecht zu sein scheint. Das Tor ist es jedoch wert, erreicht zu werden, und es überrascht nicht, dass bis zu 14.000 Dollar ausgegeben wurden, um eine einzige Meile der Straße dorthin durch den Felsen zu graben.

Wenn man das Golden Gate verlässt und die Besichtigungstour fortsetzt, sieht man ein großes Tal. Der Kontrast zwischen dem satten Grün der fast makellosen Vegetation und der Trostlosigkeit der zurückgebliebenen Felsen ist auffallend. Es scheint, als hätte die Natur eine gewaltige Barriere zwischen dem Unheimlichen und dem Natürlichen errichtet, sodass das eine das andere nicht beeinflussen kann. Die Bibel spricht vom intensiven Trost des Schattens eines großen Felsens in einem trockenen und durstigen Land. Ein Gefühl gleicher, wenn nicht sogar größerer Erleichterung erlebt man im Yellowstone Park, wenn man die großartige, todesähnliche Trostlosigkeit um die heißen Quellen herum verlässt und nur wenige Schritte entfernt auf die exquisite Schönheit des Buschlandes und der Wälder stößt. Die Baumhaine sind an sich schon Quellen großer Freude und auch immensen Reichtums. Glücklicherweise werden sie für das amerikanische Volk auf ewig erhalten bleiben. Der Holzkönig kann nicht hierher gelangen. Seine Verwüstungen müssen auf andere Regionen beschränkt bleiben.

Das Tal, in das der Tourist eingedrungen ist, hat seinen Namen vom Swan Lake, einer sehr reizvollen Berglandschaft im Landesinneren. Der See liegt etwa drei Kilometer von Golden Gate entfernt. Er ist kein sehr großes Gewässer, aber seine gekräuselte Oberfläche entlockt jedem Betrachter Bewunderung. Er wurde als eine bescheiden aussehende Wasserfläche beschrieben, und etwas an der Erscheinung des Sees scheint diese eigenartige Bezeichnung zu rechtfertigen. Der Canyon , der das Tal bildet, ist wie alles andere im Yellowstone-Park – ein wenig ungewöhnlich. Auf der einen Seite gibt es hohe Berge mit Erhebungen und Gipfeln unterschiedlicher Form und Höhe, während in der Ferne der große Electric Peak gut zu erkennen ist. Wir haben bereits erwähnt, dass der Yellowstone-Park etwa 3.000 Meter über dem Meeresspiegel liegt. Electric Peak, der treffend als Wächter des Parks beschrieben wird, ist über 3.300 Meter hoch. Aus der Ferne oder entlang des Tals betrachtet, ist er dazu bestimmt, sowohl Bewunderung als auch Ehrfurcht zu erregen.

Willow Creek Park oder Willow Park, wie er manchmal genannt wird, liegt genau im Süden. Er hat seinen Namen von den riesigen Weidenbüschen, die den Boden vor Blicken verbergen und die Landschaft und das Gelände vollständig dominieren. Keiner dieser Büsche kann das Recht beanspruchen, als Baum bezeichnet zu werden, da die durchschnittliche Höhe unbedeutend ist. Aber sie machen durch ihre Dichte wett, was ihnen an Höhe fehlt. Das eigentümliche Grün der Weide ist die vorherrschende Farbe, ohne jegliche Variation. Man stellt sich vor, als ob es sich um einen riesigen grünen Teppich oder eine grüne Decke handelt, und wenn der Wind frei über das Tal weht, teilt er die Büsche in kleine Furchen oder Furchen, die die Einzigartigkeit der Szenerie noch verstärken. Quellen mit bemerkenswert reinem Wasser, von denen viele eine heilende Wirkung haben, gibt es in dieser Gegend im Überfluss, und Touristen löschen ihren imaginären Durst mit großem Interesse an einer dieser Quellen.

Der Obsidian Creek fließt langsam durch dieses Tal. Obsidian Cliff ist das nächste Objekt von besonderem Interesse, das man hier sieht. Es ist eine halbe Meile lang und 150 bis 200 Fuß hoch. Das südliche Ende besteht aus vulkanischem Glas oder Obsidian, einem ebenso echten Glas wie jedes künstlich hergestellte. Die Fahrbahn an ihrem Fuß ist quer über den Schutt gebaut und ist eindeutig eine Glasstraße. Riesige Fragmente aus schwarzem und glänzendem Obsidian, einige davon mit weißen Nähten durchzogen, säumen die Straße. Auch kleine Stücke sind in Hülle und Fülle vorhanden. Dieser Glasstrom kam von einem Hochplateau im Ostnordost. Auf diesem Plateau wurden zahlreiche Entlüftungsgruben oder scheinbare Krater entdeckt. Mr. JP Iddings vom United States Geological Survey, der Obsidian Cliff speziell untersucht hat, trägt zum Untersuchungsbericht für 1885-86 bei, ein Artikel, der viel Interessantes für den Laien enthält.

Das Lower Geyser Basin ist in mancher Hinsicht ansprechender als das Norris, obwohl die Trostlosigkeit vielleicht noch offensichtlicher ist. Leute, die Gebiete gesehen haben, in denen Salz aus aus Brunnen gewonnener Salzlake hergestellt wird, geben an, dass das Erscheinungsbild des Lower Geyser Basin dem in der Nähe von Industriegebieten dieser Art sehr ähnlich ist. Dieses Becken liegt im Tal des Firehole River, eines Flusses mit einem seltsamen Namen und einem sehr schönen Charakter. Im Becken selbst vereinigen sich die Arme des Firehole River und bilden mit dem Gibbon River eine der drei Quellen des Missouri, die nach dem gleichnamigen Präsidenten Madison genannt wird. Der Fountain Geyser ist der größte in der Gegend und einer der besten im Park. Seine Ausbrüche sind sehr regelmäßig und er versäumt es selten, pünktlich zu erscheinen, was dem Betrachter Freude bereitet. Er schleudert eine enorme Menge Wasser in die Luft und ähnelt sehr stark einem Springbrunnen. Sein Becken ist sehr interessant und bietet ein gutes Beispiel für die einzigartigen Ablagerungen, die ein Geysir hinterlässt.

Wenn der Springbrunnen damit beschäftigt ist, seine Wassermassen auszustoßen, ist der Anblick sehr eigenartig. Von einem Ausbruch ist kaum etwas zu bemerken, er findet plötzlich statt, wenn auch in festgelegten Abständen. Auf einmal wird der Beobachter für seine Geduld belohnt, indem die Stille in Aktivität der ausgelassensten Art übergeht. Das Wasser wird in einer Masse aus schäumenden, kochenden und schaumigen Kristallen nach oben geschleudert. Die tatsächliche Höhe variiert, beträgt aber häufig bis zu neun Meter. In einem Augenblick wird die Wasserwand kompakt, länglich und unregelmäßig. Es entstehen Kristalleffekte, die je nach Tageszeit und Lichtmenge variieren, aber immer entzückend und eigenartig sind.

Ganz in der Nähe befinden sich die riesigen Farbtöpfe im Zentrum des Firehole-Geysirs. Das Aussehen des Farbtopfs oder Schlammbads lässt sich viel einfacher erklären als das Phänomen selbst. Der Name ist treffend gewählt, denn er ähnelt mehr einer Reihe von Farbtöpfen enormer Größe als allem anderen, womit die Vorstellungskraft ihn vergleichen kann. Das Becken misst 12 mal 18 Meter und ist an drei Seiten von einem drei bis vier Meter hohen Schlammrand umgeben. Der Inhalt des Beckens hat Wissenschaftler jahrelang vor Rätsel gestellt. Die Substanz ist weiß und sieht ganz wie normale Farbe aus, aber im Gegensatz zu Farbe ist sie ständig in Bewegung und die Bewegung ist so anhaltend, dass man meinen könnte, das Becken des Farbtopfs sei der Boden eines Kraters. Das ständige Blubbern und Vibrieren hat sehr interessante Auswirkungen und das Geräusch, das es macht, ist ziemlich eigenartig, nicht unähnlich einem gedämpften Zischen oder einem schlecht ausgeführten Bühnengeflüster. In die weiße Substanz ist eine Menge Kieselerde aller Art und Farbzustände eingemischt. Dies führt zu einer Variation des Erscheinungsbilds, ist aber lediglich eine Ergänzung zu dem, was sonst im höchsten Maße wunderbar ist. Perlgrau mit Terrakotta-, Rot- und Grüntönen ist die Grundfarbe dieser brodelnden, brodelnden Masse, die ständig in Unruhe und Besorgnis zu sein scheint.

Der Excelsior-Geysir ist das auffälligste Merkmal des Midway Basin, einer Ansammlung von heißen Quellen und Becken. Sie befinden sich im Midway

Basin und wurden ursprünglich Cliff Caldron genannt. Der Excelsior-Geysir befindet sich in einem ständigen Zustand der Anarchie, ohne Gesetze, Regierung oder Regulierung. Er tut, was er will und wann er will. Er tut selten etwas, wenn man es will, aber wenn er in einen Gärungszustand ausbricht, ist die Wirkung sehr großartig. Wie ein Autor es ausdrückt, sind die Schönheiten und Erscheinungen dieses Geysirs denen aller anderen so weit überlegen, wie das Licht der Sonne dem des Mondes zu entsprechen scheint.

Der Geysir galt jahrelang als die großartigste Quelle des Parks, bevor seine außergewöhnlichen Eigenschaften zum Vorschein kamen oder sichtbar wurden. In den Jahren 1881-82 wurden die Ausbrüche dieses Geysirs so gewaltig, dass er Wasser bis zu 250 Fuß hoch spuckte und den normalerweise harmlosen Firehole River in einen reißenden Strom verwandelte. Große und so schwere Felsen, dass sie sehr gefährlich sein konnten, wurden aus den geheimnisvollen Grenzen der Erde geschleudert und in alle Richtungen geschleudert. Meilenweit war der schreckliche Lärm zu hören, und Menschen, die auf ein Phänomen dieser Art gewartet hatten, eilten über das Land, um es zu sehen. Nur ab und zu wiederholt sich ein Phänomen dieser Art, und selbst die erfahrensten Geologen sind nicht in der Lage, uns angemessene Vorhersagen darüber zu geben, wann das nächste Phänomen stattfinden wird.

Die Proben scheinen immer im Gange zu sein. Gewaltige Dampfmassen steigen aus dem Krater oder Loch auf. Viele Menschen drängen sich am Rand des Beckens und versuchen, die Geheimnisse der unterirdischen Vorgänge zu ergründen. Der Tag wird vielleicht kommen, an dem eine wissenschaftliche Methode entwickelt wird, mit der man problemlos durch Rauch und Dampf hindurchsehen und sengende Hitze ertragen kann. Bis dahin muss das Geheimnis ungelöst bleiben.

In genauem Gegensatz zu der unregelmäßigen und sporadischen Aktivität des Excelsior steht die methodische, beharrliche Aktivität des Old Faithful. Dies ist ein weiterer der großen und beliebten Geysire des Yellowstone-Parks. Sein Erscheinungsbild ist so gleichmäßig, dass man seine Uhr nach ihm richten könnte. Alle fünfundsechzig Minuten gibt der Geysir mit seinem treffenden Namen ein eigenartiges Geräusch von sich, um die Welt vor seiner nächsten Aktivität zu warnen. Dann wird etwa fünf Minuten lang ein gewaltiger Strom aus Wasser und Dampf bis zu einer Höhe von etwa 150 Fuß in die Luft geschleudert. Die Masse kochenden Wassers misst sechs Fuß im Durchmesser und das ausgestoßene Volumen übersteigt 100.000 Gallonen pro Stunde. Tag für Tag und Stunde, fast zwanzig Jahre lang, hat dieser fleißige Geysir regelmäßig seine Pflicht getan und den Besuchern Unterhaltung geboten. Niemand weiß, wie lange zuvor er seinen Betrieb aufgenommen hat oder wie lange er noch weiterarbeiten wird.

Wenn wir für den Moment die Betrachtung von Geysiren, heißen Quellen und anderen Wundern dieser Art beiseite lassen, bietet sich dem Besucher ein Anblick ganz anderer Art. An den Keppler's Cascades hält die Postkutsche normalerweise an, damit die Passagiere zum Rand der Klippe gehen und die Kaskaden und den schäumenden Fluss in der schwarzen Schlucht darunter beobachten können. Dann geht die Reise weiter durch das Firehole Valley und durch dichte Wälder und offene Lichtungen, bis die enge und gewundene Schlucht von Spring Creek erreicht ist. Die Landschaft hier ist ausgesprochen unkonventionell und wild.

Bald erreichen wir den Gipfel der kontinentalen Wasserscheide. Jetzt ist die Aussicht viel weiter und wird majestätischer und würdevoller. Die Berge überragen auf der einen Seite die Straße und fallen auf der anderen Seite weit ab. Dichte, struppige Wälder bedecken die Hänge und Gipfel, während man gelegentlich kleine Inselparks und heitere Lichtungen sieht. Die Straße windet sich um die Bergflanken, steigt mal an, mal ab; der gesamte Anblick der Natur wird großartiger, strenger; die Luft wird dünner und man wird geistig immer erhabener. Gelegentlich lösen sich die Berge auf und man erhält einen Blick weit über die engen Grenzen hinaus, die einen umgeben. Man sieht ferne Berge und das Gefühl, dass man nur von Bergwänden umgeben ist, prägt sich einem stark ein, und das ist fast wahr. Nach mehreren Meilen dieser Fahrt und wenn man sich vorzustellen beginnt, dass nichts Schöneres kommen kann, führt die Straße zu einem Punkt, der, fast bevor man es merkt, alles andere, was man auf dieser Fahrt gesehen hat, einfach aus den Gedanken verdrängt.

Es ist ein wundervolles Bild und erzeugt einen Zustand der Euphorie, der manchen fast zu stark erscheinen muss, um ihn zu ertragen. Die Berge, die sich hoch oben erheben, erstrecken sich auch weit unten und sind in jeder Richtung von ihrer allerbesten Seite. Stolz und majestätisch in ihrer Stärke und Haltung, sind sie vom Gipfel bis in die Tiefe noch immer dicht mit dem Urwald bedeckt. Es scheint, als wüssten sie wirklich, was für eine Aussicht sich hier entfaltet, und erfreuten sich an der Erhabenheit der Szene. Wie ein Faden kann man die Windungen und Linien der Straße verfolgen, auf der die Bühne gekommen ist. Aber das, was einem Bild, das sonst in seiner Erhabenheit fast überwältigend und dennoch streng und unnachgiebig ist, das weichere, schönere Element hinzufügt, sieht man durch eine Lücke oder ein Portal im Süden.

Weit weg, weit unten liegt ein Teil des Shoshone Lake. Wie ein schlafendes Baby im Schoß seiner Mutter schmiegt sich dieser kleine See in die Berge. Er glänzt wie eine silberne Platte oder ein wunderschöner Spiegel. Es ist ein Juwel, für dessen Anblick es sich lohnt, einen Kontinent zu durchqueren, besonders weil zwischen dem See und dem Aussichtspunkt ein kleines Tal verläuft, das in leuchtendes, grasbedecktes Grün gehüllt ist und im

Hintergrund eine Art Vordergrund bildet. Es gibt also einen silbrig schimmernden See, ein liebliches Tal mit leuchtenden und warmen Grüntönen und üppige, dunkelschwarze Wälder im Hintergrund. Niemand kann eine solche Kombination und einen solchen Kontrast betrachten, ohne beeindruckt zu sein und die erhabene Schönheit und Erhabenheit des Parks und seiner Umgebung zu erkennen.

Der Yellowstone Lake ist eine weitere der außergewöhnlichen Attraktionen unseres großartigen Nationalparks. Er wird als der höchstgelegene Binnensee der Welt beschrieben und liegt mehr als 2.130 Meter über dem Meeresspiegel. Tatsächlich liegt er fast 2.400 Meter über dem Meeresspiegel und sein eiskaltes Wasser bedeckt eine Fläche von etwa 50 Kilometern Länge und etwa halb so Breite, also etwa 760 Quadratkilometer. Dieser herrliche Binnenozean liegt auf dem Gipfel der Rocky Mountains, genau dort, wo ihn niemand erwarten würde. Mehrere Inseln unterschiedlicher Größe liegen verstreut auf der Wasseroberfläche, die manchmal so glatt ist wie ein kleiner Mühlteich und manchmal fast so turbulent wie das Meer. Die Ufer sind völlig unregelmäßig geformt und Promontory Point erstreckt sich weit ins Wasser hinein und bildet eine der eigenartigsten Binnenhalbinseln der Welt. Entlang des Südufers gibt es zahlreiche Einbuchtungen und Meeresbuchten, von denen einige natürlichen Charakter haben und andere voller Anzeichen lebhafter und sogar furchtbarer vulkanischer Aktivität sind.

Von den eigentümlichen Felsen und Erhebungen entlang des Ufers werden Spiegelbilder von fast unbeschreiblichem Charakter ins Wasser geworfen. Sie sind in ihrer Art und Farbe vielfältig und unterscheiden sich, wie der See selbst, von allem, was man sonst sieht. Ein weiteres einzigartiges Merkmal dieses Sees, das man gesehen haben muss, um es zu verstehen, ist das Vorhandensein von heißen Quellen und Geysiren voller kochendem Wasser und Dampf an den Ufern und sogar im See selbst. Einige dieser Quellen haben breite und sichere Ränder oder Ufer, auf denen man stehen und angeln kann. Dann hat man zu seiner Rechten das eiskalte Wasser des Sees, aus dem man Forellen und andere Fische fangen kann, bis man anfängt, von einem Paradies für Angler zu träumen. Dr. Hayden, der bereits erwähnte Entdecker, war der erste, der die Gelegenheit nutzte und seinen Fisch ohne Haken im kochenden Wasser zu seiner Linken kochte, wobei er sich dazu lediglich eine halbe Drehung machen musste. Als der Professor diese Tatsache zum ersten Mal erwähnte, wurde er humorvoll ausgelacht, aber wie bereits früher in diesem Kapitel erwähnt, wurde diese Möglichkeit so klar nachgewiesen, dass die Menschen das, was sie zuerst als völlige Absurdität abgetan hatten, schon vor langer Zeit als Möglichkeit zugegeben haben.

Ein Wunder der Großartigkeit

KAPITEL XVI.

DIE HELDEN DES EISERNEN PFERDES.

Ehre, wem Ehre gebührt – Eine Klasse von Männern, deren Wert nicht immer voll und ganz gewürdigt wird – Die Fahrt eines Amateurs auf einer fliegenden Lokomotive – Von zwölf Meilen pro Stunde auf das Sechsfache dieser Geschwindigkeit – Der Signalturm und die Männer, die darin arbeiten – Einen Zug stehlen – Ein Wettrennen mit Dampf – Steine über verzauberte Lokomotiven und vom Schicksal geschaffene Fluchten.

Niemand, der sich nicht eingehend mit dieser Angelegenheit befasst hat, hat auch nur die geringste Vorstellung von der Größe und Bedeutung des Eisenbahnsystems der Vereinigten Staaten. Und niemand, der sich nicht mit den Statistiken zu dieser Frage befasst hat, hat auch nur die geringste Ahnung von den Kosten für den Bau und Betrieb der Straßen. Die Kosten in Dollar und Cent für eine Meile Gleis sind auf den Bruchteil genau ermittelt worden. Buchhalter haben die Kosten für den Transport eines Passagiers oder einer Tonne Ware über eine bestimmte Entfernung auf den Hundertstelcent genau berechnet. Es gibt sogar Tabellen, die die tatsächlichen Kosten für einen Zugstopp aufführen, während Einzelheiten wie die notwendigen Ausgaben für Löhne, Treibstoff, Reparaturen usw. die Aufmerksamkeit erhalten haben, die die Größe der betroffenen Interessen verdient.

Aber die Kosten an Menschenleben und Leid, die das große Eisenbahnsystem der Vereinigten Staaten verursacht, sind eine ganz andere Sache, und zwar eine, die sich den Berechnungen von Buchhaltern - Experten oder anderen - entzieht. Es ist wiederholt gesagt worden, dass man in einem Eisenbahnzug sicherer ist als auf der Straße. Mit anderen Worten: Statistiker sagen, dass die Todes- und Schwerverletztenrate unter Männern, die häufig reisen, niedriger ist als unter Stubenhockern, die selten mit der Bahn reisen. Während dies zweifellos richtig ist, soweit es Passagiere betrifft, gilt diese Regel nicht für Eisenbahnangestellte und diejenigen, die durch ihre unermüdliche Sorgfalt und Energie Leben und Gesundheit der Passagiere schützen und das Reisen mit der Bahn sicher und komfortabel machen.

Ein berühmter Geistlicher verwies einmal bei einer Predigt zum Thema Glaube auf eine Eisenbahnreise. Wie er mit viel Eloquenz und Nachdruck erklärte, könne es keine realistischere Verkörperung des Glaubens geben als den Mann, der sich nachts friedlich in seiner Koje in einem Pullman-Waggon schlafen legte und sich blind darauf verließ, dass die Eisenbahner die

Tausenden von Gefahren abwenden würden, denen er in den stillen Stunden der Nacht ausgesetzt war.

Bei Streiks wird viel über die in den verschiedenen Funktionen bei der Eisenbahn beschäftigten Männer geschrieben, jede Missetat wird aufgebauscht und jede Indiskretion zu einem Verbrechen aufgebauscht. Über die andere Seite der Frage wird jedoch sehr wenig gesagt. Die Männer, denen Bahnreisende und insbesondere diejenigen, die nachts fahren, ihre Sicherheit loben, werden bis zum Äußersten beansprucht und erhalten sehr geringe Löhne, wenn man die Art ihrer Aufgaben und die Arbeitszeiten berücksichtigt.

Die Anerkennung dieser Männer äußert sich eher in Taten als in Worten, und obwohl sich nur wenige jemals die Zeit genommen haben, über die Loyalität und Hingabe der schlecht bezahlten und hart arbeitenden Eisenbahner nachzudenken, zollt doch jeder Reisende, der einen Eisenbahnwaggon betritt, ihrer Zuverlässigkeit stillschweigend Tribut. Der Passagier, der es sich in einem luxuriösen Sitz gemütlich macht oder friedlich in seiner Kabine schläft, denkt nicht an die Sorgen und Ärgernisse der Männer, die den Zug leiten, oder an diejenigen, die dafür verantwortlich sind, dass die Gleise freigehalten werden und dem Lokführer die richtigen Anweisungen gegeben werden.

Dieser Beamte ist ein Mann, der viele Härten und Gefahren erdulden muss. Ihm werden täglich Hunderte von Menschenleben anvertraut. Er weiß nicht, wie viele es sind, aber er weiß, dass der kleinste Fehler seinerseits vielleicht zehn, vielleicht zwanzig und vielleicht fünfzig Menschen in die Ewigkeit schleudern und zwei- oder dreimal so viele Menschen für immer verstümmeln wird. Er weiß auch, dass er nicht nur für die Sicherheit der Männer, Frauen und Kinder verantwortlich ist, die hinter ihm fahren, sondern auch für die Insassen anderer Züge auf demselben Gleis. Er weiß genau, wo er auf ein Nebengleis ausweichen muss, um den Express in die andere Richtung passieren zu lassen, und er weiß genau, wo er die Geschwindigkeit drosseln muss, um sicher um eine gefährliche Kurve zu kommen oder eine Brücke zu überqueren, die repariert wird oder die nicht ganz so stabil ist, wie sie wäre, wenn er statt millionenschwerer Eisenbahndirektoren die Kontrolle über den Fonds für Brückenbau und -reparatur hätte.

Um eine Vorstellung von der Verantwortung eines Lokomotivführers zu bekommen, muss man etwa hundert Meilen in einer Lokomotive mitfahren. Dem Autor wurde dieses Privileg an einem trüben, frostigen Tag im frühen letzten Winter zuteil. Die Beamten sagten ihm, dass er die Fahrt auf eigenes Risiko und als persönliche Gefälligkeit unternehme und dass er den Lokomotivführer oder Heizer bei der Ausübung ihrer Aufgaben nicht behindern dürfe. Der Gast wurde von Lokomotivführer und Heizer freundlich empfangen und bekam einen Sitzplatz, von dem aus er die Gleise überblicken konnte, über die die Lokomotive den Zug ziehen musste. Für einen Neuling ist die erste Fahrt mit einer Lokomotive ein ganz besonderes Gefühl, und zu sagen, dass sich neben der Aufregung und Freude kein Hauch von Angst verbirgt, wäre eine Behauptung, die nicht durch Tatsachen gestützt wird. Bei der genannten Gelegenheit war der Zug ein Sonderzug, der eine Delegation über den halben Kontinent beförderte. Er hatte etwa fünfzehn Minuten Verspätung, und um die Fahrt zum nächsten Abschnittspunkt zu schaffen, musste eine Durchschnittsgeschwindigkeit von über fünfundvierzig Meilen pro Stunde eingehalten werden. Wie das fast immer der Fall ist, wenn außerordentliche Eile geboten ist , kam es zu allerlei geringfügigen Verzögerungen, und es gingen mehrere kostbare Minuten verloren, bevor es überhaupt losgehen konnte.

Schließlich gibt der Schaffner das nötige Kommando, der Lokführer legt den Hebel um und der unregelmäßig fahrende Passagier stellt zum ersten Mal in seinem Leben fest, dass das Starten einer Lokomotive viel schwieriger ist, als er es sich je vorgestellt hatte.

Zuerst ist ein deutliches Zittern der riesigen Lokomotive zu vernehmen. Dann ertönt ein lautes Zischen und ein starker Dampfausstoß, während die riesigen Kolben an den schweren Rädern ziehen und ziehen, die immer wieder herumrutschen und nicht auf den Schienen Halt finden. Dann, als allmählich die wissenschaftliche Kraft die rohe Gewalt überwindet, ist eine kaum wahrnehmbare Vorwärtsbewegung zu verzeichnen. Dann, als der Sandkasten in Dienst gestellt wird, greifen die Räder deutlich in die Schienen und, um es mit den Worten der Rennbahn zu sagen: „Sie fahren los." Ein paar Sekunden lang geht es tatsächlich sehr langsam voran. Dann wird die gute Arbeit der zuverlässigen Lokomotive deutlich und bevor wir weit aus den Bahnhöfen heraus sind, wird eine ziemlich gute Geschwindigkeit erreicht. Der Heizer ist damit beschäftigt, die Glocke zu läuten, und der Lokführer ergänzt das Warngeräusch von Zeit zu Zeit mit einem dieser unbeschreiblichen Tuten, die nur eine Dampfmaschine machen kann.

Jetzt sind wir außerhalb der Stadtgrenzen und der Zug kommt ausgezeichnet voran. Wir nehmen unsere Uhr heraus und messen sorgfältig die Geschwindigkeit zwischen zwei Meilensteinen, um festzustellen, dass wir für die Strecke etwa siebzig Sekunden gebraucht haben. Ungeachtet unserer Anweisungen erwähnen wir diese Tatsache gegenüber dem Heizer, der gerade begonnen hat, eine neue Ladung Kohle auf das lodernde Feuer zu werfen, und gratulieren ihm.

"Das ist doch nichts", antwortet er lachend. "Wir fahren jetzt bergauf. Warten Sie, bis wir auf der Ebene sind oder bergab fahren, und wir zeigen Ihnen eine Meile entfernt innerhalb von sechzig."

Wir sind nicht besonders erfreut, das zu hören. Die Lokomotive schaukelt bereits viel stärker, als es für den Uneingeweihten angenehm ist, und der Kontrast zwischen dem harten Sitz und dem angenehmen Sitz, der uns im Pullman-Wagen zur Verfügung steht, wird immer deutlicher. Gerade als wir uns fragen, wie wir in der Ferne das Gleichgewicht halten sollen, während wir um eine Kurve fahren, läuft eine Kuh verlegen auf die Gleise, anscheinend etwa 200 Meter vor uns. Der Lokführer spielt eine Melodie mit seiner Pfeife, und die Kuh trabt vor uns die Gleise entlang. Dieses seltsam falsch benannte Anhängsel, der Kuhfänger, trifft sie mittschiffs. Sie wird sechs Meter in die Luft geschleudert, und alles, was von ihr übrig bleibt, rollt in den Graben neben dem Gleis.

Für den Moment hatten wir George Stephensons Antwort an das Mitglied des britischen Parlaments vergessen, das ihn gefragt hatte, was passieren würde, wenn eine Kuh vor einen der Züge liefe, die George fahren lassen wollte, falls die notwendigen Befugnisse erteilt würden. Seine Antwort, die längst historisch geworden ist, war, dass es für die Kuh sehr schlimm wäre. Wir erinnerten uns daran und stimmten dem Eisenbahnpionier zu, als wir sahen, wie das unglückliche Rind einen vierfachen Purzelbaum schlug und in weniger als einer Sekunde sein Leben beendete. Aber einen Moment zuvor hatten wir uns gefragt, was passieren würde, wenn es zu der unvermeidlichen Kollision kommen würde.

Der Heizer bemerkt, dass uns der Vorfall etwas verunsichert hat, und versichert uns gutmütig, dass so eine Kleinigkeit nichts bedeutet. Es sei ziemlich schlimm, sagt er, wenn eine Herde Kühe auf die Gleise gerät, und er erinnert sich, dass vor einigen Jahren einmal im Fernen Westen ein Zug von einer Herde fetter Ochsen aufgehalten wurde, die die Gleise blockierten. „Aber", fügt er in Klammern hinzu, „das war auf einer sehr schlechten Straße mit einer kaputten Güterlokomotive. Wenn wir die „87" mit Volldampf gehabt hätten, wären wir gut durchgekommen, selbst wenn wir den Markt mit Rindfleisch hätten überlasten müssen."

Jetzt rast der Zug um eine Kurve in die eine und dann in die andere Richtung. Der Lokführer lässt in seiner Wachsamkeit nie nach, und obwohl er vorgibt, die Verantwortung auf die leichte Schulter zu nehmen, und seinem etwas nervösen Passagier versichert, dass keinerlei Gefahr besteht, bestätigen seine Taten seine Worte nicht. Wir fahren einen Sonderzug, der dem Express-Fahrplan für die Mittagszeit etwas voraus ist, und an jedem Bahnhof warten Passagiere, die unsere Ankunft mit Freude begrüßen, ihre Gepäckstücke zusammenpacken und an den Rand des Bahnsteigs gehen, offenbar in der

Annahme, dass wir für sie anhalten. Dass wir mit einer Geschwindigkeit von 80 oder 100 Stundenkilometern durch den Bahnhof rasen sollen, kommt ihnen nicht im Entferntesten in den Sinn, und die erstaunten Blicke, die uns beim Vorbeifahren am Bahnsteig begegnen, sind amüsant. Schließlich erreichen wir ein langes Stück ebener Strecke, wo die Schienen scheinbar mehrere Kilometer lang pfeilgerade verlaufen.

„Jetzt ist Ihre Chance gekommen, wenn Sie eine gute Meile zurücklegen wollen", sagt der freundliche Feuerwehrmann.

Wir befolgen seinen Rat und stellen mit Hilfe einer Stoppuhr, die wir uns speziell für diesen Anlass geliehen haben, fest, dass wir eine Meile in zweiundfünfzig Sekunden zurücklegen. Die nächste Meile dauert zwei Sekunden länger, aber auf der dritten Meile wird die Geschwindigkeit mehr als gehalten. Auf normale Geschwindigkeitszahlen heruntergerechnet bedeutet dies, dass wir etwa siebzig Meilen pro Stunde zurücklegen und damit weitaus besser abschneiden, als wir erwartet hatten. Unsere gute Arbeit wird jedoch durch das plötzliche Anziehen der Druckluftbremsen und das Abschalten des Dampfes beeinträchtigt, als wir uns einem kleinen Bahnhof nähern, wo das Signal gegen uns gerichtet ist. Eine Änderung der Zuganweisungen erweist sich als Ursache für die Behinderung unseres Vorankommens, und der Lokführer murrt ein wenig, als er feststellt, dass er an einem Bahnhof etwa zwanzig Meilen weiter warten muss, vorausgesetzt, dass ein Zug aus der Gegenrichtung nicht auf dem Nebengleis ist, bevor er dort ankommt. Die Ausführung dieses Befehls bringt eine Verzögerung von fünf oder zehn Minuten mit sich, aber als wir die Strecke wieder frei haben, ist die Zeit so gut, dass wir unsere Aufgabe erfüllen und pünktlich auf die Sekunde in das Depot einfahren können, wo die Lokomotiven gewechselt werden sollen.

So sieht eine Fahrt mit einer Lokomotive am helllichten Tag aus. Nachts sind die Gefahren und Risiken natürlich zehnfach größer. Das Scheinwerferlicht dringt in die pechschwarze Dunkelheit und übertreibt häufig die Größe von Objekten auf und neben den Gleisen. Das kleinste Missverständnis, die unbedeutendste Fehlinterpretation eines Befehls, die geringste Nachlässigkeit seitens einer Person, die mit der Bahn zu tun hat oder dort beschäftigt ist, kann zu einem Unfall führen, der den Zug und seine Passagiere völlig zerstört, und der Lokführer spürt in jedem Moment das volle Ausmaß seiner Verantwortung und die Art der Risiken, die er eingeht.

Diese Verantwortung wird durch die enorme Geschwindigkeit, die in diesen von Eile und Hektik geprägten Zeiten erforderlich ist, noch verzehnfacht. Nur wenige unserer Urgroßväter haben noch erlebt, wie Dampf als Antriebskraft zur Fortbewegung eingesetzt wurde. Die meisten unserer Großeltern erinnern sich an den ersten Zug, der in diesem Land fuhr. Viele derjenigen, die diese Zeilen lesen, können sich daran erinnern, wie ein Philosoph zu Protokoll gab, dass eine Geschwindigkeit von zwanzig Meilen unmöglich sei, denn selbst wenn man Maschinen konstruieren könnte, die der Abnutzung standhalten, wäre die Bewegung so schnell, dass Zugführer und Passagiere einen Schlaganfall oder eine andere schreckliche und tödliche Krankheit erleiden würden.

Es ist weniger als siebzig Jahre her, dass der sogenannte Spinner George Stephenson bescheiden zu behaupten wagte, dass seine kleine, viereinhalb Tonnen schwere Lokomotive „The Rocket" tatsächlich in der Lage sei, ein oder zwei leichte Waggons mit der erstaunlichen Geschwindigkeit von zwölf Meilen pro Stunde mitzureißen. Er wurde von dem hochintelligenten britischen Parlamentsausschuss, der seine neue Methode der Fortbewegung auf dem Land untersuchte, ausgelacht. Heutzutage, wo auf vielen Strecken regelmäßig Züge verkehren, die unermüdlich Stunde um Stunde mit einer Geschwindigkeit von einer Meile pro Minute über weite Kontinente donnern, ist es die wohlüberlegte Einschätzung der konservativsten Studenten der Eisenbahnwissenschaft, dass die endgültige Geschwindigkeitsgrenze noch in weiter Ferne liegt und dass 100 Meilen pro Stunde am Ende des ersten Jahrzehnts des zwanzigsten Jahrhunderts nicht als außergewöhnliche Reisegeschwindigkeit gelten werden.

Es stimmt, dass die Fahrpläne der Eisenbahnen selten eine Geschwindigkeit von einer Meile pro Minute vorsehen, aber der Lokführer wird sehr häufig aufgefordert, noch schneller zu fahren. Die meisten Menschen, selbst die intelligentesten unter denen, die regelmäßig reisen, erhalten ihre Vorstellungen von Geschwindigkeit aus den Zahlen des Fahrplans und vergessen dabei, dass in fast allen Fällen beträchtliche Streckenabschnitte mit viel höherer Geschwindigkeit zurückgelegt werden müssen als die durchschnittliche Geschwindigkeit, die erforderlich ist, um die gesamte Entfernung in der geplanten Zeit zurückzulegen. Es gibt nur sehr wenige, wenn überhaupt, Schnellzüge, die nicht auf einem Teilstück jeder „Fahrt" eine Geschwindigkeit von einer Meile pro Minute erreichen oder überschreiten. Doch aufgrund der besseren Fahrbahn und der gut konstruierten Waggons bleibt die erhöhte Geschwindigkeit unbemerkt; während der Fahrt mit sechzig bis siebzig Meilen pro Stunde liest der Passagier ruhig seine Zeitung oder sein Buch, Kinder spielen im Gang und ein randvoll mit Wasser gefülltes Glas kann von einem Ende des sanft rollenden Waggons zum anderen getragen werden, ohne dass ein Tropfen verschüttet wird. Die Nerven der Zugführer liegen die ganze Zeit über auf Hochtouren, und so wenig die Passagiere sich der tatsächlichen oder eingebildeten Gefahr auch bewusst sein mögen, die beiden Männer auf der Lokomotive verlieren die Risiken keinen Augenblick aus den Augen.

Der Mann im Signalturm trägt die gleiche Verantwortung. In mancher Hinsicht ist die Last auf seinen Schultern sogar noch größer, denn er trägt das Schicksal von vielleicht zwanzig Zügen und das Leben von Hunderten von Passagieren in seinen Händen. Ab und zu, wenn der falsche Hebel gezogen wurde und ein Zug zerstört ist, hören wir von einem Signalmann, der auf seinem Posten schläft, aber nur wenige von uns denken darüber nach, wie viele tausend Mal am Tag der richtige Hebel gezogen wird und wie außergewöhnlich diese Pflichtverletzung ist. Es gibt Helden der See und es gibt Helden des Schlachtfelds, aber es gibt zehnmal so viele Helden, die ihre Heldentaten auf Lokomotiven, in Weichen- und Signaltürmen und in Bahnhöfen vollbringen. Es mag nicht in Mode sein, diese Retter von Menschenleben mit denen zu vergleichen, die auf dem Schlachtfeld Leben zerstören, aber die Tapferkeit und Ausdauer der ersteren ist mindestens so bemerkenswert und verdienstvoll wie die Kühnheit und das Leiden der letzteren.

Im „Scribner's Magazine" erschien kürzlich eine äußerst anschauliche Beschreibung eines zweistöckigen, quadratischen Signalturms an der „ Sumach Junction".

"Dieser Turm", sagt der Mitarbeiter der genannten Zeitschrift, "hatte auf allen Seiten zwei Fensterreihen und stand an der Kreuzung von Zweigstrecken. An dieser Stelle wurde die Hauptstrecke von vier auf zwei Gleise aufgeteilt, und hier ließ der Schotterweg, der aussah, als sei er von einem gelähmten Bauunternehmer verlegt worden, die Hauptstrecke und die Ehrwürdigkeit hinter sich und humpelte mit berauschter Miene hinter der Signalstation aus dem Blickfeld. Unter dem Turm auf der rechten Seite erschloss eine zweigleisige Zweigstrecke ein fruchtbares Land hinter den Sandhügeln. Und unter dem Signalturm auf der linken Seite brachte eine nur eine Meile lange eingleisige Zweigstrecke South Sumach , eine jener lästigen Städte, die mit Wasserkraft produzieren, mit dem Zwischenhändler in Verbindung. Diese unbedeutende Zweigstrecke (als ob es sich um unbedeutende Leute gehandelt hätte) machte mehr Ärger als alle übrigen Strecken zusammen. Der Signalmann fand das heraus.

„ Sumach Junction hatte also seinen Platz in der Welt, und vielleicht war es ein wichtigerer als der vieler selbstgefälliger und opulenter Vororte. Das Herz dieser kleinen Gemeinde lag nicht, wie ein gedankenloser Mensch annehmen könnte, in der Kirche, der Kommandantur , dem Lebensmittelladen oder der Schule, sondern im Signalturm. Er war der Puls des Abschnitts. Er war das Lebensblut Tausender unbekümmerter Reisender, deren Leben und Glück von der intelligenten Wachsamkeit dreier Männer abhingen. Diese drei wechselten sich dort oben im Turm ab und verriegelten und entriegelten Schalter und Signale, bis man erwarten konnte, dass sie vor Schwindel und Verwirrung in Ohnmacht fielen. Es war im Signalturm nicht ungewöhnlich, dass, wenn einer der drei einen Tag frei haben wollte, die anderen beiden Zwölf-Stunden-Schichten einlegten. Solange der Dienst gut geleistet wurde, stellte der Superintendent keine Fragen."

Die Geschichte entstand aufgrund der langwierigen Krankheit eines der drei, die die beiden anderen zwang, im Dienst zu bleiben, bis ihre Augen oft trüb und ihre Gehirnleistung erschöpft waren. Einer von ihnen arbeitete schließlich, bis die Natur die Macht der Gewohnheit und Zuverlässigkeit überwand und es zu einer Kollision gekommen wäre, wenn der überarbeitete und völlig erschöpfte Mann nicht wieder zu Bewusstsein gekommen wäre.

Während dieser Held des Alltags schlief oder vielmehr vor lauter Erschöpfung die Kraft zum Denken verlor, hatte der schwere Schneesturm, der die Nacht doppelt so dunkel machte, die Mechanik des Signals so blockiert, dass sie auf die verzweifelten Bemühungen des erschöpften Signalmanns nicht mehr reagierte. Dieser hörte einen Güterzug herankommen und wusste, dass dieser, wenn er nicht sofort signalisiert würde, in das hintere Ende eines Personenzugs krachen würde, der mit seiner defekten Lokomotive in Sichtweite des Signalhauses stand. Schließlich gab er den Versuch auf, den Hebel zu bewegen, rannte hinaus in die Nacht und bahnte sich seinen Weg durch den Schnee in Richtung des herannahenden Zuges. Er konnte den scheinbar unvermeidlichen Zusammenstoß gerade noch verhindern, übersah jedoch in seiner Aufregung die eigene Gefahr und wurde von dem Zug, den er signalisiert hatte, niedergeschlagen und schrecklich verletzt.

Im letzten Jahr wurde der größte Bahnhof der Welt eröffnet, in dessen Bahnhöfen ein enormes Verkehrsaufkommen herrscht und von dessen Signaltürmen aus unzählige Weichen und Signale bedient werden. Dieser riesige Bahnhof befindet sich in St. Louis. Er erstreckt sich über eine Fläche von etwa zwölf Morgen und ist größer als die beiden prächtigen Bahnhöfe von Philadelphia zusammen. Der zweitgrößte Bahnhof der Welt befindet sich in Frankfurt, Deutschland. Der drittgrößte ist der Bahnhof Reading in Philadelphia. Die vier nächstgrößten sind der Pennsylvania Depot in Philadelphia, der Bahnhof St. Pancras in London, England, der Pennsylvania Depot in Jersey City und der Grand Central Depot in New York City.

Wir alle haben von Zeit zu Zeit von merkwürdigen Diebstählen gehört, und die Aufzeichnungen über gestohlene Öfen und andere schwere Gegenstände scheinen zu zeigen, dass nur wenige Dinge so sperrig sind, dass sie vor Dieben oder Kleptomanen absolut sicher sind. Aber einen Zug zu stehlen, scheint dem Durchschnittsverstand unmöglich, obwohl es unter bestimmten Umständen sogar einfach ist. Während des Kreuzzugs der Commonwealth-Befürworter im Jahr 1894 wurde mehr als ein Zug gestohlen. Alles, was man brauchte, waren genügend Kräfte, um das Zugpersonal an einem kleinen

Bahnhof oder Wassertank zu überwältigen, und ein oder zwei Männer, die wussten, wie man Dampf anstellt und ein Feuer unterhält.

Die Geschichte berichtet von einem viel bemerkenswerteren Fall von Zugdiebstahl, der mit Ereignissen von erstaunlicher Tapferkeit und haarscharfer Flucht in Verbindung steht. Wir beziehen uns auf den großen Eisenbahnüberfall in Georgia im Jahr 1862, als eine Handvoll unerschrockener Helden in ein feindliches Land einfielen, absichtlich eine Lokomotive stahlen und sie um ein Haar sicher in die Hände ihrer Freunde übergaben.

Vor vier oder fünf Jahren wurde ein Denkmal errichtet, das von einem Lokomotivmodell gekrönt wurde, um an ein beispielloses und unnachahmliches Ereignis zu erinnern. Die Geschichte des Überfalls liest sich wie eine Fiktion, aber jeder Vorfall, den wir aufzeichnen, ist Tatsache. Jede Gefahr, von der berichtet wird, wurde tatsächlich gemeistert. Jede Schwierigkeit wurde tatsächlich bewältigt, und der letztendliche Misserfolg geschah genau wie beschrieben.

Die Generäle Grant und Buell marschierten zu dieser Zeit in Richtung Corinth, Mississippi, wo eine Kreuzung gebaut werden sollte. Die konföderierten Truppen konzentrierten sich an derselben Stelle, und es braute sich sofort Ärger zusammen. General Mitchell, der eine von Buells Divisionen befehligte, war bis nach Huntsville, Alabama, vorgerückt, und eine weitere Abteilung war bis auf 30 Meilen an Chattanooga herangekommen. Es wurde für ratsam und sogar notwendig gehalten, die Eisenbahnverbindung zwischen Chattanooga und dem Osten und Süden zu unterbrechen, und General Buell wählte James J. Andrews für diese Aufgabe aus.

Andrews wählte vierundzwanzig Geister seinesgleichen aus, die in gewöhnlicher Südstaatenkleidung und ohne andere Waffen als Revolver in das feindliche Gebiet eindrangen.

Ihr Ziel war es, einen Zug zu kapern und die Brücken auf dem nördlichen Teil der Georgia State Railroad sowie auf der East Tennessee Railroad dort niederzubrennen, wo sie sich der Georgia State-Grenze nähert, um so Chattanooga, das damals praktisch ohne Garnison war, vollständig zu isolieren . Diese Männer trafen sich in Marietta, Georgia, mehr als 200 Meilen vom Abfahrtsort entfernt, nachdem sie (mit Ausnahme von fünf, die unterwegs oder verspätet gefangen genommen wurden) in kleinen Abteilungen von drei und vier Mann dorthin gelangt waren. Die Eisenbahn in Marietta war überfüllt mit Zügen, und viele Soldaten befanden sich unter den Passagieren.

Nach eingehender Erkundung entschloss man sich, in Big Shanty, einige Meilen nördlich von Marietta, einen Zug zu erobern. Nachdem die Gruppe, zu der auch zwei Lokführer gehörten, Fahrkarten für verschiedene Bahnhöfe entlang der Strecke in Richtung Chattanooga gekauft hatte, erreichte sie Big Shanty.

Während der Schaffner, der Lokführer und die meisten Passagiere beim Frühstück saßen, wurde der Zug gekapert, und nachdem die Personenwagen abgekoppelt worden waren, begann die wilde Fahrt nach Norden. Man stelle sich die Heldentat vor: Zwanzig Männer, umgeben von einer feindlichen Armee, begeben sich so tapfer auf eine lange und schwierige Straße voller Feinde.

Natürlich löste der Diebstahl des Zuges große Bestürzung aus, aber die Entführer entkamen sicher, wobei sie häufig anhielten, um die Gleise aufzureißen, Telegrafenleitungen durchzuschneiden usw. Andrews informierte die Leute an den Bahnhöfen, dass er ein Agent von General Beauregard sei und einen mit Pulver beladenen Zug nach Corinth durchfuhr, und im Allgemeinen beseitigte dies ihre Zweifel, obwohl sich einige verdächtig verhielten.

Das erste ernsthafte Hindernis wurde nach 50 Kilometern in Kingston erreicht. Hier mussten die Entführer mit ihrem Zug warten, bis drei Züge Richtung Süden vorbeifuhren. Eine Stunde und fünf Minuten blieben sie in dieser äußerst kritischen Lage, wobei sechzehn Männer in den Güterwagen gesperrt waren und Beauregards Munition darstellten. Gerade als der Zug Kingston verließ, tauchten zwei Verfolger auf, nämlich Captain WA Fuller, der Schaffner des gestohlenen Zuges, und ein Offizier, der sich zufällig an Bord befand, als er aus Big Shanty hinausfuhr. Sie fanden eine Draisine, besetzten sie und fuhren vorwärts, bis sie auf eine alte Lokomotive stießen, die mit Dampf auf einem Nebengleis stand. Sie luden sie sofort mit Soldaten voll und eilten mit fliegenden Rädern zur Verfolgung, bis Kingston erreicht war, wo sie die Lokomotive und einen Wagen eines der wartenden Züge nahmen und mit vierzig bewaffneten Konföderierten die Reise fortsetzten.

Jetzt war es ein Kopf-an-Kopf-Rennen, eine Lokomotive raste wie wild hinter der anderen her. Den verfolgenden Zug zu zerstören, war die einzige greifbare Hoffnung der Flüchtigen, die immer wieder anhielten, um eine Schiene zu lösen. Wären sie mit den richtigen Werkzeugen ausgerüstet gewesen, hätten sie das leicht tun können, aber so verloren sie nur kostbare Zeit. Einmal wurden sie fast von der verfolgenden Lokomotive eingeholt und mussten mit rasender Geschwindigkeit weiterfahren. Einmal entgingen sie in Adairsville nur knapp einem Schnellzug. Fuller, der Schaffner des gestohlenen Zuges, und seine Begleiter wurden durch die Gleisversperrungen aufgehalten, ließen ihre Lokomotive zurück und machten sich zu Fuß auf den Weg. Schließlich nahmen sie den in Adairsville vorbeigefahrenen Schnellzug in ihre Gewalt und kehrten ihn um, um die Verfolgung aufzunehmen.

Als Calhoun passiert war, konnten die Züge einander sehen. Man ging davon aus, dass die Strecke bis Chattanooga frei war, und wenn man nur den verfolgenden Zug zerstören könnte, wäre das Ziel erreicht. Wieder behinderte der Mangel an Werkzeug die wagemutige kleine Gruppe. Sie unternahmen einen verzweifelten Versuch, eine Schiene zu durchbrechen, aber die Verfolger waren ihnen schon eingeholt, bevor sie es geschafft hatten, und Andrews beeilte sich mit seiner Lokomotive, ließ einen Wagen nach dem anderen fallen, die dann von den Verfolgern aufgehoben und zur Resaca Station geschoben wurden.

Beide Lokomotiven waren zu diesem Zeitpunkt auf Höchstgeschwindigkeit unterwegs. Andrews brach schließlich das Ende seines letzten Güterwagens ab und ließ beim Laufen Schwellen auf die Gleise fallen. Mehrmals hätte er beinahe eine Schiene angehoben, aber jedes Mal zwang ihn die Ankunft der Konföderierten in Schussweite, davon abzulassen.

Ein Teilnehmer dieser Heldentat sagt in seinem Bericht über die Affäre, der in „Battles and Leaders of the Civil War" von der Century Company veröffentlicht wurde:

„So rasten wir Meile um Meile in dieser furchtbaren Verfolgungsjagd um Kurven und an Bahnhöfen vorbei in scheinbar endloser Perspektive. Immer wenn wir den Feind hinter einer Kurve aus den Augen verloren, hofften wir, dass einige unserer Hindernisse ihn wirksam von den Gleisen geworfen hatten und wir ihn nie mehr sehen würden; aber bei jedem langen Rückwärtsgang war der Rauch wieder zu sehen und das schrille Pfeifen klang wie der Schrei eines Raubvogels. Die Zeit konnte nicht sehr lang gewesen sein, denn die schreckliche Geschwindigkeit verschlang die Entfernung schnell, aber da unsere Nerven bis zur höchsten Anspannung angespannt waren, kam uns jede Minute wie eine Stunde vor. Bei mehreren Gelegenheiten schien die Rettung des Feindes aus dem Wrack kaum weniger als ein Wunder. An einer Stelle wurde in der Kurve eine Schiene so geschickt quer über die Gleise gelegt, dass sie erst zu sehen war, als der Zug mit voller Geschwindigkeit darauf fuhr. Fuller sagt, sie wurden furchtbar durchgeschüttelt und schienen ganz von den Gleisen abzuprallen, landeten aber sicher auf der Schiene. Einige der Konföderierten wollten einen Zug verlassen, der mit so rücksichtsloser Geschwindigkeit fuhr, aber ihre Wünsche wurden nicht befriedigt."

Schließlich, als die Hoffnung fast erschöpft war, wurde ein letzter Versuch unternommen. Zusätzliche Hindernisse wurden auf die Gleise geworfen, die Seiten- und Endbretter des letzten Wagens wurden in Fetzen gerissen, alles verfügbare Brennmaterial wurde darauf geschüttet und brennende Scheite wurden von der Lokomotive zurückgebracht. Als sie eine lange, überdachte Brücke erreichten, wurde der Wagen, der nun in Flammen stand, abgekoppelt; doch bevor die Brücke voll in Flammen stand, stießen die Verfolger darauf, fuhren geradewegs in den Rauch hinein und ließen den brennenden Wagen vor sich her zum nächsten Nebengleis laufen. Auch dieser Ausweg schlug fehl. Da kein Wagen mehr übrig war, kein Brennmaterial mehr vorhanden war – jedes Stück davon war in die Lokomotive oder auf den brennenden Wagen geworfen worden – und da es keine Möglichkeit mehr gab, die Gleise weiter zu blockieren, geriet die verfolgte Gruppe in Verzweiflung und verließ als letztes Mittel, als sie 20 Kilometer vor Chattanooga den Zug verließen und sich in die Wälder zerstreuten, um sich selbst zu retten.

Die gute alte Lokomotive, die jetzt schwach und nutzlos war, blieb zurück. Einigen Berichten zufolge wurde sie umgekehrt, um eine Kollision mit dem entgegenkommenden Zug zu verursachen, anderen zufolge war der Dampf ausgegangen und die Maschine blieb einfach stehen, weil sie nicht mehr genug Leistung hatte. Wie dem auch sei, die Jäger des Zuges wurden sofort zu Jägern der Zugdiebe, von denen mehrere am selben Tag und alle bis auf zwei innerhalb einer Woche gefangen wurden. Zwei von denen, die sich der Gruppe nicht angeschlossen hatten, wurden ebenfalls gefangen genommen. Da sie sich in Zivilkleidung innerhalb der feindlichen Linien befanden, wurde die ganze Gruppe als Spione festgehalten. Ein Kriegsgericht wurde einberufen und der Anführer und sieben der verbleibenden 22 wurden verurteilt und hingerichtet. Die anderen wurden nie vor Gericht gestellt. Von den verbleibenden 14 gelang es acht durch einen mutigen Versuch, aus Atlanta zu fliehen und schließlich den Norden zu erreichen. Die anderen sechs scheiterten bei diesem Versuch und blieben bis März 1863 Gefangene, als sie ausgetauscht wurden.

Von Zeit zu Zeit hat man allerlei Geschichten über die übernatürliche Seite des Eisenbahnwesens gehört und über die merkwürdigen und scheinbar verborgenen Mätzchen, deren sich Lokomotiven gelegentlich schuldig machen. Die folgende Geschichte ist es wert, wiedergegeben zu werden, und mag als Illustration von Hunderten anderer dienen. Sie wurde von einem Ingenieur erzählt, der vor Jahren bei der Utah & Northern Railroad arbeitete, bevor diese Straße Teil des Union Pacific-Systems wurde. Die Straße war sehr holprig und verlief, abgesehen von einem langen Abschnitt mit Salbeistrauch entlang des Snake River nördlich von Pocatello, durch Schluchten , über Berge und durch tiefe Lehmeinschnitte, die oft von den Frühjahrsregen auf die Gleise gespült wurden. Auf dieser Eisenbahnstrecke herrschte damals wie heute reger Betrieb.

Es war die einzige Strecke nach Butte City, das kurz zuvor eröffnet worden war und damals versprach, einmal den Status des größten Bergwerkslagers der Welt zu erlangen. Die Gold- und Barrenlieferungen waren sehr schwer, und das gesamte Geld für die Banken in Butte und Helena wurde über diese Straße verschickt. Es gab keine Städte entlang der Strecke. Die einzigen Halte gab es an Wassertanks und den Esslokalen, die die Eisenbahngesellschaft in großen Abständen gebaut hatte. Es war eine rauhe, schwierige Strecke, und die unbewohnten Sand- und Salbeigebüsche und das Echo der hohen Granitwände des engen Cañon machten die Strecke besonders einsam . Außerdem war es eine gefährliche Strecke. Die Zugräuberbande James und die Brüder Younger waren in Missouri, Kansas und Minnesota so erfolgreich gewesen, dass andere Banditen nach Westen gezogen waren, um ähnliche Aktionen zu versuchen.

Schließlich kam die Nachricht aus der Zentrale von Wells, Fargo & Co., dass mehrere Zugräuber in Denver gesehen worden waren und sich möglicherweise nach Norden aufmachten, in der Hoffnung, entweder Goldbarren von einem der Züge von Butte nach unten zu erbeuten oder Geld im Austausch auf einem der Züge nach oben. Nachdem der Ingenieur diese Umstände detailliert beschrieben hatte, fuhr er fort.

„Wir bekamen einen neuen Manager für die Strecke, einen Mann aus dem Osten, der einige hohe Vorstellungen davon hatte, Eisenbahnreisen auf einer, wie er es nannte, modernen Basis durchzuführen. Eines der ersten Ergebnisse seiner Leitung war ein Zug, den er ‚Mormon Flyer' nannte, der von Butte nach Salt Lake fuhr und laut Fahrplan 40 Meilen pro Stunde fahren sollte. Wir sagten ihm, dass er diese Zeit auf einer holprigen Bergstraße, wo ein Zug sich wie eine Kuh im Wald um die Wände eines Canyons winden muss , niemals erreichen könnte, aber er wollte es nicht glauben. Er sagte, wenn ein Zug im Osten 45 Meilen pro Stunde fahren könne, könne er auf dieser Straße 40 Meilen pro Stunde fahren. Der Zug bestand aus einer schweren ‚Horse'-Lokomotive, einem Gepäckwagen, einem Expresswagen und zwei Schlafwagen. Der erste Zug, der nach unten fuhr, entglitt zweimal, und der Zug, der nach oben von Salt Lake kam, wurde zerstört und beinahe in den Snake River geworfen. Dann hatten die Züge vier bis sechs Stunden Verspätung, und die Leute und die Zeitungen begannen, über den ‚Mormon Flyer' zu scherzen und die Rückkehr des alten Salisbury-Waggons zu fordern Linie. Der Manager beschwerte sich von Zeit zu Zeit und sagte, es sei alles die Schuld der Ingenieure. Er sagte, wir würden unser Geschäft nicht kennen und er würde ein paar Männer aus dem Osten holen, die dafür sorgen würden, dass der „Mormon Flyer" pünktlich abflog.

"Also, eines Abends hatte ich in Butte meinen Zug zusammengestellt und wartete auf Befehle, als mir der Bahnhofsvorsteher zwei Telegramme überreichte. Eines war vom Manager in Salt Lake und lautete: ‚Sie bringen den ‚Flyer' morgen pünktlich oder warten zwei Wochen.' Das andere war vom Agenten von Wells, Fargo & Co. in Salt Lake und lautete: ‚Nr. 3 (der nach Norden fahrende ‚Flyer') wurde heute Nachmittag in der Nähe von Beaver Cañon aufgehalten . Schatzkiste gestohlen und Passagiere ausgeraubt.' Die beste Beschreibung der Räuber, die man bekommen konnte, wurde gegeben. Ich zeigte beide Telegramme dem Schaffner, der den Zug anhielt, bis er ein Dutzend Winchesters aus der Stadt holen konnte. In der Zwischenzeit hatte ich den Heizer eingesetzt, und wir gaben der Lokomotive Nr. 38 den letzten Schliff – eine große, neue Maschine mit acht Fahrern und in tadellosem Zustand. Ich sagte meinem Heizer, wenn wir sie nicht rechtzeitig durchziehen könnten, würden wir den Zug am Straßenrand stehen lassen und so dem Mann, der eine Gebirgsstraße nach östlichen Methoden betreiben wollte, ein oder zwei Tricks beibringen. Ich zog den Zug aus Butte heraus, als wäre er aus einer Pistole geschossen worden, und als wir die Ebene unterhalb des Silver Bar Cañon erreichten, hatte ich ihn gut eingestellt und er flog wie ein verängstigter Wolf. Der Zug schüttelte sich von einer Seite zur anderen wie ein Schiff auf See, und wir hüpften so schnell an den Vorgebirgen vorbei, dass sie wie Zaunpfähle aussahen. Das Führerhaus schüttelte so, dass mein Heizer es nicht ertragen konnte, die Feuerbüchse zu füllen, also kippte er die Kohle auf den Boden und bekam Ich ließ mich auf alle Viere fallen und schaufelte es hinein. Nr. 38 schien zu wissen, dass sie meinen Job übernehmen wollte, und zitterte am Ziel wie ein Rennpferd. Wir holten die verlorene Zeit auf den ersten 100 Meilen auf und erreichten Beaver Cañon mit ein paar Minuten Vorsprung.

Canyon ein wenig verlangsamte, bemerkte ich, dass etwas mit ihr nicht stimmte. Sie verlor ihren festen Gang und begann zu rucken und anzuhalten. Die Feuerbüchse verstopfte und der Dampf begann zu sinken, und als ich ein ziemlich langes Stück Straße in dem dunklen und stillen Canyon erreichte , weigerte sie sich, sich zu erholen. Sie spuckte den Dampf aus und gurgelte und hustete, und nichts, was ich tun konnte, konnte sie überreden, weiterzumachen. Ich sagte dem Heizer, dass das alte Mädchen uns verlassen würde und dass wir uns genauso gut neue Aufgaben suchen könnten. Er tat sein Bestes, um sie in Aktion zu bringen, aber sie musste ihren eigenen Weg gehen. Sie verlor jede Sekunde an Geschwindigkeit und keuchte und schnaufte wie eine Güterzuglokomotive auf einer Bergstrecke und bewegte sich ungefähr genauso schnell. Schließlich kamen wir an die Ecke einer scharfen Kurve, fast an der Mündung des Canyons , und dann schnaubte Nr. 38 laut und trotzig und hielt an. „Sie ist fürs Erste fertig', sagte ich zum Heizer, und wir stiegen mit unseren Laternen aus dem Taxi.

"Die Zylinderköpfe befanden sich an den Kurven fast gegenüber einem hohen Felsen. Was haben wir wohl gesehen, als wir dort ankamen? Keine hundert Meter vor der Mündung des Canyons , im Mondlicht so deutlich wie am Tag, lag ein Steinhaufen auf dem Weg. Auf beiden Seiten stand ein Haufen von einem halben Dutzend maskierter Männer mit halb erhobenen Winchester-Gewehren. Zehn Ruten weiter waren ein Dutzend oder mehr Pferde an ein paar Pappeln angebunden.

„Nun, darauf können Sie wetten, dass wir den Zug nicht so schnell wieder erreichen konnten. Es war noch nicht Mitternacht, und in zwei Minuten hatten wir die Besatzung und die Passagiere mit genügend Gewehren und Revolvern ausgerüstet, um die chinesische Armee zu versorgen. Damals und in diesem Land trugen Passagiere Waffen. Als die Räuber sahen, dass der Zug angehalten hatte, gingen sie los, nur um von prasselndem Feuer empfangen zu werden. Einer von ihnen fiel zu Boden, aber die anderen rannten zu ihren Pferden und entkamen.

„Also, Sie können mir nicht erzählen, dass in einem Motor nichts anderes als Maschinerie steckt", schloss der Ingenieur, als er sich an die anderen Mitglieder des Roundhouse Clubs wandte.

„Wer das Gegenteil behauptet, ist ein Narr", antwortete einer und die anderen nickten zustimmend.

KAPITEL XVII.

EINE EISENBAHN IN DIE WOLKEN.

Frühe Geschichte von Manitou – Zebulon Pikes wichtige Entdeckung – Die Gefahr und der letzte Triumph eines jungen Medizinmannes – Ein Kurort in vergangenen Jahren – Der Garten der Götter – Die Eisenbahn auf den Gipfel des Pikes Peak – Frühe Misserfolge und der letzte Erfolg – Die bemerkenswerteste Straße der Welt – Über den Wolken fahren.

Manitou ist ein Name, der Erinnerungen an Legenden und Geschichte weckt und den Reisenden auch an einige der bemerkenswertesten Landschaften der Rocky Mountains erinnert. Es heißt, dass der Mensch, der die Erhabenheit und Schönheit der Natur zu schätzen weiß, sechs Monate in der Nähe von Manitou verbringen und dann sechs Monate später zurückkehren kann, um auf allen Seiten unentdeckte Freuden und Schätze der Schönheit zu finden.

Die ersten zuverlässigen Aufzeichnungen über diesen Ort stammen aus dem Jahr 1806, als Major Zebulon Pike den sogenannten Great Snow Mountain entdeckte. Dieser Berg, einer der höchsten der Rocky Mountains, ist heute nach seinem Entdecker oder zumindest nach dem Mann, der ihn erstmals der Öffentlichkeit beschrieb, als Pike's Peak bekannt.

Es ist belegt, dass Major Pike, als er vor fast hundert Jahren Colorado durchquerte, am Horizont etwas sah, was er für eine Nebelwolke hielt. Als er schließlich erkannte, dass vor ihm ein Berg lag, war er mindestens hundert Meilen davon entfernt und musste zwei oder drei kleinere Hügel überqueren, bevor er ihn erreichte. Nach einem Marsch von über einer Woche erreichte die Gruppe den Cheyenne Mountain, von dem sie glaubten, dass er der Aufstieg zum großen Gipfel sei, eine Theorie, die bald widerlegt wurde. Manitou liegt am Fuße dieses großen Berges. Er wurde erstmals ausführlich von einem englischen Touristen beschrieben, der die Manitou Springs vor gerade einmal einem halben Jahrhundert besuchte. Er reiste allein und bewies nicht nur enorme Tapferkeit, sondern auch grenzenloses Urteilsvermögen, als er den Angriffen wilder Tiere und ebenso wilder Indianer auswich.

Seine Beschreibung der Reise ist höchst interessant. Er beschreibt, wie eine Herde Bergschafe an den Rand eines überhängenden Abgrunds vorrückte, um den Eindringling zu beobachten, und wie einen Moment später eine Herde Schwarzwedelhirsche vor ihm herlief, mit jener Verachtung der Gefahr, die nur bei Tieren zu finden ist, die noch nie mit Menschen oder modernen Waffen in Berührung gekommen sind. Den Vögeln, so erzählt er uns, war seine Anwesenheit gleichgültig. Sie sangen fast in Reichweite und ihr üppiges Gefieder faszinierte ihn völlig. Er setzte sein Jagdparadies fort, bis er zufällig auf ein Indianerlager stieß. Es waren keine Indianer da, aber die schwelenden Lagerfeuer warnten ihn, dass sie nicht weit entfernt waren. Später sah er zwei Indianer, die offensichtlich Arapaho waren , die einen Hirsch zwischen sich trugen, und er wusste, dass die herrliche Jagd, die er sich versprochen hatte, nicht bevorstehen würde.

Kurz darauf wurde er bei einem Präriebrand gefangen genommen, bei dem er in großer Gefahr war, umgebracht zu werden; nur die Kühnheit seines Pferdes rettete sein Leben. Er hatte von den freundlichen Indianern, die er auf seinem Marsch getroffen hatte, gehört, dass der Große Geist dem Wasser der Quellen von Manitou wundersame Heilkräfte verliehen hatte, und er trank reichlich aus den reinen Quellen. Diese Quellen machten Manitou für viele Generationen zu einem wahren Mekka für Indianer des Westens und Südwestens, bevor die Weißen sie entdeckten. Es wurden Pilgerreisen über Berge und Flüsse von großer Bedeutung unternommen, und wenn ein Indianerhäuptling Anzeichen von nachlassender Gesundheit zeigte und die Machenschaften der Medizinmänner ihm nicht halfen, wurde er im Allgemeinen nach Manitou gebracht, egal wie weit die Reise sein mochte oder wie groß die zu überwindenden Hindernisse waren.

Unter den vielen Geschichten über wochen- und sogar monatelange Reisen ist eine besonders anschaulich und beruht offensichtlich auf Tatsachen, obwohl der Aberglaube die Fakten so sehr ausgeschmückt hat, dass sie schwer zu entdecken sind. Die Geschichte besagt, dass in längst vergangenen Tagen ein großer Häuptling, der jeden ihm bekannten Stamm besiegt hatte, krank wurde und die aus allen Richtungen herbeigerufenen Medizinmänner ihm nicht mehr helfen konnten. Einige dieser unglücklichen Ärzte wurden als Strafe für ihr Versagen, den sterbenden Häuptling wieder gesund zu machen, hingerichtet. Schließlich gab es in der Gegend nur noch sehr wenige Medizinmänner; diejenigen, die nicht enthauptet worden waren, hatten ihren starken Wunsch nach weiterem Leben bewiesen, indem sie sich diskret in unbekannte Gegenden zurückzogen.

Eines Tages wurde dem Häuptling die Nachricht über einen jungen Medizinmann eines benachbarten Stammes überbracht, der von den Suchern übersehen worden war, dem es jedoch unglaublich gut gelungen war, Gesundheit wiederherzustellen und das Leben zu verlängern. Der Stamm war schon lange in einen Zustand der Unterwerfung versetzt worden, und der besagte Häuptling schickte eine Abteilung seiner Krieger mit der Anweisung, den Medizinmann lebend oder tot zurückzubringen.

Der junge Mann, der mit einer solchen Vorladung gerechnet hatte, zeigte nicht die erwartete Beunruhigung. Selbst als man ihm sagte, dass der alte

Häuptling mit Sicherheit im Sterben liege und dass man ihm auf keine Weise helfen könne, behielt er seine sture Gleichgültigkeit bei und lächelte nur.

Er trug ein primitives Gefäß mit sich, das mit einer geheimnisvollen Flüssigkeit gefüllt war, auf deren Wirkung er blind vertraute. Als er das Lager erreichte, in dem der kranke Häuptling lag, wurde er sofort vor den kränklichen Alleinherrscher gerufen. Dieser schilderte seine Symptome, und anstatt dann zu fragen, wie wir es normalerweise bei unseren Ärzten tun, ob es ein Heilmittel für sie gäbe, sagte er dem jungen Medizinmann, wenn innerhalb weniger Tage keine Besserung eintrete, werde es im Dorf eine Beerdigung geben und es werde einen Medizinmann weniger in der Gegend geben.

Diese etwas überraschende Einführung brachte den jungen Mann nicht aus der Fassung, der eine großzügige Dosis der Flüssigkeit, die er mitgebracht hatte, einschenkte und den alten Häuptling trinken ließ. Während der Nacht wiederholte er die Gaben mehrere Male und setzte die Behandlung am nächsten Tag fort. Zur Überraschung aller begann das Blut wieder in den Adern des einst unbesiegbaren Häuptlings zu fließen, und diejenigen, die den jungen Medizinmann bemitleidet hatten, begannen, ihm zu seinem Triumph zu gratulieren. Als die Besserung nach einigen Tagen deutlicher wurde, erklärte der junge Arzt dem Häuptling, dass das Wasser, das er ihm gegeben hatte, aus Quellen in den entfernten Bergen stammte, und dass der Häuptling, wenn er eine neue Lebensperspektive erlangen wolle, diese Quellen aufsuchen und einige Wochen dort bleiben müsse.

Mit neuer Kraft und Begeisterung stimmte der alte Mann dem Vorschlag sofort zu und in wenigen Tagen waren die Vorbereitungen für einen großen Marsch über die Rocky Mountains nach Manitou abgeschlossen. Die Überlieferung erzählt von der Pracht des Marsches und davon, wie Hindernisse und Hindernisse überwunden wurden. Schließlich sah man in der Ferne den großen Berg und ein paar Tage später machte man an den Quellen Halt. Hier wurde der alte Häuptling regelmäßig behandelt und in wenigen Tagen konnte er wieder so kräftig marschieren wie zuvor. Schließlich kehrte er zu seinem Stamm zurück, nicht nur gesundheitlich wiederhergestellt, sondern auch jugendlich wiederhergestellt. Die Aufzeichnungen seiner Rasse besagen, dass sein Aussehen völlig verändert war und dass seine Gesichtszüge nicht mehr wie die eines alten Mannes aussahen, sondern die eines Jugendlichen in den Zwanzigern. Der Häuptling lebte viele Jahre und starb schließlich im Kampf.

Der Ruf seiner Heilung verbreitete sich natürlich sehr schnell im Ausland. Der alte Mann war so bekannt, dass er zu einem wandelnden Zeugnis für die Vorzüge der Quellen wurde, und in der Folge wurden unzählige Expeditionen dorthin unternommen. Als die Weißen mit den Indianern des

Fernen Westens in Kontakt kamen, hörten sie von Zeit zu Zeit von den Quellen und dieser wunderbaren Heilung. Viele verwechselten die Geschichten mit den Legenden über die Suche von Ponce de Leon nach dem Brunnen der ewigen Jugend. Später wurden jedoch gründlichere Untersuchungen durchgeführt, und seit mehr als einer Generation sind die Wahrheit sowie die Legenden von Manitou allgemein bekannt.

Als Ergebnis ist an der Stelle eines einst geheimnisvollen Ruheplatzes der Indianer und eines Zufluchtsortes, dessen Betreten gefährlich war, eine große Wasserstelle entstanden. Hier leben etwa 2.000 Menschen, und während der Saison kommen oft 3.000 oder 4.000 Kurgäste hinzu. Durch das Dorf führt eine große, 24 Meter breite und gut gepflegte Allee. Sie ist nicht in einer mathematisch geraden Linie angelegt, sondern folgt den Mäandern des Flusses Fontaine-qui- Bouille . Diese Besonderheit verleiht ihr ein ebenso neuartiges wie reizvolles Aussehen. Es gibt auch einen kleinen Park, der Merkmale aufweist, die man auf Erholungsgebieten großer Städte nicht findet, und einen Fußweg namens Lover's Lane, der so romantisch aussieht, dass er offensichtlich wohlbekannt ist.

Die Quellen von Manitou sind natürlich das interessanteste Merkmal des Ortes. Die Shoshone-Quelle im Zentrum des Dorfes ist vielleicht die bekannteste. Die Navajo-Quelle ist nur wenige Meter entfernt und wesentlich größer. Die Manitou-Quelle selbst liegt auf der anderen Seite des Flusses und ist mit einem sehr eleganten Quellhaus überdacht. Die Iron Ute-Quelle befindet sich in Engelmans Cañon oder Tal, und wird von vielen als das Beste von allen angesehen. In jeder Richtung gibt es unzählige Höhlen und Cañons . Der Manitou Grand Cañon liegt drei Kilometer vom Dorf entfernt. Er sieht aus wie ein natürliches Herrenhaus mit Räumen, die mehrere hundert Fuß lang und hoch sind. Die natürlichen Formationen der eigenartigen Felsen bieten verwirrende Kombinationen von Galerien, Säulen und Fresken. Hier kann man die wunderbare Stalaktitenorgel sehen. Viele meinen, dies sei eines der Weltwunder. Sie besteht aus einer Anzahl dünner Stalaktiten mit unterschiedlicher Nachhallkraft, die entzückende Melodien oder zumindest Töne spielen.

Eines der Hauptziele einer Reise nach Manitou ist es, einen Blick auf den weltberühmten, aber eigentümlich benannten Garden of the Gods zu erhaschen. Der direkteste Weg, um ihn vom Dorf aus zu erreichen, führt über die Manitou Avenue und den Buena Vista Drive. Letzterer ist eine viel befahrene Straße, die etwa eine Meile von der Stadt entfernt, wenn man sich in Richtung Colorado City bewegt, auf der linken Seite in die Avenue mündet. Der Eingang zum Garden liegt hinter Balanced Rock, einem riesigen Felsbrocken, der direkt links von der Straße steht und auf einer so schlanken Basis ruht, dass er an eine unregelmäßige Pyramide erinnert, die auf ihrer Spitze steht. Auf der rechten Seite, wenn man an dieser merkwürdigen

Formation vorbeikommt, befindet sich eine steile Wand aus geschichtetem Stein, die mit Kletterpflanzen behangen und mit immergrünen Pflanzen bewachsen ist. Wenn man einen Moment auf der Kuppe der Anhöhe verweilt, die man hier erreicht, kann man in das Tal hinunterblicken, in dem der Garden liegt. Im Westen sind die Berge, im Osten die Ebenen. Die Straße, die sich durch das Tal windet, ist ein angenehmer Weg. Die Augen und der Geist sind damit beschäftigt, die interessanten Aussichten, die es hier in Hülle und Fülle gibt, zu betrachten und festzuhalten.

Niemand weiß, warum dieses Tal „Garten der Götter" genannt wurde. Es sieht nicht besonders gartenähnlich aus, aber zweifellos ist der Name „mit der geschickten Hilfe der Alliteration" sehr populär geworden, und es wäre töricht, sich daran zu streiten oder zu versuchen, ihn zu ändern. Es gibt jedoch zahlreiche Hinweise darauf, dass hier titanische Kräfte am Werk waren, und es erfordert nur wenig Vorstellungskraft, diese unzähligen kuriosen Skulpturen , diese großartigen architektonischen Felswerke, diese großartigen und imposanten Tempel, die nicht von Menschenhand geschaffen wurden, den Kräften der Götter zuzuschreiben. Hier findet man seltsame, oft groteske Figuren, die von jenen geschickten Instrumenten der Hände der Natur – dem Wind, dem Regen, dem Sonnenstrahl und dem Frost – in den Stein gehauen wurden und unwiderstehlich an Lebensformen erinnern. Hier steht eine Freiheitsstatue, die sich auf ihren Schild stützt und die traditionelle Phrygische Mütze auf dem Kopf trägt; dort ist ein riesiger Frosch in Sandstein gehauen; dort drüben ist ein Pilger mit einem Stab in der Hand. Überall sieht man Figurengruppen in merkwürdigen Posen.

Man findet Steinfiguren von Löwen, Robben und Elefanten; man braucht wirklich keine große Vorstellungskraft, um in diesem Garten der Götter eine endlose Vielfalt von Nachahmungen von Menschen, Vögeln, Tieren und Reptilien zu entdecken. Diese Figuren sind von besonderem Interesse und ziehen staunende Aufmerksamkeit auf sich; die bemerkenswertesten und majestätischsten Objekte hier sind jedoch das „Große Tor" und die „Türme der Kathedrale". Zwei hohe Tafeln aus karneolfarbenem Sandstein, die einander direkt gegenüberstehen, etwa fünfzig Fuß voneinander entfernt und bis zu einer Höhe von 330 Fuß reichen, bilden die Portale des weithin berühmten Tors. Sie erheben sich auf vollkommen ebenem Boden und bieten einen seltsam eindrucksvollen Anblick.

Die „Cathedral Spires" ähneln dem Gateway, aber ihre Spitzen sind scharf abgesplittert und turmähnliche Spitzen. Die Formen, die die Felsen hier annehmen, sind in der Tat bemerkenswert, aber ihre Farbe ist noch bemerkenswerter. Kein anderer Sandstein des Ostens leuchtet in solch einer Pracht von Karneol. Der markante Kontrast, den diese purpurnen Felsen bilden, die sich gegen den tiefblauen Himmel abheben und vom hohen, weißen Licht der wolkenlosen Sonne Colorados vergoldet werden, kann nicht beschrieben werden.

Eine der meistbesuchten Präriehundstädte liegt in der Nähe des Garden of the Gods. Sie ist für Touristen interessant und wird normalerweise auf dem Rückweg vom Garden nach Manitou besucht. Die Stadt liegt an der Straße, die durch das große Tor nach Colorado City führt, und ist auf einem kleinen Plateau links zu sehen. Es gibt eine große Anzahl kleiner Hügel aus Sand und Kies, die die Hunde um ihre Höhlen herum aufgeworfen haben. An jedem schönen Tag kann man sie bei der Arbeit rund um ihre Behausungen sehen oder sie sitzen auf ihren Hinterbeinen, sonnen sich und unterhalten sich fröhlich mit einem Nachbarn. Der Bau hat eine leichte Steigung von etwa zwei Fuß, fällt dann fünf oder sechs Fuß senkrecht ab und verzweigt sich dann schräg; er hat oft einen Durchmesser von bis zu einem Fuß. Es wird behauptet, dass der Präriehund, die Eule und die Klapperschlange harmonisch zusammenleben.

Hierzu sagt der bekannte Naturforscher William G. Smith: „Unmöglich. Die Kanincheneule sieht man normalerweise dort, wo sich Hunde aufhalten, und wo der Boden untergraben ist, ist ihre Schlangenart wahrscheinlich zu finden. Aber seien Sie versichert, dass es ein lebhaftes „Zerstreuen" gibt, um ihr aus dem Weg zu gehen, wenn sie ihren schleimigen Kadaver in ihre Höhlen zieht. Die Hunde haben kein Interesse, ihr Recht darauf streitig zu machen, und geben ihr so viel Platz, wie sie will." Die Hunde zu Hause sind nette kleine Kerle und lassen keinen Abfall vor ihren Türen ansammeln. Sie gehen früh zu Bett und stören ihre Nachbarn nie vor Tagesanbruch.

An den Garten grenzt eine Region mit Bergrücken. Ein Bergrücken führt zu einem anderen, und dieser zu einem dritten und so weiter. Dieses zerklüftete Land, das mit Kiefern und Zedern bewachsen und mit Büschelgras und Grama bedeckt ist , ist ein hervorragendes Wandergebiet, insbesondere im Winter, wenn Kaninchen, Berghühner und Beifußhühner so zahlreich sind, dass es sich lohnt, ein Gewehr zu schultern.

Um die Gebirgsketten zu erreichen, nimmt man die Straße zum Garden of the Gods und folgt ihr, bis man die Quarry Road erreicht. Folgt man dieser eine Schlucht hinauf und biegt dann links auf eine Nebenstraße ab, die im Zickzack die Schlucht hinaufführt, befindet man sich bald auf dem Gipfel eines Gebirgskamms. Die Regel beim Erklimmen von Gebirgsketten lautet, niemals eine Schlucht zu überqueren, sondern immer oben zu bleiben. Alle Gebirgsketten in dieser Gegend laufen in dem Hauptkamm zusammen, der den Queen's Cañon überblickt . Dieser Kamm biegt nach Nordwesten ab und stößt nach drei bis fünf Kilometern auf einen noch höheren, der, seltsamerweise, den Ute Pass überblickt, 300 Meter über dem Fontaine qui-Bouille , der am Grund des Cañons darunter fließt – Eyrie, der Standort eines

Privathauses – ein höchst interessantes Tal, das jedoch nicht für die Öffentlichkeit zugänglich ist. Der Charakter der Monolithen in diesem Cañon ist sogar noch bemerkenswerter als der des Garden of the Gods.

Der Major Domo ist eine Säule aus rotem Sandstein, die sich bis zu einer Höhe von 300 Fuß erhebt und in der Nähe des Gipfels eine eigenartige Wölbung aufweist, deren Durchmesser die Basis des Schafts bei weitem übersteigt. Es sieht so aus, als könnte sie den Gesetzen der Schwerkraft gehorchend jeden Moment einstürzen, und in dieser Hinsicht wird sie vom Schiefen Turm von Pisa nicht übertroffen. Etwa zwei Meilen nordwestlich gibt es ein weiteres Tal ähnlicher Art, das als Blair Athol bekannt ist. Es ist ein wunderschöner Ort, wurde aber aufgrund des Wassermangels nie als Wohnort genutzt. Es ist reich an wilder, malerischer Landschaft und besitzt Felsformationen von seltsamen Formen und leuchtenden Farben. Es gibt Wälder mit prächtigen Kiefern; und der Blick auf die fernen Ebenen, die sich bis zum östlichen Horizont erstrecken, ist ungehindert und von großem Interesse.

Wir haben bereits über die Entdeckung von Pikes Peak gesprochen. Auf dem Gipfel dieses Berges, 14.147 Fuß über dem Meeresspiegel, befindet sich eine kleine Signalstation, die mit der Eisenbahn erreichbar ist. Als der Berg entdeckt wurde, wurden mehrere Versuche unternommen, den Gipfel zu erreichen, jedoch ohne Erfolg. Major Pike selbst schrieb, dass es für jeden Menschen unmöglich sei, den Gipfel zu erklimmen. In Zeiten des technischen Fortschritts gibt es das Wort „unmöglich" jedoch nicht mehr. Mehrere Enthusiasten sprachen bereits vor zwanzig Jahren von der Möglichkeit einer Eisenbahn bis zum Gipfel des einst unzugänglichen Berges, und vor fünfzehn Jahren wurde eine Vermessung durchgeführt, um eine Eisenbahnlinie über eine Reihe von Kurven und Winkeln den Berg hinauf zu bauen.

Die Ingenieure hielten es für möglich, dass eine Eisenbahn mit Normalspur und normaler Ausrüstung ohne Spezialgeräte betrieben werden könnte, und diese Ansicht war so stark, dass mit den Arbeiten an dem Projekt begonnen wurde. Acht Meilen Planierarbeiten wurden abgeschlossen, das Projekt wurde jedoch aufgrund negativer Berichte von Experten, die zu diesem Zweck entsandt worden waren, aufgegeben. Ihre Aussage war, dass keine Planierarbeit der Kraft der Auswaschungen standhalten könnte, obwohl, seltsamerweise, alle Planierarbeiten, die durchgeführt wurden, heute noch so fest stehen wie eh und je. Drei oder vier Jahre später wurde ein weiteres Projekt ins Leben gerufen, das erfolgreicher sein sollte. 1889 begannen die Planierarbeiten, und schließlich wurden die Arbeiten abgeschlossen, und der Gipfel des Pikes Peak kann nun mit der Eisenbahn erreicht werden.

Mit der Bahn auf den Pikes Peak

Die Straße selbst ist eine der bemerkenswertesten in den Vereinigten Staaten und in der Tat in der ganzen Welt. Der Straßenbelag ist fünfzehn Fuß breit und die gesamte Konstruktion besteht nicht einen Fuß aus Gerüsten. Es gibt drei kurze Eisenbrücken und die Vorkehrungen hinsichtlich der Querschnitte des Mauerwerks sind sehr aufwendig. Der durchschnittliche Anstieg pro Meile beträgt 1.320 Fuß und der Gesamtanstieg beträgt fast 8.000 Fuß. In der Mitte der Strecke, zwischen den schweren Stahlschienen, befinden sich zwei Zahnradschienen von großer Stärke. Diese dienen der absoluten Sicherheit der Reisenden, wobei eine für den allgemeinen Gebrauch und die andere als eine Art Reserve dient.

Auf der Strecke werden Speziallokomotiven eingesetzt. Diese wurden von der Baldwin Company in Philadelphia gebaut und verfügen über die neuesten Patente im Lokomotivbau. Auf ebenem Gleis scheinen sie eine Neigung von etwa 8 Prozent zu haben. Auf einer Bergstraße wie der von Pikes Peak sind sie ungefähr eben. Auf jeder Seite der Lokomotive befinden sich drei Räder, aber diese sind keine Antriebsräder, sondern dienen lediglich dazu, das Gewicht zu tragen. Die Antriebsräder laufen auf den Zahnschienen in der Mitte des Gleises. Die Wagen sind ebenso geneigt wie die Lokomotive. Es werden keine Kupplungen verwendet, sodass ein großes Gefahrenelement vermieden wird. Die Lokomotive und die Wagen haben jeweils unabhängige Zahnradbremsen mit nahezu unbegrenzter Kraft. Bei einer Fahrt von drei oder vier Meilen pro Stunde kann der kleine Zug, wenn die Lokomotive ihn schiebt, anstatt ihn zu ziehen, sofort angehalten werden. Wenn die Geschwindigkeit acht oder neun Meilen pro Stunde erreicht, kann das Anhalten in weniger als einer Radumdrehung erfolgen.

Die Fahrt auf den Pikes Peak ist nicht nur ein wunderbares Erlebnis und eine ständige Erinnerung an die Errungenschaften der Ingenieurskunst, sondern auch eine Quelle fortwährender Freude für den Liebhaber der Schönheit und der Furchtbarkeit der Natur. Ungefähr auf halber Höhe des Berges befindet sich ein entzückendes kleines Refugium am Hang, das treffend „The Half-Way House" genannt wird. Es ist ein sehr komfortables Gebäude in rustikalen Mauern. Die Kiefern und Tannen, die es umgeben, verleihen der Aussicht einen großen Charme, und die kühle Bergbrise ist mit sehr angenehmen Düften erfüllt. Touristen verbringen hier häufig eine Nacht und betrachten das Erlebnis als eines der einzigartigsten auf einer langen Reise.

Ein Tourist beschreibt eine Fahrt auf den Pikes Peak mit dieser einzigartigen Eisenbahn und sagt:

„Wir sind jetzt weit über der Baumgrenze. Auf allen Seiten sind seltsame Blumen in schönen Formen und verschiedenen Farbtönen zu sehen. Pflanzen, die auf den Ebenen beträchtliche Ausmaße erreichen, sind hier auf ihre niedrigste Form reduziert. Es ist nicht ungewöhnlich, in den Prärien einen Sonnenblumenstängel zu finden, der eine Höhe von acht bis zehn Fuß erreicht. Hier wachsen sie wie Löwenzahn im Gras und behalten doch alle ihre charakteristischen Formen und Farben. Jenseits dieser Bergwiese liegen große Felder aus zerfallenem Granit, zerbrochene Würfel aus rosafarbenem Gestein, so groß, dass sie gut die Ruinen aller antiken Städte der Welt sein könnten. Weit unter uns blitzen die Wasser des Moraine -Sees auf, und dahinter, im Süden, liegen die Sieben Seen. Noch eine Biegung der Strecke nach Norden, und die glänzenden Schienen erstrecken sich fast geradeaus auf eine scheinbar unzugängliche Wand aus nahezu unvergleichlichem Granit. Aber kein physisches Hindernis ist gewaltig genug, um den Fortschritt dieser wunderbaren Eisenbahn aufzuhalten. Und die Linie führt vorbei am gähnenden Abgrund des „Kraters" direkt zum Gipfel. Die Steigung beträgt hier 25 Prozent, und schüchterne Passagiere werden nicht umhinkommen, einen Schauer der Angst zu verspüren, wenn sie über den Rand dieses Abgrunds blicken, obwohl die Gefahr absolut gering ist. Endlich ist der Gipfel erreicht, und die Touristen können sich beim Aussteigen im Hotel erfrischen, das ihre Wünsche erfüllt, und dann die Zeit bis zur Rückfahrt mit dem Zug damit verbringen, die Aussicht zu genießen und über die 70 Morgen zerklüfteten Granits zu wandern, die den Gipfel bilden.

"Die Aussicht vom Gipfel kann man nie vergessen, wenn man sie einmal gesehen hat. Das erste Gefühl ist das der völligen Isolation. Die Stille ist tief. Die Wolken sind unter uns und brechen lautlos in schäumenden Wogen an den Wänden der steilen Klippen. Gelegentlich wird die Stille durch das tiefe Rollen des Donners aus den Tiefen unter uns unterbrochen, als würde die Stimme des Schöpfers ein strenges Edikt der Zerstörung aussprechen. Der Sturm zieht auf, der Nebel hüllt uns ein, es gibt einen Windstoß, ein Prasseln von Hagel, und wir suchen Zuflucht im Hotel.

„Halten Sie einen Moment inne, bevor Sie eintreten, und heben Sie Ihre Hände. Sie können das scharfe Prickeln des elektrischen Stroms spüren, wenn er aus Ihren Fingerspitzen entweicht. Der Sturm ist bald vorüber, und Sie können die Sonnenstrahlen sehen, die die oberen Oberflächen der weißen Wolken vergolden, die unter Ihnen auf halber Höhe der Berghänge schwanken und schwingen und die Welt darunter vollständig vor dem Blick verbergen. Die Landschaft verändert sich, wie ein zugezogener Vorhang teilen sich die Wolken; und als wir von den Höhen einer anderen Sphäre auf die Majestät der Berge und Ebenen blicken, taucht ein Ozean unentwirrbar verschlungener Gipfel in Sichtweite auf. Dunkle und weite Wälder erscheinen wie vage Schatten auf fernen Berghängen. Eine Stadt wird auf den Umfang eines einzigen Blocks zusammengedrängt; Wasserläufe sind bloße Silberfäden, die in anmutigen Kurven auf den grünen Samtmantel der endlosen Ebenen gelegt sind. Die roten Granitfelsen unter unseren Füßen sind mit winzigen Blumen übersät, so winzig, dass sie fast mikroskopisch klein sind, aber dennoch in den zartesten und zartesten Farben gefärbt sind.

"Die Majestät der Größe und das Mysterium der Winzigkeit werden hier einander gegenübergestellt. Welche Wunder der Schöpfung liegen zwischen diesen beiden Extremen! Der nachdenkliche Geist ist von der Betrachtung dieser Szene beeindruckt, und wenn man bedenkt, dass diese riesigen Räume nur Sandkörner an einem unendlichen Ufer der Schöpfung sind und dass es Welten der Schönheit gibt, die zwischen den winzigen Blumen und den ultimativen Forschungen des Mikroskops ebenso weit und vielfältig sind wie jene, die auf einer aufsteigenden Skala zwischen den Blumen und dem großen Globus selbst existieren, wird der Geist von Staunen und Bewunderung überwältigt. Es ist vergeblich, dass man versucht, die Szene zu beschreiben. Nur diejenigen, die sie gesehen haben, können ihre Erhabenheit und Großartigkeit begreifen."

Für Reitliebhaber ist die Umgebung von Pikes Peak und Manitou beinahe paradiesisch. Ein Ritt von ein paar Meilen in jede Richtung führt zu einem besonders attraktiven oder historischen Ort. Crystal Park ist einer der beliebtesten Ferienorte dieser Art. Er ist auf allen Seiten von hohen Bergen umgeben und hat einen Eingang, der wie ein natürliches Tor wirkt. Im Sommer blüht der Park in Hülle und Fülle, mit Wildblumen und Weinreben, die man selten in einem anderen Teil der Welt in solcher Pracht sieht. Es gibt mehrere erhöhte Stellen, von denen aus man die umliegende Landschaft kilometerweit sehen kann. Oberhalb des Parks liegt Cameron's Cone. Dies ist ein sehr interessanter Berg, obwohl er nur von robusten, sportlichen Menschen erreicht und bestiegen werden kann. Rundherum gibt es eine Vielzahl von Cañons . Der Red Rock Cañon war einst ein beliebter Ferienort. Er erhielt seinen Namen von der Fülle an rotem Sandstein auf allen Seiten. Dieser natürliche Reichtum zerstörte schließlich die Schönheit des Cañons , der heute eine Ansammlung von Steinbrüchen ist. Bear Creek Cañon hat weniger praktische als vielmehr malerische Aspekte. Ein sehr reizvoller Bach fließt durch die Mitte und es gibt zwei oder drei kleine, aber sehr reizvolle Wasserfälle.

Die Ridge Road ist eine Art Boulevard, der vor kurzem für Besucher von Manitou angelegt wurde. An manchen Stellen ist die Steigung so steil, dass schüchterne Damen nicht gerne darauf fahren. Ansonsten ist es eine sehr angenehme Durchgangsstraße, die den Touristen bei jeder Fahrt mit neuen Überraschungen und Freuden erwartet. Die Aussicht in alle Richtungen ist äußerst reizvoll und weitläufig. Pikes Peak ist gut zu sehen, und auf der sechzig Kilometer langen Straße kann man viele verschiedene Merkmale dieses Berges beobachten. Die Straße führt auch zu William's Cañon .

Cheyenne Mountain ist, obwohl er von Pike's Peak etwas in den Schatten gestellt wird, bemerkenswert. Er ist sehr massiv und seine Seiten sind fast vollständig von Canyons , Bächen und Wasserfällen bedeckt. Zwei riesige Schluchten, bekannt als North und South Cañons , sind bei Besuchern besonders beliebt. Die Wände dieser Schluchten bestehen aus Granit und stehen auf jeder Seite senkrecht 300 Meter hoch. Die Wirkung ist in vielerlei Hinsicht sehr wundervoll. Im South Cañon befinden sich die berühmten Seven Falls, die von Mrs. Helen Hunt Jackson, der bekannten Dichterin, verewigt wurden, deren Überreste auf ihrem eigenen Wunsch auf Cheyenne Mountain begraben wurden. Die Seven Lakes müssen ebenfalls von allen Besuchern der Manitou-Region gesehen werden, und es gibt so viele weitere Besonderheiten zu untersuchen und Schätze zu entdecken, dass man, egal wie lange man in der Gegend bleibt, einen Stich des Bedauerns verspürt, wenn der Besuch zu Ende geht.

Es gibt andere Orte in Amerika, an denen man noch schrecklichere Szenen erleben kann. Es gibt jedoch nur wenige, an denen die Kombinationen so reizvoll oder die Gesamtansichten so attraktiv und abwechslungsreich sind.

KAPITEL XVIII.

IN DIE EINGEWEIDE DER ERDE.

Der Grand Canyon des Colorado – Niagara übertroffen – Der Lauf des Colorado River – Eine Vermessungstruppe durch den Canyon – Erlebnisse einer schrecklichen Nacht – Wunderbare Farbkontraste im massiven Gestein – Eine 300 Meter hohe natürliche Wand – Hieroglyphen, die noch nie entziffert wurden – Relikte einer höheren Rasse – Vermutungen über die Herkunft der alten bärtigen weißen Männer.

Wir haben Niagara bereits als eines der Weltwunder und als einen der begehrtesten Schönheitsorte Amerikas bezeichnet. Wir werden nun einige Seiten der Beschreibung eines weitaus bemerkenswerteren Naturwunders widmen und einem Phänomen, das, wäre es näher am Bevölkerungszentrum gelegen, als Touristenmekka schon längst sogar Niagara übertroffen hätte.

Canyon des Colorado verwiesen .

Nur wenige Menschen haben die geringste Vorstellung von der Größe oder Furchtbarkeit dieses Canyons . Er ist eindeutig eines der Weltwunder und seine Weite ist so groß, dass seine vollständige Erforschung eine äußerst schwierige Aufgabe ist.

Auch flächenmäßig ist der Canyon außergewöhnlich. Er ist groß genug, um mehr als ein Land der Alten Welt zu umfassen. Er ist lang genug, um sich über einige der größten Staaten der Union zu erstrecken. Einige der kleineren Staaten Neuenglands würden von dem gähnenden Abgrund völlig verschluckt werden, wenn man sie auf irgendeine Weise dorthin versetzen könnte. Ein Schnellzug, der mit hoher Geschwindigkeit ohne einen einzigen Halt und auf einem erstklassigen Gleisbett fährt, könnte kaum in weniger als fünf Stunden von einem Ende des Canyons zum anderen gelangen, und ein gewöhnlicher Zug mit dem üblichen Prozentsatz an Unterbrechungen würde die Strecke ungefähr zwischen Morgen und Abend schaffen.

In nüchternen Zahlen ausgedrückt besteht der Grand Canyon aus einer Reihe von Schluchten mit einer Länge von etwa 350 Kilometern, einer Breite von bis zu 19 Kilometern und einer Tiefe von oft bis zu 2.130 Metern.

Dieses wunderbare Merkmal der amerikanischen Landschaft wird in „Our Own Country", herausgegeben von der National Publishing Company, sehr ausführlich beschrieben. In der Beschreibung des Cañon heißt es in diesem reich bebilderten Werk, dass die zitierten Figuren „nicht sofort einen Nerv im menschlichen Geist treffen, aus dem einfachen Grund, dass sie etwas völlig anderes darstellen als alles, was über 99 Prozent der Weltbevölkerung je gesehen haben. Wer zum ersten Mal auf die Niagarafälle blickt, ist erstaunt über die Tiefe der Schlucht und die Kraft des Wassers; und wer die Niagarafälle schon einmal gesehen hat, kann die Wunder des Grand Cañon einigermaßen würdigen , wenn er sich vor Augen führt, dass dieses große Wunder der westlichen Welt auf einer Strecke von mehreren Kilometern mehr als fünfzig Mal so tief ist wie die Wasserfälle und die Schlucht, was allgemein als die furchterregendste landschaftliche Erhabenheit gilt, die der gewöhnliche Reisende erreichen kann. Und das ist noch nicht alles. Besucher von Paris, die vom Eiffelturm aus einen Blick aus der Vogelperspektive auf die heitere Stadt genossen haben, waren von der enormen Höhe furchtbar beeindruckt und erstaunt über die Wirkung auf das Aussehen lebender und unbelebter Objekte so weit unter ihnen. Wie viele der Amerikaner, die derart beeindruckt waren vom französischen Unternehmergeist, haben erkannt, dass es in ihrem eigenen Land eine natürliche Schlucht gibt, an manchen Stellen beträgt die Entfernung zwischen Gipfel und Fuß mehr als fünfmal so viel wie die Höhe des Eiffelturms?"

Der Colorado River entspringt in den Rocky Mountains, durchquert die Territorien von Utah und Arizona, fließt dann zwischen letztgenanntem und dem Staat Kalifornien und mündet schließlich in den Golf, der den Namen „Golden State" trägt. Mehr als 300 Kilometer seines Laufs fließt er durch eine Schlucht, die als Grand Canyon bekannt ist , und war daher als Fluss nur sehr schwer zu erforschen. Im 16. Jahrhundert durchquerten einige der spanischen Entdecker, denen unser Land so viel für frühe Aufzeichnungen und Beschreibungen zu verdanken hat, die damals noch unbebauten Wüsten des Südwestens und entdeckten den Grand Canyon . Viele ihrer Berichte über die Wunder der Neuen Welt lasen sich so sehr wie Märchen und schienen so offensichtlich übertrieben, dass man ihnen kaum Glauben schenkte. Daher wurden ihre Einschätzungen über die Schlucht, durch die der Rio Colorado Grande fließt, als Fabeln abgetan und eher ausgelacht als geglaubt.

Major Powell, der wie kaum ein anderer die Welt über die Wunder des Wilden Westens aufgeklärt hat, beschreibt den Canyon sehr treffend und spricht auf äußerst ansprechende Weise von den zahllosen Canyons und Höhlen, Strudeln und Wirbeln, Bächlein und Flüssen, Furten und Wasserfällen, die es überall gibt. In seiner ersten ausführlichen Beschreibung des Cañons stellte er fest: „Jeder Fluss, der dort hineinfließt, hat einen anderen Cañon geschnitten ; jeder Seitenarm hat ebenfalls einen anderen Cañon geschnitten ; jeder Bach fließt in einem Cañon ; jeder aus einem Regenschauer entstandene und nur in den Regenschauern lebende Bach hat sich einen Cañon geschnitten ; so dass der gesamte obere Teil des Beckens des Colorado von einem Labyrinth dieser tiefen Schluchten durchzogen ist.

Um das Becken herum sind Berge; im Becken befinden sich Cañon-Schluchten; die Landstriche von Rand zu Rand bestehen aus nacktem Fels oder Flugsand, mit hier und da Reihen von Vulkankegeln und verstreuter schwarzer Schlacke und Asche."

Cañon Tausende von Menschen angezogen , obwohl es nur sehr wenigen gelungen ist, ihn in seiner gesamten Länge zu erkunden. Nur wenigen ist es gelungen , den Balkon des Cañons entlangzugehen und zu den zahllosen Wundern der Natur aufzublicken, die sich übereinander türmen und anscheinend bis in die Wolkenregion reichen. Wie uns Captain CE Dutton erzählt, stellt man sich einen Cañon im Allgemeinen als einen tiefen, schmalen Riss in der Erde mit nahezu senkrechten Wänden vor, wie einen großen und sauber geschnittenen Graben. Es gibt Hunderte von Schluchten in diesem Hochland, die dieser Vorstellung sehr gut entsprechen. Es ist jedoch bedauerlich, dass der gewaltige Weg des Colorado River durch die Kaibabs jemals Cañon genannt wurde , denn der Name identifizierte ihn mit dieser minderwertigen Vorstellung. An manchen Stellen beträgt die Entfernung über die Schlucht zum nächstgelegenen Punkt auf dem Gipfel der gegenüberliegenden Wand etwa sieben Meilen. Eine korrektere Angabe der allgemeinen Breite wäre elf bis zwölf Meilen. Daher ist es etwas bedauerlich, dass die Vorstellung weit verbreitet ist, die Erhabenheit des Grand Canyon sei vor allem auf die Enge seiner Schlucht zurückzuführen.

Wie Major Powell es ausdrückt, gibt es eher eine Reihe von Cañons als einen einzigen riesigen. Wo immer der Fluss sich seinen Weg durch den Sandstein, Marmor und Granit der Kaibab-Berge gebahnt hat, bieten sich wunderschöne und ehrfurchtgebietende Bilder, und darüber erheben sich Kuppeln und Gipfel, manche aus rotem Sandstein, andere von schneeweißem Glanz. Der Cataract Cañon allein ist 41 Meilen lang und hat 75 Katarakte und Stromschnellen, von denen 57 innerhalb einer Distanz von 19 Meilen liegen. Eine Reise entlang eines Flussufers mit einem Wasserfall im Durchschnitt alle zwanzig Fuß ist kein Kinderspiel und nur die härtesten Männer waren in der Lage, sie zu bewältigen. Im Frühjahr 1889 unternahm der Vermessungstrupp einer geplanten Eisenbahnlinie von Grand Junction zum Golf von Kalifornien diese Reise und aus der veröffentlichten Beschreibung lassen sich mehr tatsächliche Informationen über den Cañon selbst gewinnen als aus fast jeder bloßen mündlichen Beschreibung.

Die Landvermesser mussten die wenigen Lebensmittelvorräte, die sie mitbrachten, einen großen Teil des Weges auf dem Rücken mit sich tragen, da es oft unmöglich war, die Boote überhaupt voranzubringen. Wenn die Boote benutzt wurden, kenterten mehrere, und es herrschte Ungewissheit über die Speisekarte, die bei der nächsten Mahlzeit präsentiert werden würde, selbst wenn es überhaupt eine Mahlzeit geben würde. Mr. Frank M. Brown, Präsident der Eisenbahngesellschaft, verlor in einem der Strudel sein Leben.

Er war in einem Boot etwas vor den anderen und schien fröhlich und hoffnungsvoll zu sein. Er rief seinen Kameraden weiter hinten zu, sie sollten mit ihren Booten kommen, und dass es ihm gut ginge. Einen Moment später waren seine Freunde erstaunt, als sie sahen, dass das Boot verschwunden war und ihr Anführer in einem Strudel im Kreis schwamm und sich bemühte, ruhiges Wasser zu erreichen.

Er war ein guter Schwimmer und ein tapferer Mann, aber seine Bemühungen waren vergebens und schließlich sank er. Die Gruppe wartete und beobachtete stundenlang, musste aber schließlich erkennen, dass ihr Freund und Anführer für immer verloren war.

Seitenschlucht suchte, die nach Norden führte und durch die sie entkommen konnten, wurde deutlich, dass ein Sturm im Anmarsch war. Es begann in einem stetigen Regenschauer zu regnen und wurde immer stärker. Die Landvermesser hatten keine trockene Kleidung außer dem, was sie trugen, und es gab keinen Unterschlupf irgendeiner Art in der Nähe. Sie befanden sich in der Nähe von Vassey's Paradise, im tiefsten Teil der Schlucht , den sie bisher erreicht hatten. Ein Sturm an einem solchen Ort wird unermesslich schrecklicher, und die verängstigten Männer suchten in jeder Richtung nach Schutz. Schließlich sahen sie etwa zwölf Meter über der Marmorklippe die Öffnung zu einer kleinen Höhle. In diese kletterte Mr. RB Stanton, einer der Gruppe. Es war nicht genug Platz für seinen Körper, aber er kroch hinein, so gut er konnte, rollte sich zusammen und versuchte zu schlafen.

Es folgte eine schreckliche Nacht. Gegen Mitternacht wurde er von einem schrecklichen Donnerschlag geweckt, der auf eine höchst schreckliche Weise durch die Schlucht hallte und widerhallte. Er war schon früher in Gebirgsregionen und tiefen Tälern in Stürme geraten, aber er hatte sich noch nie so schrecklich allein oder so abergläubisch beunruhigt gefühlt wie bei dieser Gelegenheit. Ab und zu erhellte ein greller Blitz die dunklen Tiefen der Schlucht und warf gespenstische Schatten auf die Klippen, Berghänge, Schluchten und den Fluss. Dann war da wieder die Dunkelheit, die man, wie Milton es ausdrückt, spüren konnte, und das Gefühl der Einsamkeit war fast unerträglich.

Der Fluss war inzwischen durch den strömenden Regen zu einem reißenden Strom angeschwollen, der jeden Bach in einen Fluss und jeden Zufluss des Colorado in einen prächtigen, wenn auch reißenden Fluss verwandelt hatte. Der Lärm, den der aufgeregte Fluss verursachte, als er über die massiven Felsen entlang seines Bettes stürzte, wetteiferte mit dem Donner, und die Echos schienen Hunderte von Meilen in alle Richtungen zu reichen. Was den gestrandeten Reisenden am meisten beeindruckte, war der Lärm über ihm, der Nachhall, der ein Gefühl der Beunruhigung hervorrief, als riesige

Felsmassen von ihrer hohen Anhöhe Tausende von Fuß über seinem Kopf verdrängt wurden und auf ihn herabstürzten.

Die Nacht war schließlich vorüber, und als der Sturm sich gelegt hatte, gelang es den Überlebenden der Gruppe, aus dem Canyon herauszukommen und ein Plateau in 2500 Fuß Höhe zu erreichen. Sie machten dann eine kurze Rast, doch mit jener für den wahren Amerikaner typischen Geringschätzung der Gefahr organisierten sie sofort eine neue Expedition und nahmen einige Monate später die so tragisch unterbrochene und durch einen so traurigen Tod überschattete Aufgabe wieder auf.

Die Fahrt durch Glen Cañon war wie eine Vergnügungsfahrt auf einem ruhigen Fluss im Herbst, mit wunderschönen Wildblumen und Farnen in jedem Lager. In Lee's Ferry aßen sie ihr Weihnachtsessen, und der Tisch war mit Wildblumen dekoriert, die an diesem Tag gepflückt worden waren.

Am 28. Dezember begannen sie erneut, den Teil des Marble Canyon zu durchqueren , der durch den tödlichen Unfall im vergangenen Sommer eine tragische Vergangenheit hatte. "Am nächsten Dienstag", schreibt Mr. Stanton, "erreichten wir die Stelle, an der Präsident Brown ums Leben kam. Welch eine Veränderung im Wasser! Was damals ein tosender Strom war, erschien uns jetzt, wo das Wasser etwa neun Fuß tiefer lag, vom Ufer aus wie die sanfte Welle auf dem ruhigen See. Als wir ihn jedoch mit unseren Booten durchfuhren, stellten wir fest, dass es dieselbe schnelle Strömung, denselben riesigen Wirbel und dazwischen denselben Strudel mit seinen sich ständig ändernden Kreisen gab. Marble Cañon schien uns Schwierigkeiten bereiten zu müssen. Am 1. Januar stürzte unser Fotograf, Mr. Nims , von einer etwa 22 Fuß hohen Klippenkante auf den darunterliegenden Sandstrand, wurde dabei heftig erschüttert und brach sich ein Bein knapp über dem Knöchel. Da wir genügend Verbände und Medikamente hatten, machten wir es Nims so bequem wie möglich, bis wir am nächsten Tag eines der Boote beluden, um ihm ein ebenes Bett zu machen, und aus zwei Rudern und einem Stück Segeltuch eine Bahre bauten, ihn an Bord brachten und ein paar Meilen den Fluss hinuntertrieben. von Meilen – über zwei kleine Stromschnellen – zu einer Seitenschlucht , die zur Straße nach Lee's Ferry führte."

Am nächsten Tag, nachdem ein Ausweg aus der tiefen Schlucht gefunden war, wanderte einer der Teilnehmer 35 Meilen zurück nach Lee's Ferry, wo ein Wagen für den verletzten Landvermesser besorgt wurde. Acht der stärksten Männer der Gruppe übernahmen dann die Aufgabe, den Verletzten vier Meilen weit und einen 1.700 Fuß hohen Hügel hinauf zu tragen. Es ist bezeichnend für die außergewöhnliche Form des Grand Canyon , dass die letzte halbe Meile einen 45-Grad-Winkel über einen losen Felshang aufwies. Die Trage musste an Seilen befestigt und vorsichtig über senkrechte, 10 bis

20 Fuß hohe Klippen gehoben werden. Die gefährliche und mühsame Reise war endlich geschafft und die Reise konnte fortgesetzt werden.

Schließlich wurde der unerforschte Teil des Canyons erreicht. Auf 30 Meilen den Marble Canyon hinunter bis zum Little Colorado River bot sich eine wunderschöne Landschaft. Am Point Retreat stehen die massiven Marmorwände 300 Fuß hoch senkrecht über dem Flussufer. Hinter diesen Wänden liegt der Sandstein in Bänken und fällt bis zu einer Gesamthöhe von 2.500 Fuß ab. Oberhalb der engen Marmorschlucht ist die Farbe meist tiefgrau, obwohl das Vorhandensein von Mineralien an manchen Stellen so viele Farbtöne verliehen hat, dass ein regelrechter Regenbogeneindruck entsteht. Höhlen und Kavernen lockern die Monotonie der massiven Wände auf. Hier und da ist eine entzückende Grotte zu sehen, während das Wasser, das die Klippen hinabstürzt, an vielen Stellen kleine natürliche Brücken hinterlassen hat. Unzählige Fontänen mit reinem, glitzerndem Wasser schmücken die glatten Felsen, und hier und da gibt es kleine Oasen aus Farnen und Blumen, die so weit unten im Erdinneren seltsam fehl am Platz wirken.

Unterhalb von Point Hausbrough , benannt nach Peter M. Hausbrough , der während der ersten Erkundungstour ertrank, wird die Schlucht rasch breiter. Die Marmorbänke werden durch Kalksteinschichten ersetzt, und zwischen Fluss und Felsen sind grüne Felder und Baumhaine alltäglich. Der Blick vom Fluss über diese grüne Vegetation mit den Sandsteinfelsen im unmittelbaren Hintergrund und den schneebedeckten Bergen in der Ferne ist in seiner Pracht und seinen Kombinationen außergewöhnlich. Zwischen der großen Kreuzung des Little Colorado mit der Hauptschlucht und der Granite Gorge erstrecken sich etwa 1.300 Kilometer eines ganz anderen Abschnitts. Hinweise auf vulkanische Aktivitäten gibt es in Hülle und Fülle. Steine und Felsbrocken scheinen aus ihrer Position geweht und zu einem Haufen vermischt worden zu sein. Die Steine sind größtenteils mit Mineralien angereichert, und daher ist fast jede bekannte Farbe in bemerkenswerter Reinheit vertreten. Der Fluss fließt durch ein weites Tal, dessen obere Wände mehrere Kilometer voneinander entfernt sind.

Die Granite Gorge selbst ist völlig anders. Hier beginnen die großen Granitwände am Wasserrand. Die ersten paar Meter sind normalerweise senkrecht. Dann, über 300 Meter oder mehr, ist der Anstieg etwa 45 Grad hoch, wobei gelegentlich Felsmassen hervortreten und über den Fluss ragen. Über dem Granit erhebt sich eine Masse aus dunkel gefärbtem Sandstein mit einer senkrechten Front. An vielen Stellen ist er vollkommen schwarz, wobei die Farbe durch das leuchtende Rot darunter noch intensiviert wird. Wenn ein Künstler eine Klippe tiefrot malen würde, mit einem pechschwarzen Rand an der Spitze, würden Kritiker aus der Alten Welt ihn wahrscheinlich für verrückt erklären. Doch genau das ist die Farbgebung dieses Abschnitts des wunderbarsten Cañon der ganzen Welt.

Obwohl die Breite des Cañon an dieser Stelle zwischen sechs und zwölf Meilen variiert, fließt der Fluss eigentlich durch eine enge Schlucht und hat sehr viel von der Natur einer langen Stromschnelle oder eines Katarakts. Auf einer Strecke von zehn Meilen beträgt der durchschnittliche Fall einundzwanzig Fuß pro Meile, was ausreicht, um die Strömung selbst bei Niedrigwasser sehr gefährlich und nach starkem Regen oder starker Schneeschmelze zu etwas Furchtbarem zu machen. An einer Stelle beträgt der Fall achtzig Fuß auf etwa fünfhundert Yards, und hier ist Schifffahrt natürlich praktisch nicht mehr möglich. Die erwähnten Entdecker waren gezwungen, an dieser Stelle sehr vorsichtig vorzugehen. Gelegentlich befuhren sie die Stromschnellen, aber sehr oft waren sie gezwungen, ihre Boote mithilfe von Leinen zu Wasser zu lassen und sie sogar über außergewöhnlich gefährliche Felsen zu heben.

Am schlimmsten war, dass eines der Boote, als es an Leinen zu Wasser gelassen wurde, von einem Wirbel erfasst wurde und zwischen zwei Felsen feststeckte. Die Männer mussten ins Wasser gehen, um das Boot zu befreien. Mit Leinen fest um den Körper gewickelt, wagten sich einige der mutigsten Forscher ins Wasser und versuchten, das Boot loszumachen oder zumindest die unschätzbar wertvollen Vorräte und Decken an Bord zu sichern. Es war Januar, und das Wasser war so bitterkalt, dass es niemand länger als ein paar Minuten aushielt, sodass die Prozedur langwierig und mühsam war. Schließlich wurde das Boot herausgeholt, aber es dauerte fünf Tage, es zu reparieren, und selbst dann war es ein sehr schlechtes Navigationsmittel. Ein paar Tage später stieß man auf eine noch mächtigere und gefährlichere Stromschnelle. Die notwendigen Vorsichtsmaßnahmen vermitteln eine Vorstellung von der Kraft des Wassers . Eine 250 Fuß lange Leine wurde vorn ausgespannt und das Boot in den Strom geschwungen. Es passierte anscheinend die gefährlichsten Stellen ohne große Schwierigkeiten. Die Leine wurde langsam gelockert und das Boot blieb unter Kontrolle, doch als es den Hauptwirbel erreichte, begann es, gegenläufig zu werden, drehte schließlich um und schien in eine Gegenströmung geraten zu sein. Nach mehreren Stunden Arbeit konnte das Boot an Land gebracht werden, doch das nächste wurde beim Überqueren einiger spitzer Felsen in tausend Stücke zerschmettert.

Die sechzig Kilometer der Granite Gorge sind voller Wunder. Der Abschnitt mit dem seltsam falschen Namen Bright Angel Creek ist selbst mittags stockfinster. Er wird als Wächter des großen Cañons beschrieben und nur wenige Menschen haben den Versuch gewagt, ihn zu durchqueren. Weiter unten werden die Granitwände flacher und schwarzer Granit lockert die Monotonie der Farben auf. Hier und da, an Seitencañons und plötzlichen

Biegungen, wird die weite Rückseite der Schlucht mit ihren Sandsteinklippen sichtbar. Diese liegen mehrere Kilometer vom Fluss entfernt, hier und da ragen riesige Berge dazwischen. Über dem dunklen Sandstein erheben sich abgeflachte Hänge aus gelbem, braunem, rotem, grünem und weißem, mineralreichem Gestein. Durch diese hat die Kraft des Wassers im Laufe der Jahrhunderte schmale, grabenartige Wasserfälle geschnitten, die bemerkenswert aussehen und durch ihre Farbvielfalt reizvoll sind.

Es ist schwer, sich eine 300 Meter hohe, aufrechte Wand vorzustellen, deren vorherrschende Farbe Rot ist und die in der Nähe des Gipfels hellere Farbtöne aufweist. Hier und da erscheinen Bänke aus Marmor mit Büscheln aus Glas und Buschwerk, während gelegentlich ein kleiner Streifen makellosen Grüns zu sehen ist. Darüber hinaus befinden sich etwa 600 Meter heller gefärbter Sandstein. Dieser wird durch spiralförmige Türmchen und Kuppeln verschönert, und wo der Hang sanft genug abfällt, gibt es viele Kiefern und Zedern. Dahinter ist der Schnee auf dem Berggipfel zu sehen, und wenn sich vom Fluss unten ein unerwarteter Blick bietet, ist die Farbvielfalt so groß, dass das Auge rebelliert und ein Gefühl entsteht, das Kopfschmerzen nicht unähnlich ist.

Alle paar tausend Fuß offenbaren sich weitere Wunder. An der Mündung des nächsten Bachs ist die Färbung anders. Die Schichten fallen deutlich ab und der Marmor, der bisher sichtbar war, liegt jetzt unter der Oberfläche. Der Sandstein bildet die Flussgrenze und erhebt sich in einem steilen Winkel vom Wasserrand. Der Fluss selbst ist daher schmal, aber das große Tal ist oben sogar noch breiter. Die Wände sind zwischen 2.000 und 8.000 Fuß hoch und in der Regenzeit strömt das Wasser in großer Menge die Seite hinunter. Tausende kleiner Rinnsale münden in den Hauptstrom und erhöhen die Wassermenge erheblich. Manchmal steigt der Fluss in einer einzigen Nacht um vier oder fünf Fuß an, was alle Berechnungen durcheinanderbringt und die Schifffahrt äußerst riskant macht. Wenn die Sonne zufällig in die Tiefen dieses Cañons eindringen kann , sind die kaleidoskopischen Effekte wunderbar und lassen auch den Gleichgültigsten innehalten und staunen.

Die Entdeckung eines erloschenen Vulkans erklärt viele der Wunder des großen Canyons . Der Vulkan wird von Tausenden von Touristen erkundet, da dies einer der Orte ist, für deren Besuch Wissenschaftler bereit sind, zahllose Strapazen und Risiken auf sich zu nehmen. Niemand kann sagen, wann der Vulkan aktiv war, aber die Beschaffenheit des Kraters lässt vollkommen klar erkennen, dass er einst große Mengen Lava ausspuckte, die die Bildung des Gesteins und die Beschaffenheit des umliegenden Landes deutlich beeinflussten. Jenseits des Vulkans werden die bereits erwähnten hellen Farben über viele Meilen hinweg durch düsterere Farbtöne ersetzt . Gelegentlich ist ein wenig Scharlachrot zu sehen, und in der Regel ist der Sandstein mit der geheimnisvollen Substanz bedeckt, die die jetzt stillen, aber einst prächtigen und furchterregenden Berge aus den Eingeweiden der Erde hervorgebracht haben.

Die erwähnte Forschungsgruppe durchquerte 600 Meilen von Schluchten und stellte fest, dass keine zwei Meilen wirklich gleich waren. Schließlich, nach drei Monaten der Strapazen, kamen sie in offenes Land und gerieten fast außer sich vor Freude. Nie zuvor war das Land so schön oder das Grün so anziehend erschienen, und das Panorama der Schönheit, das sich ihnen bot, ließ sie vor Freude jauchzen und Dankschreie ausstoßen, weil sie schließlich von einer Reihe von Strapazen und Gefahren befreit worden waren, die ihnen einst fast unüberwindlich erschienen.

Die Region ist außerdem reich an archäologischen Kuriositäten und bemerkenswerten Hieroglyphen. Viele davon wurden in unmittelbarer Nähe des Grand Canyon des Colorado und auf den Klippen gefunden, in denen die berühmten Klippenbewohner der Antike ihren Wohnsitz hatten. Hieroglyphen, die auf Felsen oder anderen dauerhaften Materialien geschrieben wurden, wurden von fast allen alten Völkern verwendet, um die Geschichte bestimmter Ereignisse unter ihnen aufrechtzuerhalten. Dies gilt insbesondere für die alten Völker, die in Arizona lebten. Die bemerkenswerten Bilderfelsen und -blöcke mit seltsamen Symbolen, die von den prähistorischen Völkern Arizonas hinterlassen wurden, waren unter denen, die sie gesehen haben, Anlass für viele Diskussionen darüber, wer diese alten Hieroglyphenmacher waren. Diese Felsaufzeichnungen können in drei verschiedene Arten unterteilt werden, von denen angenommen wird, dass sie von zwei verschiedenen Völkern gemacht wurden. Das erste oder sehr alte Volk hinterließ Aufzeichnungen auf Felsen, in einigen Fällen nur Symbole und in anderen kombinierte Bilder und Symbole. Die spätere Rasse, die nach dem Verschwinden der ersten Rasse entstand, fertigte lediglich grobe Darstellungen von Tieren, Vögeln oder Reptilien an und verwendete dabei keine Symbole oder Linienkombinationen.

Hieroglyphische Erinnerungen an vergangene Zeiten

Das Alter der ältesten Piktogramme und Hieroglyphen kann nur geschätzt werden, doch deuten alle darauf hin, dass sie viele Jahrhunderte alt sind. Der Unterschied zwischen der Arbeit der Alten und der späteren Völker lässt den Betrachter annehmen, dass die älteren Hieroglyphen von einem Volk geschaffen wurden, das den nachfolgenden Völkern weit überlegen war und, wie bereits erwähnt, mit Ausnahme grober Darstellungen von Tieren und Reptilien keinerlei Aufzeichnungen in Form von Symbolen hinterließ.

In vielen Fällen ist es ganz offensichtlich, dass die beiden verschiedenen Rassen denselben Felsen oder dieselbe Klippe benutzt haben, um ihre Markierungen darauf anzubringen, wobei die spätere oder untergeordnete Rasse ihre Piktogramme oft über oder über die Hieroglyphenschriften der ersten Rasse anbrachte. An der Überlegenheit der ersten Menschen, die ihre Schriften auf den Felsen und Felsbrocken hinterließen, die in den alten Hügeln, Ruinen und Gräbern gefunden wurden, kann kein Zweifel bestehen, denn ihre Schriften zeigen Ordnung und ein gut definiertes Design in Symbolen, die offensichtlich dazu bestimmt waren, ihre Geschichte anderen mitzuteilen; und es ist ziemlich wahrscheinlich, dass diejenigen, die die großen Hügel, Häuser und Kanäle errichteten, die Autoren dieser Schriften waren. Man kann mit Fug und Recht behaupten, dass die Klippenbewohner der Felsenhäuser in den tiefen Schluchten der Berge derselben Rasse angehörten wie die Hügelbauer der Täler, denn genau dieselbe Art von Hieroglyphen, die auf Felsbrocken aus den alten Ruinen der Täler gefunden wurden, findet sich auf den Felsen in der Nähe der Häuser der Klippenbewohner.

Wenn sich diese höhere Rasse so sehr von allen anderen alten Rassen Arizonas unterschied – indem sie in ihrer Arbeit so weit fortgeschritten war, dass sie sogar heute noch schwierige technische Probleme lösen konnte, indem sie viele Meilen lange Kanäle grub, deren Reste heute noch zu sehen sind, und sie für Bewässerungszwecke so perfektionierte, indem sie so große Häuser bauten und in Städten lebten – könnte es dann nicht sein, dass diese höhere Rasse, wie heute viele Forscher dieses Themas behaupten, aus Weißen bestand und nicht aus einer kupferfarbenen Rasse, wie allgemein angenommen wurde?

Die Hieroglyphen der älteren Rasse findet man oft auf geschützten Felsen an den Hängen der Berge, die aus den Tälern emporragen. Im Allgemeinen sind sie durch überhängende Klippen vor den Elementen geschützt, und das trockene Klima hat verhindert, dass die Schriften abgenutzt werden. Da sie in den meisten Fällen in Felsen geritzt wurden, die eine schwarz glänzende Oberfläche haben, darunter aber eine hellere Farbe aufweisen, ist der Kontrast sehr auffällig, und wenn sie an markanten Stellen angebracht sind, sind diese Hieroglyphen aus mehreren hundert Fuß Entfernung zu sehen.

Da in den Hügeln, Ruinen oder Felswohnungen nie Metallwerkzeuge gefunden wurden, wurden die Hieroglyphen wahrscheinlich mit einem spitzen Stein in den Fels geritzt, der viel härter war als der Fels, auf dem die Arbeit ausgeführt wurde. Es ist eine merkwürdige Tatsache, dass, obwohl es in den Bergen von Arizona reichlich Eisen, Kupfer, Gold und Silber gibt, in den Hügeln oder Ruinen keine Werkzeuge, Geräte oder Schmuckstücke aus diesen Metallen gefunden wurden. Es wurden jedoch ofenähnliche Strukturen alten Ursprungs gefunden, die anscheinend zum Reduzieren von Erzen verwendet wurden und in denen und um die herum große Mengen einer unbekannten Art von Schlacke zu finden sind.

In vielen Fällen wurden die hieroglyphischen Felsbrocken in großen Haufen von mehreren Hundert gefunden, als ob viele verschiedene Personen ein Stück dieser seltsamen Schrift zur Sammlung beigetragen hätten. Diese geätzten Felsbrocken wurden im Boden vergraben mit Ollas gefunden, die verkohlte Knochen von Menschen enthielten, und könnten die Schriften auf den Felsbrocken entziffert werden, würden wir zweifellos etwas über die Tugenden der prähistorischen Toten erfahren, genau wie wir es von einer Person erfahren, die heute stirbt, wenn wir die Grabinschrift auf einem Grabstein der Person lesen, die darunter begraben liegt.

Beim Öffnen einiger der Hügel stellt der Forscher fest, dass sie aus den eingestürzten Mauern großer Lehmhäuser bestehen. Und als er tiefer gräbt, findet er Räume unterschiedlicher Größe, die in vielen Fällen zementierte

Wände und Böden haben. In einem Fall wurden die Abdrücke von Füßen und Händen eines Babys gefunden, die vermutlich entstanden sind, als das Kind über den frisch aufgetragenen weichen Zement gekrochen ist. In einem anderen Hügel wurden die zementierten Wände eines Raumes gefunden, die mit Hieroglyphen und groben Zeichnungen bedeckt waren, die vermutlich Sternkonstellationen darstellen.

Bis zu einem gewissen Grad erzählen uns einige der abgebildeten Felsen etwas über das tägliche Leben dieser alten Rasse, denn in vielen Fällen sind die in die Felsen gehauenen Bilder, obwohl grob geformt, selbsterklärend, und der alte Künstler sagt durch seine Arbeit deutlich, was gemeint ist. Am Rande eines kleinen Tals in den Superstition Mountains wurde ein großer Felsen gefunden, in den viele kleine Tiere geritzt waren, die anscheinend Schafe darstellten, und auf einer Seite befand sich die Gestalt eines Mannes, als würde er sie beobachten. Es kann sein, dass der alte Hirte selbst, der im Schatten des großen Felsens saß, während seine Schafe im Tal darunter grasten, Zeit damit verbracht hat, dieses Felsbild zu erstellen. Die robusten Wildschafe, die noch immer in den Bergen von Arizona zu finden sind, könnten die Überreste großer Herden sein, die früher von diesen Menschen domestiziert wurden.

Das Skelett des prähistorischen Menschen, das unter den Stalagmiten in der Höhle von Mentone in Frankreich ausgegraben wurde und das allen Wissenschaftlern auf der ganzen Welt Anlass zum Reden und Nachdenken gab, weist auf kein höheres Alter hin als viele der Skelette, Reliquien oder Knochen einiger dieser antiken Hügel- und Kanalbauer.

Ein Vorfall, der das hohe Alter der prähistorischen Menschen in Arizona veranschaulicht, ist der folgende: Beim Graben eines Brunnens in der Wüste nördlich von Phoenix wurde in einer Tiefe von 115 Fuß unter der Oberfläche ein aufrecht stehender Steinmörser, wie ihn die Menschen im Altertum benutzten, gefunden, und darin befand sich ein Steinstößel, was zeigt, dass der Mörser nicht von einer unterirdischen Wasserströmung dorthin getragen worden war und dass er nicht aus der Position bewegt worden war, in der ihn sein früherer Besitzer mit dem Stößel darin zurückgelassen hatte. Es gibt nur eine Erklärung für diesen Mörser und Stößel. Sie waren ursprünglich auf der damaligen Erdoberfläche zurückgelassen worden, und die langsame Flut aus den Bergen hatte im Laufe unbekannter Zeitalter die Oberfläche nach und nach meilenweit auf jeder Seite um eine Länge von 115 Fuß angehoben.

Oft wird die Frage gestellt: Wird diese Hieroglyphenschrift jemals entziffert werden? Die Autoren der ältesten Hieroglyphenschriften oder -zeichen scheinen genau definierte Formen oder Zeichen gehabt zu haben, die für diese Art von Schrift allgemein gebräuchlich waren. Ist es nicht höchst vernünftig, dass eine in anderer Hinsicht so weit fortgeschrittene Rasse eine

Methode perfektioniert haben würde, ihre Aufzeichnungen durch Zeichen irgendeiner Art an diejenigen weiterzugeben, die nach ihnen kommen könnten? Wenn die Verwendung von Symbolen so systematisch ist, kann man davon ausgehen, dass dasselbe Zeichen, wo immer es an derselben Stelle verwendet wird, immer eine feste Bedeutung hat. Wenn es ein so festgelegtes Zeichensystem gibt, muss es einen Schlüssel zu den in der Schrift verborgenen Gedanken geben, und sehr wahrscheinlich wird der Schlüssel zur Entzifferung dieser Hieroglyphen irgendwann auf einem der noch unentdeckten Hieroglyphenfelsen im Hochgebirge oder in den noch nicht untersuchten Hügeln gefunden werden. Andererseits kann es keinen Schlüssel zu der minderwertigen Klasse von Piktogrammen geben, die von den Menschen angefertigt wurden, die nach dem Verschwinden der Erbauer von Hügeln, Kanälen und Städten kamen, denn die Bedeutung der grob dargestellten Formen von Reptilien, Tieren oder ähnlichen Dingen war, wenn überhaupt, von Mensch zu Mensch unterschiedlich.

Wer waren diese Menschen, die hier im Dunkel der Vergangenheit eine große Nation bildeten ? Waren es die alten Phönizier, die nicht nur eine Seefahrer-, sondern auch eine Kolonialnation waren und die vor Jahrhunderten mit ihren gut bemannten Schiffen ihren Weg zur Südküste Amerikas gefunden haben könnten und von dort nach Norden zogen? Oder waren es einige der Anhänger von Votan oder Zamna , die nach Norden gewandert waren und eine Kolonie der Azteken gegründet hatten? Wer auch immer diese Menschen waren und woher sie auch kamen, die Zeugnisse der großen Werke, die sie hinterließen, liefern hinreichend Beweise dafür, dass sie anderen Rassen in ihrer Umgebung überlegen und anders waren, und diese besonderen Menschen könnten die „bärtigen Weißen" gewesen sein, von denen die Indianer Überlieferungen hatten, als Coronados Anhänger 1526 erstmals durch die Täler des Gila und Salt River kamen.

KAPITEL XIX.

UNSERE GROSSEN WASSERSTRASSEN

Die Bedeutung der Flüsse für den Handel vor einer Generation – Der ideale Flussmensch – Der große Mississippi und seine Bedeutung für unser Heimatland – Der tückische Missouri – Ein Erster Maat, der die Verkleidung als Koch sehr praktisch fand – Wie ein Zweiter Maat die Unannehmlichkeiten vorübergehender finanzieller Schwierigkeiten überwand.

Im letzten Viertel des Jahrhunderts, in dem wir in jeder Datumszeile die Zahlen „1" und „8" schreiben, hat die Dampfeisenbahn dem Dampfschiff in großem Maße den Rang abgelaufen, so wie uns gegenwärtig eine so umfassende Revolution in der Fortbewegung und der Antriebskraft droht, dass die Vorhersage gerechtfertigt ist, dass Elektrizität lange vor Ablauf eines weiteren Vierteljahrhunderts die Dampfeisenbahn fast vollständig ersetzen wird. Aber selbst wenn dies der Fall ist, sollten alte Bekannte nicht vergessen werden, und jeder Bürger der Vereinigten Staaten sollte wissen, dass der Wohlstand des Landes in sehr großem Maße den großartigen Wasserstraßen des Landes und dem Unternehmergeist der Männer zu verdanken ist, die die Flussflotten ausgerüstet und mit unterschiedlichem Gewinn betrieben haben.

Der wahre Flussmann ist nicht so auffällig wie in den Tagen, als St. Louis, Cincinnati, Memphis und andere wichtige Eisenbahnzentren von heute ausschließlich Flussstädte waren. Der Flussmann war damals ein König. Der Kapitän ging mit ebenso viel Würde durch die Straßen wie über sein eigenes Deck und wurde von Landsleuten als eine Person von Würde und Ansehen angesehen. Der Maat war ein großer Mann in der Wertschätzung aller, die ihn kannten, und vieler, die ihn nicht kannten. Er führte seine Mannschaft mit eiserner Faust und war es gewohnt, dass man ihm mit beträchtlicher und lobenswerter Schnelligkeit gehorchte. In allgemeinen Gesprächen nahm er einen Tonfall an, der erheblich lauter war als der Durchschnitt, und jeder gewöhnte sich an, ihm Platz zu machen.

Bevor die Eisenbahnen schnaufend und keuchend über das Land zogen und das Monopol der Dampfschiffe störten, war der Deich einer Flussstadt ein Schauplatz ständigen Aufruhrs und Treibens. Manchmal sieht man heute auf einem Deich viel Hektik und Lärm. Aber die geschäftigsten Szenen von heute versinken im Vergleich zu jenen, die schnell zu kaum mehr als einer undeutlichen Erinnerung werden. Die riesigen Ladungen aller Art waren entlang des Flussufers aufgereiht, und überall sah man kleine Flaggen.

Diese Flaggen waren vielleicht nicht gerade ein Beweis für die Aktivität des Schulmeisters oder für die Verbreitung einer höheren Bildung. Sie erinnerten eher an die Tatsache, dass die große Mehrheit der einfachen Flussarbeiter nur wenig lesen und noch weniger schreiben konnte. Wenn man vor zwanzig oder dreißig Jahren einem farbigen Hilfsarbeiter sagte, er solle eine bestimmte Ladung abholen, die mit dem Namen eines bestimmten Bootes oder Empfängers beschriftet war, hätte man dem Angesprochenen ein echtes altmodisches Plantagengrinsen entlockt, zusammen mit einer ätzenden Bemerkung über den Mangel an Schulmöglichkeiten in den Tagen, als der Hilfsarbeiter eigentlich die „drei R " hätte lernen sollen, dies aber nicht tat. Es war jedoch verhältnismäßig einfach, eine Ladung anhand einer Flagge zu orten, und die Identifizierung scheiterte selten, da die Flaggen in Farbe, Form und Größe variiert werden konnten, um sowohl Unterscheidung als auch Unterschiedlichkeit zu bieten.

Wer sich an die geschäftige Szene am Deich mit der erwähnten Flaggenverzierung erinnert, wird zustimmen, dass die alten Flusstage sowohl etwas Pittoreskes als auch Lautes hatten, und wird dazu neigen, die Tatsache zu bedauern und fast zu beklagen, dass die Dinge aus der Sicht eines Flussbewohners nicht mehr das sind, was sie einmal waren.

In keinem anderen Land der Welt wurde der Eisenbahnbau mit so viel Engagement betrieben wie in unserem Heimatland. Bevor enorme Ausgaben für Gleisbau und Eisenbahnausrüstung getätigt wurden, mussten die außerordentlichen Möglichkeiten für Schifffahrt und Transport genutzt werden, die die großen Wasserstraßen des Landes boten. Da natürlich im Osten vor dem Westen Eisenbahnen gebaut wurden, versteht der Durchschnittsleser den Wert unserer Wasserstraßen im Mittleren und Westen am besten, da sie bis in die jüngste Vergangenheit eine unverzichtbare Rolle bei der Abwicklung von Geschäften aller Art spielten.

Die Flüsse im Osten sind in ihrer Ausdehnung und Wassermenge weniger beeindruckend als die im Westen, obwohl viele von ihnen überaus malerisch und reizvoll sind. Der Hudson wird oft als die „Themse Amerikas" bezeichnet, und zwar nicht, weil die Länge der beiden Flüsse, an denen die beiden größten Städte der Neuzeit liegen, ähnlich ist. Der Vergleich ist vielmehr auf die enorme Anzahl an teuren Familienresidenzen und Sommerresorts zurückzuführen, die an den Ufern beider Flüsse gebaut wurden.

In einem anderen Kapitel erzählen wir von einer Reise auf dem malerischen Hudson, dessen Ufer von historischen Wahrzeichen und Sehenswürdigkeiten gesäumt sind. Wir geben ein Beispiel mit einem Vergnügungsboot auf dem Hudson, das an viele reizvolle Flussfahrten zu verschiedenen Zeiten erinnert, aber auch an die Ereignisse von nationaler

Bedeutung, die sich um den Fluss drehten, der Jahr für Jahr von Vergnügungssuchenden aus der überfüllten Metropole an seiner Mündung überfüllt ist.

Ein Vergnügungsdampfer aus der Zeit der Jahrhundertwende

Der Mississippi ist der längste und prächtigste Fluss Nordamerikas. Wenige Meilen oberhalb von St. Louis mündet der Missouri in ihn, und wenn man die Entfernung von der Quelle des Missouri bis zum Golf von Mexiko berechnet, ist dies der längste Fluss der Welt. In beträchtlicher Entfernung von der Quelle des „Vaters der Gewässer" liegen die St.-Antonius-Fälle, die vor mehr als zweihundert Jahren von unternehmungslustigen Pionieren entdeckt wurden, die dachten, sie hätten die Quellgewässer des großen Flusses entdeckt. Die Landschaft des Flusses an den Wasserfällen und dahinter ist sehr reizvoll und in vielen Fällen so schön, dass sie sich mit Worten nicht beschreiben lässt. In vielen anderen Teilen des Flusses ist die

Landschaft großartig, obwohl es gelegentlich lange flache Landstriche gibt, die eintönig und ohne poetische Gedanken werden können.

Über den gesamten Fluss schreibt Herr LU Reavis begeistert:

"Je mehr wir uns mit diesem Thema befassen", sagt dieser Autor, "desto mehr müssen wir zugeben, dass der Mississippi ein wunderbarer Fluss ist und dass niemand seine Bedeutung für das amerikanische Volk ermessen kann. Was der Nil für Ägypten ist, was der große Euphrat für das alte Assyrien war, was die Donau für Europa ist, was der Ganges für Indien ist, was der Amazonas für Brasilien ist – all das und noch mehr ist der Mississippi für den nordamerikanischen Kontinent. In früheren Zeiten hätten die Menschen den Mississippi verehrt, aber in diesem Zeitalter können wir es besser machen, wir können ihn verbessern. Darauf sollten all unsere Bemühungen gerichtet sein und wir sollten uns stets vor Augen halten, dass keine andere Verbesserung, weder in der Antike noch in der Moderne, die sich auf die Interessen des Handels bezieht, jemals die Aufmerksamkeit der Menschen auf sich gezogen hat, die so wichtig war wie die des Mississippi, um seine Gewässer zu kontrollieren und eine ausreichende und freie Schifffahrt von St. Paul bis zum Golf von Mexiko zu ermöglichen."

In den letzten Jahren hat die Bewegung zugunsten der Flussverbesserung eine sehr deutliche Form angenommen, und von Zeit zu Zeit hat der Kongress große Mittel bewilligt, um den Fluss das ganze Jahr über schiffbar zu halten. Schon 1873 rügte der Vorsitzende des Senatsausschusses für Verkehrswege die Regierung, weil sie es versäumt hatte, die großen Flüsse gründlich zu verbessern. Seitdem ist fast ein Vierteljahrhundert vergangen, und nach Ansicht vieler kompetenter Flussexperten besteht noch viel Raum für Verbesserungen, nicht nur am Fluss, sondern auch an den Vorkehrungen für die Planung und Durchführung der Verbesserungen.

Der Missouri River, der große Zufluss zum Mississippi, wird oft als einer der heimtückischsten und aggressivsten Flüsse des Universums beschrieben. Er scheint von einem Geist der Unruhe und einem Verlangen nach Veränderung getrieben zu sein, so sehr, dass sich die Mitte des Flussbetts häufig so schnell nach rechts oder links verschiebt, dass wohlhabende Bauernhöfe und Häuser ausgelöscht werden. Manchmal bedroht dieses unberechenbare Vorgehen die Existenz von Städten und Brücken, und von Zeit zu Zeit wurden Zehntausende von Dollar in Tag- und Nachtarbeit investiert, um die Aggressivität des Flusses einzudämmen und ihn zu zwingen, sich auf seine angemessenen Grenzen zu beschränken.

Der eigentliche Mississippi bringt von den Seen bis zu seiner Mündung in den Missouri klares Wasser, dessen Spiegelbild so lebhaft ist, dass das Grün an den Ufern ihm ein ganz grünes Aussehen verleiht. Der Missouri hingegen ist schlammig und turbulent und bringt selbst bei Niedrigwasser eine große

Menge Sand und Sediment mit sich. Bei Hochwasser bringt er Bäume und alles andere mit sich, was zufällig in seine Reichweite kommt, aber zu jeder Jahreszeit ist sein Wasser mehr oder weniger schlammig. An der Mündung der beiden Flüsse ist der Farbunterschied des Wassers sehr deutlich, und seltsamerweise kommt es erst zu einer vollständigen Vermischung, wenn die Strömung mehrere Meilen zurückgelegt hat. Unter normalen Bedingungen ist der westliche Teil der Strömung viel dunkler als der östliche, selbst zwanzig Meilen von der Mündung des Missouri entfernt.

Der Muddy Missouri entspringt in den Rocky Mountains. Er wird durch den Zusammenfluss dreier Flüsse gebildet: Jefferson, Gallatin und Madison. Durch eine seltsame Inkongruenz liegen die Quellflüsse des Missouri nur eine Meile von denen des Columbia entfernt, obwohl die beiden Flüsse in entgegengesetzte Richtungen fließen: Der Columbia mündet in den Pazifischen Ozean und der Missouri hat über den Mississippi eine Zufahrt zum Golf von Mexiko. In einer Entfernung von 441 Meilen vom äußersten Punkt der Schifffahrt der Quellarme des Missouri befinden sich die sogenannten „Tore der Rocky Mountains", die einen außerordentlich großartigen und malerischen Anblick bieten. Auf einer Strecke von etwa sechs Meilen erheben sich die Felsen senkrecht vom Ufer des Flusses bis zu einer Höhe von 1.200 Fuß. Der Fluss selbst ist auf eine Breite von 150 Yards komprimiert, und auf den ersten drei Meilen gibt es nur eine Stelle, und diese ist nur wenige Yards groß, an der ein Mann zwischen dem Wasser und dem senkrechten Anstieg des Berges stehen kann.

110 Meilen unterhalb dieses Punktes und 551 Meilen von der Quelle entfernt liegen die „Great Falls", fast 2.600 Meilen von der Mündung des Missouri in den Mississippi River entfernt. An dieser Stelle fließt der Fluss durch eine Reihe von Stromschnellen hinab und überwindet auf 16,5 Meilen eine Höhe von 351 Fuß. Der untere und größere Wasserfall hat eine senkrechte Neigung von 98 Fuß, der zweite von 19, der dritte von 47 und der vierte von 26 Fuß. Zwischen und unterhalb dieser Wasserfälle gibt es durchgehend Stromschnellen mit einer Fallhöhe von 3 bis 18 Fuß. Die Wasserfälle sind neben denen der Niagarafälle die großartigsten des Kontinents.

Unterhalb der „Great Falls" gibt es keine wesentlichen Hindernisse für die Schifffahrt, außer dass in den Hochsommer- und Herbstmonaten nach dem Juli-Anstieg häufig nicht genügend Wasser für die Dampfschifffahrt vorhanden ist . Dies ist darauf zurückzuführen, dass der Missouri River zwar ein großes Gebiet entwässert und viele Nebenflüsse hat, von denen einige über viele hundert Meilen schiffbar sind, aber einen großen Teil seines Laufs durch trockenes und offenes Land fließt, wo der Verdunstungsprozess sehr schnell erfolgt. Der Kanal wird durch die große Anzahl von Inseln und Sandbänken kompliziert und ist in vielen Fällen aufgrund zahlloser Hindernisse äußerst gefährlich.

Es wurden ganze Bände über die Abenteuer von Pionieren und Goldsuchern geschrieben, die den Missouri hinaufzogen, bevor es Eisenbahnen und sogar Zivilisation gab, um mit den Indianern Handel zu treiben oder in den großen Bergen des unerforschten Landes, wo man so viele leicht zu erwerbende Reichtümer finden kann, nach gelbem Metall zu suchen. Einige der reichsten Männer des Westens erinnern sich heute noch lebhaft an die Gefahren, denen sie auf der Reise auf diesem Fluss begegneten, und an die Feinde, denen sie entweder begegnen oder denen sie aus dem Weg gehen mussten. Manchmal griffen feindliche Indianer ein Boot mitten im Fluss von beiden Seiten des Flusses an, und wenn versucht wurde, Gold oder kostbare Waren den Fluss hinunter zu bringen, wurden oft dreiste Angriffe von weißen Räubern verübt, deren Wildheit und Mordlust genauso auffällig waren wie die der Ureinwohnerstämme. Viele Morde wurden begangen, und der Grundstein für zahllose Geheimnisse und ungeklärte Verschwinden gelegt.

Der Ohio River ist ein weiterer großer Nebenfluss des Mississippi. In früheren Jahren war die Bedeutung dieses Wasserwegs enorm. Der Mississippi selbst fließt durch Minnesota, Wisconsin, Illinois, Iowa, Missouri, Arkansas, Kentucky, Tennessee, Mississippi und Louisiana. Der Ohio erschließt und entwässert ein Land, das viel älter ist als viele dieser Staaten, und daher seine Bedeutung in den Tagen, als Cincinnati das große Tor zum Westen und eine Industriestadt von höchster Bedeutung war.

Der Ohio ist ein großer Fluss, der sich über mehr als tausend Meilen erstreckt und Pittsburgh mit Cairo verbindet. Er fließt durch so bedeutende Städte wie Louisville und Cincinnati. Auf diesem Fluss haben sich in der Vergangenheit einige der interessantesten Ereignisse der Flussgeschichte abgespielt. Viele Tragödien und Komödien sind in seinen Annalen verzeichnet, und auch heute noch ist er, obwohl er parallel und wiederholt von Eisenbahnen durchquert wird, eine äußerst wichtige Handelsstraße.

Der Tennessee River ist ein Nebenfluss des Ohio, der so nahe am Mississippi mündet, dass er eine sehr enge Verbindung mit diesem großen Fluss hat. Der Tennessee River mündet in Paducah, Kentucky, in den Ohio und ist einer der größten und wichtigsten Flüsse östlich des Mississippi. Er entsteht durch die Vereinigung zweier Flüsse, die in den Allegheny Mountains entspringen und sich in Kingston, Tennessee, vereinigen. Der Fluss fließt dann südwestlich durch Alabama und biegt nach Norden ab, wobei er Teile von Tennessee und Kentucky durchquert. Der Tennessee River ist über 1.200 Meilen lang und mit Ausnahme einiger sehr gefährlicher Stellen hier und da ein rein schiffbarer Fluss.

Da der Tennessee durch ein Land fließt, das noch nicht vollständig mit Eisenbahnen ausgebaut ist, stellt er eine wichtige Verbindung zwischen einer Reihe kleiner Verschiffungsorte dar, die sonst vom Handelsverkehr mit großen Zentren abgeschnitten wären. Daher sind die Transportmöglichkeiten gut und erinnern in vielerlei Hinsicht an alte Zeiten, als der Flussverkehr noch weit verbreitet war. Fast das ganze Jahr über verkehren Boote auf diesem Fluss bis zu den Alabama-Punkten, und es wird nicht nur ein großer und lukrativer Frachthandel abgewickelt, sondern auch viele Vergnügungs- und Gesundheitssuchende werden befördert.

Das Leben auf dem Fluss war früher nicht ganz so prosaisch. Wir alle haben von den großen Rennen zwischen prächtigen Dampfschiffen auf dem Mississippi gehört und von der Aufregung an Deck, wenn erst das eine und dann das andere einen kleinen Vorteil erlangten. Immer wieder wurden mehr oder weniger zuverlässige Geschichten über die riesigen Geldsummen erzählt, die Spekulanten machten und verloren, die ihre eigenen Boote gegen alle Konkurrenten einsetzten. Auch Tricks und Scherze waren weit verbreitet und werden bis heute praktiziert. Der Passagier eines Tennessee-Flussboots wird mit ziemlicher Sicherheit erfahren, wie ein sehr beliebter erster Maat der Verhaftung entging, indem er sich als Koch verkleidete. Die Geschichte ist so amüsant, dass man sie gerne wiederholen würde, und ohne bestätigende Einzelheiten, die offensichtlich dazu gedacht waren, der Erzählung künstlerische Glaubwürdigkeit zu verleihen, lautet sie wie folgt:

Das Boot wurde an der Anlegestelle einer kleinen Stadt in Kentucky aufgehalten, wo die Gesetze gegen Glücksspiel angeblich sehr streng waren. Einige der Offiziere des Bootes waren entschlossen, sich die Zeit damit zu vertreiben, ein paar Dollar beim Poker, Faro oder etwas Schlimmerem zu setzen, und erkundigten sich daraufhin, wo man spielen könne. Die Ergebnisse waren aus Sicht der Spieler zufriedenstellend, und die Menge begab sich zum vereinbarten Ort und nahm den sehr stämmigen, gutmütigen, aber nicht sehr spekulativen Ersten Maat mit. Das Spiel wurde in einem kleinen Raum im hinteren Teil eines fast ebenso kleinen Restaurants gespielt. Eine Zeit lang lief alles gut , und die Gewinner dachten, sie hätten alles, was das Herz nur begehren könne. Auf einmal kam einer der farbigen Helfer hereingestürzt und meldete, dass das Lokal durchsucht werde.

Es war ein Fall von „Jeder für sich selbst". Wie in Fällen dieser Art üblich, krochen ein oder zwei unter den Tisch, wo sie natürlich sofort gefunden und verhaftet wurden. Zwei andere sprangen aus dem Fenster in die Arme zweier Polizisten, die dort standen, um sie in Empfang zu nehmen. Der Maat, der zum ersten Mal in seinem Leben in einem Glücksspiel-Resort erwischt wurde, dachte sich einen sehr guten Fluchtplan aus. Er schnappte sich Hut und Mantel und ging in die Küche, wo er eine gutmütige farbige Dame vorfand, die eifrig damit beschäftigt war, Teig zu rühren, in Erwartung eines Tischluxus für eine kommende Mahlzeit. Mit bewundernswerter Geistesgegenwart nahm der Maat eine Schürze, band sie sich um und sagte „Mami", sie solle sich ein paar Minuten ausruhen, da sie offensichtlich übermüdet sei. Er ergriff ihren Holzlöffel und rührte weiter den Teig, als hätte er nie in seinem Leben etwas anderes getan.

Inzwischen war jedes andere Mitglied der Gruppe gefangen und in das kleine Fachwerkhaus gebracht worden, das zugleich Gefängnis und Polizeigericht war. Es wurden verschiedene Vermutungen über das Schicksal des Maat ausgetauscht, dessen Unwissenheit über die Ereignisse bei Glücksspielüberfällen ihm vermutlich in vielerlei Hinsicht sehr ungelegen kommen würde. Alle Befürchtungen diesbezüglich waren jedoch verflogen. Der alte Mann spielte seine Rolle so gut, dass die Räuber, als sie ihn mühsam mit dem Holzlöffel arbeiten sahen, zu dem Schluss kamen, er sei ein Mitglied des Establishments. Aus diesem Grund ließen sie ihn in Ruhe, und als der Überfall vorüber war, setzte er mit der Gleichgültigkeit und Lässigkeit eines erfahrenen Schauspielers Hut und Mantel wieder auf und ging ruhig zum Boot zurück.

Hier informierte er Freunde der Inhaftierten über die Lage, in der sie sich befanden, und riet ihnen, sich ihrer Freilassung zu widmen, wobei er es vorzog, sich so weit wie möglich von den Vertretern des Gesetzes fernzuhalten. Die Freilassung wurde durch die Zahlung beträchtlicher Summen an Geldstrafen und Gerichtskosten erlangt, und obwohl der Vorfall schon einige Jahre zurückliegt, ist die Art und Weise, wie der unerfahrene Spieler entkam, während seine hartgesotteneren und erfahreneren Freunde gefasst wurden, immer noch eine Quelle ständiger Heiterkeit unter Beamten und Passagieren .

Während einer herrlichen und ausgesprochen sensationellen Fahrt auf dem Columbia River erfuhren die Passagiere von einem verhältnismäßig alten Trick, den ein junger zweiter Maat mit äußerster Schnelligkeit und Eile ausführte . Von diesem jungen Mann war nicht bekannt, dass er Geld besaß. Er war überaus großzügig und von Herzen vergnügt und schaffte es, sein Gehalt ebenso schnell wieder loszuwerden, wie es ihm ausgezahlt wurde, und seine Mittellosigkeit war ein Dauerwitz unter Besatzungsmitgliedern und regulären Passagieren. Einmal hatte das Boot einen Unfall und lag vier oder fünf Tage in einer kleinen Stadt fest. Der Held der Geschichte ging natürlich mit einer Reihe anderer unbeschwerter Menschen aus Vergnügungssucht an Land. Sie hatten, was man allgemein als eine gute Zeit bezeichnet, aber die wenigen Mittel, die sie bei der Abreise hatten, waren bald aufgebraucht.

Zwei oder drei Kriegsbesprechungen wurden abgehalten, um zu besprechen, wie man an Erfrischungsgetränke kommen könnte, die nicht auf der Speisekarte des Abstinenzlers standen. Schließlich unternahm der zweite Maat die Anstrengungen, das Nötige zu beschaffen, ohne Geld auszugeben. Er lieh sich einen dicken Mantel, der einem aus der Gruppe gehörte, und suchte dann zwei große Weinflaschen heraus. Eine davon füllte er mit

Wasser und verkorkte sie gut. Die andere nahm er leer und betrat mit beiden in der Tasche den Salon. Er holte die leere Flasche hervor, fragte den Wirt, wie viel er für das Füllen verlangen würde, und als er den Betrag hörte, sagte er ihm, er solle ruhig weitermachen.

Sobald die Flasche gefüllt und dem zweiten Maat zurückgegeben war, steckte er sie in seine Tasche und begann ganz sachlich, die Schulden zu einem geeigneten Zeitpunkt zu begleichen. Der Wirt war natürlich gegen jede Diskussion dieser Art und forderte seinen Kunden auf, den Schnaps entweder zu bezahlen oder ihn sofort zurückzugeben. Mit einem Anflug von verletzter Unschuld holte unser Freund die Wasserflasche heraus, reichte sie dem Barkeeper und sagte, er „vermute, er müsse sie zurücknehmen". Der ahnungslose Schnapslieferant, der sowohl anstößt als auch berauscht, murrte heftig, leerte die Wasserflasche in den Whisky-Korb, gab dem scheinbar trostlosen Kreditsuchenden die Flasche zurück und forderte ihn auf, „abzuhauen".

Natürlich war keine zweite Bestellung nötig. Fünf Minuten später konnte man sehen, wie die ganze Gruppe den Inhalt der Flasche teilte, die noch nicht geleert worden war, die sie aber sofort leerten. Der Trick erfüllte seinen Zweck hervorragend. Als der Mann, der ihn gespielt hatte, etwa zwei Wochen später wieder in der Stadt war, ging er in die Kneipe, um den Whisky zu bezahlen. Er wurde sehr freundlich behandelt, aber es wurden freimütig Hinweise darauf gegeben, dass ihn auf seinen Reisen ein Wirt begleiten müsse. Mit anderen Worten, der Wirt weigerte sich entschieden zu glauben, dass er wie behauptet hinters Licht geführt worden war. Dieser Aspekt des Witzes war nach Meinung der Täter der amüsanteste von allen, und es muss kaum erwähnt werden, dass nur sehr wenig Anstrengung unternommen wurde, den ungläubigen, aber etwas allzu leichtgläubigen Wirt eines Besseren zu belehren.

Der Columbia River ist einer der interessantesten und bemerkenswertesten des Kontinents. Er entspringt ganz in der Nähe der Quelle des Missouri und fließt auf einem sehr verschlungenen Weg zum Pazifischen Ozean. An manchen Stellen ist er sehr schmal, an anderen ungewöhnlich breit. Die Dalles des Columbia sind auf der ganzen Welt bekannt. Sie liegen etwa sechzig bis siebzig Meilen westlich der Stadt Portland und in Reichweite des amerikanischen Mount Blanc. Sie erstrecken sich von Dalles Station, einer kleinen Stadt an der Union Pacific Railroad, bis Celilo , einer weiteren Station etwa fünfzehn Meilen weiter östlich. Zwischen diesen beiden Punkten ist das Bett des Columbia erheblich schmaler und wird von zwei riesigen Felswänden begrenzt, die sich fast senkrecht aus dem Wasserspiegel erheben. Die Breite der Schlucht, durch die das Wasser wild rauscht, variiert erheblich, übersteigt jedoch im westlichen Abschnitt an keiner Stelle 130 Fuß, obwohl die Breite des Flusses selbst auf beiden Seiten der Dalles zwischen etwa 2.000 und weit über 2.500 Fuß variiert.

Da die Wassermenge an dieser Stelle enorm ist, besonders nach Regenfällen und großer Schneeschmelze, steigt der Wasserstand in dem engen Kanal von The Dalles oft innerhalb weniger Stunden um fünfzehn Meter. Manchmal beträgt der Anstieg mehr als siebzig Meter, und das Ergebnis ist ein höchst außergewöhnlicher Effekt. Von vielen Punkten entlang des Flussufers aus kann man Mount Hood sehen, der hoch in die Wolken ragt. Die Steilküsten selbst sind Wunder der Entstehung, die nur schwer zu erklären oder zu begründen sind. Bei niedrigem Wasserstand treten fast senkrechte Klippen frei. Die Höhe der Steilküsten variiert bemerkenswert stark, und je niedriger der Wasserstand, desto grotesker erscheinen die Figuren entlang der Steilküste. Wenn der Wasserstand sehr niedrig ist, gibt es alle paar Meter eine Kaskade oder einen Wasserfall, der einen Anschein von anhaltendem Aufruhr und Schaum erweckt und für den Betrachter sehr attraktiv, aus Sicht der Schifffahrt jedoch höchst unangenehm ist.

Bei Hochwasser verliert man diese Kaskaden aus den Augen und die Felsen, die sie bilden, werden von einem einzigen reißenden Strom überflutet, der auf seinem stürmischen Lauf Richtung Pazifischer Ozean alles beiseite zu schleudern scheint. Der Columbia River wird vor allem für die Holzgewinnung genutzt und wenn gewaltige Holzmassen mit einer Geschwindigkeit von manchmal bis zu 80 km/h die Dalles hinunterdonnern, werden alle vorgefassten Meinungen zu Ordnung und Sicherheit über Bord geworfen. Es gibt einen über 900 Meter langen Holzeinschnitt, den die Stämme so schnell hinunterrauschen, dass die gesamte Fahrt kaum 20 Sekunden dauert. Die Dalles kann man allgemein als eine wunderbare Rinne beschreiben und der Name ist ein französisches Wort, das diese Eigenschaft gut beschreibt.

Weiter flussabwärts und in der Nähe der Stadt Portland gibt es einige sehr reizvolle Wasserfälle, die nicht außergewöhnlich groß oder hoch sind, aber einen sehr reizvollen Charakter haben und voller Widersprüche und Besonderheiten sind. Die Dampfschifffahrt auf dem Columbia River ist in seinen schiffbaren Abschnitten äußerst angenehm und lehrreich. Der Fluss ist der größte in Amerika, der in den Pazifischen Ozean mündet. Auf mehr als 140 Meilen ist er für Dampfschiffe der größten Art schiffbar, während andere Schiffe sehr viel höher und näher an die malerische Quelle gelangen können. Auf einigen Abschnitten sind Gletscher von großer Größe zu sehen, und es gibt auch viele Punkte, mit denen sich Legenden und Überlieferungen intensiv beschäftigt haben. Einer dieser Überlieferungen zufolge waren die Indianer, die früher an den Ufern des Flusses lebten, so tapfer wie die alten Spartaner und Griechen, doch wenn dies annähernd zutrifft, müssen das Gesetz und das Argument der Abstammung völlig falsch sein, denn die

Indianer dieses Abschnitts zählen heute zu den gemeinsten und verwerflichsten des ganzen Landes.

Es wird eine künstlerische Illustration des „Walrücken"-Dampfers gegeben, der hauptsächlich auf unseren nördlichen Seen eingesetzt wird. Der Walrücken variiert von einem etwas schwerfällig aussehenden Boot, das in seiner Erscheinung sehr stark dem Rücken eines Wals ähnelt, bis hin zu dem viel attraktiveren und besser navigierbaren Boot, das in der Illustration gezeigt wird. Diese Walrücken spielen eine sehr wichtige Rolle bei der Binnenschifffahrt. Sie scheinen schlechtem Wetter und rauer See problemlos standhalten zu können. Im Gegensatz zu den meisten Schiffen, die unter diesen Bedingungen sicher sind, benötigt er sehr wenig Wasser, um sicher navigiert zu werden, und er kann schwere Lasten in sechs oder acht Fuß tiefem Wasser transportieren.

Walrückendampfer auf den Seen

Die Wiederbelebung des Dampfschiffverkehrs auf unseren großen Flüssen und die Wiedererlangung zumindest eines Teils des von den Eisenbahnen verlorenen Handels ist ein beliebtes Hobby der Flussfahrer im Allgemeinen und insbesondere derjenigen, deren Eltern ihnen von klein auf die wahre Bedeutung der großartigen Binnenwasserwege beigebracht haben, die unser Heimatland von einer allwissenden Vorsehung großzügig zur Verfügung gestellt bekommen hat. Es wird ernsthaft vorgeschlagen, diese Wiederbelebung mithilfe von Walrückendampfern zu versuchen, und wenn das Projekt durchgeführt wird, wird der Erfolg, der damit einhergehen wird,

wahrscheinlich selbst die enthusiastischsten Befürworter angenehm
überraschen.

KAPITEL XX.

DURCH DEN GROSSEN NORDWESTEN.

Die Bedeutung einiger unserer jüngsten Bundesstaaten – Die romantische Geschichte Montanas – Die Bad Lands und ihr genaues Gegenteil – Die Zivilisation hoch oben in den Bergen – Indianer, die sich nie mit Weißen angelegt haben – Traditionen rund um Mount Tacoma – Wunderbare Städte im äußersten Nordwesten – Ein Staat in Form eines großen Stuhls – Die Fälle von Shoshone.

In den letzten Jahren wurden neue Staaten in die Union aufgenommen, die für sich genommen ein prächtiges Reich bilden. Wir beziehen uns auf die großen Nordwest-Territorien, die im letzten Jahrzehnt zu Staaten wurden und dem Wappen unseres Heimatlandes so viel Glanz verliehen haben. Über diese Staaten und über die eigentliche nordwestliche Ecke der Vereinigten Staaten, ein Begriff, der im Allgemeinen auf diese große Republik angewendet wird, mit Ausnahme von Alaska, herrscht äußerste Unwissenheit.

Immer wieder wird von einem großen Waldbrand im Nordwesten berichtet, und gelegentlich ist die Welt entsetzt über Berichte über eine schreckliche Katastrophe dieser Art, die große Verluste an Menschenleben und Eigentum mit sich bringt. Aus diesem Grund besteht die Tendenz, die nordwestlichen Bundesstaaten als einen riesigen Wald zu betrachten, der immer eine Versuchung für diese schreckliche Zerstörungskraft darstellt - das Feuer. Leute, die behaupten, Reisen durch das Land unternommen zu haben, tragen zur Komplikation bei, indem sie sich auf dieses eine Merkmal konzentrieren und alle anderen Merkmale auslassen, in denen der große Nordwesten seine Konkurrenten um Längen übertrifft und der ganzen Welt eine Lektion in Sachen Produktivität, Fruchtbarkeit und, wie wir hinzufügen möchten, Fleiß erteilt.

Die Weltausstellung hat dazu beigetragen, die Öffentlichkeit weitgehend von der Vorstellung zu befreien, dass die Region einer der wohlhabendsten Teile der USA werden wird. Die eleganten Staatsgebäude, die an den Ufern des Michigansees errichtet wurden, und die prachtvollen Ausstellungen von Früchten, Getreide, Erz und anderen Produkten müssen den Durchschnittsbesucher davon überzeugt haben, dass es im äußersten Westen und Nordwesten viel mehr zu entdecken gibt, als er sich erträumt hatte. Viele wurden aufgrund der Informationen, die sie erhielten, dazu bewegt, ihr Vermögen mit den jungen Staaten zu vermischen, und obwohl die finanzielle

Lage des Landes nicht dazu geeignet war, die Erfüllung ihrer Aladdin-artigen Hoffnungen zu beschleunigen, haben die meisten von ihnen sich gut genug geschlagen, um sich zu der Standort- und Beschäftigungsänderung beglückwünschen zu können.

Wir können nur über einige der bemerkenswertesten Merkmale dieses großen Gebiets sprechen, das tatsächlich größer ist als mehrere Nationen der Alten Welt zusammen. Helena ist die Hauptstadt eines dieser neuen Staaten, dem der wohlklingende Name Montana gegeben wurde. Der Name ist sehr passend, da er „zu den Bergen gehörend" bedeutet. Die Indianer hatten einen sehr ähnlichen Namen für das Gebiet, das jetzt zum Staat gehört, und Richter Eddy nannte es wegen seiner Bergbau-Sensationen den „Bonanza-Staat", ein Name, der ihm seitdem treu geblieben ist. Die Wappen des Staates sind bedeutsam und fast allegorisch. Die Gegenwart wird mit der Vergangenheit durch einen zurückweichenden Büffel verbunden, ein Zeichen für die Ausrottung dieser interessanten und wertvollen Art. Die großen Bergbauressourcen von Montana werden durch die Spitzhacke und die Schaufel eines Bergarbeiters dargestellt, und im Hintergrund geht die Sonne hinter den Anhöhen der Rocky Mountains unter. Montana wurde vor etwa zweihundert Jahren erstmals von Kanadiern entdeckt. Die erste dauerhafte Siedlung entstand zu Beginn dieses Jahrhunderts, und bis vor fünfzig Jahren wurden alle Waren und Geräte, die dort verwendet wurden, von St. Louis den Missouri hinaufgeschleppt, eine Entfernung von fast 2.000 Meilen. Als der Krieg ausbrach, war das Territorium fast vollständig von Indianern bewohnt, mit ein paar wagemutigen Pelzhändlern und einer Anzahl von Missionaren, die in Ausübung ihrer Pflicht keinerlei Furcht kannten. Die Entdeckung von Gold, die fast gleichzeitig mit dem Abfeuern des ersten Schusses im Konflikt zwischen dem Norden und dem Süden stattfand, brachte Tausende von Abenteurern aus allen Teilen der Union und Millionen von Kapital. Einige der Minen erwiesen sich als phänomenal erfolgreich, und obwohl es die üblichen Sorgen wegen Misserfolgen gab, war der durchschnittliche Erfolg sehr groß. Die Goldminen des Staates haben sagenhafte Summen eingebracht, und in jüngster Zeit wurden Schritte unternommen, um aus dem Quarz und Gestein ein volles Maß des dort zu findenden Reichtums zu gewinnen.

Montana ist sowohl dem Namen als auch der Realität nach ein Nordweststaat. Es liegt auf dem Hochplateau zwischen der kontinentalen Wasserscheide und der Bitter Root Range. Ein volles Fünftel seiner Fläche liegt jenseits der Rocky Mountains, und seine nördliche Grenze ist die schneebedeckte Region von Kanada und British Columbia. Der östliche Teil des Staates, der an die Dakotas grenzt, besteht größtenteils aus Prärieland, das sich schnell nach Westen erhebt und den Zugang zu den mächtigen Rocky Mountains bildet. Der westliche Teil, der an Idaho grenzt, ist viel bergiger. Hier sind etwa 50.000 Quadratmeilen Hügelland zu sehen, wobei viele der Gipfel über 10.000 Fuß hoch sind. Der Staat allein ist flächenmäßig größer als die gesamten Britischen Inseln und unendlich größer als ganz Neuengland. Dass es ein Land mit großartigen Entfernungen ist, zeigt die Tatsache, dass die Nordgrenze in ihrer Länge der Entfernung zwischen dem großen Zentrum der Bildung und Kultur in Massachusetts und der Hauptstadt der kurzlebigen Konföderation entspricht.

Obwohl der Großteil von Montana reich an Landwirtschaft und Mineralien ist, wird ein beträchtlicher Teil von den berüchtigten Bad Lands eingenommen. General Sully beschrieb diese Ländereien sehr genau oder zumindest treffend, als er sagte, sie erinnerten ihn an „den anderen Ort mit den erloschenen Feuern". Es gibt so viele Beschreibungen der Bad Lands, dass wir sie kaum ausführlich beschreiben müssen. Der Lehm, das Gestein und der eigenartige Staub, der überall in diesem Gebiet liegt, werden bei der geringsten Provokation zu einer Art Treibsand. Nichts kann in den Bad Lands gedeihen oder gedeihen, die jedoch voller Zeugnisse prähistorischen Lebens sind und die vielleicht einst Schauplatz von Aktivität und sogar Wohlstand waren.

In direktem Gegensatz zu den Bad Lands steht das Gallatin Valley mit einer Ausdehnung von etwa 400 Quadratmeilen. Es gilt als einer der fruchtbarsten Orte der Welt und wird allgemein als das Ägypten von Montana bezeichnet. Ein Teil davon wurde kultiviert und sein Ertrag pro Hektar ist enorm. Nicht weit von diesem fruchtbaren Ort entspringen zwei der bemerkenswertesten Flüsse Amerikas. Der größte von ihnen ist der Missouri, der von seiner Quelle bis zu seiner endgültigen Mündung in den Golf von Mexiko entlang des Flussbetts des Mississippi tatsächlich der längste Fluss der Welt ist. Hier oben in den Bergen fließt der Missouri, der später zu einem der heimtückischsten und zerstörerischsten Flüsse des Universums wird, durch malerische Canyons und über große Felsschluchten und hinterlässt den Staat schließlich als großen Fluss, der jedoch im Vergleich zu seinem Volumen und der Entwässerungsarbeit, die er weiter weg von den mächtigen Hügeln, zwischen denen er entsprang, leisten muss, immer noch unbedeutend ist.

Die Northern Pacific Railroad verläuft durch diesen wunderbaren Staat, der eine so große Zukunft vor sich hat. Helena, die Hauptstadt von Montana, war ursprünglich ein Bergbaulager, und frühe Prophezeiungen besagten, dass sie die Begeisterung für den Bergbau nicht überleben würde. Diese Prophezeiungen haben sich jedoch als völlig falsch erwiesen. Es ist nicht länger nur eine Bergbaustadt mit rauen, geschäftigen, unkultivierten Männern, die hierhin und dorthin eilen, um ihrer täglichen Beschäftigung nachzugehen. Es ist jetzt nicht nur die Gerichtshauptstadt von Montana, sondern auch das große Zentrum des Bildungsfortschritts. Es hat eine Reihe sehr schöner öffentlicher Gebäude und ist die Heimat vieler Männer, die, nachdem sie ihr Vermögen in den Minen des neuen Nordwestens gemacht hatten, von der Schönheit der Landschaft und des Klimas so beeindruckt waren, dass sie beschlossen, dort zu bleiben, wo sie zunächst nur verweilen wollten. Helena liegt mehr als 4.000 Fuß über dem Meeresspiegel, und seine 20.000 Einwohner sollen mehr als 100.000.000 Dollar wert sein. Der Apostel des Sozialismus oder Kommunismus, der eine gleichmäßige Aufteilung des gesamten Reichtums der Nation unter unseren 60.000.000 Einwohnern vorschlagen würde, würde in dieser großen Bergstadt, wo Armut zwar nicht unbekannt, aber sehr selten ist, wenig Ermutigung finden.

Butte ist eine viel typischere Bergbaustadt. Sie liegt auf einem Hügel mit einer ganz besonderen Lage und ist über eine Fahrt durch das Silver Bow Valley zu erreichen. Ganz in der Nähe befindet sich die wunderbare Anaconda-Mine. Die Minen in der Umgebung sind für ihre immensen Erträge bekannt. Die jährlichen Gold-, Silber- und Kupferförderungen haben einen Wert von über 33.000.000 US-Dollar. Die vor etwa zwölf Jahren gebaute Anaconda-Schmelze gilt als die größte der Welt, und die Stadt selbst scheint mit ihren Straßen, Häusern, Geschäften, Gewohnheiten und Menschen buchstäblich vom Bergbau zu sprechen.

Missoula ist die drittgrößte Stadt Montanas. Ihre Lage ist für eine Stadt großartig. Der Hell Gate Canyon und der Fluss verschmelzen zu einer herrlichen Ebene am Fuße des berühmten Bitter Root Valley. Der Hell Gate River bricht aus dem Canyon und den Bergen in die weite Ebene aus und fließt majestätisch über die äußerste Nordgrenze der Ebene, wobei er sich im Norden eng an die Mission Range schmiegt. Auf der Westseite des Tals vereinigt sich der Bitter Root River mit dem Hell Gate und gemeinsam fließen sie, jetzt unter dem Namen Missoula River, zwischen hohen Bergen westwärts. Das nördliche Ende des Tals ist vielleicht sechs Meilen oder mehr breit. Die große Öffnung im Berg ist eher dreieckig geformt, wobei die Spitze des Dreiecks viele Meilen weiter südlich das Tal hinauf liegt. Hier ist eine Stadt, die in perfekter Harmonie mit ihrer Lage angelegt und gebaut wurde, wie die geschmackvolle Art und Weise, in der der Ort geplant ist, und der Charakter seiner Geschäftshäuser und Wohnhäuser beweisen. Telefon, elektrisches Licht und Wasserversorgung gibt es sogar in den abgelegenen Vororten von Missoula.

Die Berge umschließen sie buchstäblich. Direkt im Nordosten liegt ein kahler Hügel, der in seiner Ähnlichkeit mit einem Tier verblüffend ist. Er sieht aus wie ein riesiger liegender Elefant, dessen Hinterteil das nördliche Ende des Hell Gate Cañon bildet, um den die Eisenbahnlinie herumführt, wenn sie aus dem Cañon herauskommt . Der „Mammoth Jumbo", wie er passenderweise genannt wird, liegt mit dem Kopf nach Norden und dem nach hinten gestreckten Rüssel da. Ein Auge ist deutlich zu sehen und eine riesige Schulter ist sichtbar. Unten im Süden, scharf, entschieden, mit einem steilen, felsigen Steilhang vor uns und einem langen Grat, der von ihm abfällt, liegt der Lolo Peak der Bitter Root Range, ein bekanntes Wahrzeichen. Er überragt den Lolo Pass, durch den Häuptling Joseph 1877 auf seinem berühmten Rückzug vor General Howard kam, der in der Schlacht in den Bear Paw Mountains am 5. Oktober endete, wo der tapfere und fähige Häuptling mit dem Rest seines Stammes gefangen genommen wurde, als er kurz vor der Freiheit gleich hinter der kanadischen Grenze stand.

Am südlichen Ende des Tals, an den Ufern des Bitter Root River, und mit der Bergkette als wirkungsvollem Hintergrund, liegt Fort Missoula, ein angenehm gelegener Militärposten. Es gibt mehrere Interpretationen der Bedeutung des Wortes „Missoula". Pater Guidi, ein Priester, der schon lange im Land lebt, gab mir die seiner Meinung nach wahre Interpretation, die auch die Art und Weise angibt, wie der Hell Gate Cañon und der Fluss getauft wurden. Der Ort, an dem sich Missoula befindet, war einst Schauplatz von Konflikten zwischen den verschiedenen Indianerstämmen. Die „Flatheads" und „Blackfeet" waren Todfeinde und haben vermutlich um diesen schönen Ort gekämpft. Jedenfalls war der Boden direkt an der Mündung des Hell Gate Cañon vor langer Zeit mit Schädeln und menschlichen Knochen bedeckt.

Diese Flathead-Indianer sind dafür bekannt, dass sie nie eine feindselige Haltung gegenüber Weißen eingenommen haben. Sie sind kultiviert fortgeschritten, wie die Leser von Kapitel IX und der dazugehörigen Illustration bemerkt haben werden. Der Überlieferung zufolge verlangt ihre Religion, dass der Kopf jedes Säuglings mit einem Brett plattgedrückt werden muss, bevor die Knochen ausreichend hart werden, um eine Form anzunehmen. Wie dem auch sei, keiner der überlebenden Stammesmitglieder hat besonders flache Köpfe, und alle bestreiten nachdrücklich die Behauptung, dass jemals in die Natur auf diese Weise eingegriffen wird. Diese Indianer nennen sich selbst „Selish", ein Name, der anscheinend ohne Grund oder Herkunft ist. Das Flathead-Reservat wurde vor etwa vierzig Jahren gegründet. Es ist auf drei Seiten von hohen Bergen umgeben und umfasst ein Gebiet von etwa 2.240 Quadratmeilen. Der Bahnhof Arlee ist nach dem letzten Kriegshäuptling der Flatheads benannt. Passagiere amüsieren sich oft über die bunt geschmückten Indianer, die man an diesem Bahnhof sieht, der ganz in der Nähe des Reservats liegt.

Mit dem Jocko River und dem Reservat ist eine interessante Geschichte verbunden. Es wird berichtet, dass ein Ire namens Jacob Finley Anfang des 20. Jahrhunderts eine Ranch am Fluss gründete. Die in der Gegend ansässigen französischen Kanadier, die sich mit den Indianern vermischten, nannten Finley bei seinem Vornamen, dessen Aussprache eigenartig französisch war, sodass er sehr nach Jaco oder Jocko klang. Letzterer Name wurde allmählich allgemein angenommen. Es war ganz natürlich, den Fluss und das Tal nach dem Ranchbesitzer zu benennen, und der Name wurde schließlich allgemein als richtig akzeptiert. Dieser Mann Finley hinterließ eine siebzehnköpfige Familie, und bevor er viele Jahre starb, zählte er innerhalb von drei oder vier Jahrhunderten direkte Nachkommen.

Die Indianer nannten den Bach Nlka , eine unaussprechliche Buchstabenkombination, die auf ein äußerst interessantes, wenn auch unterschiedlich beschriebenes Ereignis zurückzuführen ist.

Die bekannte Schriftstellerin Mrs. Ronan erzählt eine interessante Geschichte über die Namensgebung der Indianer. So hieß ihre eigene Tochter Isabel, aber die Indianer nannten sie „Sunshine". Im Februar 1887 wurde das kleine Mädchen geboren. Einige Tage vor ihrer Geburt war das Wetter extrem trüb gewesen. Fast gleichzeitig mit der Geburt des Kindes brach die Sonne, die so lange unter den Wolken verborgen war, hervor, um das Herz des Menschen zu erfreuen. Einmütig erklärten die Indianer, die Kleine habe Sonnenschein mitgebracht, und daher der Name, der, wie sich spätere Ereignisse herausstellten, außerordentlich passend war.

Dieses Kapitel wird von einer Abbildung des Mount Tacoma begleitet. Dieser Berg ist einer der attraktivsten und erhabensten im Nordwesten. Wie man sich leicht vorstellen kann, sind unzählige Traditionen mit ihm verbunden. Es gibt keinen größeren Fehler als die Annahme, dass die Indianer, die in dieser Region leben, von Natur aus atheistisch und unwissend sind. Für den Religionsstudenten besteht bei diesen Menschen eher ein inhärenter Glaube an das Höchste Wesen mit sehr starken Beweisen für die Wahrheit der göttlichen Offenbarung. Eine der mit viel Inbrunst und Ernsthaftigkeit über Tacoma erzählten Traditionen beinhaltet einen Retter der Menschheit. Mit großer Ehrfurcht und Ehrfurcht wird dem guten Zuhörer unter der Touristengruppe erzählt, dass zu einer Zeit – Legenden sind in Bezug auf Zeit oder Raum selten sehr spezifisch – ein Retter in einem Kupferkanu ankam, dessen Mission darin bestand, die Siwash- Indianer zu retten, die als das auserwählte Volk des Großen Unsichtbaren bezeichnet wurden. Dass ein Prophet oder Missionar mit Sicherheit in diese Region kam und predigte, scheint aus dem sehr deutlichen Überleben der von ihm gelehrten Lehren ersichtlich zu sein. Sein Glaubensbekenntnis scheint eine sehr treffende Mischung aus allem Besten der Lehren Buddhas gewesen zu sein, wobei viele der Gebote der Bergpredigt hinzugefügt wurden.

Zwei Ansichten des Mount Tacoma

Die Liebe zur Menschheit, das Böse der Rache und die Herrlichkeit der Vergebung bilden die Hauptmerkmale der Lehre. Die Legende oder Tradition besagt weiter, dass der Widerstand gegen diesen Kreuzfahrer, der die örtlichen Institutionen so heftig angriff, so heftig war, dass er schließlich ergriffen und an einen Baum genagelt wurde. Dieser Akt der Kreuzigung war das Ergebnis einer letzten Predigt, in der die mutwillige Vernichtung von Menschen aufs Heftigste angeprangert wurde. Da in diesem Abschnitt normalerweise von neun statt von sieben oder drei die Rede ist, ist es nicht überraschend, dass die Geschichte weiter besagt, dass der „Mysteriöse" nach neun Tagen wiederbelebt wurde und erneut mit seiner Reformations- und Lehrarbeit begann.

Gegen diese Geschichte kann nichts eingewendet werden. Manche meinen, sie sei das Ergebnis zufälliger Einwanderung aus den Regionen Palästinas, denen auch die Geschichte der Flut zugeschrieben wird.

Fast alle Indianer des Nordwestens kennen eine Flutgeschichte oder -legende, und in den Köpfen der Geschichtenerzähler müssen Hunderte von Noahs gewesen sein . So wird uns beispielsweise erzählt, dass, als der Große Geist die ganze Erde überflutete, nicht genug Wasser da war, um den Gipfel des Mount Tacoma zu bedecken. Der Mann, der auserwählt wurde, die völlige Auslöschung der Menschheit zu verhindern, wurde in einem Traum oder auf andere Weise gewarnt, auf den Gipfel dieses großen Berges zu klettern, wo er blieb, bis die Bösen unter ihm vernichtet waren, ohne dass ein Mann, eine Frau oder ein Kind entkam. Nachdem die Flut vorüber war und die Wasser zurückgingen, hypnotisierte oder hypnotisierte der Große

Geist diesen einsamen Menschen und schuf für ihn eine Frau von außergewöhnlicher Schönheit. Gemeinsam begannen diese beiden den Kampf des Lebens von neuem, und der Legende nach kann jeder existierende Mensch seine Abstammung auf sie zurückführen.

Der Berg ist sicherlich alles wert, was über ihn gesagt wurde. Seine enorme Höhe wurde bereits erwähnt. Da er mit seinem Gipfel 14.444 Fuß über dem Meeresspiegel steht, ist er tatsächlich ein Wachposten für fast den gesamten Staat. Hazard Stevens, der erste Mensch, der Tacoma bestieg, berichtete, dass er von den Indianern so genannt wurde, weil das Wort in ihrem Vokabular „Berg" bedeutet und Tacoma gegeben wurde, weil es ein wahrer Prinz unter den Bergen war. Einst hieß er Rainier, nach einem britischen Lord, aber der indianische Name hat sich im Allgemeinen durchgesetzt.

Tacoma wird von vielen Touristen als Rivale der meistgerühmten Gipfel der Schweizer Alpen beschrieben. Wie man aus den bemerkenswert guten Abbildungen ersehen kann, liegt ein leichter Nebel um den Berg. Bei schwachem Licht hat der wolkenverhangene Gipfel ein eigentümliches, beinahe unnatürliches Aussehen. Sind die Wolken sehr weiß, wird die Trennlinie extrem schwach und es ist sehr schwer, sie voneinander zu unterscheiden. Manchmal ist der Berg mehrere Tage lang buchstäblich wolkenverhangen und sein Gipfel ist nicht zu sehen. Wer das Glück hat, das Furchtbare und Einzigartige der Geschichte würdigen zu können, wird nie müde, Tacoma zu bestaunen. Er ist froh, ihn von allen Seiten inspizieren zu können. Manche nennen ihn ein übertünchtes Grabmal . Es gab eine Zeit, da war er alles andere als die ruhige, friedliche Anhöhe von heute. Alles deutet darauf hin, dass er einst einer der aktivsten Vulkane überhaupt war.

Es gibt eine Stadt, oder besser gesagt, die denselben Namen trägt wie der Berg. Sie liegt an der Commencement Bay. Sie liegt im Schatten des großen Berges, von dem wir gesprochen haben, und der sie vor Feinden aus dem Landesinneren zu schützen scheint. Vor fünfzehn Jahren war sie ein einfaches Dorf, von kaum irgendeiner Bedeutung. Sie ist schnell zu einer Stadt von großer Bedeutung herangewachsen. Im Jahr 1873 beschloss die Northern Pacific Railroad Company, sie zum westlichen Endpunkt ihres wichtigen Systems zu machen. Dies führte zu neuem Leben oder vielmehr zu einer echten Geburt des Ortes, der jetzt 40.000 Einwohner hat und eine außerordentlich wohlhabende und blühende Stadt ist. Die Tacoma Land Company, tatkräftig unterstützt von der Eisenbahn, hat die Unternehmen an diesem Ort auf die herzlichste Weise gefördert, und jetzt sind einige der großen Gebäude der Stadt, von deren Existenz viele Menschen aus dem Osten vorgaben, sie wüssten nichts, mehr als großartig – sie sind majestätisch.

Seattle ist ein weiterer und noch strahlenderer Diamant in Washingtons Krone. Es ist eine große Stadt mit einem prächtigen Hafen, der nach einem mächtigen Indianerhäuptling benannt ist, der bei der Gründung der Stadt vor vierzig Jahren praktisch seinen eigenen Willen durchsetzte. Die Bedeutung der Stadt nahm sehr schnell zu, doch 1889 zerstörte einer der größten Brände der Neuzeit Besitztümer im Wert von 10.000.000 Dollar, darunter die besten Häuserblocks und Geschäftshäuser der Stadt. Leute, die Seattle noch nie gesehen hatten, nahmen sofort an, die Stadt sei tot, und es wurde viel darüber spekuliert, welcher Ort ihren prächtigen Handel sichern könnte. Diejenigen, die so sprachen, wussten überhaupt nicht, wer die Männer waren, die Seattle zu dem gemacht hatten, was es war. Innerhalb weniger Tage begannen die Wiederaufbauarbeiten. Der Brand behinderte die Stadt etwas und bremste ihren Fortschritt. Aber Seattle ist durch die Katastrophe besser geworden und steht heute als Denkmal für die „Nil Desperandum "-Politik seiner Führer.

Spokane Falls ist ein weiteres wunderbares Beispiel für die Dynamik und Energie des Nordwestens. Es ist eine sehr junge Stadt, die ersten Aufzeichnungen ihrer Gründung reichen nicht weiter zurück als bis 1878. Als die Volkszählung von 1880 durchgeführt wurde, war der Ort ohne Bedeutung und erfuhr von den Zählern nur wenig Aufmerksamkeit. 1890 hatte er eine Bevölkerung von etwa 20.000 und erregte die Bewunderung des ganzen Landes durch die Fortschritte, die er in Sachen Elektrizität gemacht hatte. Seine Wasserkraft ist enorm und unter voller Ausnutzung dieser wird Elektrizität zu geringen Kosten erzeugt und für jeden verfügbaren und möglichen Zweck verwendet.

Der Staat Washington, in dem diese drei Städte liegen, grenzt an den Pazifischen Ozean und ist einer der größten unserer neuen Staaten. Der erste moderne Entdecker des Gebiets war ein Spanier, dem einige Jahre später englische Seeleute folgten. Gerade am Ende des letzten Jahrhunderts schickten einige Bostoner Kapitalisten – denn es gab auch damals schon Kapitalisten, obwohl sie ihren Reichtum eher in Tausenden als in Millionen zählten – zwei Schiffe in diese Gegend, um mit den Indianern Pelze zu handeln. Eines dieser Schiffe war die „Columbia", die der Region ihren Namen gab, und ein Teil davon trägt ihn noch immer, obwohl der Abschnitt, den wir jetzt besprechen, heute den Namen des „Vaters" seines und unseres Landes trägt und damit prahlt.

Washington wurde vor fünf Jahren ein Staat. Es ist ein großes Bergbaugebiet, aber noch bekannter für seine wunderbaren Holzvorkommen. Der Handel von Puget Sound ist enorm. Ein Unternehmen allein beschäftigt 1.250 Männer in Sägewerken und in der Forstwirtschaft und ist für die Einführung verbesserter Maschinen aller Art in der Region verantwortlich. Die frühe Geschichte des großen Holzgeschäfts ist voller Interessantes, und dies ist ein

Punkt, in dem allein der Fortschritt enorm war. Ein anderes großes Unternehmen schnitt in einem Jahr 63.000.000 Fuß Holz und verschiffte mehr als die Hälfte davon außer Landes. Weißzeder der teuersten Qualität ist in Washington sehr verbreitet und wird zur Herstellung von Dachschindeln verwendet, die zu sehr hohen Preisen verkauft werden und als ungewöhnlich und in der Tat abnormal gut gelten. Es gibt auch Weißkiefer in enormer Menge und Größe. Einige der Stämme sind so groß, dass sie nur von den phänomenal großen Bäumen mit abnormalem Wachstum übertroffen werden, die einige hundert Meilen weiter südlich am großen Pazifikhang zu finden sind.

Idaho ist ein weiterer der großen Staaten des Nordwestens. Er liegt größtenteils zwischen den beiden Staaten, die wir gerade kurz beschrieben haben, und seine Form ist so eigenartig, dass man ihn als Stuhl bezeichnet, dessen Vorder- und Rückseite die Rocky Mountains und die Bitter Root Range bilden. Ein anderer Vergleich vergleicht ihn mit einem rechtwinkligen Dreieck, dessen Basis die Bitter Root Range bildet. Es handelt sich um ein riesiges Tafelland mit keilförmigem Charakter, das aus einer Masse von Gebirgsketten besteht, die sich Falte um Falte übereinander stapeln.

Bei der ersten Benennung des Territoriums wurden dem Kongress drei Namen vorgelegt: Shoshone, Montana und Idaho. Der letzte Name wurde schließlich gewählt, weil er „Der Anblick auf dem Berg" bedeuten soll. Die genauere Ableitung des Namens scheint eine alte Shoshone-Legende zu sein, in der es um den Fall eines mysteriösen Objekts vom Himmel auf einen der Berge geht. Die Landschaft in diesem Staat ist in jeder Hinsicht abwechslungsreich, außer in ihrer Schönheit, die fast eintönig ist. Bear Lake, eine seiner großen Attraktionen, ist ein Paradies für Angler. Seine Gewässer erstrecken sich zwanzig Meilen in die eine und acht oder neun Meilen in die andere Richtung. Diese riesige Wasserfläche ist einer der besten Forellenfischereiplätze der Welt. Obwohl Bear Lake in einem Tal liegt, ist er so hoch oben in den Bergen, dass seine Gewässer viele Monate im Jahr zugefroren sind und das Eis selten vor April aufbricht. Das Wasser ist immer kalt und daher besonders günstig für die Forellenzucht. Lake Pen d'Oreilles ist etwa dreißig Meilen lang und variiert in der Breite von unbedeutenden drei Meilen bis zu mehr als fünfzehn. Er ist übersät mit wunderschönen Inseln und üppiger Vegetation. Ganz in der Nähe liegt der Granite Mountain, und weitere Hügel und Gipfel sind im Durchschnitt vielleicht 10.000 Fuß hoch. Der See hat eine riesige Uferlinie, die sich über bis zu 250 Meilen erstreckt. Auf einem vollen Zehntel dieser Strecke verlaufen die Gleise der Northern Pacific dicht am See entlang und bieten den Passagieren einen sehr reizvollen Blick auf diese Landschaft im Landesinneren, die mit dem weltberühmten bayerischen Königssee verglichen wird .

Der Staat ist auch bekannt für den Ruf seiner unheimlichen Erhabenheit, den der Snake River, auch Shoshone genannt, genießt. Dies ist ein sehr reißender Fluss. Auf seinem gewundenen Lauf legt er allein in Idaho volle 1600 Kilometer zurück und entwässert etwa zwei Drittel des Staates. In der Nähe der Quellgewässer des Snake River, in der Nähe des Yellowstone-Parks, gibt es sehr fruchtbare Niederungen mit langen Talflächen. Die American Falls stürzen über eine etwa zwölf Meter hohe Lavamasse, und eine Eisenbahnbrücke steht so nah, dass das Tosen des Wassers den Lärm der Lokomotive übertönt. Siebzig Meilen lang fließt der Shoshone River durch eine tiefe, düstere Schlucht , dazwischen eine Masse von Kaskaden und viele Vulkaninseln. Dann kommen die großen Shoshone Falls selbst, die in vielerlei Hinsicht mit den Niagarafällen konkurrieren und zeitweise sogar noch mehr Wasser führen. Die Fälle sind fast 300 Meter breit und der Abhang über 60 Meter hoch. Viele Autoren haben behauptet, dass diese Wasserfälle eine Schönheit aufweisen, die nirgendwo sonst auf der Welt ihresgleichen sucht. Einer Beschreibung zufolge ähneln sie einem Schneekatarakt mit einer Lawine aus Juwelen inmitten massiver Lavaportale.

Bancroft fasst die großartigen Merkmale dieses Staates sehr prägnant zusammen: „Die ersten Entdecker waren sich allgemein einig, dass die Landschaft und Topographie Idahos mehr Seltsames und Furchterregendes als Angenehmes und Anziehendes zu bieten hatte. Eine genauere Kenntnis der weniger auffälligen Merkmale des Landes offenbarte viele Schönheiten. Das Klima der Täler erwies sich als viel milder, als man aufgrund ihrer Höhenlage hätte erwarten können. In den Bergen wurden malerische Seen entdeckt, die in einigen Fällen schiffbare Gewässer bildeten. Fisch und Wild gibt es im Überfluss. Schöne Kiefern- und Tannenwälder bedecken die Berghänge, außer in der Lavaregion; und selbst in diesem phänomenalen Teil ihres Reiches hat die Natur nicht vergessen, die Erde für die Besiedlung durch den Menschen vorzubereiten, noch hat sie es versäumt, ihm einen wunderbar warmen und fruchtbaren Boden zu geben, um ihn für die Mühe zu entschädigen, die Wildheit ihrer scheinbar öden Orte zu unterwerfen.“

KAPITEL XXI.

IM WARMEN SÜDOSTEN.

Florida und sein passender Name – Die ersten Teile Nordamerikas, die von Weißen entdeckt wurden – Die frühen Wechselfälle seiner Entdecker – Eine enorme Küstenlinie – Wie Key West zu einer großen Zigarrenstadt wurde – Der Suwanee River – St. Augustine und sein weltberühmtes Hotel – Das alte Fort Marion.

Florida ist der Name eines der am wenigsten bekannten Staaten der Union. Ponce de Leon war der Pate dieses südöstlichen Winkels unseres Heimatlandes. Seine Taufe fand in ferner Vergangenheit statt. Der Tag des Ereignisses war Ostersonntag, der in der spanischen Sprache Pascua Floria heißt , was wörtlich „Das Blumenfest" bedeutet. Fast zufällig erhielt Florida daher einen Namen, der außerordentlich passend und gut gewählt ist. Von einem Ende zum anderen, in beide Richtungen, gibt es eine Fülle subtropischer Schönheit und Blumen, von denen einige nur in der unmittelbaren Umgebung vorkommen. Es gibt auch eine Fülle von Obst, und oft bieten die Blüten der Obstbäume selbst eine schöne Blumenschau.

Das Staatswappen ist sehr eigenartig und passend. Die Hauptfigur ist ein Indianer, der auf einer Bank liegt und Blumen um sich herum verstreut. In der Ferne geht die Sonne inmitten wunderschöner Hügel unter. In der Mitte ist ein Fluss mit einem Dampfschiff darauf und einem großen Kokosnussbaum am Ufer zu sehen. Das Staatsmotto wurde von vielen Gemeinden übernommen, ist aber für diesen Zweck immer willkommen: „In God We Trust."

In Bezug auf das Klima bietet Florida eine große Vielfalt. Zehntausende Schwindsüchtige haben in den wärmsten Gegenden des Staates nach einem neuen Leben gesucht, und viele sind sehr begünstigt zurückgekehrt. Die Winter sind vom Typ eines Altweibersommers, außergewöhnlich trocken, gesund und staubfrei. Der Golfstrom erhöht die Temperatur bei kaltem Wetter um fünf bis zehn Grad, und im südlichen Teil sinkt die Temperatur selten unter den Gefrierpunkt. Die außergewöhnliche Kälteperiode von 1894-95 kann als große Ausnahme von der allgemeinen Regel bezeichnet werden, und die schweren Verluste im Obstanbau waren eine ebenso große Überraschung wie ein Verlust.

Florida hat die Ehre, der erste Teil Nordamerikas zu sein, der von Weißen entdeckt wurde. Ponce de Leon, dessen Name schon an Romantik und Poesie erinnert, erkundete im Jahr 1513 einen Teil des Landes und proklamierte die Souveränität Spaniens darüber. 1527 versuchte eine spanische Soldatentruppe, die Ureinwohner zu vertreiben. Der Versuch schlug fehl, doch ein weiterer etwa vierzehn Jahre später war erfolgreicher. Spanien erhielt nicht ohne Protest einen klaren Anspruch auf die Halbinsel. Französische Hugenotten bauten etwa Mitte des Jahrhunderts Fort Caroline am St. John's River. Kurz nach diesem Unternehmen überraschte und vernichtete eine spanische Flotte die Pioniere, auf deren Gräbern sie die Inschrift „Nicht als Franzosen, sondern als Lutheraner" anbrachten. Dieser brutale Versuch, dem Mord einen religiösen Aspekt zu verleihen, wurde sehr bald darauf abgelehnt. Eine französische Expedition eroberte das Fort, ließ die Garnison nacheinander hängen, gab dies bekannt und ließ die Schurken „nicht als Spanier, sondern als Verräter, Diebe und Mörder" hängen.

Westflorida wurde Ende des 17. Jahrhunderts besiedelt, und 1763 wurde das Gebiet, das heute zum Staat gehört, im Tausch gegen Kuba an Großbritannien abgetreten. Es folgte die Kolonisierung, und eine große Zahl britischer Tories ließ sich im Land nieder. 1814 besetzten die Vereinigten Staaten Teile des Landes, und vier Jahre später wurde klar, dass die europäische Herrschaft dort enden musste. Als Spanien dieses Gebiet 1821 an die Vereinigten Staaten abtrat, betrug die Zahl der weißen Einwohner kaum 600, obwohl dort 4.000 Seminolen lebten.

Der Seminolenkrieg begann 1835 und dauerte sieben Jahre. Der Krieg kostete rund 20.000.000 Dollar und über 1.500 amerikanische Soldaten verloren während des Feldzugs ihr Leben. Über 30.000 Soldaten waren in den Konflikt verwickelt und die Indianer konnten sich dank ihrer Landeskenntnisse außergewöhnlich lange gegen eine überlegene Streitmacht behaupten. Allmählich wurden die Wilden nach Süden getrieben und schließlich die Seminolen besiegt. Die Überlebenden wurden größtenteils westlich des Mississippi Rivers verbannt. Einige wenige leben jedoch noch in einem Reservat etwa 22 Kilometer von Fort Pierce am Indian River entfernt.

Als die Südstaaten sich abspalteten, ging Florida mit ihnen. 1864 führte General Seymour 7.000 Soldaten fast bis nach Lake City. Jacksonville blieb unter der Kontrolle der Union, aber der Staat wurde glücklicherweise nicht in größerem Umfang zum Schlachtfeld zwischen den gegnerischen Mächten.

Florida hat eine sehr interessante geologische Entwicklung. Es wurde offensichtlich auf Korallenriffen gegründet und die Formationen sind so jung, dass nur wenige Mineralien gefunden wurden. Phosphatgestein ist eine der bemerkenswertesten Naturprodukte des Staates und sein tatsächlicher Wert wurde noch nicht vollständig ermittelt. Der Staat selbst ist natürlich in zwei Abschnitte unterteilt, den Osten und den Westen. Ostflorida umfasst eine lange Halbinsel und erstreckt sich nach Westen bis zum Suwanee River, über den der schwarze Melodiker gerne singt. Westflorida liegt mehr im Landesinneren. Die Maße des Staates sind eigenartig. So sind es vom Perdido River bis zum Cape Sable 700 Meilen. Vom Atlantik bis zum äußersten Westen beträgt die Entfernung etwa 400 Meilen und von Norden nach Süden ist die Entfernung etwas größer. Die Halbinsel selbst ist im Durchschnitt etwas weniger als 100 Meilen breit. Florida besitzt natürlich eine enorme Küstenlinie. Davon liegen fast 500 Meilen an der Atlantikküste und etwa 700 Meilen am Golf von Mexiko. Häfen gibt es in Hülle und Fülle auf allen Seiten und wenn Florida erst einmal ein Staat mit Industrie- und Obstanbaugebieten wird, werden seine Exportressourcen für das Land ein immenser Vorteil sein, wenn es darum geht, Konkurrenz und Widerstand zu überwinden.

An dieser Küste ist die Seefischerei eine der lukrativsten Beschäftigungen des Staates. Etwa 10.000 Männer sind ständig in dieser Branche beschäftigt. Einige der hier vorkommenden Fische sind erlesene und teure Delikatessen, darunter Red Snapper, Pompano, spanische Makrele und Meerforelle. Schildkröten gibt es in Hülle und Fülle, und Tarponfischen ist eine Unterhaltung für diejenigen, die eher sportlich veranlagt sind. Auch das Schwämmefischen ist ein recht lukrativer Beruf, der bei Besuchern aus anderen Staaten immer großes Interesse weckt. Allein Key West verschickt jedes Jahr Schwämme im Wert von 500.000 Dollar, wobei zwei große Hauptstädte Europas die besten Kunden sind.

Key West ist jedoch eher für seine Zigarren bekannt. Es liegt an dem, was die Spanier ursprünglich Bone Reef nannten, da die frühen Entdecker dort große Mengen menschlicher Knochen fanden. Vor achtzig Jahren ließen sich einige Fischer aus Neuengland in Key West nieder, das etwa sechzig Meilen von Florida und etwa neunzig Meilen von Havanna entfernt ist. Die große Revolution in der Art der Geschäfte und Gewohnheiten der Stadt wurde durch die Ansiedlung einer großen Gruppe kubanischer Exilanten vor weniger als einem Vierteljahrhundert herbeigeführt. Diese brachten die Geheimnisse der Herstellung von Zigarren höchster Qualität mit. Sie begannen sofort damit, Fabriken zu errichten, die so groß waren, wie es ihre Mittel erlaubten, und das Geschäft ist so schnell gewachsen, dass es jetzt Einrichtungen gibt, um jedes Jahr fast 150.000.000 Zigarren herzustellen. Für den Mann, der den Unterschied zwischen guten und schlechten Zigarren zu schätzen weiß, ist es kaum nötig zu sagen, dass sich die Produkte dieser spanisch-amerikanischen Insel sowohl qualitativ als auch quantitativ weiterentwickelt haben.

Der Hafen von Key West ist der neunte Einreisehafen des Landes. Er ist von Natur aus so uneinnehmbar, dass er während des Bürgerkriegs, als die Häfen an der Golfküste eine besondere Quelle von Angriffen und Neid waren, nicht eingenommen werden konnte. Legenden und Geschichten ranken sich um die spannenden Geschichten des Hafens, von denen viele als Handlungsstoff für erfolgreiche und berühmte Romane dienten. Die Stadt hat eigentümliche, aber attraktive Straßen, die auf beiden Seiten von tropischen Bäumen gesäumt sind. Sieben Meilen entfernt liegt Key West, der südlichste Punkt des US-Territoriums. Von dem riesigen Leuchtturmpier beträgt die Entfernung zur Insel Kuba weniger als achtzehn Meilen.

Wenn wir ins Landesinnere zurückkehren, können wir ein paar Minuten verbringen

Ganz unten auf dem Suwanee Ribber ,

weit, weit weg –

das ist es , was mir das Herz bebt – das

ist es , was die alten Leute bleiben lassen.

Dieser Fluss bildet, wie wir gesehen haben, die westliche Grenze von Ostflorida. Es ist ein sehr romantischer Fluss, der durch ein Land von überragender Schönheit fließt, mit tropischen Bäumen und Unterholz, das bis ans Wasser reicht. Er kommt von Südgeorgien nach Florida und fließt durch ein Land, das von Wald zu Ebene und von Hochland zu Tal variiert. An seinen Ufern gibt es eine Reihe kleiner Südstaatenhäuser, von denen nur wenige die Pracht aufweisen, von der wir oft lesen, aber alle sind friedlich und attraktiv. Von einem dieser Häuser geben wir ein Beispiel. Auf den ersten Blick scheinen das kleine Haus und seine Umgebung nichts Besonderes zu sein, aber bei genauerem Hinsehen und Überlegen wird etwas mehr als Poetisches entdeckt. Die alte Negerballade, aus der wir oben zitiert haben, vermittelt in ihren Zeilen eine bezaubernde Vorstellung des Flusses und der Erinnerungen und Gedanken, die mit ihm verbunden sind. Exkursionen sind entlang des Flusses sehr häufig. Einige gehen auf die Jagd und nutzen die Fülle an Wild überall aus. Andere wiederum geben sich lieber friedlichen Träumereien hin und denken nur an die netten alten Leute, die, wie es in dem Lied heißt, immer noch in der Gegend leben.

Der Ocklawaha River ähnelt in vielerlei Hinsicht dem Suwanee. Dampfschiffe fahren eine beträchtliche Strecke auf ihm, und es gibt selten Probleme, Passagiere aufzunehmen. Es wird gesagt, dass es in Abschnitten dieses Flusses mehr Alligatoren pro hundert Quadratfuß Wasser gibt als in jedem anderen Gewässer der Welt. Vom Deck eines Passagierdampfers aus ist es sehr interessant, das seltsame Treiben dieser gefährlichen Kreaturen zu beobachten, und es werden viele Vermutungen darüber angestellt, was passieren würde, wenn einer der Beobachter über Bord ginge. An den Ufern des Flusses sieht man häufig Zedernhaine. Florida versorgt die Welt mit dem Holz, das für Bleistifte benötigt wird, und die Eingriffe in seine Zedernwälder zu diesem Zweck drohen den Staat schließlich eines seiner einzigartigsten

Merkmale zu berauben. Zypressen, ein Holz, das gerade erst beginnt, seinen wahren Wert zu schätzen, gibt es in dieser Gegend ebenfalls in Hülle und Fülle, und viele der vielbesprochenen Zypressensümpfe werden passiert. Auch Ananas wächst kräftig, ebenso wie die Vanillepflanze, deren Blätter Tabak ähneln. Vanilleblätter werden in großen Mengen gesammelt und für einen nicht ganz klar definierten oder erklärten Zweck verkauft.

Den Banyan-Baum muss man gesehen haben, um ihn zu verstehen. Er ist ein ausschließlich aus Florida stammendes Produkt und kommt in der Gegend von Key West vor, wo Sea-Island-Baumwolle das ganze Jahr über wächst, unabhängig vom Wechsel der Jahreszeiten. Der Banyan-Baum ist fast eine Baumkolonie, da er anscheinend aus einem Dutzend Stämmen besteht . Alle oberen Äste sind mehr oder weniger vereint, und das alte Sprichwort „Einigkeit macht stark" scheint darin eine einzigartige Veranschaulichung und Bestätigung zu finden.

Lake Worth ist einer der schönsten Seen im Süden. Er ist eine wunderschöne Wasserfläche, die nur von Pitts' Island unterbrochen wird, das sich in der Nähe seines nördlichen Endes befindet. Die nützlichsten und begehrtesten Produkte des Nordens haben hier eine angenehme Heimat, neben denen, die in der Äquatorregion am beliebtesten sind. Ein Neuenglander kann hier seine Kartoffeln, seinen Zuckermais, seine Tomaten und andere Lieblingsprodukte aus seinem Garten finden und, ohne seinen Standort zu ändern, Produkte pflücken, die normalerweise als brasilianisch bezeichnet werden. Er findet in seiner Umgebung, so reichlich und so frei wie das Wasser, das vor ihm sprudelt, so seltsame Nachbarn wie Kaffee, Tamarinde, Mango, Papaya , Guave, Banane, Sapadillo , Mandel, Zimtapfel, Maumec - Apfel, Grapefruit, Pampelmuse, Avadaco -Birne und andere ebenso neue Bekannte.

Und das sind alles Nachbarn, tatsächliche Bewohner, Einheimische, keine importierten Einwanderer oder anspruchsvollen Besucher, die man mit Zärtlichkeit behandeln muss. Riesige Verwandte, die sich hier ebenso wohlfühlen, sind der Gummibaum, der Mahagonibaum, der Eukalyptusbaum, der Korkeichenbaum und die Mimose. Sie alle sind von New York aus in vierzig Stunden zu erreichen, im Winter mit der Bahn zu erreichen und in einem Klima zu genießen, in dem ewig Mai herrscht. Erst vor ein paar Jahren (weniger als einem Dutzend) wurde die Schönheit des Lake Worth erstmals vage von wagemutigen Sportlern erwähnt, die seine unaussprechliche Schönheit bestaunt hatten.

Heute säumen der Geschmack und die Arbeit reicher Kapitalisten aus Ost und West die schönen Ufer mit eleganten Häusern. Eines davon, das McCormick Place, ist seit zwei Jahren für seine wunderbare Schönheit berühmt. Es liegt in Palm Beach, am Ostufer des Sees, und ist nach Westen bzw. ins Landesinnere ausgerichtet. So erhält es die kühle Luft vom See und die Brise vom Atlantik, der nur einen kurzen Spaziergang entfernt ist. Das gesamte Anwesen umfasst 100 Morgen, die alle intensiv kultiviert werden. Es hat eine 1.200 Fuß breite Uferfront zum See und zum Meer. An diesem schönen Ort baute Mr. McCormick ein Schloss, das innen und außen so schön ausgestattet, so geschmackvoll gestaltet und so elegant eingerichtet ist, dass man meinen könnte, er habe erwartet, in seinen Mauern Könige zu bewirten.

Es heißt, dass nirgendwo auf dem Kontinent eine so große Vielfalt an Pflanzen an einem Ort zu finden ist, wie hier in der vollen Vollkommenheit üppigen Wachstums. Die Kakteen an dieser Stelle sind Wunder an Vielfalt und Schönheit. Man kann sich nie eine vollständige Vorstellung davon machen, was ein Kaktus ist, bis man einen Anblick wie diesen und eine Sammlung dieser Größenordnung gesehen hat. Die Obstbäume bilden eine Masse von Hainen. In einigen von ihnen überragen riesige Kokosnüsse alles andere Gewächs, während es neben diesen Monarchen der Baumkultur Haine von Zwergbäumen gibt, die weniger gewaltig, aber genauso interessant sind.

Diese Region wurde als geistiger Treibsand beschrieben. Es liegt etwas in der Atmosphäre, das den fleißigsten Menschen zufrieden untätig herumsitzen lässt. Hier entspannt sich der nervöse, reizbare, pingeligste Mensch, der jahrelang nicht wusste, was Ruhe bedeutet, und der unruhig war, wenn er nicht arbeiten konnte, gegen seinen Willen in einen Zustand, den ein berühmter Staatsmann als „harmlose Vergesslichkeit" beschrieb. Die Milde der Luft, die zugleich warm, belebend und anregend ist, ohne streng zu sein, bringt ein natürliches Gefühl der Ruhe hervor. Die dadurch erzeugte Faszination wird bald überwältigend. Je länger der Besucher bleibt, desto vollständiger und hoffnungsloser gibt er sich seinen Gefühlen hin, bis er sich schließlich nur mit schmerzhafter Anstrengung losreißen kann.

Biscayne Bay liegt am Ende der Halbinsel Florida und am äußersten südöstlichen Ende der Vereinigten Staaten. Der Besucher, der sich hier aufhält, befindet sich an dem, was häufig als der große vorspringende Zeh der Union bezeichnet wird. Südlich davon gibt es eine Reihe von Inseln, aber vom Festland ist nichts mehr zu sehen. Die Bucht ist fast ein See. Sie liegt tief in der Küste, ist aber nicht ganz von Land umschlossen. Sie ist zwischen fünf und zehn Meilen breit und vierzig Meilen lang. Zwanzig kleine Einbuchtungen speisen sie vom Meer aus. Das Wasser ist blau und klar und nicht sehr tief, was den See zu einem der schönsten Segelreviere der Welt macht. Entlang der gesamten Küste gibt es malerische kleine Siedlungen, die alle in ihrem Aussehen deutlich südländisch anmuten und über die der Reisende unzählige Legenden hören kann.

St. Augustine ist vielleicht die Stadt in Florida, über die am meisten gesprochen wird. Es ist eine malerische alte spanische Stadt mit einer großen Geschichte. Die Zeugnisse der Vergangenheit scheinen schnell zu verschwinden, da der Rückzug durch die Einführung moderner Ideen und immenser Summen modernen Kapitals erzwungen wird. Die Memorial Church ist eines der Wahrzeichen der Stadt, und dahinter sieht der Reisende, wenn er sich nähert, Türmchen und Türme in allen Formen und Größen. Die Bürgersteige sind fast durchweg gut, und wenn man zum ersten Mal durch die Straßen fährt, scheint jede Kurve ein neues Wunder und eine unerwartete Schönheit ans Licht zu bringen. Hecken aus Oleander, Lebensbäumen, Lärchen und Zedern, ganz zu schweigen von Massen von Rosen aller Art, bringen alle seine vorgefassten Meinungen über das Wachstum von Bäumen, Sträuchern und Blumen durcheinander und überzeugen ihn, dass er in ein Land gekommen ist, in dem Milch und Honig fließen und in dem Winter praktisch unbekannt sind.

Das Hotel Ponce de Leon ist natürlich das große Ziel seiner Suche, und wenn sein Geldbeutel es zulässt, hält der Tourist hier sicherlich an, und sei es nur, um sagen zu können, dass er zumindest eine Nacht in diesem außergewöhnlichen und wunderbar prächtigen Gasthaus geschlafen hat. Wenn das Ponce de Leon in New York, Philadelphia, St. Louis oder Chicago wäre, würde es überall bewunderndes Gemurmel hervorrufen. Aber seine Existenz würde nicht als etwas Außergewöhnliches angesehen werden, was es in einer Stadt von der Größe St. Augustines sicherlich ist. Das Unternehmen, das zu seiner Erbauung führte, wurde immer wieder kommentiert, und auch die liberalen Methoden der Geschäftsführung waren Gegenstand vieler Kommentare. Als die Kutsche durch das gewölbte Tor in den geschlossenen Hof fährt, der das ganze Jahr über in Duft und Schönheit erblüht, beginnt der Tourist, sich innerlich für die Skepsis zu entschuldigen, der er gegenüber diesem Wunder der Zeit nachgegeben hat. Nachdem er mehrere aufeinanderfolgende Terrassen mit breiten Steinstufen erklommen hat, steht er schließlich vor der prächtigen Fassade des großen Hotels. Vor ihm befindet sich das große Portal, überragt von dem oft beschriebenen Bogen aus spanischen Schildern aus Terrakotta. Rundherum gibt es breite Galerien und große Fenster mit sehr kostbaren, künstlerischen Abdeckungen . Die Galerien werden von massiven, aber schönen Säulen getragen, und die schattigen Nischen und ruhigen Winkel sind voller romantischer Atmosphäre.

Alles erinnert an das alte Spanien, obwohl die Pracht und Architektur oft an den äußersten Osten erinnert. Es gibt fünf elegant dekorierte Salons, in denen Tische aus kostbarem Onyx stehen und an deren Wänden prächtige Gemälde hängen. An der Decke darüber erzählen exquisite Fresken die Geschichte des alten Kavaliers, nach dem das Hotel benannt ist, und von seiner geduldigen und treuen Suche nach dem sagenumwobenen Jungbrunnen, den noch niemand gefunden hat. Beim Abendessen ist der Gast fast entsetzt über die Pracht des Service, und sein Appetit wird leicht beeinträchtigt, wenn er über den Preis des Silber- und Porzellanservice nachdenkt, das vor ihm steht. Manchmal sitzen bis zu tausend Gäste zusammen, und der Service scheint für eine unbegrenzte Zahl von Besuchern perfekt zu sein.

Dieses großartige Hotel wurde wie der große Tempel errichtet, der in der Heiligen Schrift beschrieben wird, praktisch ohne Hammer und Nägel. Da es aus Beton geformt ist, ist es praktisch wetter- und zeitbeständig und feuerfest in einem viel wörtlicheren Sinne als in großen Städten. Vom Keller bis zum Turm gibt es keine Scheinarbeit. Italienischer Marmor, Terrakotta und mexikanischer Onyx sind die hauptsächlich verwendeten Materialien, und nichts „gleich Gutes" wird geduldet.

Die Aussicht von St. Augustine kann kaum irgendwo auf der Welt übertroffen werden. Die alten Stadttore erinnern den Touristen an spanische Geschichten und orientalische Fabeln. In weiter Ferne sieht er Fort Marion, die älteste Festungsanlage der Vereinigten Staaten. Sie wurde von einem der spanischen Könige mit großem Aufwand erbaut und wird nach Meinung von Experten wahrscheinlich noch viele Generationen überdauern. Sie ist aus Cocquina- Zement gebaut, der nur in Florida vorkommt und unvergänglich zu sein scheint.

Fort Marion war in den vergangenen Jahren Schauplatz unzähliger spannender Ereignisse, und der Geschichtsstudent, der es zum ersten Mal sieht, freut sich, Erinnerungen daran heraufzubeschwören. In den alten Indianerkriegstagen gab es an dieser Stelle mehrere Massaker, bei denen sich die Indianer gelegentlich selbst an Bluttaten übertrafen. Vor etwa zwanzig Jahren wurde das alte Fort in ein Indianergefängnis umgewandelt, in das einige der schlimmsten und anscheinend unverbesserlichsten Mitglieder der Indianerstämme gebracht wurden. Dazu gehörten Mochi , die Indianerin, die Mord als hohe Kunst und große Tugend zu betrachten schien, „Rising Bull", „Medicine Water", „Big Mocassin " und andere rote Rüpel, die sich als unerschütterlich erwiesen hatten. Der Wachturm des Forts überragt die umliegenden Gebäude hoch und ist wahrscheinlich einer der ältesten Wachtürme und Leuchttürme der Welt.

Die alte Ufermauer verläuft von der Festung am historischen Sklavenmarkt und der Plaza vorbei, wo man an den heißesten Tagen eine kühle Brise genießen kann. Dort befindet sich die Kathedrale, die älteste Kultstätte des Landes, wenn man den örtlichen Historikern Glauben schenken darf, mit ihrem Glockenspiel, das die Gläubigen vor mehr als 200 Jahren zum ersten Mal zum Gottesdienst rief. Im Osten fesseln die glatten Gewässer der reizvollen Bucht die Aufmerksamkeit jedes Besuchers, der ein Körnchen Poesie oder eine Wertschätzung des Schönen in sich trägt. Nicht weit entfernt liegt Anastasia Island. Im Norden der Mananzas Bay liegt der Ort, an dem Sir Francis Drake, einer der ersten Admirale Englands, landete, und in der Nähe befindet sich der oft beschriebene Leuchtturm mit seinem alten spanischen Vorgänger direkt nördlich davon.

Nicht weit von St. Augustine liegt der Carmonna- Weinberg. Hier sind 75 Morgen Land mit Weinreben bedeckt. Im zweiten Jahr brachten diese Reben zweieinhalb Tonnen Trauben pro Morgen hervor. Das Blättermeer reagiert auf die sanfte Brise, die normalerweise weht, und bietet einen sehr beruhigenden Anblick in Grün, der neue Vorstellungen von Farbe und Weite eröffnet. Rund um Moultrie gibt es Hektar um Hektar weiße Niagara- Trauben, und in ein paar Jahren werden die Lieferungen dieser Frucht nach Florida enorm sein.

Ein erholsames Südstaaten-Zuhause

Ein Nachmittag im Juni

Eine tropische Szene